과학기술과 법

전정판

과학기술과 법

김성진 지음

도서출판 동인

전정판 머리말

『과학기술과 법』을 출간한 지 2년여 시간이 지났다. 짧다면 짧겠지만 길다면 긴 시간이다. 그 동안 학기 단위로 수업을 진행하면서 항상 부족하고 미흡하다는 생각이 들었고, 이에 상당 부분의 수정·보완을 절감하였다. 특히 이 책의 특성상 과학기술의 발달에 따른 과학과 법의 상관관계를 실효성 있게 이행시켜야 하는데, 아무래도 수강생들이 주로 비법학 전공자인지라 그들에게는 관념적이고 사변적이지 않았나 하는 느낌이 든다. 따라서 저자와 독자 간의 접근성과 친밀감을 고려하는 차원에서 이 책의 편제를 수정하고, 내용 또한 보완·추가하였다.

1. 책의 편제를 다소 수정함

종전 제2장의 '과학기술의 발달과 법'을 2010년 개정된 과학기술기본법의 내용을 반영·수정하여 제1장으로 옮기고, 제1장에 있었던 '법일반이론'을 '법의 이해'라는 제목 하에 제2장으로 옮겨서 학생들에게 꼭 필요한 내용으로 전면 수정함.

2. 제3장 생명과학기술과 법적 규제

제3절(생명공학과 법적 문제) II(줄기세포)에서 '의의' 부분을 보완하고, 줄기세포의 종류로서 배아줄기세포와 성체줄기세포의 내용을 첨가하고, 인간배아복제를 둘러싸고 논의되는 쟁점을 추가함. 제4절(생명의

료기술의 법적문제)에서도 '의의'를 첨가하고, 연명치료중단의 정당화 문제를 '연명치료중단과 안락사'라는 제목 하에 추가함.

3. 제4장 정보통신과학기술과 법적 규제

제4절(인터넷과 사이버범죄)의 사이버명예훼손 부분에서 최근 이슈가 되고 있는 '사이버모욕죄'를 둘러싼 논쟁을 신설·추가함. 또한 사이버 성폭력의 제반 유형에 따른 규제 및 판례의 동향 등을 '사이버성폭력'이 란 제목으로 신설·추가함.

4. 제5장 과학기술과 지적재산

제6절(상표권)에서 상표권의 효력에 관한 판례 사례를 추가함.

흐르는 세월 속에 만물도 변화하고 인간의 사고도 변화한다. 따라서 시간의 흐름 속에 인간의 욕구에 따른 과학기술도 법도 그 변화를 피할 순 없다. 여기서 『과학기술과 법』도 개정이니 수정이니 하는 이름으로 계속 변화할 것이다. 다만 저자의 능력과 노력의 부족이 변화에 부응할 수 있을지 심히 걱정되는 바이다. 끝으로 전정판 출간에 시간과 노고를 아끼지 않은 최대호 박사에게 진심으로 감사드린다. 또한 도서출판 동인 의 이성모 사장님께도 심심한 감사를 드리는 바이다.

2011년 2월
저자 김성진

|차 례|

| 제1장 |

과학기술의 발달과 법

- 제1절 과학의 역사
- 제2절 과학기술과 법의 관계
- 제3절 과학기술법제의 특징과 새로운 요인

과학기술의 발달과 법

제1절 과학의 역사

I. 과학혁명기 이전

과학혁명기 이전인 고대·중세시대의 과학은 대중적(public)이었으며 사람들을 교육하거나 설득하는 과정의 하나였다. 대다수의 지식인들은 자연에 대한 지식을 쉽게 이해할 수 있고 유용하며 설득력 있는 것으로 여겼다. 그리고 자연에 대한 훌륭한 설명과 수사를 제공하는 것으로 여겼다. 또한 전통과학은 자연세계에 대한 새로운 지식을 발견하는 것을 목표로 하는 대신에, 자연뿐만 아니라 자연과 깊은 관련이 있다고 생각되던 인간 세상도 함께 이해하는 것을 목표로 삼았다. 따라서 과학은 종교나 철학과 뗄 수 없는 관계였으며, 과학자들이 관심을 가진 문제들은 철학적·사회적 문제들과도 깊은 연관성을 가지고 있었다.

II. 과학혁명기 시대

전통과학이 근대과학으로 변화하는 시기는 16~17세기의 과학혁명기이다. 1543년에 코페르니쿠스의 「천구의 회전에 관하여」[1]와 1687년에 뉴턴의 「프린키피아」[2]가 출판되었는데, 일반적으로 과학혁명기라고 하면 이 시기를 말한다. 이 시기에는 아리스토텔레스의 자연철학이 기계적 철학으로 대체되었고, 지동설이 제창되고 수용되었으며, 뉴턴이 이를 집대성해서 근대 물리학을 완성하였다. 뿐만 아니라 연금술에서 발전한 근대 화학이 그 모습을 갖추기 시작했고, 미적분과 하비의 피의 순환론이 근대 수학과 의학의 출범을 알렸다.

과학혁명기 동안의 과학과 법률의 상호작용은 다음 세 가지 차원에서 찾아볼 수 있다. 첫째는 자연과학에서의 '자연법칙(law of nature)'의 개념이 법률과 신학의 영역에서 유래되었다. 1930년대와 40년대에 거쳐서 중요한 과학적·사회학적인 연구를 내놓았던 질셀(Edgar Zilsel)은 과학에서의 자연법칙이라는 생각이 나타나게 된 배경으로 입법자로서의 신(神)의 개념과 강력한 '자연법(nature law)' 사상의 우연한 만남을 꼽고 있다. 그는 16세기에서 17세기를 거치면서 유럽에 봉건 정치체제가 붕괴하고 국토를 한 명의 왕이 단일한 법률을 사용해서 다스린다는 생각이 널리 퍼지면서, 비로소 자연법칙이 등장할 수 있는 조건이 만들어 졌다고 보았다. 결국 이 시기의 과학은 종교의 영역에서 '입법자로서의 신' 그리고 법률의 영역에서 '법칙(law)'의 개념을 빌어왔던 것이다.

두 번째는 '사실'이라는 개념에서 찾아볼 수 있다. 법은 오랫동안 인간사에서 무엇이 사실(fact)인가를 가리고 이를 바탕으로 확실성을 갖춘 판결을 내리는 것을 추구하였다. 중세 초기에는 육체에 모진 고통을 가하

---

1) 신성 로마 제국의 뉘른베르크에서 출판된 책으로, 고대부터 널리 받아들여지던 프톨레마이오스의 지구중심설에 반하여 태양중심설을 주장하였다.
2) 원제목은 "자연철학의 수학적 원리(Philosophiae Naturalis Principia Mathematica)이며, 만유인력의 원리를 처음으로 세상에 널리 알린 것으로 유명하다.

는 '죄인 식별법'을 사용하여 재판을 하였지만, 이러한 방법의 비합리성에 대한 불만이 지속적으로 제기되어 오면서 중세 후기(12세기)부터는 교회와 세속의 지배층들이 보다 더 합리적인 판결을 하기 위한 토대를 마련하려고 하였다. 이 과정에서 중요하게 부각된 개념이 '사실'이라는 개념인데, 법정에서 사실은 "과거에 일어났던 인간사건 또는 행위"라는 뜻으로 정착이 되었다. 법정의 배심원들은 무엇이 사실인가를 가리는 역할을 담당했으며, 법관은 법률의 문제를 판단하는 사람이었다.

　세 번째는 과학이 법에 미친 영향에서 찾을 수 있다. 17세기 과학혁명이 완성되면서 과학은 '개연성(probability)'과 대비되어 '확실성(certainty)'을 상징하는 지적인 활동으로 인식되기 시작하였다. 사람들은 자연과학에 수학적 확실성과 물리적 확실성의 두 가지 다른 형태가 존재한다고 생각하였는데, 17세기 후반기에 법철학자들과 법률가들은 자연에 대한 확실한 지식을 모델로 해서 '도덕적 확실성'이라는 개념을 제창하였다. 이 도덕적 확실성은 도덕과학의 영역에 적용되는 것으로서, 절대적 진리는 아니어도 '의심없는 진리', 즉 참지식으로 간주되는 것들을 의미하였다. 18세기에 들어 도덕적 확실성은 '한점의 의심도 없는 믿음'인데, 이 관념은 17세기 과학적 확실성이라는 개념에서 연유해서 발전한 것이다.

III. 근현대 과학의 발전

　16～17세기 과학혁명은 자연과학의 영역은 물론 인접 학문분야에도 큰 영향을 미쳤다. 지금도 우리는 17세기에 형성된 뉴턴의 고전역학, 생리학, 수학을 배우고 있을 정도이다.

　과학혁명기를 통해서 사람들은 자연과 인공물 사이에 본질적인 차이가 존재하지 않는다고 생각하게 되었다. 또한 과학자들은 기술적 문제에 관심을 두기 시작했으며, 기술은 과학기기의 형태로 과학실험에 들어왔다. 18세기에 과학과 기술의 거리는 더 가까워졌는데, 18세기 후반의 영국을 보면 과학자·기술자·산업가들은 '문학철학회'와 같은 단체에서 만나서 뉴턴철학과 공통 관심사에 대해서 토론을 하기 시작하였다. 산업 혁명기에 사람들은 과학적 태도와 지식이 기술에 응용되었다고 믿기 시작했으며, 19세기 후반 이후에는 화학기술과 전기기술분야에서 과학이 실제로 기술에 응용되기 시작하였다. 이러한 과학과 기술은 20세기에 들어 가속화되었다. 즉 20세기 중반에는 분자생물학이 발전했고, 이는 지금 우리가 주목하고 있는 생명공학의 초석이 되었다.

사실 19세기 이전에는 지금 우리가 사용하는 '과학(science)'라는 말 대신에 '자연철학'이라는 말이 일반적으로 사용되었다. 과학과 과학자라는 단어가 지금처럼 사용되기 시작한 것도 19세기 이후라고 할 수 있다. 19세기 이전의 자연철학자들은 자신들의 연구가 신의 섭리를 들어낸다는 식의 종교적인 의미를 찾으려고 노력했지만 전문화된 과학자들은 이러한 노력에 더 이상 신경을 쓰지 않았다. 과학을 위한 과학, 연구를 위한 연구, 직업으로서의 과학자, 대학과 연구소에서의 과학활동 등이 정착된 시기는 19세기 초로 볼 수 있다. 이 시기를 제2차 과학혁명이라고 부르는 과학사가들도 있다.

제2절 과학기술과 법의 관계

17세기 과학혁명 시기의 경우, 과학과 법의 상호작용은 법칙·사실·증언·확실성과 같은 핵심적인 개념과 근본 철학을 서로 빌려쓰는 방식으로 나타났다. 하지만 18세기 중반부터는 이러한 근본적이고 본질적인 상호작용이 더 이상 나타나지 않았고, 그 대신 과학과 법의 관계는 철학적인 것보다는 제도적인 것이 되었다. 과학자들은 법에 전문적인 지식이나 새로운 형태의 지식을 공급한 반면에 법은 과학자들에게 경제적인 보상을 제공함과 동시에 더 좋은 증거를 요구하였다. 이로 인하여 과학자들은 전문가 증인(expert witness)의 지위로서 법정에 등장하기 시작했고, 법정에 증거를 제시하기 위해 독극물학이나 법의학이 전문 분야로 발전하였다.

그러나 19세기를 지나면서 분쟁의 당사자는 유명한 과학자들 중에서 자기편을 옹호해 주는 과학자를 찾아내어 이들로 하여금 법정에서 증인으로 증언하도록 하였고, 이는 곧 전문가들의 증언이 법정에서의 분쟁을 종식시키기 보다는 오히려 그 분쟁을 더욱 논쟁적인 것으로 만들기도 하였다. 이러한 이유로 19세기 후반에 영국에서는 과학자들이 전문가 증인으로서 법정에서 적극적인 역할을 해야 한다는 입장과 과학자들이 법정에 서는 것은 과학의 지위를 떨어뜨릴 뿐이라는 입장이 대립하고 있었다. 즉 법정에서의 논쟁은 과학학회에서의 논쟁보다 더 치열하고, 상대방에 대한 신문에서 전문가들이 미처 생각하지 못했던 점을 생각하도록 한다는 입장이 있는 반면에, 법정에서의 논쟁은 사실적이고 자연적인 것이라기보다는 반대신문에 의해 강제되는 것일 뿐만 아니라 과학의 근본 철학이나 개념을 이해하지 못하는 법률가들이 과학적인 것까지도 문제를 삼게 된다는 것이다.

또한 19세기 후반부터 과학의 영역이 확장되고 새로운 과학적 증거가 계속 제시되면서, 어떤 과학적 증거가 법정에서 증거로 채택될 수 있는가에 대한 문제가 제기되었다. 이와 관련하여 1923년 미국의 연방법원은 "과학 전문화에서 일반적으로 받아들여진 기법(technique)만이 법정에서 증거로 채택될 수 있다"는 프라이 규칙(Frye Rule)을 통과시켰으며, 이에 입각하여 현미경으로 분석한 머리카락 같은 특정한 증거는 법정에서 받아들여지는 것으로 결정되었지만, 거짓말탐지기나 최면에 의한 증거는 법정에서 증거의 효력을 상실한 것으로 결론지어졌다.

1980년대 이후 나타난 또 다른 변화는 DNA 증거이다. DNA 증거는 1980년대부터 법정에서 증거로 제시되기 시작하여 1980년대 말~1990년대 중엽 이후에는 법정에서 결정적인 효력을 가진 증거로 받아들여졌다.

제3절 과학기술법제의 특징과 새로운 요인

I. 특징

근대사회를 특징짓는 결정적 요인은 과학기술이며, 현대사회를 후기산업사회[3] 또는 정보사회[4]라고 지칭할 때에도 그 결정적 요인은 역시 과학기술이다. 혹자는 현대문명의 4가지 요소를 ① 합리화, ② 과학화, ③ 기술화, ④ 산업화라고 지칭하기도 하지만[5] 여기에서도 과학기술이 문화를 결정하는 핵심 요소가 된다.

과학기술은 인간의 세계지배의 중요한 가능성이다. 그것은 인간의 현실 재구성능력과 재창조 가능성으로 표현되기도 한다. 새로운 과학기술의 등장은 그때마다 새로운 양상의 문명사회를 출현시켰다. 즉 현대인은 과학기술을 개발함으로써 산업화와 이전의 시기에 살던 사람들보다 훨씬 더 풍요롭고 편리한 생활을 영위할 수 있게 되었다. 즉 과학기술로 인하여 현대인들은 중노동의 감소·생산성의 향상·소득증대·윤택한 소비생활·여가시간의 확대·거리와 시간의 단축·수명의 연장 등의 혜택을 누리고 있다.

그러나 이러한 기술혁신은 새 기술의 남용가능성을 낳고 새로운 일탈행위나 반사회적 범죄유발의 원인이 되기도 한다. 즉 기술이 우리에게 자동차를 선물함으로써 거리단축과 시간절감의 효과는 얻었지만 매년 교통사고와 그로인한 사망자 수는 급증하고 있다.[6]

그 외에도 원자력·화학·유전공학·컴퓨터·환경분야에서 기술과 밀접하게 연관된 대규모의 위험이 등장하였다. 첨단정보·통신장비에

---

3) D. Bell, The coming of postindustrial society, 1973.
4) A. Toffler, The third wave, 1980.
5) R. Baumann-Hölzle, Human-Gentechnologie und moderne Gesellschaft, 1990, S. 123.
6) 경찰청 통계자료에 의하면 2009년에 발생한 교통사고는 231,990건이었으며, 이로 인한 사망자는 5,838명에 이른다.

의한 도청·비밀녹음, 정보탐지에 의한 사생활의 평온침해, 컴퓨터조작
·헤킹 등에 의한 컴퓨터범죄, 신용카드의 남용으로 인한 신종사기, 빈
발하는 의약품 및 제조물과실, 유전자조작에 의한 복제인간, 체외수정과
시험관아기의 등장, 화학공장의 참사, 원자력발전소의 사고 등은 현대과
학기술의 발달로 인하여 새로운 갈등과 위험 및 그 대량의 재해에 관한
몇 가지 예에 불과하다.

결국 이른바 '위험사회'라고까지 지칭[7]되는 현대사회는 새로운 사회
갈등요인과 위험요인 및 범죄현상을 낳았고, 새로운 사회현상들은 법에
대해서도 새로운 과제를 던져 주고 있다. 이러한 변화하는 사회현상에
직면하여 법은 어떤 기여를 할 것인가?

II. 새로운 갈등·위험요인

1. 정보통신 분야

현대사회에서 정보통신망은 인체의 신경조직망과 같은 역할을 담당한
다. 컴퓨터가 경제 및 행정분야에 널리 보급됨으로 인하여 거대한 정보
시스템이 구축되었다. 만약 이러한 정보통신시스템이 산업스파이·해외
첩보기관·정치적 테러리스트·조직범죄자들의 범죄행위의 공격대상이
되거나 사인에 의해 악용될 경우에 그 피해는 개인적인 차원을 넘어 사
회전체에 막대한 부담을 지운다.

특히 이 분야에서 문제되고 있는 것은 정보처리의 남용에 기인하는
이른바 컴퓨터 범죄이다. 그 범죄의 유형에는 input와 output의 조작에
의한 컴퓨터조작, 정보의 부당한 입수와 전용에 의한 컴퓨터조작, 정보
의 부당한 입수와 전용에 의한 Computer-Spionage, 정보파괴에 의한
Computer-Sabotage, 정보탐지에 의한 Computer-Hacking 등이 있다. 이러

---

7) U. Beck, Risikogesellschaft: Auf dem Weg in eine andere Moderne, Frankfurt a. M., 1986.

한 종류의 컴퓨터 범죄는 피해자의 재산적 손해뿐만 아니라 시민의 사생활 영역을 침해하고, 또 정치적·산업적 스파이의 활동을 가능하게 하며, 해외첩보 또는 정치적 동기나 기업내부자의 복수행위에 이용됨으로 인하여 컴퓨터 시스템의 안전과 신뢰도를 저하시킨다.

2. 유전공학분야

유전자조작기술을 통하여, 한 생물의 유전자를 다른 생물의 유전자에 접합시켜 새로운 생명체를 만들어 내는 유전공학은 오늘날 의료분야·환경공학분야·에너지자원분야·식량자원분야에서 각광을 받고 있다. 유전공학은 DNA재조합실험을 통해서 유전자수선은 물론 새로운 형태의 생명창조에까지 나아갈 수 있게 되었다.

특히 이와 같은 유전공학기술이 생명의료기술과 접하면서 다음과 같은 문제점을 야기시켰다. 첫째, 인공수정의 문제이다. 인공수정은 자녀 없는 가정의 고통을 해결해 줄 수 있는 관문을 열었지만, 특히 비배우자 간의 인공수정은 친생자의 적출문제에서부터 갈등을 야기한다. 극단적인 경우에는 독신녀의 출산을 가능하게 하여 종래의 결혼·가족·가정 개념에 혼란을 초래한다. 또한 대리모의 등장을 필연적으로 끌어들여 인간의 출산도구화문제와 모(母)의 개념문제 그리고 대리모와 계약자의 친생아 사이에 법적인 문제를 야기하고, 특히 기증된 정자로 대리모가 출산한 아이가 기형아일 때 누가 책임을 질 것인가에 대한 문제이다.

둘째, 시험관 아기의 문제이다. 즉 수정란은 이미 생명체로서 법적으로 보호를 받아야 하므로 체외수정을 통한 시험관 아기의 문제는 배아의 보호를 위한 법적·윤리적 조치가 필요하다. 따라서 시험관을 통한 체외수정에서 잉여수정란을 방기하거나 파괴하거나 실험도구화하지 못하도록 법적인 한계를 그어 놓아야 하는지의 문제가 제기된다.

셋째, 인간복제의 문제이다. 시험관 아기의 문제와 흡사하게 만약 생물복제방법에 의해 인간복제가 가능하게 된다면 대량복제가 자연적인 인구증가율을 위협하며, 또 인간이 제작단계에 들어감으로써 인간의 물질화·상품화되는 것이 아닌가라는 문제가 제기된다. 더 나아가 인간복제의 기술은 아인슈타인의 지능과 클레오파트라의 미모를 지닌 인간을 인위적으로 조합하는 데에 사용될 수도 있으며 비정상적인 사람들 이른 바 잡종인간을 생산할 가능성도 가지고 있다.

넷째, 성의 인위적인 선택이다. 즉 사전선택기술과 사후적 예측방법에 의해 인간의 남아선호와 같은 본능적 감정을 충족시킬 수 있게 되었지만 이로 인해 성의 자연적 비례를 깨뜨릴 뿐만 아니라 성적 차별을 출생 이전부터 심화시키고 낙태조장의 원인이 되고 있다.

이처럼 인간이 유전공학기술에 의해 인간의 출산과 생명에 인위적인 개입을 할 수 있게 되자 인간의 탐욕과 이기심을 인간 스스로의 윤리적 책임의식만 가지고 통제할 수 있을 것인가라는 의문이 제기되고 있다. 혹자는 이러한 상황을 '사슬 풀린 프로메테우스'에 비유하기도 한다.[8]

이러한 위험을 방지하기 위해 이미 유럽의 몇 나라에서는 체외인공수정에 대한 형사법적 통제에까지 나아갔다. 1988년 6월 14일자 스웨덴의 체외수정법은 배우자간의 체외수정을 원칙적으로 허가받은 병원에서만 시술할 수 있게 하고, 상습·영리목적으로 이에 위반하여 체외수정을 한 사람을 6개월 이하의 징역이나 벌금에 처하도록 하였다. 1990년 12월 13일자 독일의 배아보호법 및 1994년 1월 19일자 프랑스의 공중위생법도 이와 비슷한 통제를 가하고 있다.

우리나라에서는 1987년 11월 28일자 의료법개정을 통해 태아의 성감별행위 등을 금지하는 규정(동법 제19조의2)을 신설했지만 이에 위반한 경우를 처벌할 수 있는 제재규정을 두지 않아 하나의 선언규정에 불과

---

8) Arth. Kaufmann, "Der entfesselte Prometheus, Frage der Humangenetik und der Fortpflanzungs- technologien aus recht-licher Sicht", in; Eser/Künschner(Hrsg.), Recht und Medizin, 1990, S.300f.

하다. 다만 대한의학협회가 1993년 5월 인공수태윤리에 관한 선언을 하고 비배우자간 인공수정시술지침, 체외수정 및 배아이식시술지침, 인공수태시술의료기관의 요건 등을 자율적으로 제정하여 시행하고 있는 실정이다.

III. 과학기술관련법의 분류

우리나라의 경우 과학기술법은 아직 법학의 독립적인 학문영역으로 자리잡고 있지 못하며, 또한 법학자의 주된 관심대상도 아닌 것으로 보인다. 그 결과 과학기술법의 개념·범위 등에 대한 일치된 견해는 존재하지 아니하는 실정이지만, 좁은 의미로는 "자연과학적 활동을 촉진하고 그러한 성과의 상업적 활용을 촉진하는 것"에 관한 법을, 넓은 의미로는 좁은 의미의 그것에 "과학기술의 보호에 관한 지적재산권법 및 과학기술의 폐해를 규제"하기 위한 법까지 포함하는 것으로 정의되고 있다.[9]

1. 과학기술법의 구분

(1) 과학기술기본법

헌법 제127조 제1항은 "국가는 과학기술의 혁신과 정보 및 인력의 개발을 통하여 국민경제의 발전에 노력하여야 한다"고 하여 과학기술혁신에 관한 국가적 책무를 천명하고 있다. 이러한 국가적 책무를 구체화하기 위하여 우리나라는 "과학기술발전을 위한 기반을 조성하여 과학기술을 혁신하고 국가경쟁력을 강화함으로써 국민경제의 발전을 도모하고 나아가 국민의 삶의 질 향상과 인류사회의 발전에 이바지"할 목적으로 2001년 1월 과학기술기본법을 제정하였다.

---

9) 이경의·유각근·이상수, 과학기술혁신과 법, 세창출판사, 2001, 13면.

(2) 과학기술에 관한 현행 법령체계

과학기술기본법 이외에도 헌법 제127조 제1항의 이념을 실현하기 위한 과학기술 관련법령은 매우 다양하며 지금 이 순간에도 새로운 법령이 제정되고 있을 정도이다.

(3) 과학기술법의 정의에 따른 과학기술관련법령의 구분

과학기술법이란 "자연과학적 활동 및 그러한 성과의 상업적 활용을 촉진하기 위한 법과 과학기술성과의 보호에 관한 지적재산권법 및 과학기술의 폐해를 규제하기 위한 법"이라고 정의되고 있다. 이러한 정의에 따라 현행 실정법체계에서 무수히 존재하고 있는 과학기술관련법령을 구분하면 대체로 ① 과학기술의 육성, ② 그 성과의 보호, ③ 활용의 촉진 및 ④ 과학기술의 폐해 또는 오남용에 대한 규제에 관한 법률로 구분할 수 있다.

1) 과학기술의 육성에 관한 법률

과학기술의 육성에 관한 법률로는 2001년에 제정된 과학기술기본법이 근간이 된다. 그 밖에도 기술개발촉진법, 뇌연구촉진법, 원자력법, 생명공학육성법, 협동연구개발촉진법, 계량및측정에관한법률, 국가표준기본법, 산업표준화법, 벤처기업육성에관한특별조치법, 보건의료기술진흥법, 항공우주산업개발촉진법, 환경기술개발및지원에관한법률, 기초과학연구진흥법, 엔지니어링기술진흥법, 정보화촉진기본법, 전기통신사업법, 정보통신망이용촉진및정보보호에관한 법률 등이 있다.

2) 과학기술성과의 보호에 관한 법률

과학기술성과의 보호에 대해서는 우선 헌법 제22조 제2항이 "저작자·발명가·과학기술자와 예술가의 권리는 법률로써 보호한다"고 천명하고 있으며, 이를 근거로 이른바 지적재산권법체계가 형성되어 있다.

지적재산권법체계는 첫째, 산업적 이용의 대상이 되는 지적 창작물인 발명·고안·상표·디자인·식물신품종·영업비밀(trade secret)·반도체 배치설계 등을 보호하기 위한 특허법·실용신안법·상표법·디자인보호법·종자산업법·부정경쟁방지및영업비밀보호에관한법률·반도체집적회로의배치설계에관한법률 등을 포함하는 산업재산권법,10) 둘째, 문학·학술·예술적 창작물인 저작물, 컴퓨터프로그램 등을 보호하기 위한 저작권법, 컴퓨터프로그램보호법 등을 포함하는 문화재산권법, 마지막으로 이러한 인간의 지적창작물을 부정경쟁행위로부터 보호하기 위한 부정경쟁방지및영업비밀보호에관한법률 등으로 구분된다.

3) 과학기술성과의 활용촉진에 관한 법률

과학기술연구성과의 궁극적 목적은 이를 산업화하여 국가경쟁력 제고에 이바지하는 것이다. 따라서 연구성과의 사회적 확산을 위하여 현행 실정법은 대덕연구개발특구등의육성에관한특별법, 국가연구개발사업등의성과평가및성과관리에관한법률, 기술이전촉진법, 발명진흥법, 벤쳐기업육성에관한특별조치법, 국가연구개발사업의관리등에관한규정 등이 있다.

4) 과학기술의 규제에 관한 법률

과학기술의 산업화 내지 사회적 확산에 따른 위험성을 최소화하기 위한 과학기술의 규제에 관한 법률로는 원자력손해배상법, 환경정책기본법, 오존층보호를위한특정물질의제조규제등에관한법률, 해양개발기본법, 자연환경보전법, 소음진동규제법, 해양오염방지법, 장기등이식에관한법률, 보건의료기술진흥법, 생명윤리및안전에관한법률, 생물다양성협약,

---

10) 산업재산권은 권리발생요건으로 등록을 필요로 한다는 점에서 문화재산권의 경우와 다르다.

생물안전성의정서 등을 들 수 있다.

2. 현행 과학기술기본법의 주요내용

(1) 총칙

1) 목적과 기본이념

과학기술기본법은 "과학기술발전을 위한 기반을 조성하여 과학기술을 혁신하고 국가경쟁력을 강화함으로써 국민경제의 발전을 도모하고 나아가 국민의 삶의 질 향상과 인류사회의 발전에 이바지함"을 목적으로 한다(동법 제1조). 그리고 "과학기술혁신이 인간존엄을 바탕으로 하여 자연환경 및 사회윤리적 가치와 조화를 이루도록 하고 경제·사회발전의 원동력이 되도록 하며, 과학기술인의 자율성과 창의성이 존중되도록 하고, 자연과학과 인문·사회과학이 상호 균형적으로 연계·발전되도록 함"을 기본 이념으로(동법 제2조) 각각 천명하고 있다.

2) 국가 등의 책무와 과학기술인의 윤리

국가는 과학기술혁신과 이를 통한 경제·사회 발전을 위한 종합적인 시책을 세우고 추진하여야 하며, 지방자치단체는 국가의 시책과 지역적 특성을 고려하여 지방과학기술진흥시책을 세우고 추진하여야 한다. 한편 과학기술인은 경제와 사회의 발전을 위하여 과학기술의 역할이 매우 크다는 점을 인식하고 자신의 능력과 창의력을 발휘하여 이 법의 기본이념을 구현하고 과학기술의 발전에 이바지하여야 한다(제4조).

3) 과학기술정책의 중시와 국가과학기술혁신체제의 구축

정부는 과학기술의 혁신이 국가발전의 중추적인 역할을 수행할 수 있도록 과학기술정책을 우선적으로 고려하고 이에 필요한 자원을 최대한 동원·활용하도록 노력하여야 하며, 과학기술정책의 투명성과 합리성을 높이기 위하여 과학기술정책을 형성하고 집행하는 과정에 민간전문가 또는 관련단체 등이 폭넓게 참여하도록 하고 일반 국민의 다양한 의견을 모을 수 있는 방안을 마련하여야 한다(동법 제5조).

또한 정부는 기업·대학·정부가 출연하는 연구기관 및 국·공립 연구기관이 과학기술 혁신활동을 적극적으로 수행할 수 있도록 효과적인 국가과학기술혁신체제를 구축하여야 하며, 기업·대학·연구기관 또는 그 구성원들이 서로 인력·지식·정보 등을 원활하게 교류·연계 및 공유할 수 있도록 필요한 지원시책을 세우고 추진하여야 한다(동법 제6조).

(2) 국가과학기술정책의 수립 및 추진체제

1) 과학기술기본계획

정부는 과학기술기본법의 목적을 효율적으로 달성하기 위하여 과학기술발전에 관한 중·장기 정책목표 및 방향을 설정하고, 이에 따른 과학기술기본계획을 세우고 추진하여야 한다. 과학기술기본계획은 과학기술부장관이 5년마다 관계 중앙행정기관의 과학기술관련계획과 시책 등을 종합하여 수립하며, 국가과학기술위원회의 심의를 거쳐 확정한다. 과학기술기본계획이 수립되면, 관계 중앙행정기관의 장과 지방자치단체의 장은 이에 따라 연도별 시행계획을 세우고 추진하여야 하며, 과학기술부장관은 매년 다음 해 시행계획 및 지난 해 추진실적을 종합하여 국가과학기술위원회의 심의를 받아야 한다(동법 제7조).[11]

---

11) 과학기술기본계획에는 과학기술의 발전목표 및 정책의 기본방향, 과학기술혁신관련 산업정책·인력정책 및 지역기술혁신정책 등의 추진방향, 과학기술투자의 확대, 과학기술연구개발의 추진 및 협동연구개발 촉진, 기업·대학 및 연구기관 등의 과학기술 혁신역량의 강화, 연구성과의 확산, 기술이전 및 실용화 촉진, 기초과학의 진흥, 과학기술교육의 다양화 및 질적 고도화, 과학기술인력의 양성 및 활용 증진, 과학기술지식·정보자원의 확충·관리 및 유통체제의 구축, 지방과학기술의 진흥, 과학기술의 국제화 촉진, 남북간 과학기술 교류협력의 촉진, 과학기술문화의 창달 촉진, 민간부문의

2) 지방과학기술진흥종합계획

정부는 지방의 과학기술진흥을 촉진하기 위하여 지방과학기술진흥협의회 및 국가과학기술위원회의 심의를 거쳐 지방과학기술진흥종합계획을 수립하고 이를 지방자치단체의 장에게 알려주어야 한다. 정부는 지방과학기술진흥종합계획의 연도별 시행계획을 지방과학기술진흥협의회의 심의를 거쳐 수립·추진하여야 한다(동법 제8조).[12]

3) 국가과학기술위원회 및 지방과학기술진흥협의회

국가과학기술위원회는 위원장 1인(대통령)과 부위원장 1인(과학기술부장관)을 포함한 25인 이내의 위원으로 구성되며, 과학기술 주요정책·연구개발계획 및 사업과과학기술혁신관련 산업정책·인력정책 및 지역기술혁신정책을 조성하고 예산의 효율적인 운영 등에 관한 사항을 심의한다. 한편 국가과학기술위원회에 설치되는 지방과학기술진흥협의회는 지방과학기술진흥종합계획 및 연도별 시행계획의 수립에 관한 사항, 관계 중앙행정기관 또는 지방자치단체가 지방과학기술진흥을 위하여 추진하는 시책 또는 사업의 조정에 관한 사항, 지방자치단체간 과학기술의 교류 및 협력에 관한 사항 등을 심의한다(동법 제9조).

(3) 과학기술연구개발의 추진

국가연구개발사업은 과학기술기본계획에 따라 관계 중앙행정기관의 장이 소관분야별로 추진하지만, 이를 추진함에 있어서 산업계의 수요를 반영함은 물론, 사업추진의 투명성과 공정성, 효율적 관리 및 각 부처의

기술개발 촉진, 그 밖에 대통령령이 정하는 과학기술진흥에 관한 중요사항 등이 포함되어야 한다.
12) 지방과학기술진흥종합계획에는 연구개발사업의 지원, 과학기술기반구축의 지원, 지방과학기술진흥 성과의 확산 및 산업화 촉진, 지방의 과학기술인력·산업인력의 양성 및 과학기술정보유통체제 구축 등에 대한 지원, 그 밖에 지방과학기술의 진흥을 위하여 필요한 사항 등이 포함되어야 한다.

긴밀한 연계를 위하여 국가연구개발사업의 기획·평가 및 관리 등에 관한 원칙과 기준이 선정될 필요가 있다. 또한 국가연구개발사업의 위임·위탁, 연구개발사업 수행 중 협약 등 위반시 참여제한 조치, 국가연구개발의 성과에 대한 소유권 및 기술료, 연구개발사업의 보완, 대학과 출연연구기관과의 연계 강화, 연구개발시설·장비 운영기관 등에 대한 법률적 근거가 필요하다.

이에 과학기술기본법은 국가연구개발사업의 추진(동법 제11조)과 관련하여, 국가연구개발사업의 참여제한(동법 제11조의 2), 국가연구개발사업에 대한 조사·분석 및 평가(동법 제12조), 국가연구개발사업 예산의 배분 및 조정 등 검토·심의(동법 제12조의 2), 과학기술예측 등(동법 제13조), 기술영향 및 기술수준의 평가(동법 제14조), 기초과학의 진흥(동법 15조), 민간기술개발 지원(동법 제16조), 협동연구개발의 촉진(동법 제17조), 과학기술의 국제화 촉진(동법 제18조), 남북간 과학기술의 교류협력(동법 제19조), 한국과학기술기획평가원의 설립(동법 제20조) 등에 관한 규정을 두고 있다.

1) 국가연구개발사업의 추진

과학기술기본계획에 따라 관계 중앙행정기관의 장은 소관분야에 대한 국가연구개발사업과 그 지원시책을 세워 추진하여야 하며, 이 경우 정부는 국가연구개발사업의 투명·공정한 추진과 효율적 관리 및 각 부처별 연구개별사업의 긴밀한 연계를 위하여 국가연구개발사업의 기획·평가 및 관리 등에 관한 원칙과 기준을 설정하여야 한다(동법 제11조).

2) 국가연구개발사업의 참여제한

중앙행정기관의 장은 소관 국가연구개발사업에 참여한 연구책임자, 연구기관·참여기업 또는 실시기업에 대하여 ① 연구개발의 결과가 극히 불량하여 중앙행정기관이 실시하는 평가에 따라 실패한 사업으로 결

정된 경우, ② 정당한 절차 없이 연구개발 내용을 국내외에 누설하거나
유출한 경우, ③ 정당한 사유 없이 연구개발과제의 수행을 포기한 경우,
④ 정당한 사유 없이 기술료를 납부하지 아니한 경우, ⑤ 연구개발비를
사용용도 외의 용도로 사용한 경우, ⑥ 정당한 사유 없이 연구개발결과
물인 지식재산권을 연구책임자나 연구원의 명의로 출원하거나 등록한
경우⑦ 거짓이나 그 밖의 부정한 방법으로 연구개발을 수행한 경우, ⑧
그 밖에 국가연구개발사업을 수행하기 부적합한 경우로서 협약의 규정
을 위반한 경우의 어느 하나에 해당하면 5년의 범위에서 소관 국가연구
개발사업의 참여를 제한할 수 있으며, 이미 출연한 사업비의 전부 또는
일부를 환수할 수 있다(동법 제11조의2 제1항).

3) 연구개발성과물의 소유 · 관리 및 활용촉진

국가연구개발사업의 결과물은 국가연구개발사업에 참여하는 연구형
태와 비중, 연구개발결과물의 유형 등을 고려하여 대통령령으로 정하는
바에 따라 연구기관 등의 소유로 한다. 다만, 중앙행정기관의 장은 ①
국가안보상 필요한 경우, ② 연구개발결과물을 공공의 이익을 목적으로
활용하기 위하여 필요한 경우, ③ 연구기관 등이 국외에 소재한 경우,
④ 그 밖에 연구기관 등이 소유하기에 부적합하다고 인정되는 경우의
어느 하나에 해당하는 경우에는 국가의 소유로 할 수 있다(동법 제11조
의3 제1항). 또한 중앙행정기관의 장은 제1항에 따라 국가가 소유하게
된 연구개발결과물을 전문기관 등에 위탁하여 관리하게 할 수 있다(동법
제11조의3 제2항).

4) 기술료의 징수 및 사용

연구개발결과물 소유기관의 장(전문기관 등에 위탁한 경우에는 위탁
받은 기관의 장)은 연구개발결과물을 사용 · 양도 · 대여 또는 수출하려
는 자와 실시권의 내용, 기술료 및 기술료 납부방법 등에 관하여 계약을

체결하는 때에는 기술료를 징수하여야 한다. 다만, 연구개발결과물 소유기관이 소유하고 있는 결과물을 직접 실시하려는 경우에는 전문기관의 장이 기술료를 징수할 수 있다(동법 제11조의4 제1항).

5) 국가연구개발사업에 대한 조사·분석·평가

국가과학기술위원회는 매년 국가연구개발사업에 대한 조사·분석 및 평가를 실시하여야 하며, 이 경우 관계 중앙행정기관, 지방자치단체, 교육·연구기관, 국가연구개발사업에 참여하는 법인·단체에 필요한 자료의 제출을 요구할 수 있으며, 자료의 제출을 요구받은 기관·법인 또는 단체는 특별한 사유가 없는 한 이에 응하여야 한다. 다만 대통령령으로 정하는 국방분야의 국가연구개발사업에 대한 평가 등은 실시하지 아니할 수 있다. 관계 중앙행정기관의 장은 소관 국가연구개발사업을 추진하는 때에는 평가의 결과를 반영하여 연구개발토대가 최대한 효율적으로 이루어지도록 노력하여야 한다(동법 제12조). 이와 관련된 법률로는 「국가연구개발사업 등의 성과평가 및 성과관리에 관한 법률」이 있다.

6) 국가연구개발사업 예산의 배분 및 조정 등 검토·심의

국가연구개발사업 관련 중앙행정기관의 장은 국가연구개발사업의 투자우선순위에 대한 의견, 국가연구개발사업의 사업계획서 및 국가연구개발사업관련 예산요구서를 국가과학기술위원회에 제출하여야 하며, 국가과학기술위원회는 이들에 대하여 국가연구개발사업의 목표 및 추진방향, 분야별·사업별 투자우선순위, 예산의 배분 및 조정 내역, 유사하거나 중복되는 사업 간의 조정 및 연계, 대형 국가연구개발사업의 투자적정성·중점추진방향 및 개선방향, 다수 부처 관련사업의 부처별 역할분담, 기초과학연구 및 지방과학기술진흥에 관한 사항, 그 밖에 국가연구개발사업의 투자효율성을 높이기 위하여 필요한 사항을 국가연구개발사업의 조사·분석·평가와 연계하여 검토·심의하고 그 결과를 관계 중앙행정기관의 장 및 기획예산처장관에게 각각 알려야 한다(동법 제12조의2).

7) 과학기술예측 등

정부는 주기적으로 주요 과학기술통계와 지표를 조사·분석하고 과학기술이 발전할 추세를 예측하여 그 결과를 과학기술정책에 반영하여야 하며, 그러한 예측결과를 바탕으로 새로운 기술을 발굴하고 개발할 수 있도록 노력하여야 한다. 또한 새로운 과학기술의 발전이 경제·사회·문화·윤리·환경 등에 미치는 영향을 사전에 평가하고 그 결과를 정책에 반영하여야 하며, 과학기술의 발전을 촉진하기 위하여 국가적으로 중요한 핵심기술에 대한 기술수준을 평가하고 해당 기술수준의 향상을 위한 시책을 세워 추진하여야 한다(동법 제13조 내지 14조).

8) 기초과학의 진흥, 협동연구개발의 촉진 등

정부는 기초과학의 진흥, 민간기술개발의 지원, 기업·대학·연구기관 간의 협동연구개발의 촉진, 과학기술의 국제화 촉진, 남북간 과학기술의 교류협력을 위한 지원시책을 수립·추진하여야 한다(동법 제15조 내지 제19조). 이와 관련된 법률로는 기초과학연구진흥법, 협동연구개발촉진법 등이 있다.

9) 한국과학기술기획평가원

'한국과학기술기획평가원'(KISTEP)은 국가연구개발사업의 효율적인 추진을 지원하기 위하여 설립된 법인으로서 ① 국가과학기술위원회가 심의하는 주요정책 및 계획의 수립·조정에의 지원, ② 국가과학기술위원회가 심의하는 국가연구개발사업 예산의 배분방향에 대한 지원, ③ 국가연구개발사업에 대한 평가 등의 지원, ④ 과학기술발전추세의 예측, ⑤ 기술영향평가 및 기술수준평가, ⑥ 그 밖에 대통령령이 정하는 국가연구개발사업에 대한 연구기획·평가 및 관리에 관한 사항 등의 사업을 수행한다. 이러한 업무를 수행함에 있어서 한국과학기술기획평가원은 관계중앙행정기관 및 지방자치단체와 그 산하기관, 정부출연연구기관 등에 대하여 중립성 및 객관성을 확립할 것이 요구된다(동법 제20조 제4항 및 제5항).

(4) 과학기술투자 및 인력자원의 확충

1) 연구개발재원의 확보와 과학기술진흥기금

국가과학기술의 혁신을 위해서는 과학기술에 대한 투자확대와 함께 과학기술인력의 획기적인 확충이 요구된다. 이에 따라 과학기술기본법은 과학기술발전을 촉진하는데 필요한 재원을 마련하기 위하여 정부연구개발투자의 목표치와 추진계획을 과학기술기본계획에 반영하도록 하고 있으며, 지방자치단체의 장에 대해서는 매년 소관지방자치단체예산에서 연구개발예산의 비율이 지속적으로 높아지도록 노력할 것을 규정하고 있다(동법 제21조).

또한 과학기술의 진흥과 과학기술문화의 창달을 효율적으로 지원하기 위하여 교육과학기술부장관은 '과학기술진흥기금'을 설치하고, 그 기금의 용도는 ① 과학기술에 관한 연구·학술활동과 인력양성 및 국제교류 등 과학기술의 진흥을 위한 사업의 지원, ② 과학기술 연구개발을 수행하는 관련기업·대학 및 연구기관 등에 대한 지원, ③ 과학기술의 진흥·개발과 과학기술문화의 창달에 이바지할 목적으로 설립된 법인·단체 또는 「과학관육성법」에 따라 등록된 과학관에 대한 지원 등으로 한정하고 있다(동법 제22조).

2) 과학기술인력의 양성

정부는 과학기술의 변화와 발전에 대응할 수 있는 과학기술인력자원을 양성·개발하고 과학기술인의 활동여건을 개선하기 위하여 ① 과학기술인력의 중·장기 수급전망의 수립, ② 과학기술인력의 양성·공급계획 수립, ③ 과학기술인력에 대한 기술훈련 및 재교육의 촉진, ④ 과학기술교육의 질적 강화방안 수립, ⑤ 고급 과학기술인력 양성을 위한 고등교육기관의 확충 등의 조치를 하여야 하며, 과학기술부장관은 과학기술인력의 활용 및 교류를 촉진하기 위한 방안을 마련하고 과학기술인력정보에 대한 데이터베이스를 구축하여 수요자가 손쉽게 활용할 수 있도록 하여야 한다(동법 제23조). 그 밖에 여성 과학기술인의 양성(동법 제24조), 과학영재의 발굴 및 육성(동법 제25조) 등에 관한 규정을 두고 있다.

(5) 과학기술의 기반강화 및 혁신환경의 조성

과학기술의 기반강화 및 혁신환경의 조성과 관련하여, 정부는 과학기술 및 국가연구개발사업관련 지식·정보의 생산유통·관리 및 활용을 촉진할 수 있도록 과학기술 및 국가연구개발사업에 관한 지식·정보의 생산·유통·관리 및 활용의 촉진을 위한 시책과 함께, 이들이 원활하게 관리·유통될 수 있도록 지적재산권 보호제도 등 지식가치를 평가하고 보호하기 위한 시책을 수립·추진하여야 한다(동법 제26조). 그 외에 과학기술기본법은 국가과학기술표준분류체계의 확립(동법 제27조), 연구개발시설·장비의 고도화(동법 제28조), 과학연구단지 등의 조성 및 지원(동법 제29조), 과학기술문화의 창달(동법 제30조), 과학기술인의 우대(동법 제31조), 정부출연연구기관 등의 육성(동법 제32조) 등에 관한 규정을 두고 있다.

1) 국가과학기술지식·정보의 관리·유통

정부는 과학기술지식·정보의 생산·유통·관리 및 활용을 촉진하기 위한 시책을 수립·추진하여야 한다. 이와 관련하여 '한국과학기술정보연구원'(KISTI)이 과학기술지식·정보의 효율적인 관리·유통을 위한 지원기관으로 지정되어 있다(동법 제26조). KISTI는 미국의 NTIS[13])와 유사한 기능을 수행하는 것으로 평가되고 있다.

2) 국가과학기술표준분류체계의 확립

과학기술부장관은 과학기술관련 정보·인력·연구개발사업 등을 효율적으로 관리하기 위하여 관계 중앙행정기관의 장과 협의하여 과학기술국가표준분류체계를 세우고 국가과학기술표준분류표를 만들어 시행하여야 한다(동법 제27조).

3) 정부출현 연구기관 등의 육성 및 평가

정부는 국가연구개발사업을 효율적으로 수행하기 위하여 정부가 출연하는 연구기관, 연구지원기관 및 교육·연구기관 등(이하 '정부출연연구기관 등'이라 한다)을 적극 육성하여야 하며, 관계중앙 행정기관의 장은「과학기술분야정부출연연구기관등의 설립·운영및육성에관한법률」에 따른 연구회와 산하 정부출연연구기관 등에 대하여 평가를 실시하고 그 결과를 국가과학기술위원회에 제출하여야 한다. 다만 연구회소관 정부출연연구기관에 대한 평가결과는 연구회가 제출한다(동법 제32조).

---

13) 1945년에 설치된 NTIS(National Information Service)는 연방정부의 과학기술정보센터로서 당초 독일과 일본의 기술보고서 및 제2차 세계대전 동안에 취득된 특허의 수집과 미국 산업에 잠재적 가치가 있는 기술정보의 제공을 목적으로 출범하였다. 연방행정 각부 또는 행정청은 연방지원연구개발활동에 따른 과학, 공학 및 기술적 정보가 비밀취급을 요하지 아니하는 것인 때에는, 민간부문, 학계, 주 및 지방자치단체, 연방행정청으로의 배포를 위하여, 이를 NTIS에 전달하여야 한다. 결국 NTIS는 연방이 소유 또는 개발한 것으로서 주·지방자치단체 및 민간기업에서의 응용가능성을 지닌 기술에 관한 정보의 수집, 배포 및 이전에 관한 중앙집중처리소(A central cearinghouse)라고 할 수 있다.

4) 과학연구단지 등의 조성 및 지원

정부는 산업계·학계·연구계가 한곳에 모여 서로 유기적으로 연계하는 데 따른 효율을 높이고, 국내외 첨단 벤처기업을 유치하거나 육성하기 위하여 과학연구단지를 만들거나 그 조성을 지원할 수 있다. 관계 중앙행정기관의 장은 예산의 범위 안에서 지방자치단체가 주관하는 과학연구단지 조성사업에 드는 비용의 전부 또는 일부를 지원할 수 있다(동법 제29조).

5) 연구개발시설·장비의 고도화

정부는 효율적이고 균형있는 연구개발을 추진하기 위하여 필요한 연구개발시설·장비 등을 늘리고 이를 현대화하기 위한 시책을 세우고 추진하여야 한다(동법 제28조).

6) 과학기술문화의 창달

정부는 과학기술에 대한 국민의 이해와 지식수준을 높이고 국민생활 및 사회전반에 과학기술이 널리 이용될 수 있도록 과학기술문화의 창달을 위한 시책을 세우고 추진하여야 하며, 이처럼 과학기술문화가 창달되는 체제를 구축하기 위하여 한국과학문화재단을 설립한다(동법 제30조).

7) 과학기술인의 우대 등

정부는 과학기술인이 우대받는 사회분위기를 만들고 안정적인 과학기술활동을 수행할 수 있는 여건을 마련하여야 하며, 대한민국을 빛낸 과학기술인과 그 업적을 항구적으로 기리고 보존할 수 있도록 필요한 조치를 마련하여야 한다. 또한 과학기술인이 이룬 우수한 연구개발성과에 대하여 적절히 보상할 수 있는 시책을 마련하고 그 성과를 실용화하기 위한 지원시책을 세우고 추진하여야 한다(동법 제31조).

| 제2장 |

법의 이해

법의 이해

제1절 법이란 무엇인가

I. 사회생활과 법

개개인들이 모여서 하나의 집단을 만들어서 다른 집단의 사람들과 구별되는 일정한 생활단위를 형성하여 자주적으로 운영하는 생활공동체를 '사회'라고 한다. 이러한 사회는 "사회 있는 곳에 법이 있다(Ubi societas, ibi ius)"라는 법언(法諺)처럼 일정한 '규범(norm) 또는 규율(rule)'에 기초하여 움직인다. 인간은 출생에서부터 사망에 이르기 까지 사회 속에서 자신의 의미있는 삶을 형성하며 살아가게 되는데, 다른 한편에서는 그 사회를 유지하기 위한 일정한 통제장치에 의해 삶을 제한 받지 않을 수 없다. 이때의 사회체제를 유지하기 위한 장치를 우리는 '사회규범'이라고 하며 그 사회규범의 한 종류를 '법(法)'이라고 한다.

그러면 법과 생활관계를 한번 살펴보자. "인간은 사회적 동물이다"라는 격언처럼 인간은 사회를 떠나서는 살 수 없으며, 그 사회체제를 유지하고 형성하는 하나의 도구가 바로 법이다. 그래서 인간은 한 평생을 법의 테두리 안에서 살아가게 된다. 예를 들어 태어나면 누구나 해야 하는 출생신고를 시작으로 만 6세가 되면 교육법이 정하는 바에 따라 학교에 들어가서 일정 교육을 마친다. 그 후에는 본격적으로 사회에 진출하여 자신의 삶을 자신의 설계에 맞추어 스스로 꾸려 나가게 된다. 바로 이 단계에서부터는 구체적 법률관계에 접하게 되는데, 예를 들어 근로관계를 규율하는 노동법(근로기준법·노동조합 및 노동관계조정법·최저임금법 등), 남녀고용평등법 등의 적용을 받게 된다.

또한 한 사람의 자연인 신분에서 '또 다른 자신'이라 할 수 있는 배우자를 만나 가정을 가지게 되는데, 이 경우에도 여러 가지 법률관계에 접하게 된다. 즉 결혼을 하기 위해서는 민법의 혼인에 관한 여러 요건, 예를 들어 혼인적령에 이른 남녀의 혼인의사의 합치, 중혼금지 등 일정한 요건을 충족한 후에 혼인신고를 함으로써 법률의 보호를 받는 부부관계가 성립한다. 그리고 주거에 필요한 생활공간을 마련하는 데에도 주택임대차보호법이 규정한 몇 가지 요건, 즉 주택의 인도, 주민등록(확정일자) 등을 충족시켜야 하며, 경우에 따라서는 '임대차 등기명령 제도'를 이용해야 할 때도 있다. 또 집을 구입(소유)한 경우에는 민법과 부동산등기법에 따른 등기를 해야만 진정한 소유자의 지위를 누리기 위한 법적 보호를 받을 수 있게 된다.

한편 과학문명의 발달은 인류의 삶의 질을 높이고 생활의 편의를 획기적으로 증대시켜왔지만 그에 따른 손실의 규모 또한 비례적으로 늘고 있다. 예를 들어 자동차나 항공기의 출현은 사람과 물건의 신속한 이동 및 교환을 가능하게 하여 경제적 이익의 증진을 가져온 반면에 교통수단에 의해 빚어지는 잦은 사고는 상당한 규모의 인적·물적 손실을 가져오기도 한다. 이로 인해 야기되는 각종 형사상의 문제들도 점점 복잡한 유형으로 변화·증가하고 있다. 또한 오늘날 폭발적인 성장세를 보여주고 있는 첨단 정보통신 분야의 경우도 지구촌의 정보를 실시간대로 소통·교환시켜줌으로써 '하나의 지구' 또는 '지구촌 시대'라고 할 만큼 종래에는 이상으로만 생각되었던 것이 현실화되고 있다. 그러나 이 모든 것이 인류의 미래에 희망만을 안겨주지는 않는다는 점에 문제의 심각성이 있다. 즉 문명의 이익속에서도 환경문제나 인권문제 그리고 개인의 수중을 벗어난 정보·자료의 관리·통제 문제 및 그로부터 빚어지는 개인의 사생활침해 문제 등 예측불허의 미래를 진단하는 것만큼이나 풀기 어려운 문제들이 발생하고 있으며 그 전개양상 또한 나날이 다양해지고 있다.

II. 법의 기능

1. 분쟁의 해결

만약 법이 없다면 사람들은 저마다 자신들의 이익만을 주장하게 되어 서로의 의견이 조정되지 않아 사회는 큰 혼란에 빠질 것이다. 또 법의 내용이 자신의 가치관과 취양에 맞지 않는다는 이유로 사람들이 법을 지키지 않는다면 사회의 질서는 유지될 수 없을 것이다. 따라서 법은 사회규범으로서 강제성을 가지고 분쟁을 해결하는 기능을 가지게 되며, 또한 분쟁의 당사자들은 저마다 나름의 논거를 제시하면서 분쟁을 자신에게 유리한 방향으로 해결하고자 할 것이므로 법적분쟁의 기준은 객관적이고 공정해야 한다. 한편, 분쟁을 해결하는 기준으로서 도적이나 관습, 종교 등을 생각해 볼 수 있다. 하지만 공동체 구성원들이 일반적으로 공유하는 도덕, 관습, 종교 등의 가치를 확인하는 작업은 그리 수월하지 않을 뿐만 아니라, 설령 확인된다고 하더라도 오늘날의 복잡하고 다양한 사회현상에서 비롯되는 각종 형태의 분쟁을 합리적으로 해결하는 것은 불가능하다. 왜냐하면 도덕이나 관습, 종교는 그 내용이 명확하지 않고 상대적인 경우가 많아서 일반적으로 모든 경우에 일관되게 적용되기 힘들기 때문이다. 따라서 분쟁을 객관적으로 해결하는 기준으로는 이성에 따라 제정된 법이 필요한 것이다.

[참고: 법과 구별되는 사회규범] ① 법과 도덕: 『성서』의 「누가 복음」 10장 30~35절에 나오는 하나의 예를 들어보자. "어떤 사람이 예루살렘에서 '예리고'로 내려가다가 강도의 습격을 받았다. 강도들이 그의 옷을 벗기고 때려, 거의 죽은 상태로 내버려 두고 갔다. 한 제사장이 우연히 같은 길을 내려가다가 그를 보고 피해갔다. 또 한 레위인도 같은 곳에 도착하여 그를 보고 피하여 지나갔다. 그 다음 여행 중이던 한 사마리아인이 그를 보고 불쌍히 여겨 가까이 가서 기름과 포도주를 상처에 붓고 싸맨 다음 그를 자신의 짐승에 태워 주막으로 데려가 돌보아 주었다. 그 다음날 그는 주막 주인에게 데나리온 둘을 내어주며, '이 사람을 돌보아주라. 비용이 더 들면 내가 돌아와서 갚으리라'라고 말했다." 이 사례는 이른바 "착한사마리안법"이라고 칭하면서 법과 도덕을 구별하기 위한 예로서 사용되고 있다. 이 사례에서 우리는 길거리에서 강도를 당한 사람을 보고 측은한 감정을 가지게 되지만, 그 상황을 보고도 그냥 지나쳐버린 사람에게는 비난을 가할지도 모른다. 그러면 이 비난이라는 감정을 가지고 법은 그 상황을 보고도 그냥 지나쳐 버린 사람을 처벌해야 하는가. 아니면 비난은 하되 처벌은 하지 말고 그 사람의 양심에 맡길 것인가. 우리는 여기에서 법과 도덕의 관계를 생각해 볼 수 있다. "법은 도덕의 최소한이다"라고 G. Jellinek의 말처럼 대부분의 법은 도덕 중 법적인 강제를 통해서라도 유지하게 하여야 할 필요에 의한 것이다. 그러나 모든 도덕이 법으로 규제대상이 될 수는 없다. 즉 법의 규제대상으로 하기에는 부적당한 것(예, 부부의 사랑을 강제하는 것)도 있는 반면에 '신의성실'이나 '사회상규'와 같은 도덕적 가치판단을 법의 기준으로 하는 부분도 상당히 있다(예, 존속살해죄).

② 법과 관습: 관습은 같은 종류의 행위가 계속·반복되어 오면서 발생한 사회규범 중의 하나이다. 관습은 부분사회에서 성립하고 그 곳에서만 타당성을 지니지만, 법은 전체 국가사회의 규범이다. 또한 관습의 규범력은 사회통념 및 일반상식 그리고 대중적 견해에 기초하며 그 위반은 사회적 비난에 그치지만, 법은 국가권력에 의한 물리적 강제가 예정되어 있다.

③ 법과 종교: 법과 종교는 본래 분리되지 않은 채로 중세까지 존속하였다. 이 시대의 종교적 금지는 곧 법의 금지의 성격을 갖는 것이었다. 인간 중심

의 세계관에 기초하여 정교분리의 원칙을 헌법적 요소로 하여 탄생한 근대
국가 성립 이후 분리되었다. 법은 국가기관의 강제력에 의하여 유지되지만,
종교는 신앙심에 의하여 유지된다. 또한 종교는 봉사적이며 절대자에 대하
여 무조건적인 의무만을 이행하는 일방성을 지니지만, 법상의 의무는 의무
이행의 대가로 보다 많은 권리를 실현할 수 있는 양면성을 지닌다.

2. 사회질서의 유지

　법은 사회의 평화와 질서를 유지하는 기능을 한다. 넓은 의미에서 보
면, 이는 법의 분쟁해결기능과도 관련이 있다. 왜냐하면 구성원들 사이
의 분쟁이 원만하게 해결되지 않고서는 그 사회의 평화와 질서가 유지
되기를 기대할 수 없기 때문이다. 법을 통한 질서유지 양상을 보여주는
단적인 예로는 범죄로부터 시민의 생명과 재산을 보호하는 형법을 들
수 있다. 형법은 일차적으로 범죄행위로 인해 사회의 질서가 흔들리는
것을 막을 뿐만 아니라, 국가가 형벌권을 독점함으로써 범죄의 피해자가
범죄자에게 사적으로 보복하려고 할 때 발생할 수 있는 혼란과 무질서
도 방지해 준다. 또한 민사법은 사회의 경제질서를 유지하고, 헌법은 헌
정질서를 유지하는 등 사회질서의 유지기능은 법의 기본적적인 기능 중
의 하나이다.

3. 공익의 추구

　법은 공익과 공공복리를 추구한다. 법치주의의 원리는 법을 마련하는
것 그 자체가 곧 공익을 달성하기 위한 적합한 수단이라는 생각을 담고
있다. 즉 공동체 구성원의 합의에서 비롯된 법이 아닌 특정 개인이나 소
수집단의 판단에 입각하여 공동체 전반의 이익을 추구하는 것은 이치에
맞지 않다. 역사적으로도 권력자가 공적인 힘을 남용해서 자신의 개인적
이익만을 추구하거나 국민의 뜻과는 다른 국가정책을 펴서 큰 혼란을

일으킨 사례가 적지 않다.

더 큰 문제는 그러한 사회적 손실에 대해 누구도 책임을 지지 않는다는 점이다. 법을 통해 공익을 추구하려는 발상은 이러한 문제점들을 극복하고자 했던 과거의 노력과 시행착오의 산물이라고 할 수 있다. 따라서 법이 공익에서 일탈하여 사적인 이익에 봉사하는 것은 일종의 법의 타락으로서 결계하여야 할 것이다.

4. 정의와 인권의 수호

법은 정의와 인권을 수호하는 기능을 한다. 근대 시민혁명 당시 시민들이 정의와 인권을 법의 형식으로 약속받았던 것에서 알 수 있는 것처럼, 전통적으로 법의 역사는 인권보장의 역사이기도 하다. 특히 법이 정하고 있는 각종 재판제도와 청원제도 등은 정의와 인권을 수호하기 위한 공식적인 절차라고 할 수 있다. 국가의 공권력에 의한 중대한 인권침해로부터 일상적인 거래관행에서 발생할 수 있는 부당한 금전적 손해에 이르기까지, 시민들은 이러한 공식적인 절차에 의하여 국가 등의 권력기구로부터 정의와 인권을 보장받을 수 있다.

III. 법의 분류

1. 성문법과 불문법

법을 분류하는 가장 일반적인 방식은 입법기관이 소정의 절차에 따라 제정한 법인 성문법(Written law)과 그렇지 않은 불문법(Unwritten law)으로 나누는 것이다. 성문법은 제정 목적과 내용이 다르다 하더라도 그 형식에서는 모두가 같은 형태(조문으로 정리 및 체계화함)로 존재한다는 점이 특징이다. 오늘날 거의 모든 국가에서 이러한 성문법주의를 취하고 있다. 성문법에는 헌법과 법률이 있으며, 법률로부터 권한을 받아 행정기관이나 지방자치단체가 정하는 명령, 조례, 규칙 등도 이에 속하고, 그 외에 조약 등의 성문으로 된 국제법도 포함된다.

[성문법의 종류] ① **헌법**: 헌법은 국민의 자유와 권리를 보장하기 위하여 국가의 통치조직과 그 작용의 원리를 정한 국가의 최고법이다. 헌법은 국가의 최상위 법규범으로서 하위법규범인 법률·명령·규칙·자치법규를 기속(羈束)한다. 따라서 헌법에 위반하는 법규의 제정 또는 그 적용은 무효이다.

② **법률**: 법률은 헌법을 구체적으로 실현하기 위한 성문법원으로서 넓은 의미에서 법 그 자체를 의미하며, 좁은 의미에서는 국회의 의결을 거쳐 대통령에 의하여 서명·공포된 성문법원을 의미한다. 법률은 헌법의 이념을 구체적으로 구현하기 위해 제정된 것으로 헌법을 제외하고는 가장 큰 효력을 가지며, 따라서 법률의 규정에 위반되는 하위의 성문법원은 무효가 된다.

③ **명령**: 명령은 국회의 의결을 거치지 아니하고 제정되는 성문법원으로 국회의 의결을 거치지 않는다는 점에서 법률과 차이가 있다. 명령은 법률의 하위에 위치하므로 명령에 의하여 법률을 개정하거나 폐지할 수는 없다. 본래 국민의 권리와 의무에 관한 사항은 국회에서 제정된 법률에 의하여야 하는 것이 원칙(법치주의)이다. 그렇지만 법률에서 국민의 모든 권리와 의무를 규율한다는 것은 불가능하고 행정의 전문성과 기술성 그리고 능률성이 요청되는 현대 복리국가에서는 일정한 범위 내에서 행정부에 의한 행정입법을 인정하고 있으며 그 중요성은 날로 증대하고 있다.

④ **규칙**: 규칙은 독립적인 국가기관이 법률이 정한 사항에 대하여 제정하는 성문법원으로서 '규칙'이라는 명칭이 붙여진 것을 의미한다. 규칙은 헌법상 규칙제정권이 부여된 국가기관에 의하여 헌법, 법률 또는 명령의 범위 안에서 제정되는 규칙과 행정기관의 내부질서와 공법상의 특별권력 관계를 규율하기 위하여 제정되는 '행정규칙'으로 나뉜다.[1] 그런데 비록 '규칙'이라는 명칭이 부여되어 있지만 헌법 또는 법률에 의하여 제정권능을 위임받아 제정된 자율입법으로서 '명령'으로서의 성질을 갖는다. 행정규칙은 내용에 따

---

[1] 전자에는 국회의 의사와 내부규율에 관한 국회규칙, 법원의 소송에 관한 절차와 법원의 내부규율 및 사무처리에 관한 대법원규칙, 선거관리·국민투표관리, 정당사무, 내부규율에 관한 중앙선거관리위원회규칙, 감사에 관한 절차, 감사원의 내부규율과 감사사무 처리에 관한 감사원규칙 등이 있다.

라 조직규칙·근무규칙·영조물규칙 등으로, 형식에 따라 훈령·지시·고시·예규·통첩·일일명령 등으로 구분된다.

⑤ 조약: 조약이란 국제법상 완전한 주체가 될 자격이 있는 국가 사이의 문서에 의한 합의를 물하며 국내법과 동등한 효력을 갖는다(헌법 제6조 제1항). 조약의 체결과 비준은 대통령의 고유권한이지만(헌법 제73조), 다음과 같은 조약을 체결하거나 비준하는 경우에는 국회의 동의를 얻어야 한다. ① 상호원조 또는 안전보장에 관한 조약, ② 중요한 국제조직에 관한 조약, ③ 우호통상항해조약, ④ 주권의 제약에 관한 조약, ⑤ 강화조약, ⑥ 국가나 국민에게 중대한 재정적 부담을 지우는 조약, ⑦ 입법사항에 관한 조약 등이다(헌법 제60조 제1항). 이와 같은 조약의 체결·비준에 대하여 국회의 동의를 얻도록 한 것은 대통령의 외교권에 대한 국회의 통제라는 의미도 가진다.

불문법의 종류에는 관습법과 판례법이 있다. 관습법이란 일정한 같은 종류의 행위가 오랫동안 계속·반복됨으로써 그 행위가 사회 구성원들 사이에 구속력을 얻어 법적인 효력을 가지는 것으로 법적 확신을 얻은 규범을 말한다. 관습법은 사회에서 사실로서 존재하면서 준수하지 않는다고 하더라도 법적인 강제력이 없는 '사실인 관습'과는 구별된다. 따라서 관습법으로서 성립하기 위하여서는 ① 일정한 같은 종류의 행위가 계속·반복되는 관행의 존재가 필요하다. ② 관행에 대한 법적 확신, 즉 법규범으로서의 강행성이 있다는 확신이 있어야 한다. ③ 관습이 선량한 풍속 기타 사회 질서에 반하지 않아야 한다. ④ 법률의 규정에 의하여 명문으로 인정한 관습이거나 법률에 그 규정이 없는 사항이어야 한다.

한편 판례법은 동일한 법률문제에 관하여 법원에서 법관이 행한 판결의 내용이나 취지가 판결을 통해 반복적으로 확인된 경우, 그 판결의 내용이나 취지를 일컫는 말이다. 관습법이 법으로 확인되었는지 여부도 결국 법원이 결정하게 되므로 불문법은 주로 법원에 의해 선언되고 확인된다고 할 수 있다. 우리나라의 경우, 대법원에서 판시한 법령의 해석은 당해 사건에 관하여 하급심을 기속하며(법원조직법 제8조), 대법원이 그 판결을 변경할 필요가 있는·경우에는 대법관전원(14인)의 3분의2 이상으로 구성되는 합의체에서 재판하도록 하고 있다(법원조직법 제7조 제1항 제3호). 이로써 판례의 법규범력이 인정되며, 일반인은 선례에 따라서 행동하려는 법적 확신이 형성된다는 이유에서 판례의 법원성을 인정할 수는 있다. 그러나 법관은 독립하여 양심에 따라 헌법과 법률에 의하여 심판(헌법 제103조)할 수 있으므로 선례에만 구속된다고 보기는 어렵다. 따라서 엄격한 의미에서 규범적으로는 법적 구속력은 없지만 실제적으로 그 구속력을 가지는 것이다.

2. 공법과 사법 그리고 사회법

(1) 공법과 사법

공법은 기본적으로 국가와 국민 사이의 관계를 규율하는 법 규범이다. 이 중 형법이 가장 오래된 공법이며, 국가와 정부가 발달하면서 헌법이나 행정법 그리고 소송법 등의 공법이 발달하게 되었다. 한편 사법은 개인과 개인 사이의 관계를 규율하는 법 규범이다. 사법으로는 재산과 가족에 대해 일반적으로 규율하는 민법이 대표적이며, 상거래 등 특수한 거래에 적용되는 상법 등이 있다.

역사적으로 법은 공법과 사법으로 구분된 상태에서 발달해 왔기 때문에 공법에 적용되는 원리와 사법에 적용되는 원리는 다소 독자적으로 형성되어 왔을 뿐만 아니라, 우리나라에서 현실의 재판제도는 크게 형사재판과 민사재판으로 나뉘어 존재한다. 사실상 형사와 민사 이외의 재판은 특별한 규정이 없는 한 형사 및 민사재판의 원리를 준용하기 때문에 형사재판과 민사재판을 구별하는 것은 의미가 있다.

[**민사소송와 형사소송의 관계**] 동일한 행위에 의해 발생한 문제일지라도 경우에 따라서는 민사관계가 되기도 하고 형사관계가 되기도 한다. 따라서 일

반인들은 혼란스러울 수 있는데, 일반인들이 민사관계와 형사관계를 혼동함
으로써 가지게 되는 의문점들은 다음과 같다. ① 판사가 민사재판에서 내게
돈을 갚지 않아도 된다고 했음에도 불구하고 검사는 왜 나를 교도소로 보내
려 하는가? ② 내가 상대방보다 우수한 변호사를 선임하여 민사재판에서 이
겼음에도 불구하고 왜 상대방은 교도소에 가지 않는가? ③ 남의 돈을 빌려
간 후 갚지 않은 자들은 당연히 교도소에 보내서 정신을 차리게 해야 하지
않는가? ④ 상대방이 상해죄로 기소되어 유죄판결을 받았으니 곧 검찰에서
나의 치료비도 받아 주겠지?

민사관계는 기본적으로 개인과 개인의 사적인 관계이다. 따라서 민사분쟁
의 해결절차는 누군가로부터 부당하게 손해를 입은 사람이 법원에 민사소송
을 제기하면 법원이 그의 정신적·금전적 손해에 대하여 배상 등을 명하는
형태로 진행된다. 반면에 형사관계는 범죄를 저지른 개인과 형벌권을 가지
고 있는 국가 사이의 관계를 말한다. 따라서 검사가 국가기관을 대표하여 범
죄혐의자를 대상으로 형사소송을 제기하면 법원은 그 자에게 잘못이 있는
지, 만약 잘못이 있다면 형벌을 부과할 것인지, 부과한다면 어떤 형태의 형
벌을 얼마나 부과할 것인지를 결정하는 형태로 진행된다. 즉 민사소송과 형
사소송은 별개의 문제를 다루는 서로 독립적인 절차이다.

위의 ①에서 판사는 민사에 관한 판결을 내린 것이다. 그러나 민사소송에
서 승소를 하였다고 하더라도 형사적인 책임까지 없는 것은 아니다. 따라서
형사소송에서 검사는 민사송과 상관 없이 수사하여 피의자에게 범죄의 혐의
가 있다고 판단되면 그를 기소할 수 있다. ②에서도 마찬가지이다. 교도소에
가도록 판결을 내리는 것은 형사소송이므로, 이 경우 '나'는 민사소송에서만
이긴 것이다. 따라서 형사처벌까지 받게 하려면 별도의 고소를 제기하는 등
형사절차를 거쳐야 한다. ③에서 남의 돈을 빌리고 갚지 않은 것만으로 상
대방을 교도소에 보낼 수는 없다. 돈을 안 갚는 것은 단순히 상대방에게 손
해를 끼치는 것을 넘어 사회질서를 해치는 행동이 될 때 비로소 형법의 규
율대상이 된다. ④는 반대의 사례로, 상해죄와 관련된 형사재판은 피고인에
게 형벌을 부과하는 것으로 끝나고, '내'가 입은 손해는 손해와 관련된 민사
소송을 따로 제기하여 배상받아야 한다.

범죄로 피해를 입었을 경우 형사절차와 민사절차를 적절히 이용하는 것은
권리보호를 위해 중요한 일이지만, 사건의 성질상 민사관계임이 명백함에도

돈을 받아내기 위한 수단으로 무조건 형사고소를 하는 것은 삼가는 것이 중 요하다. 왜냐하면 무분별한 고소의 남발은 인간관계의 단절을 초래할 뿐만 아니라 막대한 수사력의 낭비로 이어져 결국 국민들의 부담으로 귀착되기 때문이다.

(2) 사회법

공법과 사법 이외에 제3의 법영역으로서 사회법이 있다. 사회법이 탄 생하게 된 계기는 자본주의의 발달과 깊은 관련을 맺고 있다. 즉 중세 봉건제 사회에서 벗어나 시민혁명을 거쳐 성립한 근대국가에서는 자유 주의에 입각한 자본주의가 발전하게 되는데, 특히 18세기 후반부터 시작 한 산업혁명으로 인하여 자본주의경제가 고도화됨에 따라 '빈익빈 부익 부' 현상이 심화되었고, 이러한 자본주의 경제의 모순을 시정하기 위하 여 국가기능을 적극적으로 확대하여 경제적 약자를 보호하기 위한 조치 로서 국가가 간섭하게 된 법 규범을 말한다. 이러한 사회법은 본래 사법 의 지배에 맡겨져 있었던 사적인 경제생활관계에 국가가 적극적으로 개 입·간섭함으로써(즉 사법의 공법화 현상) 사법이나 공법의 영역에도 속 하지 않는 '제3의 법영역'을 구성하고 있다는 점을 그 특징으로 한다.

사회법에는 근로기준법 등 노동과 관련된 법과 사회보장에 관련된 법, 그리고 독점규제 및 공정거래에 관한 법률 등 경제활동을 규율하는 법 들이 있다.

3. 실체법과 절차법

실체법이란 권리·의무의 실체, 즉 권리·의무의 변동(발생·변경· 소멸) 및 내용과 성질 등을 규정한 법을 말한다. 절차법은 권리·의무를 실현하는 절차, 즉 권리의 행사나 보전 그리고 의무의 이행 등에 관한 절차를 규정하는 법이다. 실체법과 절차법의 관계에서 주의하여야 할 것은 첫째, 실체법이 존재하지 아니할 때에는 이를 이유로 재판을 거부할 수 없지만 절차법이 존재하지 아니할 때에는 재판을 진행할 수 없다. 둘째, '법률불소급의 원칙'은 실체법상의 원칙일 뿐 절차법상의 원칙은 아니다. 따라서 신·구절차법이 충돌되었을 경우에는 특별한 규정이 없는 한 신절차법이 적용된다. 왜냐하면 절차법은 권리·의무의 실질에 관한 것이 아니기 때문에 신법을 적용하더라도 법주체간의 권익을 침해할 염려가 없기 때문이다.

[법의 분류]

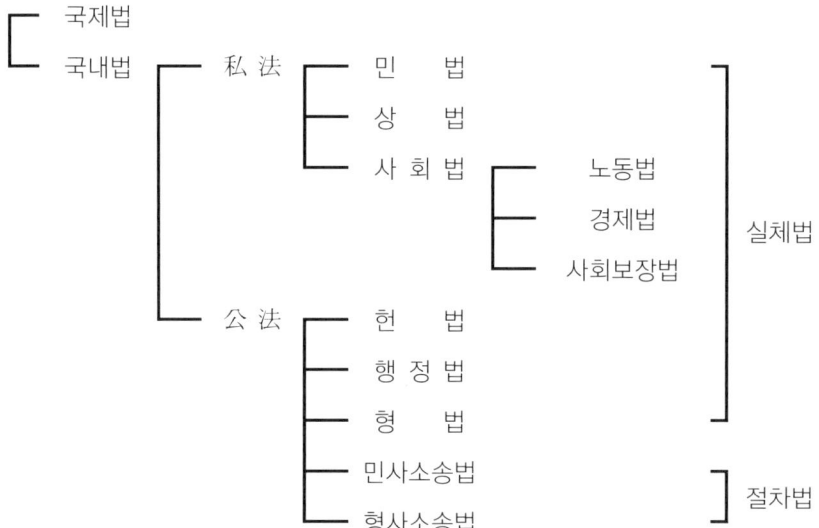

IV. 법의 기본개념

1. 법률관계와 권리능력

법은 사람과 사람의 관계를 규율하는 규범이다. 따라서 무인도에 홀로 남은 크루소에게 있어서 법의 의의는 크지 않다. 그런데 사람과 사람 사이의 관계는 대단히 광범위해서, 어떤 경우에는 법이 관여할 필요가 없는 경우도 있다. 따라서 사람과 사람 사이의 관계 중에서 법적으로 의미 있는 관계를 '법률관계'라고 한다.

법률관계는 관계를 맺고 있는 사람들이 서로 권리와 의무라는 것으로 묶여있다고 상정한다. 여기서 권리란 상대방에게 무엇인가를 요구하거나 행하도록 함으로써 이익을 누리는 것이며, 의무는 그와 반대로 상대방이 요구하는 것을 해 주어야 하는 것을 의미한다. 그런데 권리는 세상 만물이 모두 가질 수 있는 것은 아니어서 권리를 가질 수 있는 자격은 법적으로 살아있는 사람만이 취득할 수 있다. 이처럼 사람으로 태어나서 죽을 때까지 누리는 권리를 가질 수 있는 자격을 '권리능력'이라고 한다.

권리능력은 살아있는 사람이 가지는 것이 원칙이지만, 사회적·경제적 필요성이 있는 경우에는 일정한 사람의 모임(사단)이나 재산(재단)에게도 권리능력을 부여할 수 있다. 이렇게 특별히 권리능력을 인정받는 주체를 '법이 정한 사람', 즉 법인이라고 한다. 주변에서 흔히 볼 수 있는 회사는 상법상 인정된 법인의 특별한 경우이며, 이는 살아있는 사람은 아니지만 계약도 맺고 재산도 가질 수 있다.

2. 법률행위와 행위능력

사람들이 살아가기 위해서는 의식주를 해결하기 위해 필요한 재화를 획득해야 한다. 이는 법률적으로 재화에 대한 권리를 취득하는 것을 말한다. 권리를 취득하기 위해서는 누군가의 재화를 자기의 것으로 옮겨야 하는데, 이는 결국 권리가 변동된다는 것을 의미한다. 이렇게 권리를 변동시키기 위한 대표적인 행위가 법률행위이다. 우리가 흔히 하는 계약은 법률행위의 대표적인 유형이라고 할 수 있다.

법률행위는 가장 기본적인 삶을 영위하기 위한 행위이기 때문에 신중하고 사려깊게 행해져야 한다. 만약 자기가 하는 계약의 의미를 제대로 알지 못하는 사람이 있다면 그 사람은 삶을 영위하기 곤란한 상황에 빠지게 될 것이다. 이처럼 법률행위는 아무나 하는 것이 아니라 일정한 지적능력이 되는 사람만 할 수 있는 것이며, 이러한 능력을 '행위능력'이라고 한다. 행위능력이 없는 사람은 제대로 된 법률행위를 할 수 없으며, 부모나 후견인 등 다른 사람의 도움을 받아서만 법률행위를 할 수 있다. 이는 행위능력이 없는 사람을 특별히 보호하기 위한 것인데, 민법에서는 이런 행위무능력자를 크게 세 가지로 구분하고 있다. 즉 만 20세가 안 된 미성년자, 그리고 성인은 되었지만 법률행위를 할 만한 지적능력이 안 된다고 인정한 한정치산자 및 금치산자이다.

한정치산자는 지적능력이 다소 모자란 정도이므로 한정치산자가 행한 재산상의 약속은 후견인이 취소하지 않는 한 효력이 없다. 반면에 금치산자는 지적능력이 상당히 많이 떨어진 사람이므로 금치산자가 행한 재산상의 약속은 애초부터 무효가 된다. 한정치산자와 금치산자는 법원의 선고에 의해서 정해진다.

3. 범죄와 형벌

(1) 범죄의 성립

형법상 범죄가 성립하기 위해서는 일차적으로 형법 등 법률에서 정한 범죄에 해당하여야 한다. 이를 '범죄구성요건'이라고 한다. 그러나 범죄구성요건에 해당한다고 하더라도 항상 범죄가 되는 것은 아니다. 범죄가 되기 위해서는 그 행위가 위법해야 하고, 또 행위자에게 범죄결과에 대한 책임을 물을 수 있어야 한다.

범죄구성요건에 해당하는 행위가 위법해야 한다는 것은 범죄구성요건에 해당하지만 위법하지 않는 행위도 있다는 것이다. 대표적인 예로서 정당방위나 긴급피난을 들 수 있다. 예를 들어 사람을 죽였다면 이는 일차적으로 형법 제250조 살인죄의 구성요건에 해당하지만 그 살인이 자신을 살해하려는 사람으로부터 자기 생명을 지키기 위해 어쩔 수 없이 행한 행동이라면 비록 외형은 살인이지만 법은 정당방위에 의한 행위로서 위법하지 않다고 평가하는 것이다. 따라서 이는 범죄가 아닌 것이다.

또한 범죄구성요건에 해당하고 위법하다고 하더라도 범죄가 성립하기 위해서는 행위자에게 범죄결과에 대한 책임을 물을 수 있어야 한다. 예를 들어 아무것도 모르는 5살 어린이가 가게 물건을 깨뜨린 것은 재물손괴죄에 해당한다고 할 수 없다. 즉 범죄가 성립된다고 하기 위해서는 행위자에게 책임을 질만한 지적능력과 인간적 성숙도가 필요하다. 그런 지적능력과 성숙도가 있는 인간이 비난받을 만한 행위를 저지른 경우에 한하여 그에게 책임을 물을 수 있는 것이다. 책임을 물을 수 없는 또 다른 경우는 저항할 수 없는 폭력에 의해 강요된 행위나 자기의 행위가 법령에 의하여 죄가 되지 않는 것으로 오인하였지만 이에 정당한 이유가 있는 경우 등이다.

(2) 형벌의 부과

범죄가 성립하면 여기에 형벌이 부과된다. 형법이 규정하고 있는 형벌의 종류에는 사형, 징역, 금고, 자격상실, 자격정지, 벌금, 구류, 과료, 몰수 등 9가지가 있다. 징역, 금고, 구류는 수형자를 교도소에 구치하는 것으로서 징역은 일정한 노역을 시키는데 반하여 금고는 노역을 하지 않고 수용하는 것이다. 구류는 1일 이상 30일 미만의 기간내에 교도소에 있는 경우이다. 벌금과 과료는 일정한 금액을 강제적으로 납부하게 하는 형벌이며, 과료는 경미한 범죄에 대해 부과되어 금액이 적다는 점에서 벌금과 구별된다. 또한 과료는 과태료와 구별되는데, 과태료는 범죄에 대한 제재가 아니라 행정상 제재인 점에서 과료와 구별된다.

V. 법의 기본원리

1. 비례성의 원칙

오늘날 공법과 사법 전반에 걸쳐 널리 통용되는 법의 일반 원칙으로서 비례성의 원칙이 있다. 비례성의 원칙은 두 이해관계가 충돌할 경우 어느 한쪽에 치우치지 않고 균형 있게 양자를 보장하기 위한 원칙이다. 특히 이는 헌법재판소가 법률의 위헌성 여부를 판단함에 있어서 당해 법률이 국민의 기본권을 제한하는 정도를 결정하는 기준으로 사용한다. 헌법재판소에서 정하고 있는 비례성 원칙은 다음과 같다.

국가가 정책 등의 달성을 위해 국민의 기본권을 법률로 제한할 경우에는 그 목적이 정당해야 하고, 그 방법이 적절해야 하고, 국민의 피해를 최소화하는 수단을 사용해야 한다. 또한 이러한 요건이 모두 충족한다고 하더라도 국민의 권리침해로 인한 마이너스 효과와 정책달성으로 인한 플러스 효과를 최종적으로 저울질 해 보아 국민의 권리침해의 비중이 더 크다면 이는 비례성 원칙에 반하는 것이다.

[사례] 국가기관의 채용시험에서 국가유공자의 가족에게 가산점을 부여하는 것이 헌법에 위반되는지 여부 - 국가유공자등예우및지원에관한법률 제31조 제1항, 제2항 등 위헌확인 (헌법재판소 2006. 2. 23. 선고 2004헌마675 전원합의부 결정)

가산점제도의 목적은 헌법 제32조 제6항의 취지를 반영한 것이거나, 헌법 제37조 제2항의 공공복리의 달성을 위한 것으로서 정당하다. 또한 그러한 가산점제도는 국가유공자와 그 유족 등이 공직에 채용될 수 있도록 지원하는 역할을 함으로써 입법목적의 달성을 촉진하고 있다고 할 것이므로 정책수단으로서의 적합성도 가지고 있다.

그런데 그러한 입법목적의 달성에 이 사건 조항이 과연 어느 정도 필요한 것인지, 차별효과가 수인가능한 수준에 머무르고 있는지가 문제된다. … '국가유공자의 가족'의 경우 그러한 가산점의 부여는 헌법이 직접 요청하고 있는 것이 아니다. 다만, 보상금급여 등이 불충분한 상태에서 국가유공자의 가족에 대한 공무원시험에서의 가산점제도는 국가를 위하여 공헌한 국가유공자들에 대한 '예우와 지원'을 확대하는 차원에서 입법정책으로서 채택된 것이라 볼 것이다.

그러한 입법정책은 능력주의 또는 성과주의를 바탕으로 하여야 하는 공직취임권의 규율에 있어서 중요한 예외를 구성하며, 이는 능력과 적성에 따라 공직에 취임할 수 있는 균등한 기회를 보장받는 것을 뜻하는 일반 국민들의 공무담임권을 제약하는 것이다. 헌법적 요청이 있는 경우에는 합리적 범위 안에서 능력주의가 제한될 수 있지만, 단지 법률적 차원의 정책적 관점에서 능력주의의 예외를 인정하려면 해당 공익과 일반응시자의 공무담임권의 차별 사이에 엄밀한 법익형량이 이루어져야만 할 것이다. … 명시적인 헌법적 근거 없이 국가유공자의 가족들에게 만점의 10%라는 높은 가산점을 부여하고 있는바, 그러한 가산점 부여 대상자의 광범위성과 가산점 10%의 심각한 영향력과 차별효과를 고려할 때, 그러한 입법정책만으로 헌법상의 공정경쟁의 원리와 기회균등의 원칙을 훼손하는 것은 부적절하며, 국가유공자의 가족의 공직 취업기회를 위하여 매년 수많은 젊은이들에게 불합격이라는 심각한 불이익을 받게 하는 것은 정당화될 수 없다. 이 사건 조항의 차별로 인한 불평등 효과는 입법목적과 달성수단 간의 비례성을 현저히 초과하는 것이다.

따라서 이 사건 조항은 입법목적과 수단 간에 비례성을 구비하지 못하였으므로 청구인들과 같은 일반 공직시험 응시자의 평등권을 침해한다.

2. 적법절차의 원칙

적법절차의 원칙이란 법령의 내용은 물론 그 집행절차도 정당하고 합리적이어야 한다는 원칙으로 헌법에 규정되어 있다. 원래 이 원칙은 국가의 형벌권으로부터 국민의 신체의 자유를 보장하기 위한 목적에서 출발한 것이지만, 오늘날에는 공권력과 관련된 모든 행위에서 반드시 지켜야 할 기본원리로 인정되고 있다.

3. 죄형법정주의

죄형법정주의란 아무리 사회적으로 비난받을 만한 행위라고 하더라도 국회에서 제정한 법률이 그러한 행위를 범죄로 규정하고 있지 않으면 처벌할 수 없고, 범죄에 대해 법률이 규정한 형벌 이외에는 부과할 수 없다는 원칙으로, 법치국가 형법의 기본원리이다. 이에 따라 국가는 형벌권을 자의적으로 행사할 수 없고, 국민은 자유와 권리를 보호받을 수 있다.

죄형법정주의에 의하면 법이 만들어지기 이전의 사건을 법이 만들어진 뒤에 소급하여 처벌할 수 없다. 선고를 할 때에는 피고인에게 반드시 형의 기간을 정하여야 하고, 법률에 명확한 내용을 근거로 처벌해야 하며 비슷한 내용을 유추해서는 안 된다. 다만, 이 원리는 국가에 대해 개인의 인권과 권익을 보장하기 위한 것이므로 피고인에게 유리한 소급적용이나 유추는 허용될 수 있다.

4. 신의성실의 원칙

신의성실의 원칙이란 권리의 행사와 이행은 신의에 따라 성실하게 행해야 한다는 것을 말한다. 예를 들어 채무자가 채권자를 골탕 먹일 의도로 일부러 수십 개의 동전자루로 빚을 갚는 경우처럼 일반적인 상식이나 거래관념에 비추어 납득하기 어려운 행동은 허용할 수 없다는 것이다. 따라서 신의성실의 원칙은 법을 공유하는 법공동체 구성원들이 가져야 할 공동체 의식을 강조하는 원리라고 할 수 있다.

5. 권리남용금지의 원칙

권리남용금지의 원칙이란 겉으로 보기에는 권리를 행사하는 것 같지만 실제로는 타인에게 고통을 주기 위한 행위를 막기 위한 원칙이다. 헌법에서도 권리의 행사는 공공복리에 어긋나지 않도록 해야 한다고 정하고 있다. 이 원칙은 지키지 않는 권리 행사는 법이 보장하지 않으며, 경우에 다라서는 권리행사 자체를 불법행위로 보고 상대방에게 손해를 배상하도록 한다.

VI. 법의 적용단계

법의 적용이란 법의 내용 또는 효력을 구체적 사실에 대하여 실현시키는 것을 말한다. 법률은 일반적으로 추상적인 문장으로 규정되어 있기 때문에 어떤 사실에 관하여 다양한 증거를 제거선택하면서 어떻게 인정하여 가는가라는 것이 법관이 행하는 판단이다. 이 경우의 해석기술은 다음과 같다.

먼저 하나의 법규명제(헌법, 형법, 민법 등의 문언)인 <대전제>가 있고, 그 다음 <소전제>로서의 사회적 사실이 존재하고 있고, 이것에 <결론>으로서의 법률적 판단(즉, 법원의 판결)이라고 하는 3단 논법의 형식이 취해진다(이하, S-주어문, P-서술문, F-사실). 의료과오에 의한 손해배상사건을 예로 들면 다음과 같다.

① 대전제로서 "고의 또는 과실로 인한 위법행위로 타인에게 손해를 가한 자(S)는 그 손해를 배상할 책임이 있다(P)(민법 제750조)"라는 적용법규를 확정한다.
② 소전제로서 "몇 일, 담당의사(피고)의 과실로 인하여 환자(원고)의 상태가 악화되었다"고 하는 사실(F)이 인정되면, S는 P이고, F는 S라면 F는 P라는 결론에 이른다.

③ 따라서 "피고는 원고에게 ○○○ 만원을 지불한다"고 하는 판결을 선고
한다.

이 경우 법관으로서 행하여져야만 하는 바른 판단은 첫째, 다의적인
법규명제의 문언을 법률적으로 확정하는 것(①), 둘째, 주어진 구체적인
사회적 실태에 관한 사실인식이 객관적으로 정확할 것(②)이다. 따라서
①의 법규명제에 관하여 틀린 해석을 하고 있다면 ②의 사회적 사실인
식의 점에서 비록 틀림이 없다고 하더라도 ③의 결론은 틀렸다고 하는
것이 되고, 또한 ①의 법규명제에 관하여 정확히 해석하였다 하더라도
②의 사회적 사실인식의 점에서 잘못을 범한다거나 하면 역시 ③의 결
론은 틀렸다고 하는 것이 된다. 더군다나 ①의 법규명제와 ②의 사회적
사실인식의 쌍방의 차원에서 틀림이 있게 되면 ③의 결론이 틀리게 되
는 것은 말할 필요도 없다.

한편, 법을 적용하기 위해서는 구체적 사실의 내용을 확정하여야 하는
데, 이 사실의 확정도 사실관계를 법적으로 인식하는 것을 의미한다. 이
러한 사실관계를 확정하는 것은 법원의 임무이고, 법원은 증거에 의해서
만 사실관계를 확정하는데 이를 '증거재판주의'라고 한다.

제2절 법과 관련된 국가기관

I. 입법기관

입법작용이란 국가의 통치권에 의해 국가와 국민, 그리고 국민상호간
의 관계에 관한 법률을 제정하는 것이다. 헌법은 법을 제정하는 입법권
이 국회에 있음을 밝히고 있다. 국회가 입법권을 가지는 것은 국민의 재
산과 자유에 관한 기본적인 사항은 민주적 정당성이 있는 국민의 대표

기관에서 정하는 것이 바람직하기 때문이다. 하지만 오늘날 사회는 복잡하고 빠르게 변화하며 전문성을 요구하기 때문에 국회에서 제정한 법률만으로는 이러한 사회적 요구를 충족하기 어렵다. 따라서 국회의 입법권이외에 행정부 및 기타 헌법기관, 그리고 지방자치단체도 헌법과 법률이인정하는 범위 내에서 법규를 정할 수 있다. 국회도 특정 소관 분야를담당하는 다양한 위원회를 중심으로 운영되면서 전문성의 제고를 꾀하고 있다.

II. 사법기관

1. 법원

사법작용이란 구체적인 분쟁해결절차에서 법관이 법적인 내용을 선언하는 것을 말한다. 즉 현실적으로 사법작용은 재판을 의미하고, 재판을담당하는 기관은 법원이다. 법원에서 재판을 할 경우에 관여하는 법률전문자로는 판사, 건사, 변호사 등이 있는데, 이를 흔히 '법조삼륜(法曹三輪)'이라고 부른다.

판사는 재판의 모든 절차를 주재하며, 최종적으로 사건에 관한 법적판단을 내리는 역할을 한다. 변호사는 소송 당사자의 의뢰를 받아 변론 등의 소송과정을 당사자 대신 진행한다. 검사는 범죄혐의자를 수사한 뒤그를 기소함으로써 형사재판절차가 시작되도록 이끌고, 소송을 직접 수행하며 재판이 끝나면 판결을 집행한다. 또한 검사는 재판의 당사자가국가일 경우에 국가를 대표하여 소송을 수행하며, 기타 인권을 보호하고공익을 대표하는 역할을 한다.

[법원의 종류] 법원에는 대법원·고등법원·특허법원·지방법원·가정법원·행정법원의 6종류가 있다. ① 대법원은 대법원장 이외에 대법관 13인으로구성된다. 이곳에서는 상고사건, 항고법원·고등법원 또는 항소법원·특허

법원의 결정 · 명령에 대한 재항고사건, 다른 법률에 의하여 대법원의 권한에 속하는 사건을 종심으로 심판한다. ② 고등법원은 항소사건 · 항고사건 · 법률에 의하여 고등법원의 권한에 속하는 사건을 다룬다. 고등법원의 관할사건은 언제나 판사 3인으로 이루어진 합의부에서 재판한다. ③ 지방법원은 그 법원과 소속지원, 시 · 군법원 및 등기소로 구성된다. 지방법원과 그 지원은 단독판사에 의한 재판을 원칙으로 하고, 일정한 범위의 사건에 한하여 3인의 판사로 구성된 합의부에서 재판권을 행사한다. ④ 특허법원은 특허법 제186조 제1항, 실용신안법 제55조, 의장법 제75조 및 상표법 제86조 제2항이 정하는 1심사건, 다른 법령에 의하여 특허법원의 권한에 속하는 사건을 심판한다(법원조직법 제28조의4). ⑤ 행정법원은 행정소송법에서 정한 행정사건과 다른 법률에 의하여 행정법원의 권한에 속하는 사건을 제1심으로 심판한다(법원조직법 제40조의 4). ⑥ 가정법원은 가사사건을 관장하는 특수법원이다. 가정법원의 사무의 일부를 처리하기 위하여 그 관할구역 안에 지원을 둘 수 있다.

그리고 지방법원 및 가정법원의 사무의 일부를 처리하게 하기 위하여 그 관할구역 안에 지원과 가정지원, 시법원 또는 군법원(이하 '시 · 군법원'이라 한다) 및 등기소를 둘 수 있다. 다만 지방법원 및 가정법원의 지원은 2개를 합하여 1개의 지원으로 할 수 있다. 또한 고등법원 · 특허법원 · 지방법원 · 가정법원 · 행정법원과 지방법원 및 가정법원의 지원, 가정지원, 시 · 군법원의 설치 · 폐지 및 관할구역은 따로 법률로 정하고, 등기소의 설치 · 폐지 및 관할구역은 대법원규칙으로 정한다(법원조직법 제3조).

[상소제도] 당사자의 이익보장과 법령해석의 통일을 도모하기 위하여 상소제도를 마련하고 있는데, 상소는 재판을 받은 당사자가 판결이 확정되기 전에 그 판결에 대하여 불복을 주장함으로써 상급법원에 대하여 그 판결의 당부를 심사하여 다시 심판해 줄 것을 요구하는 소송행위를 말한다. ① 항소는 제1심법원이 선고한 종국판결에 대한 상소를 항소라고 한다. 항소는 제1심법원의 판결에 대하여 불복하는 당사자의 일방이 판결이 확정되기 전, 즉 판결의 송달을 받은 날로부터 2주일 이내에 항소장을 원심법원에 제출함으로써 제1심의 변론은 경신 · 속행하여 사건에 대하여 다시 심판하여 줄 것을 요구하는 상소이다. ② 상고는 고등법원이 선고한 종국판결과 지방법원본원

합의부가 제2심으로서 선고한 종국판결에 대한 상소를 상고라고 한다. 상고
는 항소와는 달리 소송절차의 위반, 법률적용의 착오 기타 헌법 또는 법령위
반이 있는 경우에만 허용된다. 상고법원인 대법원은 상고를 이유 있다고 인
정할 때에는 ㉠ 원심판결을 파기하여 그 사건을 원심법원에 환송 또는 동등
한 다른 법원에 이송하여 다시 심판하게 하거나, ㉡ 특별한 경우에는 환송
이나 이송을 하지 않고 그 사건에 대하여 직접 自判한다. ③ 항고는 판결 이
외의 재판, 즉 결정 또는 명령에 대한 상소를 항고라고 한다. 항고법원의 항
고에 관한 결정에 불복하여 하는 재차의 항고를 재항고라 한다.

한편, 상소제도는 아니지만 '재심'이라는 제도가 있다. 재심은 종국판결이
한번 확정된 후에는 당사자는 판결이 부당한 경우 또는 새로운 사실이나 증
거방법을 발견하였다고 해서 그 판결에 대한 불복을 신청할 수 없다. 그러나
법에서 정한 사유, 즉 심리기구의 중대한 하자, 재판의 기초자료 기타의 커
다란 결함 등이 있는 경우에는 확정판결에 대하여 그의 취소와 이에 대신하
는 판결을 요구하고 원심법원에 사건의 재심판을 신청할 수 있도록 하는 것
이다.

2. 헌법재판소

(1) 헌법재판의 의의

일반적으로 헌법재판이라 함은 헌법을 침해할 가능성이 있는 문제를
헌법재판소가 헌법에 반하는지 여부를 결정함으로써 헌법질서를 유지하
고 헌법을 실현하는 국가작용을 말한다. 오늘날 자유민주국가에서 헌법
재판소는 헌법을 실현시키는 헌법보호의 중요한 수단이 된다. 나아가 헌
법재판제도는 권력을 통제하는 강력한 기능을 한다.

(2) 헌법재판의 종류

헌법재판소에서는 위헌법률 심판, 헌법소원 심판, 탄핵 심판, 정당해
산 심판, 권한쟁의 심판을 행한다(헌법 제111조). ① 위헌법률 심판이란
입법부가 만든 법률이 헌법에 위반되는지 여부를 심사하고, 헌법에 위반

된다고 판단하는 경우에 그 법률의 효력을 잃게 하거나 적용하지 못하는 것을 말한다. ② 탄핵 심판이란 형벌 또는 보통의 징계절차로는 처벌하기 곤란하여 헌법이나 법률에 어긋나는 행위를 하였을 경우, 당해 공무원을 파면하거나 공직에서 물러나게 하는 것을 말한다. ③ 정당해산 심판이란 어떤 정당의 목적이나 활동이 헌법이 정하는 민주적 기본질서에 위배되는 경우에 그 정당을 해산할 것인지 여부를 헌법재판소에서 결정하는 것을 말한다. ④ 권한쟁의 심판이란 국가기관 상호간이나 지방자치단체 상호간, 또는 국가기관과 지방자치단체 사이에 권한이 어디에 있는지, 또는 권한이 어디까지인지에 관하여 다툼이 생기는 경우 이를 해결하는 것을 말한다. ⑤ 헌법소원 심판이란 국가권력이 헌법상 보장된 국민의 기본권을 침해하는 경우, 기본권이 침해된 국민이 헌법재판소에 대하여 자신의 기본권을 침해하는 국가권력의 행위가 헌법에 위반되는지 여부를 결정하여 그 행위의 효력을 없애 줄 것을 요청하는 것을 말한다.

III. 행정기관

행정작용이란 국회에서 제정한 법률에 근거하여 직접 국민들에게 이를 집행하는 국가의 활동을 말한다. 행정작용을 행하는 기관에는 경찰, 군인, 세무 공무원, 주민자치센터에서 근무하는 공무원, 중앙 행정기관의 공무원 등 다양하며, 우리는 일상생활에서 이러한 행정작용을 행하는 기관을 가장 많이 접하고 있다. 실제로 일반 시민들이 거의 매일 만나게 되는 결찰관이나 1년에 단 몇 번이라도 꼭 들르게 되는 관공서 등을 떠올려 보면, 우리는 행정작용이 시민들의 일상에 얼마나 직접적으로 관여하고 있는지를 느낄 수 있다. 이러한 경우에 대해서 법은 각종 보상 및 배상제도를 포함하여 행정심판, 행정소송, 헌법소원 등 침해에 대한 구제절차를 잘 정비해 두고 있다.

과 · 학 · 기 · 술 · 과 · 법

| 제3장 |

생명과학기술과 법적 규제

생명과학기술과 법적 규제

제1절 생명과학의 의의 및 생명윤리

I. 의의

생명과학(生命科學, life science)은 인간의 본질을 잘 이해하여 인간과 자연과의 본연의 관계를 해명하는 과학이라고 할 수 있다. 세포증식·운동·유전·진화·조절 등의 여러 가지 생물학적 현상을 그것에 관여하는 생체고분자의 구조·성질·상호작용 등에 의하여 설명하려는 것이 분자생물학인데, 오늘날 분자생물학의 눈부신 발전으로 신비하다는 생명현상도 과학으로 표현할 수 있게 되었다. 이와 같은 것들이 생명과학의 기초가 되고 있는데 이제까지의 과학기술이 물질주의에 치우쳐 환경파괴·난치병 등과 같은 뜻밖의 폐해를 가져오게 하였다는 것을 반성하여 단순히 자연과학의 영역에 머무르지 않고 시대적 요청에 따라 윤리나 도덕까지도 포함한 인간생명을 정점으로 하는 새로운 과학을 낳게 되었다.

현재까지의 세계적인 연구목표로서는 ① 생명현상과 생물의 여러 가지의 해명, ② 자연환경의 해명, ③ 정신활동의 해명, ④ 건강유지와 의료의 향상, ⑤ 식량자원의 확보, ⑥ 생물 및 그 기능의 공업에의 응용, ⑦ 인구 문제 등의 7항목을 들고 있다. 그 중에서 시급히 다루어져야 할 과제는 노화현상의 억제연구, 인공장기 등 의료기술에 관한 연구, 생체물질기능의 시뮬레이션과 그 응용, 사고과정의 해명과 그 정보처리 및 의료에의 응용, 생물활성 물질의 탐색과 그 응용 등이다.

그러나 이러한 혜택에도 불구하고 변형생물체의 방출이나 유전자의 오염 및 유전자 다양성의 파괴로 인한 생태계의 균형 파괴 그리고 유전학적인 돌연변이종·바이러스·유독물질 등의 노출로 인하여 인체에 치명적인 해를 입힐 수도 있다. 또한 생명과학기술이 인간의 복제에 이용될 경우에는 인간의 존엄성이 훼손되고 사회적 가치체계의 혼란을 야기하여 결국은 인류에 재앙을 초래할 것이라는 우려도 적지 않다. 그렇다고 하여 인류에 이익을 제공하는 생명과학을 전면적으로 부정하는 것은 최선책이 될 수는 없으므로 일정범위의 생명과학연구를 허용하면서 그에 대한 엄격한 법적 규제의 틀을 마련할 필요가 있다. 오늘날 생명과학에 있어서 법적 규제에 관한 논의는 인간의 기본권 보호를 위한 규제와 자연환경보호를 위한 규제라는 두 가지 흐름 속에서 전개되고 있다.

한편 생명과학기술에 대한 국제법적 차원의 규제는 첫째, 변형생물체(livings genetically modified organisms: LMOs) 및 그 파생물이 보건과 환경에 미치는 위해성의 규제에 관한 것으로써 UN환경개발회의(UNCED)가 채택한 Agenda21[1] 제16장과 생물다양성 협약 그리고 2000년 1월에 타결된 생물안전의정서 등이 그 대표적이며, 또 다른 범주는 생명과학기술 및 그 응용으로부터 인간의 존엄성과 기본권을 보호하기 위한 규율로써 UN의 국제권리장전과 UNESCO의 인간게놈 및 인권에 관한 세계선언과 EU의 유럽생명윤리협약 등이 있다.

---

1) Agenda21은 "21세기 지구환경보전강령"이라는 뜻에서 붙여진 이름으로 10개 분야에 걸쳐 40장으로 구성되어 있다.

II. 생명과학과 생명윤리

1. 개념 및 연혁

1967년 남아프리카연방공화국의 외과전문의 Christian Barnard에 의한 심장이식 수술의 성공과 함께 인간의 사망시점을 종전의 심장사에서 뇌사의 시점으로 앞당겨야 한다는 새로운 주장이 제기되었다. 그러나 이러한 주장은 뇌사의 인정을 통하여 뇌사자의 장기를 적출하여 다른 사람에게 이식함으로써 인간을 또 다른 인간을 위한 수단으로 이용하는 것이 인간의 존엄을 해치는 것이 아닌지에 관한 장기이식의 허용 여부 등의 문제를 야기하였으며, 1976년에는 미국 뉴저지 대법원이 식물인간의 상태에 있던 환자의 인공호흡장치를 제거해 달라는 그 부모의 '안락사' 요청을 받아들임으로써 '죽을 수 있는 권리'의 인정 여부가 문제되었다. 그리고 1978년에는 최초의 시험관아기가 탄생하면서 동물의 품종개량을 위한 기술로 알려져 있던 것이 인간에게도 적용되어 불임부부·독신자·동성애자 등의 대리모계약에 의한 출산으로까지 이어지면서 사회적 문제를 야기하기도 하였다. 더 나아가 인간복제의 가능성을 예고한 복제양 'Dolly'의 출현은 생명윤리 논쟁을 범세계적으로 확산시키는 결정적인 계기가 되었다. 이처럼 우리는 과연 기술적으로 가능하다고 해서 그러한 시술들을 행하는 것이 윤리적으로 정당한 것인가 혹은 윤리적으로 옳지 않기 때문에 행하지 말아야 하는 것인가에 대한 물음에 직면하고 있다. 즉 첨단생명과학기술의 사회적 적용이 빈번해지면서 전통윤리학적 접근만으로는 해결되지 아니하는 새로운 유형의 갈등이 늘어나고 있다.

생명윤리의 문제는 원래 의료행위나 의학에서 파생되는 문제를 다루는 의료윤리의 형태로 제기되었으나 최근 첨단 생명과학과 의학의 발달에 따라 생명을 둘러싼 윤리적 관심이 고조되면서 생명의학윤리라는 새로운 학문분과로 발전하였다. 즉 생명의학윤리는 전통적으로 의료윤리나 의료전문직을 중심으로 논의되어 온 것과는 달리 생명과학자·의학자·윤리학자·철학자·법학자 등의 교류를 통한 학제적 연구의 경향을 가진다는 점이 특징이다. 한편 생명윤리는 의료활동과 직접 관련이 없는 유전자조작식품·생명체의 특허·인간배아연구·동물복제 등의 윤리적 문제를 포함시킨다는 점에서 의료윤리나 생명의학윤리를 포괄하는 상위 개념이다.

미국에서는 1992년에 생명윤리학회(AAB)가 창립되었고 1995년에는 대통령직속기구인 '국가생명윤리자문위원회(The National Bioethics Advisiory Committee: NBAC)'가 구성되었다. 국제적으로는 1992년에 '국제생명윤리학회(International Association of Bioehtics: IAB)'가 창립되었다. 우리나라에서는 1998년 2월에 출범한 '한국생명윤리학회'가 1999년 3월에 '생명복제에 관한 생명윤리선언'을 발표한 바 있다.

2. 생명윤리의 이념적 기초

생명윤리의 이념적 기초는 전통적 윤리학의 궁극적·내재적 가치인 인간의 권리와 존엄성의 보장에 있다. 다만 넓은 의미에서의 생명윤리는 존엄성의 가치를 인간의 생명뿐만 아니라 모든 생명체에서 찾아야 한다고 봄으로써 인간중심의 윤리에서 그 범위를 확대한 생명중심주의의 윤리이다.

그러나 생명윤리가 인간중심이 아닌 인간을 포함한 모든 생명체를 존중하는 생명중심주의를 취한다고 하더라도 우리의 윤리적 물음에 대한 해답은 근본적으로 인간 중심의 사고를 완전히 벗어날 수 없으므로 생명의 가치를 판단함에 있어서 모든 생명체를 등가치적으로 취급할 수는 없다. 다만 인간 이외의 다른 생명체를 모두 인간을 위한 수단이나 물질로 보는 인간중심적 사고는 지양하고 그 대신 다른 생명체들을 최소한으로 침해하는 방법을 고안하여 이들과 조화와 균형을 이루는 대안을 모색하여야 한다.

3. 과학기술시대의 생명윤리

(1) 과학과 윤리의 관련성

과학은 서술적이며 '존재'라는 문제를 해결함에 비하여 윤리는 규범적이며 '당위'에 관한 문제를 해결하고자 한다. 그러나 과학과 윤리는 끊임없이 상호작용한다. 즉 과학기술의 규모와 능력에 따른 시간적·공간적 파급효과가 엄청나게 확대되면서 인간생활에서 행위규범으로서의 윤리도 달라질 수밖에 없다는 점에서 과학적 진전은 윤리적 판단기준에 영향을 줄 수 있는 새로운 가능성을 창조하고 있다. 또한 과학자들이 가지는 일련의 가치와 행위규범은 그들이 추구하는 과학에 대한 연구의 목적과 범위 및 그 결과에 영향을 끼친다고 할 수 있다.

(2) 새로운 생명윤리의 특성

지금까지의 생명과학기술 환경에 대응하여 새로운 윤리적 사고가 필요하다. 이에 대한 생명과학의 시대에 부합하는 현대적 의미의 생명윤리는 다음과 같다.[2)]

1) 책임윤리

생명과학시대에서의 윤리적 사고는 현재의 우리만을 대상으로 하는 것이 아니라 장래 및 후세대의 행복에 대해서까지 책임을 져야 한다는 것이다. 즉 인간과 우주의 현재와 미래에 대한 인간의 책임의식이며 이러한 책임은 자신의 행위결과가 지구상의 인간의 삶에 대한 현재 및 미래의 가능성을 파괴하지 않도록 해야 하는 것을 의미한다.

---

2) 박은정, 생명공학시대의 법과 윤리, 이화여자대학교 출판부, 2000, 81면 참조.

2) 이웃개념의 전환

"이웃을 사랑하라"는 윤리적 요청과 관련하여, 이제는 지각적 거리에 있는 이웃만이 아니라 미지의 이웃 혹은 다음 세대로서의 이웃을 배려하는 '원격윤리'가 요청된다.

3) 대물윤리

인간을 포함하는 자연의 보존에 대한 윤리적 성찰을 의미하는 '대물윤리'가 요구된다. 종래의 윤리가 인간관계의 물음에 집중되어 왔음에 비하여, 생명과학시대에서의 새로운 윤리적 물음은 자연을 포함하는 것이 되어야 한다. 즉 윤리의 대상을 인간에 한정하는 대인윤리를 극복하고 자연과 사물로까지 확정할 필요가 있다.

4) 단체윤리

새로운 윤리는 그 대상의 확대뿐만 아니라 윤리 주체의 확대도 필요하다는 '단체윤리'를 강조한다. 과거 윤리행위의 고전적 형식은 개인의 내면적 숙고에 따른 개인의 결단이었지만 오늘날 막강한 영향력을 가지는 과학기술이라는 수단은 개인이 아닌 기업·국가기관·대학연구소 등의 단체나 조직의 소관에 속하는 것이 일반적인 현상이며 그 결과 윤리의 주체에 개인뿐만 아니라 조직이나 단체도 포함시켜야 할 필요성이 절실하게 되었다. 기업윤리·연구윤리·정책윤리를 논하는 이유도 바로 여기에 있다.

4. 생명윤리적 판단과 이익형량

(1) 윤리적 판단을 위한 전통적 기준

오늘날 생명영역에서 행위의 도덕성 여부를 판단하는 기준으로 거론

되고 있는 일련의 원리들은 전통적 윤리학의 산물이다. 동양의 전통적 윤리학은 주로 덕과 의무로서 유교·불교·도교에 의해 형성되었다. 이러한 전통적 윤리학이 이상적으로 추구하는 덕목과 그에 따른 인간상은 생명영역에 있어서도 윤리적 지표의 역할을 해왔으며 이러한 덕의 수련을 위하여 의무를 강조하는 것이 동양적 윤리학의 특색이다. 서양에서는 아리스토텔레스 이래의 전통적 윤리학에 '히포크라테스 선서'와 '기독교 윤리' 그리고 '자유주의 정치사상' 등이 접목된 생명윤리이론이 시도되어 왔다.3)

(2) 이익형량을 통한 판단

현실적으로 제기되는 생명윤리학적 과제를 해결하기 위한 최선의 방책은 인간의 고통을 최소화하는 동시에 사회적 이익을 극대화할 수 있는 방안을 모색하는 것이다. 따라서 이를 위해서는 이른바 '이익형량분석방법'에 의존할 수밖에 없으며 이러한 이익형량을 행함에 있어서는 기본적으로 자율·선행 및 배분적 정의의 정신이 고려되어야 한다.4)

5. 내용

(1) 의료연구윤리

1970년대 이전의 초기 생명윤리학의 관심사항은 의학연구에 있어서 그 연구대상자의 보호를 위한 의료연구윤리에 관한 건전한 기준이 결여되어 있으며 따라서 그 체계를 구축해야 한다는 점이었다. 의료연구윤리의 문제는 서양의 의료윤리의 제창자라고 할 수 있는 히포크라테스에 의한 소위 히포크라테스 선서에서 비롯한 것으로 볼 수 있지만 20C에 들어서면서 제2차 세계대전 당시 독일이 자행한 인체실험에 가담한 자

---

3) 박은정, 앞의 책, 88~89면 참조.
4) 정상기, 과학기술과 법, 글누리, 2008, 87면.

들의 처벌을 위한 뉘른베르그 전범재판소의 판결 이른바 'Nuremberg Code'에 의하여 다시 부각되기 시작하였다.

[뉘른베르그 강령] 의료연구윤리에 관한 최초의 기준이라 할 수 있는 Nuremberg Code는 제2차 세계대전 당시 나치수용소에서 인체실험에 참여했던 자들의 처벌을 위한 뉘른베르그 전범재판소의 판결문에서 제시된다. 이는 문명사회의 시민이라면 누구나 존중해야 하며, 윤리 관념과 법 관념에 부응하기 위하여 연구자가 준수해야 하는 기본원칙이자 초실정적인 자연법으로서 연구윤리로 평가되고 있다. 이후 연구 및 의료윤리의 기준에 관한 법세계적 토론을 촉발시키는 계기가 되었다.[5] 모두 10개항에 이르는 이 강령의 핵심은 충분한 설명에 근거한 실험대상자의 자발적 동의, 즉 'Informed Consent' 및 '이익과 위해의 형평'이라고 할 것이며 특히 Informed Consent는 오늘날까지 생명윤리의 가장 기본적 요구사항으로 인식되고 있다.

그러나 Nuremberg Code는 전쟁의 와중에서 그것도 전체주의 국가에 의하여 이례적으로 자행된 인체실험을 대상으로 한 것이므로, 이를 민주사회의 의료윤리로 그대로 적용하기에는 곤란하다는 지적과 함께 1964년 세계의사협회(World Medical Association: WMA)는 이른바 '헬싱키 선언'을 채택하게 된다. 이에 더하여 1966년 하버드 의과대학의 Henry Beecher는 전체주의 사회가 아닌 민주사회에서도 과학 및 의학연구분야에서의 인권침해가 능히 발생할 수 있다는 점을 폭로하면서 의료윤리문제에 다시 세계인의 관심을 집중시키기 시작하였다.

[헬싱키 선언] 뉘른베르그 강령은 세계의학협회에서 1964년에 만든 헬싱키 선언으로 계승된다. 그러나 "임상연구에서의 의사를 위한 권고"라는 부제가 붙은 헬싱키 선언은 '치료적 연구'라는 개념을 인정하고 이 경우 사안에 따라 치료대상자의 동의가 없더라도 치료에 임할 수 있도록 하는 등 의사 또는 연구자에게 그 운신의 폭을 넓혀주고 있다는 점에서 뉘른베르그 강령과

---

5) 박은정, 앞의 책, 351면.

차이가 있다. 당시 뉘른베르그 강령에 대한 의사들의 평가는 동 강령이 형사
재판과정에서 법관이 선언한 인권문서이며, 아동·환자 또는 정신장애자 등
에 대한 치료용 연구를 염두에 둔 것은 아니므로 의료실무를 제한하고 있는
것이다. 따라서 이를 적용하기 어렵다는 것이 지배적이었다. 헬싱키 선언은
바로 이러한 의료계의 요청을 의료계 스스로 수용하기 위해서 뉘른베르그
강령의 인권적 차원의 행동기준에 비하여 의사의 후견적 지위를 인정하는
보다 완화된 의료윤리 모델을 제시한 것이라 볼 수 있다.

히포크라테스 선서와 같은 초기의 의료윤리는 의사가 환자들에 대해
전능한 구도자로서 행동하고, 모든 판단이나 처치를 오로지 환자를 위해
실시하며, 환자의 사생활을 지켜주는 것 등을 기본으로 하는 윤리강령으
로서 동료들과 함께 이를 준수할 것을 내용으로 하는 의사의 직업윤리
라고 할 수 있다. 그러나 의료기술이 과학기술의 발달과 그 영향을 받으
면서부터 특히 20세기 후반에 들어서면서 의료윤리는 의사중심의 의료
윤리의 범위를 넘어서 여러 분야들의 전문가들에 의한 공동연구와 토론
을 통해서만 비로소 해명될 수 있는 매우 복합적인 문제들을 야기하고
있다.

[우리나라에서의 의료연구윤리] 우리나라의 경우 현재 의료연구윤리에 관하
여 법제도적으로 입법화한 바는 없는 것으로 보인다. 다만 대한의사협회가
1997년 의사윤리선언과 의사윤리강령을 발표하였고 이를 구체적으로 구현
하기 위한 의사윤리지침이 2001년 4월 19일에 제정되었으며, 또한 생명복제
연구와 관련한 생명복제연구지침(안)이 이미 공표한 바 있다.[6]

---

6) http://www.kma.org/Contents/intro/intro03.html(2008. 8. 12. 검색)

(2) 생명특허윤리

1) 생명특허제도의 윤리적 문제점

가. 환경윤리

인간과 지구상의 다른 생명체와의 관계를 도덕적 측면에서 재구성하려는 환경윤리의 필요성은 1949년 Aldo Leopold에 의하여 최초로 제기되었다. Leopold는 공동체의 범주를 흙·물·식물·동물이 모두 포함된 大地라는 범주로 확대하면서, 인간은 더 이상 대지라는 공동체의 정복자가 아니라 단순한 구성원 내지 시민에 불과하며 따라서 인간은 대지라는 공동체 및 그 구성원을 존중해야 할 윤리적 의무가 있다는 이른바 '大地倫理(land ethics)'를 주장하였다. 대지는 더 이상 인간의 소모품처럼 남용되어서는 안 되며 오히려 인간이 속해있는 공동체로서 사랑과 존중을 가지고 소중하게 이용해야 한다는 것이다. 환경윤리의 핵심은 생명에 대한 존중, 즉 생명경외감이다.[7] 이러한 환경윤리는 생명과학연구 성과에 대하여 지적재산권을 인정하려는 최근의 변화를 거부하는 견해의 논거가 된다. 즉 생명체에 특허권을 인정함으로써 이에 대한 독점적인 지배권을 인정하는 것은 우리 인간이 소중하게 존중해야만 하는 생명체를 하나의 소모품으로 전락시키는 결과를 초래한다는 것이다.

나. 특허제도의 윤리적 측면

특허제도는 기본적으로 발명의 보호·장려를 통하여 국가산업발전에 이바지함을 목적으로 한다.[8] 따라서 특허제도는 산업적·상업적 도구로서의 측면을 지니고 있다는 점을 부인할 수 없다. 그러나 특허제도가 윤리적·사회적 측면을 완전히 도외시하고 있는 것은 아니다. 특허법이 규

---

7) 1972년 6월 스웨덴의 스톡홀름에서 열린 UN 인간환경회의는 인류역사에서 최초로 "인간환경선언"이 채택되었다.
8) 특허법 제1조.

정하는 발명의 특허요건 가운데 동법 제32조가 "공공의 질서 또는 선량한 풍속을 문란하게 하거나 공중의 위생을 해할 염려가 있는 발명은 특허를 받을 수 없다"고 규정함으로써 발명에 대한 윤리적 시도를 행하는 것이 그 대표적인 예에 속한다. 따라서 동물특허 또는 인간유전자정보에 대한 특허의 허용이 위 규정에 따른 '공공의 질서 또는 선량한 풍속'을 해하는 결과를 가져 올 것인지를 고려해 보아야 한다.

2) 생명특허논쟁

환경윤리의 입장에서 생명특허는 인류공동체의 동반자로서 존중되어야 할 다른 생명체를 특허제도를 통하여 누군가의 독점적 지배하에 두는 것을 허용하는 것이다. 따라서 이것이 과연 윤리적으로 정당한 것인가. 또한 인간을 소유의 객체로 인정하는 것이 인간의 존엄성에 반하는 것처럼 인간의 유전자에 대한 특허도 인간의 존엄과 양립할 수 없는 것이 아닌가 하는 의문을 제기하고 있다. 인간의 유전자는 우리 인류의 공통의 유산으로서 인간이라면 누구든지 이 정보를 접근할 수 있어야 하며, 이를 특정인이 독점하는 것은 허용될 수 없다는 주장도 같은 맥락이다.[9]

제2절 생명과학기술에 관한 법제도적 현황

I. 연혁

교육과학기술부는 1994년부터 범국가적인 '생명공학육성 기본계획(Biotech 2000, 1994~2007)'을 수립하여 시행하였다. 기본목표는 2000년대 초까지 우리나라의 기술을 선진국 수준으로 높이고 세계 생명공학

---

9) 박은정, 앞의 책, 459면.

시장에 5% 이상을 점유하는 것이다.[10]

국책연구개발사업은 국가적 현안과제 해결과 연관된 핵심기술 및 원천기반기술을 위한 연구개발사업으로 현재 BT분야는 바이오디스커버리사업(분자 및 세포기능), 바이오챌런지사업, 바이오퓨전사업(시스템생물학·생물정보학·신기술융합 등), 바이오인프라구축사업(국가유전체정보센터·유전자원지원 활용·안전성평가기술개발·바이오빔라인 등), 뇌과학연구사업 등이 있다. 특히 1999 과학기술부의 21세기 프론티어사업의 일환으로 게놈연구사업단이 발족함으로써 연간 130억원의 규모로 향후 10년간 유전체연구가 활발하게 진행할 수 있는 계기를 마련하였다.[11] 이 시기에 제정된 과학입법은 크게 육성법·안전법·윤리법의 영역으로 구분할 수 있다. 먼저 육성법의 성격으로는 과학기술기본법과 암관리법이 있으며, 안전법의 성격으로는 「유전자변형생물체의 국가간 이동 등에 관한 법률」, 「인체조직안전 및 관리 등에 관한 법률」, 「화학·생물무기의 금지 및 특정화학물질·생물작용제 등의 제조·수출입 규제 등에 관한 법률」을 들 수 있다. 가장 최근에 제정된 것은 생명윤리법으로서 성격을 가진 「생명윤리 및 안전에 관한 법률」이 있다.

2001년 3월 28일 제정된 「유전자변형생물체의 국가간 이동 등에 관한 법률(법률 제6448호)」은 유전자조작기술의 발달로 다양한 유전자변형생물체가 개발되어 사용됨에 따라 유전자변형생물체로 인한 국민의 건강 등에 미칠 위해를 사전에 방지하기 위한 입법목적을 가지고 있으며, 특히 국제협약으로 「바이오안전성에 관한 카르타헤나 의정서」가 채택되면서 우리나라도 이에 가입하기 위하여 유전자변형생물체의 국가간 이동에 관한 사항을 정하는 등 동 협약의 시행을 위하여 필요한 사항을 정하기 위한 입법취지를 가지고 있다. 유전자변형생물체가 국민건강과 생태계에 미치는 영향과 위해성이 크기 때문에 수입 또는 생산한자에 대해

---

10) 과학기술부, 2003년 생명공학백서, 53~56면.
11) 과학기술부, 2003년 생명공학백서, 78면.

각각 5년 이하, 3년 이하의 징역으로 처벌하는 규정을 두고 있다(동법 제14조, 17조, 39조).

2003년 5월 29일에 제정된 「암관리법(법률 제6908호)」은 암의 예방·진료 및 연구사업 등의 암 관련 정책을 국가에서 수립하여 암에 대한 종합적이고 체계적인 관리를 수행하기 위한 것이다. 동 법률의 유일한 벌칙조항은 암관리사업에 종사하는 자 또는 종사하였던 자는 그 업무상 알게 된 비밀을 정당한 사유 없이 누설하는 경우에 처벌한다는 조항이다(동법 제12조, 제14조).

2004년 1월 20일에 제정된 「인체조직안전 및 관리 등에 관한 법률(법률 제7097호)」은 사람의 신체적 완전성을 기하고 생리적 기능회복을 위한 것으로써 인체조직의 기증·관리 및 이식 등에 필요한 사항을 규정하고 있다. 동법에서 말하는 인체조직은 장기 등에 속하지 않는 뼈·연골·피부·양막·인대·심장판막·혈관 등을 말하며, 인체조직의 기증·관리 및 이식의 인도적 정신에 따라 행해져야 함을 밝히고 있다. 또한 누구든지 사회적·경제적 조건 등에 관계없이 공평하게 이식을 받을 수 있는 기회를 가져야 한다는 의미에서 조직의 매매행위를 금지하고 있다(동법 제5조, 제33조).

2005년 3월 31일에 제정된 「연구실 안전환경조성에 관한 법률(법률 제7425호)」은 대학이나 연구기관 등에 설치된 과학기술분야 연구실의 안전을 확보함과 동시에 연구실 사고로 인한 피해를 적절하게 보상받도록 하는 것을 목적으로 한다. 동법에서 연구주체의 장은 연구실의 기능 및 안전을 유지관리하기 위하여 안전점검지침에 따라 소관 연구실에 관한 안전점검을 실시하여야 할 뿐만 아니라 안전점검을 실시한 결과 연구실의 재해예방과 안전성 확보 등을 위하여 필요하다고 인정하는 경우에는 정밀안전진단지침에 따라 정밀안전진단을 실시하도록 규정하고 있다. 그리고 안전점검이나 정밀안전진단을 실시하지 아니하여 연구실에 중대한 손괴를 야기하여 공중의 위험을 발생하게 한 자를 처벌하며 특히 사람을 사상에 이르게 한 자에 대해서는 가중처벌하는 규정을 두고 있다(동법 제8조, 제9조, 제22조).

생명과학 관련입법에서 획기적인 변화를 가져온 것으로 기존의 육성법 내지 안전법 일색에서 생명윤리법의 영역을 법체계에 포함하게 된 계기는 2004년 1월 29일 제정된 「생명윤리 및 안전에 관한 법률(법률 제7150호)」의 제정이다. 즉 동법은 급격히 발전하고 있는 생명과학기술에 있어서 생명윤리 및 안전을 확보하여 인간의 존엄과 가치를 보장하고 국민의 건강과 삶의 질 향상을 위하여 질병치료 및 예방 등에 필요한 생명과학기술을 위하여 개발·이용할 수 있는 제도적 장치를 마련하기 위한 것이다.

한편 1996년 8월 16일 제정된 「화학무기의 금지를 위한 특정화학물질의 제조·수출입규제 등에 관한 법률(법률 제5162호)」은 2006년 4월 28일 개정을 통해서 「화학·생물무기의 금지 및 특정화학물질·생물작용제 등의 제조·수출입규제 등에 관한 법률」로 법명이 변경되었다. 동법은 질병예방과 치료 등 평화적인 목적으로 생물작용제 또는 독소를 제조하고자 하는 자는 제조목적·제조량 등을 산업자원부장관에게 미리 신고하도록 하는 등 생물무기금지협약의 시행을 위한 법적 근거를 마련하는데 취지를 가지고 있다. 화학·생물무기를 개발·제조·획득·보유·비축·이전·운송 또는 사용하거나 이를 지원 또는 권유한 자를 처벌하고 화학·생물무기를 사용하여 사람의 생명·신체 또는 재산을 해하거나 기타 공안을 문란하게 한 자는 사형·무기 또는 7년 이상의 징역에 처한다고 규정하고 있다(동법 제4조의2, 제25조).

II. 과학입법의 법적 성격

1. 행정형법 내지 안전법적 성격의 입법

1970년대의 유전자재조합연구에 대한 비판은 새로이 만들어진 생물체가 인간과 다른 종의 건강 또는 생태계에 해를 입힐지 모른다는 것이었다. 이는 곧 생명공학의 산물에 대한 안전성이 문제된 것으로써 이를 유출할 수 있는 실험실의 안전관리와도 연결되어 있다.[12] 생명과학 관련 입법 중에서 안전과 관련하여 규제하고 있는 사항으로는 크게 연구나 실험, 생산시설의 안전설비기준 준수, 연구·실험자 또는 관련 기관의 신고나 승인절차 준수, 기관의 장이나 연구책임자 또는 종사자의 의무 내지 교육에 관한 사항으로 구분할 수 있다. 이 중 벌칙조항을 가지고 있는 유형은 신고나 등록, 허가절차 등의 준수사항 위반행위와 시설·인력기준 및 안전진단검사 등의 준수사항 위반행위를 들 수 있다.

(1) 연구·실험자·관련기관의 신고나 허가절차 준수

대부분의 생명윤리 및 안전에 관한 규제대상의 연구 내지 업무를 수행하는 기관의 경우 신고 내지 등록신청을 하거나 허가를 받아야 한다. 이와 관련된 법률에서는 연구대상 또는 취급하는 업무가 가져올 수 있는 위해성의 정도에 따라 기관의 신고·지정·등록·허가 등의 차등을 두고 위반 시의 처벌규정의 법정형도 이에 상응하게 차등을 두고 있다.

1) 유전자변형생물체의 국가간 이동 등에 관한 법률

유전적 변형생물체가 가져올 수 있는 위험이 큰 만큼 유전자변형생물체를 개발하거나 이를 이용하는 실험을 실시하는 시설은 연구시설의 안

---

12) 에릭 그레이스 지음, 싸이제닉 생명공학연구소 옮김, 생명공학이란 무엇인가-그 약속과 실제-, 지성사, 2001, 211면.

전등급별로 허가를 받거나 신고하여야 하며 이를 위반하는 경우에는 3년 이하의 징역 또는 5천만원 이하의 벌금에 처한다(동법 제22조 제1항, 제40조). 또한 해당 연구시설이 위해가능성이 큰 유전자변형생물체를 개발하거나 실험하는 경우에는 승인을 얻어야 하는데 만약 승인을 얻지 아니하고 개발 또는 실험을 실시한 자도 동일한 형으로 처벌한다(동법 제22조 제3항, 제40조).

2) 장기 등 이식에 관한 법률

뇌사판정의료기관은 국립장기이식관리기관의 장에게 통보를 하여야 하며, 뇌사판정대상자관리기관은 국립장기이식관리기관의 장으로부터 시설 및 인력을 갖추어 지정을 받아야 한다. 그리고 장기이식등록기관과 장기이식의료기관은 보건복지부장관으로부터 지정을 받아야 한다. 국립장기이식관리기관의 장에게 통보를 하지 아니하고 뇌사판정업무를 행하는 경우에는 5년 이하의 징역 또는 3천만원 이하의 벌금에 처한다(동법 제14조 제1항, 제43조).

3) 혈액관리법

허가 없이는 혈액관리의 업무를 수행할 수 없으며 이를 위반한 경우에는 5년 이하의 징역 또는 2천만원 이하의 벌금에 처한다(혈액관리법 제6조의2, 제18조).

4) 인체조직안전 및 관리에 관한 법률

동법에 의하면 '조직은행'도 허가를 받아야 하며 만약 허가를 받지 아니하고 조직은행을 설립한 자는 2년 이하의 징역 또는 1천만원 이하의 벌금에 처한다고 규정하고 있다(동법 제13조, 제34조).

5) 생명윤리 및 안전에 관한 법률

배아생성의료기관은 시설 및 인력을 갖추어 지정을 받아야 하며 배아연구기관과 체세포복제연구기관은 등록을 하여야 한다. 또한 유전자검사기관과 유전자치료기관은 신고를 하여야 하며 유전자은행은 개설허가를 받아야 한다. 만약 지정을 받지 아니하고 배아를 생성하거나 배아연구기관으로 등록하지 아니하고 잔여배아를 연구한 자는 1년 이하의 징역 또는 2천만원 이하의 벌금에 처한다(동법 제53조).

(2) 시설·인력기준 및 안전진단검사 등의 준수사항 위반

과학입법 중 안전법의 성격을 가장 잘 나타내고 있는 것이 「연구실 안전환경조성에 관한 법률」이다. 대학과 연구기관을 적용범위로 하고 있는 동법에 따르면 과학기술부장관은 안전점검지침 및 정밀안전진단지침을 작성하여 이를 관보에 고시하여야 하며, 연구주체의 장은 연구실의 기능 및 안전을 유지관리하기 위하여 안전점검 또는 정밀안전진단을 실시하여야 한다(동법 제8조, 제9조). 만약 안전점검이나 정밀안전진단을 실시하지 아니하거나 성실하게 실시하지 아니함으로써 연구실에 중대한 손괴를 야기하여 공중의 위험을 발생하게 한 자는 5년 이하의 징역 또는 5천만원 이하의 벌금형으로 처벌하고 사람을 사상에 이르게 한 자는 3년 이상 10년 이하의 징역형으로 처벌하도록 하고 있다(동법 제22조). 또한 「장기등 이식에 관한 법률」도 이와 유사한 처벌규정을 두고 있다. 즉 뇌사판정의료기관으로 시설·장비·인력 등을 갖추지 않고서 뇌사판정업무를 행한 의료기관의 장은 5년 이하의 징역 또는 3천만원 이하의 벌금형으로 처벌하도록 규정하고 있다(동법 제14조, 제43조).

한편 다른 입법례에서는 시설·장비 등을 구비하지 않은 경우에 벌칙규정을 두기 보다는 취소나 영업정지 등의 행정처분으로 규정하고 있는 예가 많다. 예를 들어 허가기관인 유전자변형생물체 연구시설이나 조직은행·유전자은행·혈액원 등이 시설기준을 준수하지 않을 경우에는 그 허가를 취소하거나 기간을 정하여 업무를 정지하는 규정을 두고 있다. 또한 배아생성의료기관·배아연구기관·유전자검사기관의 경우에도 그 지정·등록을 취소하거나 업무를 정지하는 규정만을 두고 있고 벌칙규정을 두고 있지 않다(생물윤리 및 안전에 관한 법률 제41조).

2. 생명윤리법적 성격의 입법

최근 유전자치료·유전자검사·생명복제 등이 기술적으로 가능해지면서 우리는 과연 기술적으로 할 수 있다고 해서 그러한 기술을 적용하는 것이 윤리적으로 옳은가 아니면 기술적으로 가능하더라도 윤리적으로 옳지 않기 때문에 행하지 말아야 하는가라는 물음에 직면하게 된다. 물론 생명윤리의 관심사가 첨단 생명공학시대에 들어서면서 비로소 시작되었다고는 말할 수 없다. 즉 처음에는 의료계의 현장에서 주로 의료전문직 또는 의과학자들의 활동을 둘러싼 뇌사·안락사·시험관 아기의 탄생·태아연구 등의 일련의 사건들에 의해 다루어지기 시작하였다.[13]

1997년 체세포핵치환기술에 의한 복제양 '돌리'의 탄생은 무성생식에 의한 인간복제의 길을 예고함으로써 생명윤리에 대한 경각심을 일깨우는 결정적인 계기가 되었다. 남성이 없이도 혹은 신이 없어도 한 인간개체의 탄생을 가능하게 하는 이 기술은 윤리적으로 상당히 충격적이어서 이에 대한 윤리적 물음과 그 처방에 대한 논의가 봇물처럼 터져 나오고 있다. 즉 생명영역에서의 이와 같은 일련의 행위들은 과연 윤리적으로 정당성을 부여할 수 있는가에 대한 논쟁은 생물과학자나 의료인만의 윤

---

13) 생명윤리는 응용윤리로서 다양한 윤리학적 방법론에 의존하여 생명과학과 보건분야에서 도덕과 관련된 판단·결정·행동·제도·정책 등을 체계적으로 연구하는 분야이다(박은정, 앞의 책, 79면); 그리고 생명의료윤리학은 응용규범윤리학의 한 분야로서 생명의료윤리학의 과제는 의료행위나 생명윤리적 연구와 관련해서 생기는 문제를 해결하는 것이라고 한다(구영모 엮음, 생명의료윤리, 동녘, 2004, 21면).

리영역이 아니라 이 사회의 구성원 모두가 함께 풀어야 할 보편적 윤리의 과제로서 등장하였다. 그 결과 생명과학기술 전반에 대한 생명윤리기본법 내지 정책일반법의 성격으로 인간의 존엄과 가치를 침해하거나 인체에 위해를 주는 것을 방지하기 위한 입법목적을 명시한 법률의 제정이 바로 「생명윤리 및 안전에 관한 법률」이었다. 그러나 동법은 입법목적에서 생명과학기술이 인간의 질병예방 및 치료 등을 위하여 개발·이용될 수 있는 여건을 조성하는 데에 있다는 점을 함께 규정하고 있다는 점에서 육성법 특히 황우석 연구팀에게 체세포복제배아연구를 할 수 있게 하는 법적 근거를 제시한 법이라는 비판을 받아왔다.[14]

동 법률은 생명윤리논쟁의 중심에 있던 인간복제와 이종간교잡행위를 금지하고 있으며(동법 제11조) 임신외의 목적으로 배아를 생성하는 행위, 특정의 성을 선택할 목적으로 정자와 난자를 선별하여 수정시키거나 혹은 사망한 자 또는 미성년자의 정자와 난자로 수정시키는 행위 그리고 매매의 목적으로 정자 또는 난자를 제공하는 행위 등을 금지하고 있다(동법 제13조). 또한 배아 또는 태아를 대상으로 하는 유전자검사는 근이영양종 그 밖의 유전질환을 진단하기 위한 목적 외에는 할 수 없도록 하고 있다(동법 제24조 및 제25조). 그밖에 유전정보를 이용하여 교육·고용·승진·보험 등 사회활동에 있어서 타인을 차별할 수 없도록 하고, 타인에게 유전자검사를 받도록 강요하거나 유전자검사결과의 제출을 강요할 수 없도록 하였다(동법 제31조 및 제35조).

3. 인체 · 인체의 구성물 · 장기에 대한 규제입법

인체생명공학기술의 발달은 장기나 세포조직 등의 인체로부터 나온 구성물의 사용용도를 획기적으로 확장시키고 있다. 인체의 일부분의 사

---

14) 강양구·김병수·한재각, 침묵과 열광―황우석사태 7년 기록―, 후마니타스, 2006, 93~110면.

용용도가 확장되면서 인체의 완전성 내지 도덕적 중요성의 가치들이 도전을 받고 있다. 초기에는 법적 규제의 대상이 '혈액'이나 '의학연구 및 교육을 위한 해부용 시체'에 불과하였다. 그러나 생명과학의 발전에 따라 정자나 난자·배아·태아·각막·장기·세포조직·골수 등의 인체 구성물이 연구자원으로서의 사용이 빈번해지고 그 수요도 증가하였으며 이로 인해 얻어지는 성과도 가시적으로 나타났다. 이러한 상황에서 인체의 구성물을 연구자원으로 사용하기 위해서는 인체의 소유자에게 동의라는 자발적 의사에 의해서만 양도받을 수 있다는 입장과 이에 반하여 인체의 구성물을 소유권의 대상 내지 재산권의 객체로서 삼을 수 있다는 입장이 대립되고 있었다. 그러나 어떤 경우에도 인체를 단순히 수단화 내지 객체화시키는 식의 사용은 받아들여질 수 없었다.[15]

한편 인체의 구성물 중에서 장기나 정자·난자처럼 중요한 구성물은 매매를 통해 이를 양도하지 못하도록 규제하고 있다. 다만 동의에 의한 기증 양도를 인정하고 있다. 「장기등 이식에 관한 법률」은 장기 등을 금전이나 재산상의 이익 기타 반대급부를 주고받거나 주고받을 것을 약속하는 행위를 금지하고 있는[16] 반면에 살아있는 자의 장기 등은 본인이 동의한 경우에 한하여 이를 적출할 수 있으며 만약 본인의 동의를 받지 아니하고 장기를 적출한 경우에는 무기징역형까지도 부과할 수 있도록 처벌하고 있다(동법 제18조 제1항, 제39조). 장기의 매매가 금지된다는 것은 곧 장기의 기증이 무상으로 행해져야 한다는 무상제공의 원칙을 의미한다. 만약에 매매금지 규정 없이 장기의 제공을 무제한으로 시장원

---

15) 의사나 연구자들은 의식적이든 무의식적이든 자기들의 이익을 선호하게 될 가능성이 많다. 역사적으로 부도덕하고 비윤리적인 연구사례들이 밝혀진 바 있으며, 이러한 불행한 일이 발생하는 것을 미연에 방지하기 위해서는 승낙이라는 과정을 거쳐야 한다. 이러한 승낙제도는 환자의 진료나 연구실험들이 공적으로 이루어진다는 것을 뜻한다(김일순·N포션, 의료윤리, 현암사, 1997, 122~123면).

16) 장기등이식에관한법률 제6조는 합법적으로 행하는 장기이식을 보호하고 이식의료에 대한 국민의 신뢰를 확보하기 위한 규정으로 장기매매를 금지하고 그 위반행위에 대하여 벌칙을 규정하고 있다.

리에만 맡기게 된다면 부유한 자는 장기를 제공받을 수 있지만 빈곤한 자는 그렇지 못하다는 불공평한 상황이 발생할 뿐만 아니라 생명에의 위기에 처한 환자의 절박한 상황을 이용하여 경제적 이득을 취하는 일이 발생할 수 있다.17)

또한 「생명윤리 및 안전에 관한 법률」에 의하면 누구든지 금전 또는 재산상의 이익 그 밖에 반대급부를 조건으로 정자 또는 난자를 제공 또는 이용하거나 이를 유인 또는 알선하는 행위를 금지하고 있으며(동법 제13조, 제51조),18) 혈액과 인체조직의 경우에도 모두 매매행위를 금지하고 있다(혈액관리법 제3조 및 제18조, 인체조직안전 및 관리 등에 관한 법률 제5조 및 제33조).

4. 정보보호에 관한 규제입법

(1) 업무상 지득한 비밀누설행위 금지

과학과 관련된 특별형법 중 행정입법 또는 안전윤리입법은 기관장 및 해당업무나 사업에 종사하거나 종사하였던 자에게 비밀유지의무를 부과하고 이를 위반하는 경우에는 처벌하는 규정을 두고 있다. 또한 행위주체가 의사·한의사·치과의사·약제사·약종상·조산원·약사·한약사 등의 경우에는 비밀누설행위와 발표행위에 대해 처벌규정과 함께 친고죄로서의 성격을 부여하고 있다.

1951년 9월 25일 제정된 「국민의료법」은 1953년 형법이 제정되기 이전에 이미 비밀누설죄에 관한 규정을 두고 있었다.19) 따라서 1962년의

---

17) 주호노, 축조해설장기등이식에 관한법률, 육법사, 2000, 70면.
18) 일부학자들에 의하면 정자나 난자는 인간이 되기 위한 반쪽 유전자만 가지고 있기 때문에 인간이 될 잠재성이 있다고 볼 수 없어서 매매가 가능할 수 있지만, 수정란은 인간이 될 잠재성이 있으므로 매매를 허용할 수 없으며 인간처럼 대우해야 한다고 주장한다(David B Rensilk, [The Commodification of Human Reproductive Materials], East Carolina University, USA, Journal of Medical Ethics, 1998:24; 390).
19) 즉 의사·한의사·치과의사·약제사·약종상·조산원이 환자의 비밀을 누설하는 경

의료법의 전문개정에서 비밀누설에 대한 처벌규정이 없는 사정으로 비추어 볼 때 실제 위반행위에 대해서는 의료법이 아니라 형법을 적용하였다고 할 수 있다. 그 후 1973년 의료법 전문개정시에 처벌규정을 포함하였으며 그 법정형은 3년 이하의 징역 또는 50만원 이하의 벌금형으로 형법에 비해 가중처벌규정은 아니었다. 「약사법」의 경우에도 약사·한약사의 비밀누설행위에 대해서 처벌규정을 두고 있으며 그 법정형은 3년 이하의 징역 또는 1천만원 이하의 벌금형으로 규정하고 있다(동법 제87조, 제94조). 또한 「혈액관리법」의 경우에는 혈액관리업무에 종사하는 자에게(동법 제12조, 19조), 「장기등이식에 관한 법률」의 경우에는 국립장기이식관리기관·등록기관·뇌사판정기관·이식의료기관 또는 뇌사판정대상자관리전문기관에 종사하는 자에게(동법 제27조, 제44조), 「인체조직안전 및 관리 등에 관한 법률」의 경우에는 조직은행·조직의료기관 또는 조직의 기증·관리 및 이식관련 업무에 종사하는 자에게 기록 등의 사항을 알려주는 행위에 대해서 처벌규정을 두고 있다(동법 제22조, 제34조). 그 밖에 구성요건에 해당하는 행위로서 비밀누설행위 이외에 도용이나 목적 외의 용도로 사용하는 행위 또는 부당한 목적으로 사용하는 행위에 대하여 처벌규정을 두고 있는 법률로서 「암관리법」, 「유전자변형생물체의 국가간 이동 등에 관한 법률」, 「연구실 안전환경 조성에 관한 법률」 등이 있다.[20]

(2) 유전정보 프라이버시권과 관련 규정

인간 유전체에 대한 연구가 진행되면서 얻어지는 인간의 유전정보에

우에 의료법에 의하면 법정형이 6월 이하의 징역, 5만원 이하의 벌금 또는 과료에 처한다고 되어 있었는데 반하여 형법 제정당시의 업무상 비밀누설죄의 법정형은 3년이하의 징역이나 금고, 10년 이하의 자격정지 또는 2만5천환이하의 벌금형이었다.

20) 연구실안전환경조성에관한법률에 의하면 직무상 알게된 비밀을 제3자에게 제공 또는 도용하거나 목적 외의 용도로 사용한 자는 1년 이하의 징역이나 1천만원 이하의 벌금에 처한다(동법 제23조).

대한 지식은 특정 개인의 질병에 대한 진단 및 치료에 이용될 가능성이
높다. 그런데 이 과정에서 필연적으로 특정 개인의 유전정보가 알려지게
될 것이고 그렇게 획득된 개인의 유전정보가 악용 또는 오용될 경우에
는 개인의 사생활에 관한 비밀 및 자유가 침해된다. 예를 들어 현재 건
강에 아무런 문제가 없는 사람이 통상적인 건강진단과정에서 혈액검사
를 하고 이에 대한 유전자검사를 행하면 그 사람의 유전정보가 알려지
게 되고 그 유전자가 질병을 일으킬 수 있는 유전자라는 사실이 공개된
다면 그 사람은 '증상 없는 환자'로 낙인찍힐 수 있다. 더 나아가 이런
사실이 다른 사람에게 알려지면 가족관계·직장·의료보험가입 등에 영
향을 미칠 수 있다.

　이와 같은 유전적 프라이버시[21]는 인간게놈프로젝트 연구의 영향을
받아 인간 유전자에 대한 연구가 활성화되면서 유전자 데이터뱅크가 등
장함으로써 더욱 주목을 받고 있다. 유전적 프라이버시를 지키기 위한
가장 중요한 장치는 유전정보의 수집과 분석·보관·폐기·공개의 전
과정에 걸쳐 본인의 동의를 의무화하는 것이다. 따라서 동의가 이루어지
기 전에 동의 여부를 결정할 수 있는 충분한 정보와 시간을 가지고 동의
를 하도록 하여 피검자의 자율적 의사를 최대한으로 존중하는 것이 필
요하다. 이에 따라 생명윤리 및 안전에 관한 법률은 유전정보의 보호에
대한 책무를 유전자검사기관과 유전자은행의 장 또는 그 종사자에게 부
과하고 있다. 즉 유전자은행의 장 또는 그 종사자는 직무상 얻거나 알게
된 유전정보 등을 정당한 사유 없이 타인에게 제공하거나 부당한 목적
으로 사용하여서는 안 되며(동법 제35조 제1항, 제52조) 유전자검사를
통해서 얻어진 유전정보를 근거로 교육·고용·승진·보험 등 사회활동

---

21) 유전적 프라이버시는 본인의 유전정보 중 다른 사람이 알 수 있는 것을 스스로 결정
할 권리와 본인 스스로 자신에 대해 어떤 유전정보를 알고자 하는 지를 결정할 권리
로서 기술된다. 유전정보는 다른 의료정보와 질적으로 다른데 이는 유전정보는 자신
뿐 아니라 다른 가족구성원의 정보까지 포함하여 다른 사람에게 알리고　싶지 않은
다른 사람에게 알릴 수 있기 때문이다.

에 있어서 다른 사람을 차별하여서는 안 된다는 규정(동법 제31조 제1
항)을 두어 유전적 프라이버시를 정보보호의 차원에서 벗어나 차별취급
금지로까지 확대하고 있다.

제3절 생명공학과 법적 문제

I. 개념

'생명공학'이란 용어는 영어의 Biotechnology를 번역한 것으로 이를
'생명공학기술' 또는 '생물공학기술'이라고도 한다. 학문적 또는 사전적
의미에서의 생명공학이란 인류를 위한 생물학의 응용을 말하며 흔히
'전통적 생명공학'과 '현대적 생명공학'으로 구분하기도 한다. 전통적 생
명공학이란 식품과 음료의 생산에 있어서 미생물의 배양과 사용, 예를
들어 맥주·포도주·빵·요구르트·치즈 등의 제조과정에서 효소와 같
은 미생물의 사용이나 배양을 의미한다.[22] 이에 비해서 현대적 생명공학
이란 조직배양·배아이식 그리고 유전자조작 등과 같이 새로운 방법을
사용하는 것이다.

한편 생명공학의 기술적 측면을 강조해서 개념정의를 할 때는 동·식
물 및 미생물의 세포를 포함하는 생체시스템을 직·간접으로 이용하여
인류에게 필요한 각종 물질을 생산하기 위해 요구되는 기술을 총칭하는
것이라고도 한다. 이 범주에 속하는 기술분야는 발효공학기술, 효소공학
기술, 동·식물 세포배양기술, 단백질 공학기술, 수정란 이식기술, 생물
공정기술, 유전공학기술 그리고 최근의 동·식물 및 인간복제기술분야
등을 들 수 있다. 이러한 기술은 생체기능에 어떻게 접근하느냐에 따라

---

22) 金炳盛, 生命工學과 憲法的 課題, New Millennium 法-法 環境의 變化와 그 對應
策 2회, 한국법학교수회, 2000, 472면 참조.

서 생체기능 개량기술, 생체기능 이용기술, 생체기능 모방기술 및 생명체복제기술로 나눌 수 있다.[23]

1978년에 세계 최초의 시험관 아기인 루이스 브라운의 탄생을 시작으로 1996년에는 세계 최초의 체세포 복제양인 돌리의 탄생 등 생명과학[24]은 20세기 후반에 들어서면서 더욱 발전하게 되는데, 그 중에서도 최근 가장 논란이 되고 있는 분야가 줄기세포에 관한 연구이다. 이 연구는 불치병과 난치병을 치료할 수 있다는 기대와 더불어, 특히 인간배아복제는 난치병치료의 가능성 외에도 인간의 초기 발생과정을 연구하는데 이용될 수 있으며, 신약개발 및 독성조사에도 이용할 수 있는 유용성이 있다. 그러나 배아복제는 인간생명의 보호시기에 관한 문제를 넘어 인간의 생명이 무엇인가, 복제된 배아를 인간이라고 볼 수 있는가라는 인간에 대한 본질적인 차원에서 문제를 제기하고 있다.

또한 윤리적·법적 관점에서도 많은 논쟁의 대상이 되고 있는데, 어떤 사람은 인간복제의 반윤리성과 반인간성을 지적하면서 이로 인한 대재앙을 예고하기도 하고, 또 다른 어떤 사람들은 유전자조작기술과 인간복제술은 결코 두려움의 대상이 아닐 뿐만 아니라 이러한 과학의 발전과 그것을 담고 있는 역사의 흐름은 멈춰질 수 없는 것으로서 수용해야 하며 그것을 유용하게 이끄는 노력만이 최선의 길이라고 주장을 하기도 한다. 물론 이런 사고의 이면에는 상업적 이용에 대한 기대가 작용하고 있다는 점 또한 부인할 수 없다.

이하에서는 생명공학의 많은 분야 중에서도 줄기세포와 인간배아복제 그리고 유전자 정보에 관련된 법적 문제점들을 살펴본다.

---

23) 구체적으로 기술분야의 유형을 보면 생체기능 개량기술에는 유전자재조합과 동·식물의 세포융합을, 생체기능이용기술에는 동·식물세포의 대량배양과 바이오리액터를, 생체기능모방기술에는 바이오센서와 생체적응재료를 그리고 생명체 복제기술에는 동·식물의 복제와 인간복제 및 새로운 생명체의 합성 등을 들 수 있다.

24) 우리나라 생명윤리 및 안전에 관한 법률은 '생명과학기술'을 "인간배아·세포·유전자 등을 대상으로 생명현상을 규명·활용하는 과학과 기술"로 정의하고 있다(동법 제2조 제1호).

II. 줄기세포

1. 의의

보다 오래 살고 싶어 하는 인간의 끊임 없는 욕망은 시대와 문화를 초월하여 가장 오랫동안 지속되어 온 희망일 것이다. 고대 및 중세 시대에는 인간의 질병을 이해하는 데에 있어 초현실적인 이해가 주된 내용을 이루었다. 즉 나병환자를 신의 저주를 받은 것으로 이해하여 그를 화형에 처한다거나 혹은 병을 마귀의 힘에 의한 어떠한 부작용에 의한 현상으로 이해하여 수도사·무당·서낭당 등에 의존하는 것도 같은 맥락에서 이해할 수 있다.

이러한 질병관이 비교적 과학적으로 정립되기 시작한 것은 근대과학의 발전과 합리주의적 사고가 정립되면서였다. 특히 17세기 이후 코흐에 의한 결핵균의 발견과 플레밍에 의한 페니실린의 발견을 계기로 인류는 질병에 대한 상당한 수준의 이해와 의학의 진보를 이룩하였다. 그러나 질병에 대한 이해의 정도에 비해서 이를 극복하기 위한 치료적 접근은 비교적 제한되어 있어서 증상을 더 나빠지지 않게 보존하는 정도의 약물치료가 주종을 이루게 되었고, 일단 발병한 질환을 근원적으로 치료는 것은 쉽지가 않아서 결국 시간이 지남에 따라 각 장기의 기능이 말기의 기능부전(organ failure) 상태에 이르는 것을 경험하게 되었다. 그래서 이들에 대한 근본적인 개선방법을 찾기 시작하였고 이러한 배경 하에 개발된 것이 바로 장기이식(organ transplantation)이었는데, 이 역시 건강한 사람이 장기를 기증할 때에만 가능하다는 한계에 직면하게 된다.

이러한 상황에서 대두된 전혀 새로운 개념이 바로 줄기세포에 의한 재생의학(regenerative medicine)이라는 개념이다. 즉 줄기세포에 의한 재생의학은 질병의 원인균을 제거하거나 신체의 기능을 도와주어 더 이상 나빠지지 않게 하는 수동적 치료의 개념과는 달리 이미 나빠진 장기의 기능을 그 이전의 상태를 향하여 회복시키고자 한다.[25] 또한 최근에 발견된 줄기세포의 특징은 줄기세포가 원래 예정되어 있던 세포가 아닌 다른 세포로 변화하는 능력, 즉 줄기세포 분화의 유연성(stem cell plasticity)을 들 수 있다. 이런 분화의 유연성은 혈액이 되기로 예정되어 있던 조혈모세포가 경우에 따라서는 심근세포로 분화하거나 간세포, 신경세포 등으로 분화하는 것으로 나타나고 있다. 이러한 분화의 유연성은 성체줄기세포들이 특정한 조건에서만 나타내는 능력이라는 점에서 의학계의 주목을 받고 있다.26)

2. 용어 및 종류

(1) 용어

줄기세포는 다양한 종류의 세포를 생산할 수 있는 능력을 통해 신체 각 부위에서 재생작용을 할 수 있는 세포를 말한다. 영어의 stem cell이란 단어에서 유래한 것으로서 본래 영어의 'stemm'은 기원하다(driginate from)의 뜻과 식물의 줄기(stalk)란 두 가지 뜻이 있으나 일본에서 번역할 때 두 가지 모두 사용하여 전자를 원기(原紀)세포, 후자를 간(幹)세포라고 번역하였으나 우리나라에서는 이 중 잘못된 번역인 후자를 사용하여 줄기세포란 용어가 쓰이고 있다고 한다.27)

(2) 종류

줄기세포란 아직 분화하지 않은 미성숙 상태의 세포로서 체외배양에서도 미분화상태를 유지하면서 무한정 스스로 분열·복제할 수 있으며,

---

25) 즉 장기손상이나 질병에 대한 치료의는 약물요법이나 보존요법에서 장기이식(심장·신장·간·췌장 등)으로 더 나아가 장기재생(줄기세포)으로 발전하고 있다고 할 수 있다.

26) 김혁돈, "줄기세포연구와 배아보호", 경북대학교 법학논고 제32집, 2010, 335면.

27) 오일환, "줄기세포 연구와 관련된 법적 이슈들", 「과학기술과 법」, 서울대학교 기술과 법센터, 박영사, 2007, 230면.

개체의 발달시기와 위치하는 장소 등에 따라 생물체를 이루는 많은 종류의 서로 다른 세포로 분화될 수 있는 세포를 총칭한다.[28] 줄기세포에는 크게 두 가지 종류, 즉 인간의 배아줄기세포와 성체줄기세포가 있다. 인간배아줄기세포는 성체세포와는 달리 인간 신체의 모든 종류의 조직으로 성장할 수 있는 가능성을 갖고 있는 전분화가능세포(pluripotent cell)이다.[29] 이러한 인간배아줄기세포는 발달 초기 단계의 배아나 태반 또는 탯줄의 혈액으로부터 추출할 수 있다.

배아줄기세포와 성체줄기세포 모두 장기를 재생할 수 있는 세포의 공급원이라는 점에서는 공통되지만 세포치료학적 측면에서는 세포의 특성 자체가 완전히 다르기 때문에 장점과 단점을 달리한다. 즉 배아줄기세포는 증식이 장점인 반면에 생체 내에서의 분화에 저항할 뿐만 아니라 시험관내에서도 원하지 않았던 여러 가지 종류의 장기세포로 동시에 분화된다는 점이 단점이다. 이에 반해서 성체줄기세포는 증식이 어려울 뿐만 아니라 얻을 수 있는 숫자도 제한된다는 단점이 있는 반면에 생체내에 이식되었을 때 필요한 장기로 적절히 분화할 수 있는 능력을 가지고 있다는 장점이 있다.

1) 배아줄기세포(embryonic stem cell)

난자와 정자가 수정하면 신체의 모든 유전자 정보를 포함하는 단일세포인 접합체가 발생한다. 이 접합체는 발생 직후부터 다른 세포로 분

---

28) 이은정, "생명복제를 둘러싼 국내의 생명윤리 논쟁에 관한 연구", 서울대학교 의학박사학위논문, 2005, 13면.

29) 전분화능이라는 것은 신경, 혈관, 근육 등 인체를 이루는 여러 다양한 조직으로 분화될 수 있는 가능성을 가졌다는 뜻이다(권복규·김현철, 『생명윤리와 법』, 이화여대출판부, 2009, 203면). 일반적으로 세포는 그 분화능력의 정도에 따라 만능세포(totipotent cell), 전분화능세포(pluripotent cell), 그리고 다분화능세포(multipotent cell)의 세 종류로 구분한다. 여기서 개체로 성장할 수 있는 만능세포는 파괴되기 이전의 상태인 배아 그 자체이다. 따라서 배아줄기세포와 배아는 구별되어야 하며, 전분화능줄기세포와 다분화능줄기세포는 있지만, 만능줄기세포는 존재하지 않는다(박준석, "줄기세포연구에 대한 헌법학적 논의의 문제점", 세계헌법연구 제13권 제1호, 2007, 170-172면 참조).

화하기 시작하여 수정 후 9일 정도에는 배판포(blastocyte)라 불리는 200
개 정도이 세포를 가진 구형체를 형성하게 된다. 배반포의 일부인 내괴
세포를 시험관에서 배양하면서 일정기간 지난 후 죽지 않고 계속 증식
하는 세포군들이 출현하게 되는데, 이러한 세포주(cell line)들을 '배아줄
기세포'라고 한다.[30] 배아줄기세포는 체외수정으로 얻은 배아로부터 획
득하는 방법뿐만 아니라 이미 사망하거나 낙태된 태아로부터 줄기세포
를 획득하여 배양될 수도 있고, 핵을 제거한 난세포에 핵을 이식하여 개
인의 특별한 줄기세포를 획득할 수도 있다.[31]

2) 성체줄기세포(adult stem cell)

성체줄기세포는 이미 분화된 조직들에서 발견되는 줄기세포로서 특정
세포로 분화할 수 있는 다분화가능줄기세포(multipotent stem cell)이다.
분화의 양상이 해당조직의 본래형질로 나타나는 경우가 많아서 조직특
수적 줄기세포(tissue specific stem cell)로 부르기도 한다.[32]

성체줄기세포는 배아줄기세포보다는 분화되었지만 완전히 분화되지
는 않은 줄기세포이다. 성체줄기세포는 뇌를 비롯한 신체의 많은 조직,
예를 들어 근육, 망막, 췌장, 골수, 각막, 혈관, 지방, 정원세포 및 태반
등에서 분리가 가능하며, 가장 잘 알려진 성체줄기세포의 원천은 골수이
다. 골수에서는 조혈모세포, 혈액줄기세포, 내피 줄기세포, 세포 및 간엽
줄기세포와 같은 여러 종류의 줄기세포가 발견된다.

성체줄기세포도 배아줄기세포와 마찬가지로 여러 유전적 난치병을 고
칠 수 있는 가능성은 가지고 있는 것으로 알려졌다. 이러한 성체조직들
도 다양한 종류의 조직으로 발달할 수 있지만 일반적으로 같은 종류의
조직으로만 성장이 가능하다. 또한 성체줄기세포는 인간배아줄기세포에

---

30) 오일환, 앞의 논문, 231면.
31) Water Gropp/ 최우찬 역, "인간복제와 생명보호에 관한 형법적 고찰", 서강법학연구
    제3권, 서강대학교 법학연구소, 2001, 399면.
32) 김혁돈, 앞의 논문, 334면.

비해 상대적으로 증식이 어렵고 분화능력이 떨어진다는 단점이 있다. 또한 유전적인 난치병을 앓고 있는 환자들의 경우 자신에게서 추출한 성체줄기세포를 이용하는 경우 해당 유전병의 유전인자가 추출한 성체줄기세포에도 포함되어 있을 가능성이 있기 때문에 치료가 어려울 것이라는 의견도 있다. 이러한 이유로 인해 성체줄기세포는 배아줄기세포보다는 그 가능성이 제한적인 것으로 생각되고 있다. 그러나 성체줄기세포는 윤리적으로 논란이 되고 있는 배아를 사용하지 않고도 줄기세포를 추출할 수 있다는 점이 가장 큰 장점이다. 또한 배아줄기세포와 달리 암과 같은 기형으로 발달한 가능성이 적으며 면역거부반응의 문제가 없다는 장점도 있다.33) 따라서 임상적 적용이라는 문제에서는 암 발생 등에서 더 안전하기 때문에 실질적인 세포치료의 영역은 성체줄기세포분야에서 이루어지고 있는 것이 세계적인 추세이다.34)

현재로서는 제대혈이나 성체 조직에서 추출되는 줄기세포가 완전한 전분화능세포인지는 확실하지 않아 더 많은 연구가 필요하다.35)

3. 줄기세포의 획득 및 연구과정과 법적 문제

한편 배아줄기세포는 연구과정에서 배아를 손상시킨다는 문제뿐만 아니라 체세포복제를 위한 과정에서 수많은 난자를 필요로 하게 되고, 난자획득과정에서의 윤리적 비난이라는 부담을 필연적으로 질 수 밖에 없으며,36) 핵치환된 난자가 정상적으로 수정된 난자와는 달리 내부적인 유

---

33) 박은정 외, 『줄기세포연구의 윤리와 법정책』, 이화여대출판부, 2004, 21면 참조.
34) 오일환, 앞의 논문, 233면.
35) Internet society for Stem Cell Research supra note 19. 전자영, "줄기세포연구에 대한 법적 규제", 숙명여자대학교, 석사학위논문, 2009, 13면(재인용).
36) 배란주기가 일정하지 않거나 다수의 난자를 좀 더 쉽게 얻기 위하여 호르몬을 사용하여 과배란을 유도하게 된다. 과배란을 유도하기 위한 호르몬의 투여는 자율적으로 조절되던 호르몬주기가 파괴되고 두통, 오심, 과민반응, 발작, 안면홍조, 우울증, 유방암통, 졸도, 저혈압, 골밀도감소 등의 부작용을 가져오게 되고, 난자 채취로 인하여 조기 출산과 유산의 위험성이 증가한다(성 해・남명진, "생명과학 입장에서 본 생명윤리",

전적 결함이 발생하는 위험을 안고 있다.

(1) 줄기세포의 획득과정

1) 배반포의 생성단계

배아의 생성단계를 보면, 난소에서 배란된 난자는 자궁을 거쳐 올라온 정자와 난관에서 만나 수정(fertilization)의 과정을 거친다. 이후 몇 시간 내에 이 수정란은 대사활성이 급격히 증가하며 세포분열에 진입하여 2세포기 4세포기 등을 거쳐 오얏나무 열매를 닮은 상실배가 되고, 수정된 후 1주일 정도가 되면 이들 안에서 주머니 모양의 배반포가 되고 내부에는 접시모양의 내괴세포(inner cell mass)가 생긴다. 일단 배판포의 단계까지 진행되면 이들은 자궁에 내려와 특정부위의 자궁내막에 착상을 하게 된다.

2) 배반포의 발생학적 지위

배반포가 형성될 단계에서는 이미 한 개체로서의 특성에 해당하는 유전적 소인결정(genomic imprinting)이 모두 완결되어서 개체발생을 위한 큰 그림은 그려진 상태이며 나머지 9개월 동안의 임신과정을 거쳐 본격적인 장기형성 및 형태학적 완성이 이루어지게 된다. 따라서 배반포의 생명체로서의 지위는 문화적·종교적 차이에 따라 극명한 차이를 보일 수밖에 없게 되며 이것이 생명체에 대한 파괴행위에 해당하는지 여부에 대한 것도 언제부터 생명체로 간주하느냐에 따라 서로 다른 대답이 나올 수밖에 없다. 이에 대해서는 3부류의 견해가 있다.

첫째, 배반포는 체외수정에 의해 이루어진 배양과정의 산물로 간주해야 하므로 현재 생명체가 되기 위한 과정에 진입한 상태라고 볼 수 없다는 견해이다. 즉 자궁에 착상된 이후부터 한 인간이 되기 위한 과정으로

생명윤리 제10권 제1호, 2009, 89-70면).

인정하고 그 이전단계의 시험관에서 생산되거나 냉동보관 된 배반포는 단순한 세포 덩어리(cell mass)라는 것이다.

둘째, 배반포가 자궁에 착상된 후 약 1달 이내에 나타나는 원시선이라는 구조물이 나타나야 그 때부터 생명으로 간주한다는 견해이다.

셋째, 정자와 난자가 만나 수정되는 순간부터 한 생명체가 잉태된 것으로 보고, 이들은 시험관 조작에 의해 생성되거나 냉동된 배반포라 할지라도 장차 자궁에 착상될 경우 언제든 한 인간으로 태어날 수 있는 자기동일성을 가진 생명체로서 간주되어야 한다는 견해이다. 즉 배반포는 착상즉시 인간으로 태어날 수 있으므로 세포덩어리로 간주될 수 없다는 것이다.

이와 관련된 세계적 경향을 살펴보면 2002년에 미국 메사추세츠 고등법원은 아버지 사망 후 2년이 지나 냉동정자 수정을 통해 태어난 쌍둥이 소녀에 대해 "아버지가 숨지기 전에 냉동정자로 자녀를 임신한 데 동의했기 때문에 이들은 상속을 받을 권리가 있다"고 판결하였으며 또한 2006년 초에 미국의 일리노이주 법원은 보관센터에서 발생한 사고로 냉동배아가 폐기된 것에 대해 제공자들이 제기한 보상청구소송에서 "냉동배아는 자궁의 이식 여부와 상관없이 인간으로 보아야 하며 따라서 배아를 잃은 부부는 보상을 받을 권리가 있다"고 판결함으로써 냉동배아의 법적 지위를 인정하였다.

그러나 유럽인권재판소는 난소암치료 후 불임이 된 34세의 영국 여성이 냉동시켜 보관중인 배아를 이용해 출산할 수 있도록 해 달라며 제기한 소송에서 "영국법에 따라 상대남성이 냉동배아 철회를 요구할 경우 배아이식은 불가능하다"고 판시하였으며, 이어서 유럽인권재판소에서는 "배아는 독립된 인권을 가질 수 없다고 한 후에 해당 여성의 가족생활권도 존중되어야 하지만 냉동배아의 폐기를 요구하는 남성쪽에서의 배아 철회권보다 우위에 있을 수는 없다"고 판시하였다.[37]

---

37) 오일환, 앞의 논문, 236면.

(2) 줄기세포의 연구과정

줄기세포를 통한 장기재생 세포치료가 이루어지기 위해서는 ① 치료적 목적에 부합될 만큼의 충분한 양의 세포가 확보되어야 하고 이들이 몸 안에 이식되었을 때 부작용을 일으키지 않는 안전성이 확보되어야 한다. 그리고 ② 이렇게 이식된 세포들이 몸안에 들어가서 면역거부반응에 의해 제거되지 않아야 하며, ③ 몸 안에서 들어간 세포들이 충분히 장기간 생존해서 해당 장기의 기능 개선에 기여할 수 있는 치료적 효과를 나타내야 한다.

이 중에서 특히 문제되는 것은 면역거부반응을 극복해야 한다는 것이다. 일반적으로 면역거부반응은 세포의 표면에 '주 조직적합성 항원(major histocompatibility antigen: MHC)'이라는 일련의 단백질들이 발현되면서 각 개체가 자신만의 고유한 색깔에 해당하는 항원성을 가지게 된다. 즉 '주 조직 적합성'이라는 것은 한 개체를 철저히 자신만의 유일성으로 특화해 나가는 주요한 진화과정이므로 그 만큼 조직적합성이 맞는 사람을 찾는다는 것이 쉽지 않다.[38] 바로 이 과정에서 발생하는 것이 체세포 핵치환에 의한 치료복제의 과정이다. 즉 여성으로부터 채취한 난자에서 핵을 제거한 후 환자의 체세포 핵을 주입하면 핵치환 난자는 모든 유전물질을 담고 있는 그 핵이 환자에게서 유래하므로 그로부터 발생되는 대부분의 유전인자 및 조직적합성이 난자공여자가 아닌 체세포공여자와 일치하게 된다.[39]

그러나 이러한 체세포복제과정에서도 많은 문제를 야기한다. 즉 과학적으로 핵치환 된 난자로부터 배반포까지의 과정과 이들로부터 배아줄기세포의 확립까지의 과정은 그 성공률이 매우 낮기 때문에 한 사람의

---

[38] 대표적으로 성체줄기세포의 경우 골수이식을 예로 들 수 있는데, 평균 몇 만에서 몇십만명 정도를 스크리닝 해야 조작적합성 유전자 6개 좌(locus)가 일치하는 사람을 찾을 수 있다고 한다.

[39] 오일환, 앞의 논문, 240면.

체세포 복제를 위하여 수백 개 혹은 수천 개의 난자가 필요하게 된다. 이렇게 성공률이 낮은 이유는 핵치환 된 난자가 정상적으로 수정된 난자와는 달리 세포 내부의 유전적 변화로 인하여 사멸되기 때문이라고 한다. 이로 인하여 체세포 핵이식된 배반포가 만들어진 후에도 내부적 유전자의 결함이 종종 발생하여 그러한 방식으로 탄생한 '복제양 돌리'[40]와 같은 많은 복제동물에서도 여러 가지 이상증세가 나타나게 되었다.

4. 인간배아복제의 법적 문제

(1) 문제제기

줄기세포의 체세포 복제과정에서 발생할 수 있는 또 다른 문제는 배반포가 줄기세포를 만드는 용도로 사용한 것 이외에 자궁에 착상될 경우 이른바 '복제인간'이 탄생할 수 있게 된다는 것이다. 배아복제를 연구하는 주된 이유는 배아에서 줄기세포를 얻기 위해서이다. 인간배아는 발달의 초기단계의 조직체를 말하며 태아가 되기 전까지 수정한 때로부터 발달하는 조직체를 말한다.[41] 인간배아복제란 사람의 정자와 난자의 수정을 통하지 않고, 인공으로 수정란을 분할거나 혈액 및 살점 등의 체세포만을 이용해 사람의 난자에 핵이식하여 복제해낸 배아를 말한다.

체세포복제에 의한 배아의 생성방법은 난자에서 핵을 제거한 다음, 그 핵이 제거된 난자에 복제하려는 사람의 체세포의 핵을 이식하여 실험실에서 조작을 하면 정자와 난자가 만난 수정란처럼 배아단계로 발전하게

---

40) 복제양 돌리는 세계 최초의 포유동물 복제로 태어난 새끼양으로 다 자란 양의 체세포를 복제해서 태어났다. 1996년 영국의 이언 윌머트 박사 등이 6년생 양의 체세포에서 채취한 유전자를 핵이 제거된 다른 암양의 난자와 결합시켜 이를 대리모 자궁에 이식하여 태어났으며 2003년 노화에 따른 폐질환으로 안락사시켰다.

41) The Report of The President's Council on Biothics, 『Human Closing and Human Dignity』, public Affairs New York, 2002, p. 268(김수갑, "인간배아복제의 허용여부에 관한 법적 쟁점과 과제", 충북대학교 법학연구 제20권 제1호, 2009, 3면 재인용).

된다. 이를 '핵이식에 의한 체세포복제(SCNT)'라고 하고, 이를 통상적으로 '배아복제' 또는 '인간배아복제'라 부른다. 통상 인간배아복제라 함은 치료복제를 지칭하는 것이다.

여기서 인간생명을 자기목적이 아닌 다른 목적을 위해 수단화한다는 문제에 직면한다. 즉, 배아복제기술은 난치병 치료 등에 긍정적으로 사용될 수 있지만, 한편으로는 생명경시를 불러일으키고 인간복제에 이용될 수 있다는 위험성도 존재하기 때문에 항상 논쟁적인 요소가 부가되는 것이다.[42] 이와 관련하여 인간복제의 연구를 허용할 것인가. 허용한다면 어떠한 범위에서 허용할 것인가에 대해서도 뚜렷하게 합의된 규범적 기준이 국제사회에 존재하지 않을 뿐만 아니라, 각국의 입법례에서도 많은 차이가 나타나고 있다. 우리나라의 경우 2009년에 '생명윤리 및 안전에 관한 법률'(이하 생명윤리법)이 개정되어 2010년 시행되고 있어 규범적 기준을 제시하고 있기는 하지만 논쟁의 여지는 여전히 남아 있다. 생명윤리와 생명인권을 존중하면서 생명공학산업의 지속적인 발전을 위해서는 명확한 법적 기준을 확립할 필요가 있다. 이하에서는 인간배아복제를 둘러싸고 논의되고 있는 쟁점들을 살펴본다.

(2) 인간배아의 인간성 인정 여부

배아의 인간성을 인정할 것인가 부정할 것인가에 따라 배아연구 및 그 이용에 대한 허용 또는 불허라는 전혀 다른 결론에 이를 수 있다. 첫째, 배아는 공여자의 재산권이라는 견해가 있다. 즉 자궁에 착상되기 전의 인간배아는 세포덩어리에 불과하므로 특별한 도덕적 지위를 가지지 못하므로 배아는 부모의 소유물로서 그들의 동의하에 과학적 실험도 충분히 가능하다는 것이다.[43] 또한 불임을 해결하기 위해 인공수정을 통하

---

42) 김수갑, 앞의 논문, 7면 참조.
43) 유물론자와 기계론자들의 지지를 받는 설이다(서계원, "생명윤리법상 생명권과 인간배아복제의 문제", 세계헌법연구 제10호, 국제헌법학회 한국학회, 2004, 12, 199면).

여 2세를 출산함에 있어, 산모의 자궁에 착상시키기 위하여 복수의 수정란을 만들고 착상이 성공한 후의 잉여수정란은 배아연구에 사용되어질 수 있다는 것이다.[44]

둘째, 인간배아는 잠재적으로 인간이 될 수 있는 가능성을 갖고 있고, 일정한 시기가 되면 생명으로 인정받을 수 있다는 견해가 있다. 즉 인간배아는 성장하면서 점차적으로 도덕적 지위를 얻게 되는데, 이는 원시선(primitive streak)이 형성되는 14일 이전까지의 수정란은 인간으로서 볼 수 없다는 것이다.[45] 수정단계부터 배아의 생명권을 존중함으로써 지나치게 법 정책적 보호에 빠지는 것을 예방하고, 또 배아를 단순한 세포덩어리로 볼 경우에 문제되는 생명경시현상으로부터 자유로울 수 있다는 것이다.[46]

셋째, 개신교, 카톨릭 등의 종교계와 생명윤리 진영에서 주장되는 것으로서, 인간배아는 완전한 인간과 동일한 지위를 가진다는 견해가 있다. 즉 정자와 난자가 만나 수정되는 순간부터 한 생명체가 잉태된 것으로 보고, 시험관 조작에 의하여 생성되거나 냉동된 배반포라 할지라도 장차 자궁에 착상될 경우 언제든지 한 인간으로 태어날 수 있는 자기 동일성을 가진 생명체로 간주되어야 한다는 것이다. 특히 연구용으로 사용되는 세포주의 경우는 어떠한 상황에서도 아무리 오랫동안 기다려도 세포덩이로 남아 있지만, 배반포는 인간으로 태어날 수 있는 자기동일성의 원칙에서 세포덩어리로 간주될 수 없다는 것이다.[47]

---

44) 오일환, 앞의 논문, 237면.
45) 원시선이 인간성의 여부를 결정하는 기준이 될 수 있는지 의문이다. 더욱이 원시선은 꼭 14일이 아니라 그 전후에도 나타날 수 있기 때문에 어느 시점에 완전한 인간으로 인정할 수 있는가의 객관적 기준이 되기 어렵다(정현미, "배아의 생명권－착상 전 진단의 생명권침해 여부와 허용범위", 비교형사법연구 제5권 제2호(특집호), 2003, 12, 263면).
46) 윤영철, "인간배아의 보호필요성과 형법", 형사정책, 제16권 제1호, 2004, 177면.
47) 오일환, 앞의 논문, 237면.

(3) 인간의 존엄성 · 생명권으로서의 주체성

인간배아의 인간성을 인정할 수 있는가라는 문제는 인간배아에게 인간의 존엄과 가치(인격권) 및 생명권의 주체성을 인정할 수 있는가라는 문제와도 관련되어 있다. 헌법 제10조에서는 인간으로서의 존엄과 가치를 규정하고 있으며, 이것이 우리 헌법의 가장 핵심적인 내용을 구성한다. 따라서 인간의 존엄과 가치는 절대적으로 보장되어야 하고 국가도 이를 보호해야 할 의무가 있다. 그렇다면 인간배아도 인간의 존엄과 가치라는 측면에서 보호되어야 하지 않는가?

생각건대 어떤 인간은 더 존엄하고 어떤 인간은 덜 존엄하다는 사고방식은 채택할 수 없지만, 인간이 되는 시기에 따라 인간의 존엄과 가치의 보호를 달리할 수는 있을 것이다. 따라서 인간의 존엄성 원리가 인간의 동일성으로서의 주체성에 관한 불가침성이라고 본다면 착상되기 이전의 인간배아는 인간의 존엄성으로서의 주체성은 인정하기 어렵다고 본다.[48]

한편 생명권은 인간의 존엄과 가치와는 달리 인간생명의 발달단계에 따라 그 보호를 단계적으로 달리할 가능성을 법률적 차원에서 보여주고 있다. 즉 살인죄, 영아살해죄, 낙태죄가 인간생명의 발달단계에 따라 법적 보호수준을 달리하고 있다. 이러한 점에서 생명권은 중요한 헌법적 법익과 형량이 필요한 상대적 권리라고 할 수 있다. 따라서 인간배아도 생명권의 주체가 될 수 있지만, 일정한 경우에는 그 주체성이 제한될 수도 있을 것이다.[49] 그러나 언제부터 인간으로 인정할 것인가라는 문제에 있어서 인간생명의 시작을 사실적 측면만으로는 결정할 수 없다. 따라서 인간배아를 인간의 생명과 동일하게 보호할 필요가 있는지 여부는 결국 규범적 판단에 의하여 결정하여야 한다.[50]

---

48) 김선택, "출생전 인간생명의 헌법적 보호", 헌법논총 제16집, 2005, 165면.
49) 김수갑, 앞의 논문, 15면.
50) 이인영, "인간배아보호를 위한 법정책의 고찰", 형사정책연구, 2002년 가을호, 64면.

(4) 인간배아복제의 허용여부

인간배아의 지위를 인간과 완전히 동일시한다면 인간배아복제를 결코 허용할 수 없을 것이다. 왜냐하면 배아는 인간보다 하위의 생명체로서 그 중간적 가치성을 인정받는 것이 아니라, 완전한 인간으로 성장하기에 필요한 모든 것을 이미 내포하고 있는 특수한 지위에 있는 인간으로서 그 가치성을 인정받아야 하기 때문이다. 반면에 자궁에 착상하기 전의 인간배아를 단순한 세포덩어리로서 재산권의 대상이라고 한다면 인간배아복제는 제한 없이 전면적으로 허용할 수 있을 것이다.

한편 인간배아복제를 허용하는 입장에서는 연구자의 '학문의 자유' 및 인간복제를 통해서라도 아이를 출산하고 싶은 부모의 '사생활의 자유'를 논거로 제시하고 있다.

> [참고] 헌법 제22조 제1항은 "모든 국민은 학문과 예술의 자유를 가진다"라고 규정하고 있다. 일반적으로 학문의 자유는 학문연구의 자유, 학술활동의 자유, 학문기관의 자유를 포함하며, 이 가운데 학문연구의 자유는 연구의 과제·방법·기간·장소 등에 관한 선택의 자유를 의미하는 것으로 이해되고 있는 바 인간복제의 연구는 연구과제 선택의 자유에 해당한다. 또한 헌법 제17조는 "모든 국민은 사생활의 비밀과 자유를 침해받지 아니한다"라고 규정하고 있는데, 여기에서의 사생활의 자유는 사생활의 설계 및 그 내용에 대하여 외부의 간섭을 받지 아니할 권리를 의미하며, 사생활의 비밀은 사생활과 관련된 사사로운 '나만의 영역'이 본인의 의사에 반하여 공개되지 아니할 권리를 말한다. 이와 같이 사생활의 자유는 '사생활의 자유로운 설계'를 포함하는 것이며, 여기에는 당연히 혼인여부, 혼인시기, 배우자선택, 자녀의 수와 같은 혼인과 가족생활의 형성에 대하여 외부의 간섭을 받지 않을 권리가 내포되어 있다. 문제는 이른바 '아이를 가질 방법의 선택에 관한 권리'도 여기에 포함되는지 여부이다.51)

---

51) 이와 관련하여 미국에서는 인간복제가 '아이를 가질 권리' 및 '아이를 가질 방법에 관한 권리'의 행사를 위한 의도적인 선택의 하나이므로 적법절차조항에 의하여 보호되어야 한다는 견해와 출산에 관한 헌법상의 권리는 출산에 관한 특별한 판단 내지 결

이에 반하여 인간복제를 부정하는 입장에서는 만약 인간복제를 허용할 경우 그에 의하여 탄생한 복제인간에게는 이른바 '유전적 속박'에 따른 개성 및 정체성의 결여로 인한 정신적 고통을 감수할 것을 강요하게 될 뿐만 아니라 유전적 정보의 노출에 따른 유전자기본권의 침해문제도 야기할 수 있다고 한다.

그러나 오늘날 대다수의 국가는 제한된 범위에서 인간배아복제를 허용하고 있고, 우리나라도 2004년 1월 29일에 "생명윤리 및 안전에 관한 법률"이 제정되어 현재 새로운 개정안이 2010년 1월부터 시행되고 있다. 동 법률에서는 ① 인간개체복제의 금지, ② 이종 교잡행위 금지, ③ 정자, 난자, 배아의 매매 금지, ④ 잉여 배아의 줄기세포 연구 목적의 이용, ⑤ 체세포핵이식복제배아의 제조와 연구에 대한 예외적 허용, ⑥ IRB(Institutional Review Board)의 설치,[52] ⑦보건복지부의 연구기관 허가와 배아연구에 대한 승인 및 관리감독 등을 골자로 하고 있다.[53]

1) 인간배아복제 금지

생명윤리 및 안전에 관한 법률 제11조는 "누구든지 체세포복제배아를 자궁에 착상시켜서는 아니되며 착상된 상태를 유지하거나 출산하여서는 아니된다. 또한 이러한 금지행위를 유인 또는 알선하여서도 아니된다"라고 하여 인간배아복제를 금지하고 있다. 그러나 만약 인간이 복제되어 태어난다면 그에게 어떠한 법적지위를 부여할 것인가. 즉 복제인간은 생

정에 관한 것으로서 인간복제는 출산이 아니라 복제에 불과하며 이는 헌법적 보호의 대상이 될 수 없다는 반론이 있다(정상기, 앞의 책, 154~155면 참조).

52) 임상실험의 윤리성을 확보하기 위해 임상 실험을 수행하는 연구기관이나 병원에 설치하는 기구이다. 해당 기관의 책임 하에 운영되는 자율적인 기구로서 동료 심의를 할 수 있는 내부 전문가들, 특수 분야의 전문가, 법률이나 윤리 분야의 전문가, 외부기관 인사나 일반 시민의 시각들 대표할 수 있는 일반인등으로 구성되게 된다. 활동은 어디까지나 해당 기관 내에서 수행되는 연구에 국한되며 해당 연구의 윤리성과 과학성에 대해 그 기관이 책임을 진다는 의미를 내포하고 있다(권복규/박은정, 『줄기세포연구자를 위한 생명윤리』, 세창출판사, 2007, 184면).

53) 박은정 외, 『줄기세포연구윤리의 어제와 오늘』, 세창출판사, 2007, 27면 참조.

명의 정상적인 탄생과정을 거쳐 유일한 피조물로서 탄생한 것이 아니기 때문에 인간으로 볼 수 없지만 다른 한편으로는 기계나 제품처럼 완전히 제조된 인간도 아닌 상황이다. 따라서 이들에게 인간개체로서의 법적 지위를 부여할 것인지 아니면 주인의 소유대상에 해당하는 지위를 부여할 것인지가 문제된다. 또한 이들이 가족 내에서 가지게 되는 지위도 복제되기 전의 인간과의 관계가 부모관계나 형제관계도 아닐 뿐만 아니라 자기 자신도 아닌, 즉 어떠한 형태의 인간관계에도 부합되지 않는 상황이 발생할 수 있다.

2) 체세포이식행위의 예외적 허용

가. 체세포이식행위

체세포이식행위는 인간복제의 시발점이라고 할 수 있다. 따라서 이것의 전면적 금지는 인간복제가능성을 처음부터 차단하는 것이 된다. 그러나 희귀·난치병의 치료를 위한 연구목적의 체세포핵이식행위까지 무조건 금지할 것은 아니다. 이에 동법은 예외적으로 이러한 연구목적의 체세포핵이식행위를 허용하고 있다. 다만 체세포핵이식행위를 할 수 있는 연구의 종류·대상 및 범위는 국가생명윤리심의위원회의 심의를 거쳐 대통령령으로 정한다(동법 제22조). 이러한 예외적 허용은 제한적이기는 하지만 체세포핵이식행위와 관련된 생명의학연구의 길을 여전히 열어두고 있다는 점에서 큰 의의가 있다.

나. 체세포복제배아의 생명·연구를 위한 요건

체세포핵이식행행위에 의하여 체세포복제배아를 생성하거나 연구하고자 하는 자는 보건복지부령이 정하는 시설 및 인력 등을 갖추고 보건복지부장관에게 등록하여야 하며, 이 경우 '잔여배아'의 연구를 위한 절차와 요건을 충족하여야 한다(동법 제23조).

3) 이종간착상(異種間着床)의 금지

인간의 배아를 동물의 자궁에 착상하거나 또는 그 반대의 경우도 허용되지 아니한다. 또한 ① 인간의 난자를 동물의 정자로 수정시키거나 동물의 난자를 인간의 정자로 수정시키는 행위(다만 의학적으로 인간의 정자의 활동성 시험을 위한 경우를 제외한다), ② 핵이 제거된 인간의 난자에 동물의 체세포핵을 이식하는 행위, ③ 인간의 배아와 동물의 배아를 융합하는 행위, ④ 다른 유전정보를 가진 인간의 배아를 융합하는 행위 등은 금지되며, 이상의 행위로부터 생성된 것을 인간 또는 동물의 자궁에 착상시키는 행위를 하여서도 아니된다(동법 제12조).

[Baby Fae Case: 이종간장기이식사건] 1984년 10월 로마 린다대학 의학센터의 장기이식팀이 생후 16일 된 여자 아이의 심장을 제거한 후 동물의 심장을 이식하였으나 이식거부반응으로 인하여 수술 후 20일 만에 신생아가 사망한 사건이다. 이 사건으로 인하여 우선 실험적 의료행위에 대한 당사자의 동의에 대한 가치평가, 관련의료진의 전문성, 다른 대안의 존재 여부, 검증되지 아니한 기술의 도입의 허용 여부, 의료경제학, Baby Fae 본인에게 현실적·의학적으로 이득이 되는지 여부에 대한 기존의 선례가 전혀 없었다는 점, 나아가 장래의 이종간장기이식을 위하여 이용될지도 모르는 동물에 대한 도덕적·윤리적 관심 등의 문제가 제기된다.

III. 유전자 정보

줄기세포의 출현이 생명과학에서 가지는 또 하나의 의미는 세포체학(cellomics)의 측면에서 이해할 수 있다. 즉 유전체학은 인간의 생명현상과 질병을 DNA 염기서열을 통해 설명할 수 있다는 전제하에 끊임 없이 연구되어 많은 발전을 거듭하였다. 이후 인간의 전체 유전자를 분석하여 유전자 지도를 완성한 이후에도 인간의 질환치료에 대한 직접적인 도움이 나타나고 있지 않고 있을 뿐만 아니라 그보다 더 복잡한 한 차원 높

은 기능유전체학(function genomics)의 연구로 발전함에 따라 유전적 이해
보다는 질병치료에 대한 실천적 도움을 얻을 수 있는 방향을 추구하는
맥락에서 세포를 통한 치료요법을 생각하기 시작하였다.

　순수과학이나 종교적 영역에 맡겨져 있던 생명의 기원이나 정체성에
관한 문제나 생명의 법적권한에 대한 범위문제 및 자신의 유전정보나
세포를 공여한 이후에 발생하는 정보에 대한 권리문제 등은 과거 우리
인류가 고민할 필요가 있었던 대상은 아니었지만 최근 과학분야에서의
새로운 기술은 이러한 문제들에 대한 합리성을 첨예하고 절박하게 요구
하고 있다.

1. 개념 및 특성

(1) 개념

　유전자 정보란 'DNA와 관련된 검사의 산물' 혹은 '유전자와 관련된
모든 질병에 관한 정보'로 이해할 수 있다.[54] 그러나 상당수의 질병이
유전적 요인에서 비롯되며, 지금까지 일반건강정보로 간주되어 온 정보
도 사실은 유전적인 것이라고 할 수 있다. 따라서 유전자 정보의 개념을
'유전자와 관련된 모든 질병에 관한 정보'로 이해할 때에는 일반건강정
보와의 구별이 모호 해 질수 있다는 문제점이 있다. 일반적으로 이러한
유전자 정보는 어느 한 개인의 성격·지적능력·외관·생활습관·건강
·질병 등에 대한 설명뿐만 아니라 개인 및 그 후손의 장래 신체적 운명
에 대해서까지도 상당부분 정확하게 확인 또는 예견할 수 있다고 믿어
지고 있다.

---

[54] 미국의 '연방시행령법전(CFR)'은 유전자 정보를 "개인 또는 그 가족구성원으로부터 유
　래하는 유전자·유전자 산물 및 유전적 특성에 관한 정보를 말하며, 보균상태에 관한
　정보 및 특정유전자 또는 염색체의 돌연변이를 확인하기 위한 실험실의 검사·물리의
　학실험·가족사·유전자 또는 염색체에 대한 직접적인 분석을 통하여 얻어지는 정보
　를 포함한다"하여 좁은 의미로 해석된다(정상기, 앞의 책, 132면).

(2) 특성

유전자 정보와 일반건강정보를 구별하는 입장에서는 유전자 정보에 대하여 특별한 법적보호를 해야 한다고 하여 일반건강정보와의 차별성을 강조한다. 즉 유전자 정보는 ① 개인의 과거 또는 현재의 病歷·건강 상태뿐만 아니라 특정질환에 대한 장래의 발병가능성까지 예측할 수 있다는 점(예측성), ② 특정인에 대한 지극히 사적인 것이라는 점(특정성), ③ 특정인의 유전적 특성은 변화하지 않으며 인위적으로 변경할 수 없다는 점(불변성), ④ 특정인의 보건 및 개인적 특성에 관한 정보뿐만 아니라 그 부모나 형제자매 및 후손의 생물학적 사실에 관한 정보까지 담고 있다는 점(가계성) 등에서 차이가 있다는 것이다. 반면, 유전자 정보에 대해서 특별한 보호가 필요 없다는 입장에서는 ① 유전자 정보는 일반건강정보에 비하여 보다 완벽하고 과학적으로 정확한 정보를 제공할 수 있음에도 불구하고 이에 대한 특별한 법적보호는 필연적으로 유전적 정보를 자유로이 이용함으로써 달성할 수 있는 공익의 희생을 수반한다는 점, ② 유전자 정보가 일반건강정보와 구별되는 새로운 형태의 기본권을 침해할 수 있지만 일반건강정보도 역시 정도의 차이는 있을지라도 유전자 정보와 마찬가지로 예측성·특정성·불변성·가계성 등의 특징을 가지고 있다고 한다.

[유전자 정보에 관한 입법] 유전정보와 관련한 헌법적 문제(유전자 기본권)는 유전자평등권 및 유전자사생활의 보호에 관한 것이다. 「생명윤리 및 안전에 관한 법률」에서도 이 점을 인식하고 유전정보에 의한 차별금지(제31조) 및 유전정보 등의 보호(제35조)에 관한 규정을 명시하고 있다. 물론 유전정보의 보호와 관련하여 보건의료기본법 또는 의료법이 보건의료에 관한 개인정보의 무단공개를 금하는 일반법적 규정55)을 두고 있기 때문에 이를 원

---

55) 보건의료기본법 제13조는 "모든 국민은 보건의료와 관련하여 자신의 신체·건강 및 사생활의 비밀을 침해받지 아니한다"고 규정되어 있으며, 의료법 제19조는 "의료인은 이 법 또는 다른 법령에서 특히 규정된 경우를 제외하고는 그 의료·조산 또는 간호

용하는 것도 가능할 것이지만, 유전정보의 차별금지를 법제도적으로 보장하
는 것은 동법률이 처음이다.

2. 유전자 정보의 긍정적 측면

(1) 개인의 자율성 신장

유전자 정보는 보다 다양하고 정확한 정보를 제공함으로써 각 개인의
자율적인 의사결정을 가능하게 한다. 예를 들어 태아의 유전적 결합에
관한 정보는 산모로 하여금 낙태 또는 그 결함의 치료여부를 결정하게
하며, 장래에 발병할 수 있는 질환에 관한 정보는 현재의 생활습관을 교
정하거나 조기치료 여부를 결정하게 하는 등 각자의 인생을 본인의 설
계에 따라 영위할 수 있도록 한다.

(2) 임상처치능력 및 의학연구에 기여

유전자기술은 임상적 차원에서 획기적인 성과를 달성할 수 있는 무한
한 가능성을 보여주고 있다. 예를 들어 예방적 차원에서는 유전자를 통
하여 밝혀진 정보에 근거하여 출산을 자제하는 경우에 원하지 아니한
유전적 질환을 보유한 아이의 출생을 억제할 수 있을 뿐만 아니라 유전
질환의 치료라는 측면에서는 유전자의 치환·수정·변형이라는 유전자
개입을 통하여 이전에는 상상할 수 없었던 보건의료환경이 조성되고 있
다.

한편 유전자 연구는 인간의 유전적 결함에 대한 진단·상담 및 치료
를 증진하며, 인종간의 유전적 특성, 유전자형 및 생물종간의 상호관계,
다양한 유전자개입의 안전성과 효율성 등을 결정하는 데에 도움을 준다.
또한 최소한의 조직샘플에 의한 연구에 의하여 풍부하고 질적으로 정확
한 정보를 얻을 수 있다.

에 있어서 지득한 타인의 비밀을 누설하거나 발표하지 못한다"고 규정되어 있다.

(3) 공중보건의 보호

유전적 진단·치료 및 연구는 흔히 어느 한 개인을 대상으로 이루어지지지만 그 결과의 응용은 공중보건에 기여한다. 예를 들어 특정여성의 DNA샘플에 대한 병학연구를 통하여 그녀에게 1%의 확률로 유방암을 일으킬 수 있는 유전자변종을 보유하고 있다는 사실이 확인된다면 그녀의 가족뿐만 아니라 그녀가 속한 인종 전체에 대한 유전자검사를 통하여 그러한 유전자 변종을 공통적으로 보유하고 있는지를 확인한 후에 이를 근거로 하여 당해 유전자변종에 따른 위험을 평가하거나 당해 인종전체를 대상으로 하는 유방암 검사를 보건의료활동의 하나로 정례화하는 것이다.

3. 유전자 정보의 악용가능성

인간은 그의 유전적 다양성으로 인하여 육체적·정신적 능력에 우열이 있을 수밖에 없다. 이에 각 시대마다 인류의 유전자를 개선 내지 향상시켜야 한다는 우생학(優生學)이 자리잡고 있다. 우생학이라는 용어는 1883년 Francis Galton에 의하여 처음 명명되었으며 일반적으로 생물학적으로 바람직하지 못한 형질을 계속해서 분류학적으로 제거해 나가는 '소극적 우생학'과 직접적인 유전자 조작을 통하여 유기체나 種의 형질을 개량해 나가는 '적극적 우생학'으로 구분된다. 이러한 우생학적 사고가 입법화 된 것으로는 1907년 인디아나주가 처음이고, 1931년까지 30개주에서 도입한 단종법(Sterilization Act)과 1924년의 이민법(Immigration Act)을 들 수 있다.

[참고] 인디아나주의 단종법은 확정판결을 받은 범죄자·백치·정신박약자 등에 대한 강제불임을 규정하고 있었다.[56] 이러한 단종법에 대하여 1927년

---

56) Jeremy Rifkin, 전영택·정병기 옮김, 바이오테크시대, 민음사, 1999, 216면.

위헌성 여부가 제기되었지만 연방대법원은 "…명백한 정신박약으로 부적절한 사람들이 代를 이어나가도록 방치하는 것보다는 사회가 나서서 이를 금지할 수 있다면 그야말로 좋은 일이다. …정신박약자는 3代를 이어나간 것으로 족하다"[57]라고 하여 합헌을 인정하였다. 또한 1924년의 이민법은 미국의 혈통을 정화하고 순순하게 유지한다는 명분하에 제정되었지만 실제로는 1920년 경제불황과 구직난 속에서 주로 이태리계·유태계·동구유럽계의 이민을 제한하는 것이 주된 목적이었다. 이와 같이 특정국가출신의 이민을 제한하는 이민법이 탄생할 수 있었던 배경에는 생물학적 혈통 내지 인종에 대한 우생학적 편견이 깔려 있다.

한편 독일에서는 1945년 패전에 이르기까지 우생학이 득세하고 있었다. 즉 Hitler는 1933년 「유전형질보전법」을 제정하였는데 동법은 미국의 단종법의 영향을 받은 것으로 1945년 2차 세계대전의 폐전에 이르기까지 수백만명의 유태인을 학살할 수 있는 법적 근거가 되었다.

4. 인간게놈프로젝트와 법적 문제

최근 인간게놈프로젝트(Human Genome Project: HGP)의 연구결과로 인간유전자의 염기배열지도가 발표된 적이 있다. 이 지도는 인간의 30억개 이상의 유전자 염색쌍 가운데 28억개의 구조와 염색체 내 배열에 관한 정보를 담고 있어서 유전자의 기능을 밝히는 첫 단계이다. 향후 각종 난치병 정복의 길을 열어 의학혁명을 일으키는 것으로 기대될 뿐만 아니라 인간의 보건의료·환경·식량문제의 해결에 획기적인 기여를 할 것으로 전망된다. 그러나 유전적 소질에 근거한 새로운 형태의 인종차별이라고 할 수 있는 유전자차별의 문제나 유전자 정보의 이용 및 관리에서 발생하는 유전자사생활의 보호 등의 우려도 야기하고 있다.

---

57) Buck v. Bell, 274 U.S. 200(1927).

(1) 유전자평등권

99.9%의 정확성을 지닌 유전자지도가 완성된다면 앞으로는 어린아이에 대한 간단한 혈핵형검사만으로도 그 아이의 장래의 신체적 특징·체격·질병가능성·성품 등을 파악할 수 있게 된다. 이와 같이 유전자지도와 유전자검사가 의학의 형명적인 발전을 가능하게 할 것이라는 긍정적 측면에도 불구하고 다른 한편에서는 유전적으로 정상적인 사람과 그렇지 아니하는 사람을 낙인시켜서 이를 근거로 한 각종 차별이 자행될지도 모른다. 실제로 이러한 유전적 차별은 이미 보험관계·고용관계·입양 등과 관련하여 이미 경험하고 있다.

따라서 생명윤리 및 안전에 관한 법률 제31조는 "누구든지 유전정보를 이유로 교육·고용·승진·보험 등 사회활동에 있어서 타인을 차별하여서는 아니되며 이러한 차별을 가능하게 하는 유전자검사의 강요 또는 검사결과의 제출을 강요하는 것 역시 다른 법률의 특별한 규정이 있는 경우가 아닌 한 허용되지 아니한다"라고 규정하고 있다.

(2) 유전자사생활

유전자 정보의 공개는 특정인의 병력과 장래의 발병에서부터 그의 개인적인 특질이나 습관 그리고 신체적·정신적인 특성에 이르기까지 '한 개인의 실체'를 있는 그대로 보여주며 더 나아가 그의 가족에 대해서 까지 공개하는 결과를 초래한다. 이러한 사생활의 침해는 고용·보험·주택임대의 상실과 같은 뜻하지 않는 차별로 경제적 손실을 초래할 수 있다. 또한 유전적 질환의 공개는 유전적 낙인으로 이어져 방황·사회적 고립 및 자존심의 상실을 야기할 수 있다.

환자의 입장에서는 자신의 의료정보에 대한 비밀이 유지될 것이라는 믿음이 없다면 설사 자신의 주치의라도 그 정보를 상세히 밝히지 않을 것이다. 이로 인하여 적절한 진단과 처방을 어렵게 하여 환자 본인에게 불이익이 초래될 뿐만 아니라 이러한 현상이 누적된다면 의료서비스 및 공중보건연구에 심각한 영향을 미칠 수 있다. 따라서 유전자사생활의 보호는 환자개인의 사회적·경제적 이익과 건강의 보호뿐만 아니라 그의 가족 및 사회구성원 전체의 보건을 위해서도 반드시 필요하다.

이와 관련하여 「생명윤리 및 안전에 관한 법률」제35조는 "유전자은행의 장 또는 그 종사자는 직무상 얻거나 알게 된 유전정보 등58)을 정당한 사유 없이 타인에게 제공하거나 부당한 목적으로 사용하여서는 아니된다. 또한 의료기관은 환자 이외의 자에게 제공하는 의무기록 및 진료기록 등에 유전정보를 포함시켜서는 아니된다. 다만 해당 환자와 동일한 질병의 진단 및 치료를 목적으로 다른 의료기관의 요청이 있고 개인정보의 보호에 관한 조치를 한 경우에는 그러하지 아니하다"라고 규정하고 있다. 또한 동법 제33조 및 제34조는 "유전자은행으로부터 유전정보 등을 이용하고자 하는 자는 유전정보 등의 이용계획서를 유전자은행의 장에게 제출하여야 하며, 유전자은행의 장은 제출된 이용계획서에 대하여 기관위원회의 심의를 거쳐 유전정보 등의 제공여부를 결정하고 그 결과를 보건복지부장관에게 보고하여야 한다. 유전자은행의 장이 유전정보 등을 타인에게 제공하는 경우 개인정보를 포함시켜서는 아니된다"라고 규정하여 그 유전정보의 이용에 대하여 통제를 가하고 있다.

[당사자 동의 없는 유전자검사] 1998년 미국연방 제9항소법원에 의한 Norman-Bloodsaw v. Lawrence Berkley Laboratory 사건에서 원고는 종업원의 의무사항으로 되어 있는 건강검진과정에서 그들의 동의 없이 유전자검사를 행하여 온 Lawrence Berkeley Laboratory의 관행은 헌법상의 사생활을 침해하는 것이라고 주장하였다. 이에 대해 재판부는 개인의 건강정보 및 유전자구성의 사적인 성격과 유전자검사가 당사자의 동의나 명시적인 고지 없이 행

---

58) 동법은 '유전정보'와 '유전정보 등'의 개념을 구별하고 있다. 즉 '유전정보'라 함은 '유전자검사의 결과 얻어진 정보'를 의미하지만 '유전정보 등'은 '검사대상물·유전자 또는 개인정보가 포함된 유전정보'를 말한다.

하여 졌다는 점을 이유로 당해 검사는 원고의 사생활에 관한 헌법적 권리를 심각하게 침해한 것이라고 하여 원고의 청구를 인용하였다.[59]

IV. 유전자 감식과 범죄수사

1. 의의

유전자공학의 발전은 범죄수사에도 많은 영향을 미치고 있다. 즉 범죄현장에서 채취된 사람관련 세포에서 DNA를 추출하여 여러 유전자마커가 분석된 결과인 DNA프로필을 피해자 또는 용의자의 것과 비교하여 동일인 여부를 판단하는 기법을 '유전자 감식'이라고 한다.[60] 이것은 개인을 식별하는 데에 상당한 정확성을 기할 수 있다는 측면에서 범죄를 기소하고 죄 없는 자를 석방하는 데에 가장 발전된 단일한 방법이라고 할 수 있다.[61] 우리나라는 1991년 검찰청에 마약감식실과 유전자 감식실을 신설하여 국내 최초로 유전자 분석을 시작하였으며, 국립과학수사연구소에서도 1981년에 생물학과내에 유전자분석실을 설치·운영하여 현재에 이르고 있다.[62]

한편 1992년에 범행현장에서 발견된 신문지에 묻었던 정액과 용의자의 혈액에서 각각 DNA를 분리하여 그 분석을 통하여 동일인임을 밝혀낸 의정부시 L양(8세) 강간사건이 DNA 분석기법이 실제사건해결에 적용된 최초의 사례로 기록되고 있다.[63] 그 이후로도 여러 사건에서 범인의 현장존재 확인, 즉 현장에 있던 자와 피의자 혹은 피고인이 동일인인지를 확인하거나 피해자의 신분을 확인하는 중요한 증거로 DNA 지문분

59) 정상기, 앞의 책, 147~148면.
60) 유전자검사는 친자감별이나 범죄수사 등 개인식별 목적의 유전자 감식과 질환목적이나 치료와 관련된 유전자검사로 분류할 수 있으며, 그 목적에 따라 분석하는 유전자의 부위가 다르며 기법도 다양하다.
61) 정규원, 유전자 감식의 법적 문제, 형사정책 제18권 제2호, 2006, 68면 각주5).
62) 대검찰청, 과학수사편람, 1993. 21면.
63) 최상규, 국내 최초의 DNA 감정사례, 수사연구(1992.10), 38면 이하.

석이 사용되어 현재에 이르고 있다.[64]

그럼에도 불구하고 10년이 넘는 지금까지 DNA지문증거의 수집 및 분석에 관하여 통일적으로 규율할 수 있는 개별 법률은 물론 형사소송법상 DNA 지문 수집 및 분석의 절차, 허용범위 및 한계에 관한 법적 근거가 명문으로 마련되어 있지 않은 것이 우리의 현실이다. 군이 그 근거를 찾아보자면 검찰의 내부훈령인 '유전자감식규정(대검예규 제279호)'을 거론할 수 있겠지만 이는 어디까지 실무영역에서의 기준일 뿐이며 이에 대해서도 명확한 법적 근거규정은 없다. 앞에서 살펴본 것처럼 다른 과학적 수사기법에 비해 헌법상 보장된 기본권인 인격권 혹은 자기정보결정권을 침해할 가능성이 상당히 높은 DNA지문분석의 형사법적 활용에 관하여 법적인 근거 없이 이를 허용하고 있는 것은 큰 문제라고 할 수 있다. 특히 DNA지문분석결과에 대해 감정증거로서의 증거능력과 강제처분으로서의 성격을 인정하고 있는 법원의 입장과 앞으로 더욱 증대될 DNA 지문분석의 활용가능성을 고려해 볼 때 그 법적 근거를 마련하는 것이 시급한 과제라고 할 수 있다.

2. 유전자검사의 유형[65]

유전자검사는 그 시행목적에 따라 ① 진단목적의 유전자검사, ② 예측유전자검사와 선별유전자검사, ③ 연구목적의 유전자검사, ④ 개인 식별목적의 유전자검사 등으로 나누어 볼 수 있다. 이들 중 범죄수사 목적의 유전자 감식은 ④에 해당한다. 개인 식별목적의 유전자검사는 개개의 개인들이 가지고 있는 DNA 변이체들에 대한 유전적 분석을 통하여 그

---

64) DNA분석을 통한 유전자검식을 처음으로 사용한 곳은 영국이라고 한다. 즉 영국에서는 1986년 강간사건을 해결하기 위해서 피해자의 몸에서 획득된 검체의 DNA를 분석한 후 범인이 거주한 곳으로 여겨지는 마을주민 전체의 DNA를 분석하여 비교하는 방법으로 범인의 검거에 이용하였다(DNA프로필연구회, 유전자 감식, 탐구당, 2001, 8면 참조).

65) 정규원, 앞의 논문, 288~290면 참조.

개인이 누구인지를 식별할 수 있다는 점에서 출발하며 이에는 범죄수사 목적의 유전자 감식뿐만 아니라 친자감별검사 및 개인들 간의 가족관계를 확인하거나 배제하기 위한 목적으로 수행되는 유전자검사 등이 있다. 바로 이러한 개인 식별목적 유전자검사를 '프로파일링 분석'이라고 한다.

3. 유전자검사에 대한 법적 규제

(1) 유전자검사의 한계

유전자검사기관은 신체외관이나 성격 등 의학적 입증이 불확실하여 피검자를 오도할 우려가 있는 유전자검사를 실시하여서는 안 된다. 배아 또는 태아를 대상으로 하는 유전자검사의 경우에는 페닐케톤뇨증[66] 등 기타 대통령령이 정하는 유전질환을 진단하기 위한 목적으로만 실시할 수 있다. 한편 질병의 진단과 관련한 유전자검사는 의료기관에서만 실시할 수 있다.

(2) 유전자검사에 대한 동의

1) 원칙

유전자검사[67]에 쓰일 검체를 채취하는 기관(이하 '검체채취기관'이라 한다)의 장은 사전에 피검자로부터 ① 유전자검사의 목적, ② 검체를 연구목적으로 이용하는 것에 대한 허용여부 및 그 범위에 관한 사항, ③

---

[66] 페닐케톤뇨증(phenylketonuria, PKU)이란 페닐알라닌을 타이로신으로 전환시키는 효소인 페닐알라닌 수산화효소의 활성이 선천적으로 저하되어 있기 때문에 혈액 및 조직 중에 페닐알라닌과 그 대사 산물이 축적되고, 요중에 다량의 페닐파이러빈산을 배설하는 질환을 말한다. 만약 치료되지 않으면 지능 장애와 담갈색 모발 및 흰 피부색 등의 펠라닌 색소결핍증이 나타난다고 한다.

[67] 유전자검사란 "개인의 식별, 특정한 질병 또는 상태의 원인 확인 등의 목적으로 염색체·유전자 등을 분석하는 행위"를 말한다.

개인정보의 양도에 관한 사항, ④ 검체의 보존여부 및 보존기간, 권리에
관한 사항, ⑤ 동의의 철회 등 피검자의 권리 및 정보보호에 관한 사항
등이 포함된 서면동의를 받아야 한다. 이 경우 검체채취기관은 서면동의
를 받기 이전에 해당 동의권자에게 검사의 목적과 방법 그리고 예측되
는 검사결과와 그 의미 등에 대해 충분히 설명하여야 한다.

2) 미성년자 등의 보호

유전자검사의 대상이 14세 미만의 미성년자, 심신미약자 또는 심신상
실자인 때에는 가능한 한 본인의 동의를 받도록 노력하여야 하며, 본인
의 동의가 불가능할 때에는 친권자 또는 후견인(친권자·후견인이 없을
때에는 부양의무자)으로부터 동의를 받아야 한다. 이 경우에도 동의를
받기 이전에 동의권자에게 검사의 목적과 방법 등에 대하여 충분한 설
명을 하여야 한다. 한편 동의가 있었다고 하더라도 그 동의가 미성년자
·심신미약자·심신상실자 본인의 권리를 침해하거나 침해할 우려가 있
는 경우에는 본인의 이익을 최우선적으로 고려하여야 한다.

3) 사전동의를 요하지 아니하는 유전자검사

① 사체 등 신원확인이 불가능하거나, ② 수사목적으로 법원의 허가
를 받거나 또는 ③ 다른 법률에 특별한 규정이 있는 때에는 사전동의가
없었더라도 유전자검사가 허용된다.

(3) 검체의 양도와 폐기

1) 검체의 양도

유전자검사기관 또는 검체기관의 장이 연구기관 또는 유전자은행에
검체를 양도하는 것은 연구목적으로의 검체 이용에 대하여 서면동의를
받은 경우에만 허용된다. 또한 이처럼 검체를 양도하는 경우 개인정보가

포함되어서는 아니된다. 다만 개인정보가 포함되는 것에 대하여 동의권자가 서면동의하는 경우에는 서면동의서의 사본을 첨부하여 양도하여야 한다.

2) 검체의 폐기

검체의 보존기간은 5년으로 한다. 다만 동의권자가 보존기간을 별도로 정한 경우에는 이를 보존기간으로 한다. 유전자검사기간, 검체채취기관, 연구기관 및 유전자은행(이하 '유전자검사기관 등'이라 한다)의 장은 검체가 보존기간을 경과한 때에는 이를 지체 없이 폐기하여야 한다. 다만 동의권자가 검체폐기 이전에 검체를 폐기하지 말 것을 서면으로 요청한 경우에는 그러하지 아니하며, 검체의 보관 중 어느 때라도 동의권자가 검체의 폐기를 요청할 경우 이에 응하여야 한다. 한편 유전자검사기관 등이 폐업으로 인하여 검체를 보존할 수 없는 경우에는 보건복지부령이 정하는 바에 따라 검체를 처리 또는 이관하여야 한다.

(4) 유전자검사기관 등의 의무

1) 유전자검사기관의 신고

유전자검사기관으로서 ① 의료기관 중 유전자검사를 실시하고자 하는 기관, ② 상업적 목적으로 유전자검사를 실시하고자 하는 기관, ③ 피검자로부터 직접 검체를 채취하여 유전자관련연구를 수행하고자 하는 기관의 장은 소재지나 기관장 등의 사항에 대하여 보건복지부장관에게 신고하여야 한다.

2) 기록의 관리 및 열람

유전자검사기관 등의 장은 서면동의서, 유전자검사의 결과 및 검체의 양도·양수기록을 보건복지부장관이 정하는 바에 의하여 보존하여야 하며, 동의권자가 기록의 열람 또는 사본의 교부를 서면으로 요청하는 때에는 이에 응하여야 한다.

3) 준수사항

유전자검사기관 등의 장은 서면동의의 내용을 준수해야 하며, 유전자검사에 대하여 허위·과대의 표시·광고를 하여서는 안 된다. 그 밖에 유전정보 등의 보호 기타 이 법의 목적을 당성하기 위하여 유전자검사기관 등의 장이 준수하여야 할 사항은 보건복지부령으로 정한다.

4. 범죄수사를 위한 유전자 감식

DNA구조는 화학적으로 안정적이고, 사람이 평생 사는 동안 그 구조변화가 없으며, 신체 어느 부위에서 얻어진 결과이든지 그 구조는 동일하다는 이유로 범죄현장에서 얻어진 결과를 데이터베이스로 관리하게 되면 추후 언제라도 용의자를 검색할 수 있다는 장점이 있다.

> [사례] 1998년부터 대전과 충청은 물론 경기도와 경상도까지 영역을 넓혀 다수의 여성을 상대로 한 연쇄강간범죄를 범하였던 이른바 '충청도 발발이 사건' 및 중랑·용산·용인경찰서의 연쇄강도강간 및 살인사건의 범인 DNA확보 등 다수 확보된 미해결 사건 DNA에 대해서 지속적으로 검색대상자를 감시함으로써 2006년에 이르러 범인을 검거하였다.

이는 산업혁명에 비유할 정도로 과학수사와 증거재판에서 기술적인 혁신을 가져왔다고 할 수 있다. 즉 오늘날 사람의 DNA에서 수십 종의 STR(short Tendam Repeat) 마커가 여러 연구자에 의하여 알려지고, 또 Applied Biosystems에서 형광물질을 검출하는 유전자형분석기가 개발되면서 나노단위의 분석이 가능해졌다. 따라서 유전자 감식은 범죄수사에 없어서는 안 될 수사과학적 기법으로 자리를 잡게 되었을 뿐만 아니라 식별신뢰도가 높아 기존의 지문이나 치과기록 같은 개인식별 방법을 대체하게 되어 첨단과학이 과학수사에 이용되는 대표적인 예가 되었다.[68] 범죄수사를 위한 유전자 감식은 '범죄현장에 남아있는 증거물을 분석한 결과'와 '용의자의 검체를 분석한 결과'를 비교함으로써 이루어진다. 두 검사결과가 서로 일치한다고 하여 용의자를 범인으로 볼 수는 없지만 검사가 일치하지 아니할 경우에는 용의자가 범인일 가능성을 배제할 수 있다. 즉 유전자검사의 결과가 일치한다는 것은 범죄시점을 기준으로 하여 '그 이전의 어느 시점'에 용의자가 그 장소에 존재한다는 사실을 의미하기 때문에 양자의 검사의 결과가 일치한다고 하더라도 반드시 그 용의자가 범인이라는 것을 확인해 주는 것은 아니고 단지 범죄현장에서 획득한 증거물이 용의자의 것이라는 점만을 확인해 준다.

제4절 생명의료기술과 법적 문제

I. 의의

생명윤리분야에 관한 논의는 윤리적인 측면에서 뿐만 아니라 도덕적·사회적인 측면에 까지 발전되어 왔다. 윤리적·법적 논의는 주로 삶과 죽음에 관한 윤리의 문제로서 장기이식과 관련된 뇌사문제, 안락사와 연명치료중단의 문제, 낙태 및 인공임신중절과 태아성감별 등이 있으며, 최근에는 배아연구에 관한 문제가 대두되고 있다. 생명윤리영역은 인간사회에서 가장 중요한 영역이므로 형법적 접근이 가장 중요하다. 따라서

---

68) 영국에서는 1995년 세계최초로 유전자자료은행(National Intelligent DNA DataBank)를 설립하였으며, 미국은 FBI내에 1998년 국가유전자정보시스템(National DNA Index System)을 설립되었고, 2005년까지 76개 국가가 이를 설립하기 위한 법률을 만들거나 검토를 끝낸 상황이라고 한다(한면수, 경찰 초동수사의 유전자 감식정보 검사 및 관리, 형사정책 제18권 제2호, 2006, 111면 참조).

생명윤리와 관련된 법의 대상은 하나의 윤리적인 잣대나 법적인 잣대로 통합적으로 적용하는 것이 아니라 구체적인 사안에 따라 전문가의 견해를 종합하여 윤리적인 물음과 조화를 이루는 법적 해석이 이루어져야 한다.[69]

II. 뇌사와 장기이식

1. 죽음의 기준

죽음을 정의하고 인지하는 기준은 인간이 객체로서 가지는 생리적 기능의 영구적 중지이다. 이러한 죽음의 기준은 일상의 관찰에 기초한 결과이며 생활과 법 등에서도 사용되어 지고 있다. 심장박동이 일시 정지하는 경우에는 응급소생술을 시행하면 다시 심장을 뛰게 할 수 있으며, 심장수술을 하면서 심장폐기계를 작동시키면 상당 시간 심장과 폐의 역할을 대신할 수 있다. 그러므로 심박동이나 호흡의 중지를 사망판정의 기준으로 사용하기 위해서는 종국적인 중지(또는 종지)라는 조건이 충족되어야 한다.

심장은 순환기의 구성 장기이며, 폐는 호흡계의 구성장기이다. 심장박동의 중지 또는 호흡의 중지라는 사망의 기준은 장기(organ)의 기능 또는 중지를 개체 죽음의 판단근거로 사용한다. 이러한 기준들은 생물학적·의학적 기준에 의하여 사망을 판단하는 것이며 이 두 가지 기준을 함께 묶어서 심폐사(心肺死)라고 한다.

한편 뇌에 혈액 공급이 중단되면서 뇌조직이 종국적으로 파괴되는 뇌사상태는 일반인들이 일상에서 감각으로 느낄 수 있는 것은 아니다. 뇌사상태에서 인공호흡기를 등을 사용하면 생체 징후인 맥박·혈압·호흡

---

69) 이경환·강영희·김인숙, "생명윤리영역으로서의 형사법적 접근", 간호학 탐구 13권 1호, 현문사, 2004, 57면.

·체온은 일시적으로 유지될 수 있고 장기적출이 가능하게 된다. 하지만 이러한 상태는 오래가지 못하며 어떤 치료노력을 하더라도 일반적으로는 수 일 내지 길어야 2주 안에 심정지가 초래되어 결국은 사망하게 된다. 이러한 사망에 대한 과학적 발견에 기초하여 뇌사설이 나타나게 된다.

호흡이나 심장박동이 일단 정지되면 이를 다시 되살리거나 인공적으로 이를 계속 유지시키는 기술이 확보되지 않았던 시대에는 '호흡 종지설'이나 '맥박 종지설'이 별 문제를 내포하지 않고 있었다. 그러나 의학이 발달하면서 뇌의 기능이 완전히 정지되더라도 심장박동과 호흡을 계속 연장시킬 수 있게 되자 과연 형법이 어느 선까지 보호해야 하는가에 대한 의문이 제기되었다.

문제는 뇌가 완전히 죽어버린 경우 그 사람은 살아있는 생명으로서의 의미를 가지고 있지 않게 된다는 점이다. 인간이 가지고 있는 가장 중요한 특징인 의식활동이 영구적으로 중지되었기 때문이다[70]. 이에 따라 뇌사를 사망으로 보아야 한다는 견해가 대두되었다.

이와 관련하여 「장기 등 이식에 관한 법률(제5858호)」이 제정되었으며, 동법 제3조 제4호는 '살아있는 자'를 '사람 중에서 뇌사자를 제외한 자'로 정의하고 있다. 따라서 사망 여부를 기준으로 사람을 살아있는 자와 죽은 자로 양분한다면 동법의 취지는 뇌사자를 사망자로 본다는 것이 된다[71].그러나 동법 제17조는 "뇌사자가 이 법에 의한 장기 등의 적출로 사망한 때에는 뇌사의 원인이 된 질병 또는 행위로 인하여 사망한 것으로 본다"고 규정하고 있어서 이 규정에 의하면 분명히 뇌사자를 '아직 사망하지 않은 자'로 볼 수 있다. 따라서 매우 특이한 구별 방법이긴 하지만 사람은 죽는 과정에서 [살아있는 자 → 뇌사자 → 죽은 자]의 세

---

70) 이는 식물인간 상태와는 구별되는 개념이다. 식물인간의 경우에는 뇌간 기능이 살아 있어서 스스로 호흡과 맥박은 유지할 수 있다.
71) 김재봉, "치료중단과 소극적 안락사", 형사법연구 제12호, 한국형사법학회 1999, 169면; 배종대, 형법각론(제6전정판), 홍문사, 2007, 55면.

단계[72]를 거친다는 말이 된다. 이러한 점 때문에 아직 뇌사설이 입법적으로 확립되지는 않았다고 보는 것이 타당하다[73].

[장기 등 이식에 관한 법률 제16조 제2항에 따른 뇌사의 조건]

1. 선행조건

(1) 원인질환이 확실하고 치료될 가능성이 없는 기질적인 뇌병변이 있을 것, (2) 깊은 혼수상태로서 자발호흡이 없고 인공호흡기로 호흡이 유지되고 있을 것, (3) 치료 가능한 약물중독이나 대사성 또는 내분비성 장애의 가능성이 없을 것, (4) 저체온상태(32℃ 이하)가 아닐 것, (5) 쇼크상태가 아닐 것.

2. 판정기준

(1) 외부자극에 전혀 반응이 없는 깊은 혼수상태일 것, (2) 자발호흡이 되살아날 수 없는 상태로 소실되었을 것, (3) 두 눈의 동공이 확대·고정되어 있을 것, (4) 腦幹反射가 완전히 소실되어 있을 것, (5) 자발운동·除腦强直·除皮質强直 및 경련 등이 나타나지 아니할 것, (6) 무호흡검사 결과 자발호흡이 유발되지 아니하여 자발호흡이 되살아날 수 없다고 판정될 것, (7) 재확인: (1) 내지 (6)에 의한 판정결과를 6시간이 경과한 후에 재확인하여도 그 결과가 동일할 것, (8) 뇌파검사: (7)에 의한 재확인 후 뇌파검사를 실시하여 평탄뇌파가 30분 이상 지속될 것, (9) 기타 필요하다고 인정되는 대통령령이 정하는 검사에 적합할 것.

2. 뇌사설 도입 여부

(1) 도입긍정설

뇌사설을 인정하는 입장은 삶과 죽음을 양자택일의 관계로 본다. 즉 뇌사를 인정하지 않으면 그것은 살아있는 자로부터 장기를 적출하는 것이 되어 이는 곧 다른 사람의 생명을 구하기 위하여 한 개인의 생명을 희생할 수 있다는 논리가 된다. 이러한 논리에 의하면 인간을 목적이 아

---

72) 임상규, "장기이식법상의 뇌사관련규정의 문제점", 형사법연구 제13호, 한국형사법학회, 2000, 162면.

73) 배종대, 형법각론, 55면.

닌 수단으로 대하는 것이 되고, 이는 곧 헌법상의 인간의 존엄성 원칙에 반하는 것74)이므로 받아들일 수 없다고 한다. 그리고 심박동 중지를 사망판정기준으로 이용하면서 사망시각을 추정하는 것과 뇌사판정을 하면서 사망시각을 추정하는 것은 특별하게 다르지 않다고 한다. 즉 심박동 중지는 그 판정기준이 단일하고 관찰할 수 있는 현상이므로 이를 추정하게 하는 증거가 존재할 수 있지만 뇌사판정기준은 그 기준이 복잡하고 다양하여 이를 추정하게 하는 증거의 존재가 어렵다는 점이 다를 뿐이라고 한다.75)

(2) 도입부정설

뇌사설을 반대하는 입장에 의하면, 뇌사는 삶과 죽음의 경계선을 넘어 죽음으로 들어갈 상태가 뇌사상태이며, 이것은 의학적인 뇌사판정의 기준에 따라 그 절차를 거쳐서만 확인되는 것76)이라고 한다. 그리고 심장박동이 계속되는 한 살아있다고 보는 것이 전통적 생사관이며77), 뇌사여부를 판단하는 기준이 의학계에서도 아직 확립되지 않은 상태이가 때문에 만약 뇌사설을 취하게 되면 현재의 의료윤리 수준에 비추어 볼 때 법률관계를 불안정하게 만들뿐만 아니라 자칫 생명권마저 심각하게 침해할 가능성이 있다고 한다.78)

[참고] 현행 장기이식법상 뇌사에 대한 정의를 보면, '살아있는 자'라 함은 "사람 중에서 뇌사자를 제외한 자"를 말하며, '뇌사자'라 함은 "이 법에 의한 뇌사판정의 기준 및 뇌사판정절차에 따라 뇌 전체의 기능이 되살아 날

---

74) 임상규, 앞의 논문, 146~149면 참조.
75) 김장한, "뇌사와 장기이식", 「과학기술과 법」, 서울대학교 기술과 법센터, 박영사, 2007, 393면.
76) 이상용, 장기이식법의 시행과 향후 전망, 한국형사정책연구원, 연구보고서 00-15, 104면.
77) 정영일, 8~9면.
78) 이상용, 앞의 보고서, 105면.

수 없는 상태에서 정지되었다고 판정된 자"를 말한다(동법 제3조 제4호). 또한 뇌사자를 사망한 자와도 구분하여 사용하고 있다. 즉 동법 제3조 제5호에서 가족 또는 유족이라 함은 "살아있는 자, '뇌사자 또는 사망한 자'의 다음 각호의 1에 해당하는 자"라는 규정과 동법 제18조 제2항에서 "뇌사자와 사망한 자의 장기 등은 다음 각호의 1에 해당하는 경우에 한하여 이를 적출할 수 있다"라는 규정 그리고 제18조 제2항 1호에서 "본인이 '뇌사 또는 사망 전'에 장기 등의 적출에 동의한 경우"라는 규정 등을 볼 대 뇌사자와 사망자는 병렬적인 형태로 기술되어 있다.

3. 뇌사판정위원회

장기이식법에 의하면 뇌사판정의료기관은 전문 의사 3인 이상을 포함한 6인 이상 10인 이하의 위원으로 구성된 뇌사판정위원회를 두며(법 제14조 제3항), 뇌사판정은 전문의사인 위원 2인 이상을 포함한 재적위원 과반수의 출석과 재적위원 과반수의 출석과 출석위원 전원의 찬성으로 뇌사판정을 한다(법 제16조 제2항). 초기의 법 조항은 뇌사판정시 3분의 2 이상의 참석하였다. 그러나 뇌사자 장기이식이 감소하는 이유가 전문의사 2인의 결정으로 뇌사를 판정할 수 있도록 한 다른 나라에 비하여 뇌사판정위원회에 다수의 위원이 참여하기 때문에 뇌사판정기간이 길어지는 것이 원인이라는 지적으로 인하여 그 구성인원과 판정요건을 완화하였다.

4. 장기이식

(1) 장기이식의 현황

2000년부터 「장기이식에 관한 법률」이 제정되어 생체, 뇌사자 및 죽은 자에 대한 장기기증을 함께 규율하고 있다. 법 제정 후 국립장기이식관리센터(The Korean Network for Organ Sharing: KONOS)를 조직하여 장기구득에서 기증 이식에 이르는 모든 과정을 감독하는 권한을 부여하였다.[79] KONOS 설립 이후 여러 가지 측면에서 우리나라 장기이식 현상은 변화하였는데, 그에 대한 부작용으로 뇌사자로부의 장기이식이 법 시행 이전에 비하여 급격하게 감소하는 현상이 발생하자 이를 해소하기 위하여 여러 번의 입법적 개선이 있었다.

우리나라에서의 장기이식은 생체이식이 뇌사자 이식보다 많다. 즉 2002년 뇌사자 장기이식은 70건인데 비하여 생체장기이식은 625건이고 그 중 90%는 신장이식이 차지하고 있다.

(2) 인체장기의 법적 지위

1) 소유권과 인격권

인체로부터 유래한 물질에 대한 권리를 구성하는 법리는 소유권과 인격권의 긴장관계에서 출발한다. 전통적으로는 소유권의 개념 논의에서 출발하는데, 민법전에 인체의 일부분이나 인체로부터 유래한 물질에 대한 소유권에 대한 명시적인 규정은 없다.

소유권은 객체에 대한 처분·사용·수익에 관한 배타적 권리로서 소유권의 객체는 ① 유체물이거나 관리할 수 있는 자연력, ② 배타적 지배가능성, ③ 비인격성, ④ 독립성이 있어야 한다. 다수의 견해에 의하면 인격을 가진 사람 및 인격의 일부분에 대한 배타적인 지배를 인정할 수 없기 때문에 인체에 부착된 상태의 장기는 소유권의 대상이 아니다. 또한 물건으로 인정되었던 것도 인위적으로 인체에 부착하여 인격성을 취득하면 의치·의안·의수·의족 등과 같이 인체의 일부가 된다. 그리고 인체의 일부이지만 분리된 상태가 된 것, 예를 들어 인체에서 분리된 모발·치아·혈액·장기 등은 사회 관념상 독립된 물건으로 취급할 수 있다.

---

79) 장기이식법 제9조에 국립장기이식관리관의 설치 근거를 두며, 동 시행규칙 제2조에 의하여 국립장기관리센터를 극립의료원에 설치하게 된다.

2) 융통물과 불융통물

모발과 같은 것은 전통적으로 사법상 거래의 객체로서 인정되는 융통물이다. 그러나 대부분의 인체와 분리된 물질들은 독립된 물건으로 인정되어도 사법상의 거래가 자유로운 것은 아니다. 즉 공용물·공공용물·금제물은 불융통물에 해당한다. 금제물에는 아편·음란물·위조통화처럼 소유와 거래를 금지하는 것과 문화제처럼 소유는 허용하지만 거래를 금지하는 것이 있다.

생명윤리 및 안전에 관한 법률, 장기이식 등에 관한 법률, 인체조직 안전 및 관리 등에 관한 법률, 혈액관리법 등의 규정을 생각해 볼 때 인체로부터 유래한 물질에 대하여 대가를 바탕으로 한 매매는 금지하지만 동의를 바탕으로 한 물질의 이동(기증)을 허용하고 있다. 따라서 인체유래물질로서 금지되는 것은 금제물에 해당한다고 보아야 한다.

3) 시체와 유골

시체나 유골은 통상적으로 독립적인 물건으로 인정하지만 일반물건과는 다르게 취급한다. 즉 시체나 유골은 소유권의 객체가 되지만 사용·수익·처분할 수는 없으며 오직 매장·제사 등의 권리와 의무를 내용으로 하는 특수한 소유권으로 본다. 그리고 그 소유권의 귀속은 제사를 주재하는 자에게 있다. 만약 고인이 생전에 자신의 유해에 대하여 의사표시를 한 경우에는 사회질서에 반하지 않는 한 그 의사에 따르는 것이 허용된다. 소유권 이론에 충실하게 되면 뇌사자의 생전의사가 무시될 수 있음에 반하여 인격권 이론에 충실하면 뇌사기증자가 생전에 그의 신체에 관하여 결정한 것은 사망 후에도 그대로 효력을 유지하는 것으로 본다.

4) 매매인정 여부

인체유래물질에 대한 소유권적 취급은 매매를 허용할 것인가라는 문제로 나타난다. 과거에 혈액에 대하여 매매를 허용했던 경우처럼 혈액이나 정자 같은 인체에서 재생산이 가능한 물질은 매매를 허용하는 경우가 많을 뿐만 아니라 난자에 대해서도 매매를 명시적으로 허용하기도 한다. 또한 인체유래물질을 기증하는 과정에서 매매 또는 이로부터 산출되는 권리의 귀속을 어떻게 할 것인지에 대한 논의가 있다.

[인체유래물질에 대한 권리분쟁] 털세포 백혈병 환자인 Moore는 비장 (spleen)을 적출하였다. 이 후 적출된 비장에서 유래한 암세포를 이용하여 특이 항체를 생성하는 세포주를 만든 경우에 그에 대한 기증자인 Moore의 권리를 어디까지 인정할 것인지 여부를 다투는 사건에서, 과학계는 모어의 청구를 받아주게 되면 과학계의 연구가 불가능 해진다고 주장한 반면에 시민단체 등은 착취를 막기 위해 기증자의 권리를 보호하여야 한다고 하였다. 이에 대해 주 최고법원은 세포주가 성립하는 과정에 과학자가 절대적인 역할을 한 것으로 보아 모어의 권리를 인정하지 않았다.[80]

이 판결 이후 과학계에서는 관행적으로 인체 유해물질을 기증 받을 때 이 후에 발생할 수 있는 특허를 비롯한 모든 권리를 포기한다는 동의를 받고 있다. 더 나아가 자신의 혈액 부산물인 혈청을 이용하여 벤처회사를 설립하고 적극적인 매매 행위에 나선 경우도 있다.[81]

---

80) Moore v. Regents of the University of California 판결(Supreme court of california 793 P.2d 479 (Cal.1990))
81) Ted Slavin은 혈우병 환자로서 많은 수혈을 받았기 때문에 B형 간염에 감염되었고, 그로 인하여 그의 혈청에는 높은 수치의 B형 간염 바이러스 항체가 형성되었다. Ted Slavin은 자신의 혈청을 연구자들에게 판매하였고, 연구자를 섭외하여 직접 감염백신을 만드는 과정에 참여하기도 하였다고 한다(The New York Times Magazine, Rebecca Skloot, April 16, 2006, p. 41).

(3) 장기기증계약

1) 의의

장기이식법에서는 살아있는 자로부터 장기를 적출하는 경우에는 본인의 동의방식을 택하고 있으며, 뇌사자 또는 죽은 자로부터 장기를 적출하는 경우에는 확장된 동의방식을 택하고 있다(동법 제18조). 이 경우에 본인의 동의는 서명한 문서에 의한 동의 또는 유언의 방식에 의하도록 하고 있다(동법 제11조 제1항).

본인의 동의는 생전 및 사후 장기기증 모두 본인의 생전의사가 필요하다. 장기적출을 위한 기증자의 의사는 장기 기증이라는 목적을 이루기 위한 의사표시이기 때문에 법률행위의 성립 및 유효요건을 갖추어야 할 뿐만 아니라 장기적출의 중요성에 비추어 사회상규나 공서양속에 의한 사회윤리적 제한이 따른다. 그리고 장기적출이 다른 사람의 생명을 구하는 것이라고 하더라도 그로 인하여 기증자의 생명이 위험에 빠져서는 안 된다.

2) 당사자의 동의

가. 의의

장기기증의 동의는 행위에 대한 의미와 그 침해의 결과를 평가하여 의사결정을 할 수 있는 정도의 자연적 의미에서의 통찰력과 판단력이 있으면 족하다. 그러나 장기는 희소한 자원으로서 장기적출을 통하여 사회적으로 취약한 지위에 있는 자에 대한 착취가 가능하다는 측면에서 동의능력이 인정되는 경우라도 일정한 절차를 통하여 장기 기증자를 보호하는 조치가 필요하다.[82]

---

82) 김장한, 앞의 논문, 404면.

나. 미성년자의 경우

장기이식법에 의하면 16세를 기준으로 하여 ① 살아있는 경우 16세 이상인 미성년자의 장기 또는 16세 미만인 미성년자의 골수를 적출하고자 할 때에는 본인의 동의 외에 그 부모(부모가 없고 형제자매에게 골수이식을 하여야 하는 경우에는 법정대리인)의 동의를 얻어야 한다.[83] 그리고 ② 뇌사자 또는 사망자의 경우에 16세 이상의 미성년자는 성년자와 동일하게 취급을 하고, 16세 미만인 자가 뇌사 또는 사망전에 장기 등의 적출에 동의 또는 반대한 사실이 확인되지 않은 경우에는 그 부모가 장기 등의 적출에 동의한다.[84]

다. 정신질환자 및 정신지체장애자의 경우

장기이식법에 의하면 본인이 뇌사 또는 사망전에 장기 등의 적출에 동의하고 유족들의 명시적인 거부가 없는 경우에만 장기적출이 가능하도록 하고 있다.[85] 그러나 자신의 신체에 대한 자기결정권의 행사는 가능한 한 본인의 의사를 존중하여야 하며, 재산법상의 법률행위에 비하여 낮은 정신능력으로도 족하기 때문에 정신질환자나 정신지체장애자도 장기적출에 대한 유효한 의사결정을 내릴 수 있다고 보아야 한다.[86]

라. 고아 및 재소자의 경우

이들은 사회적으로 상당히 취약한 계층에 있으므로 특별한 보호가 필요하다. 특히 시설수용자들은 정신적으로나 경제적으로 취약하므로 금전적인 유혹이나 강요의 형태에 의하여 장기적출과정에서 착취될 가능성이 높다. 그럼에도 불구하고 현행법은 이들에 대한 특별한 보호규정을

---

83) 장기이식법 제18조 제1항.
84) 장기이식법 제18조 제2항 2호 단서.
85) 장기이식법 제18조 제2항 단서조항에 의한 1호 적용.
86) 김장한, 앞의 논문, 404면.

두고 있지 않다.[87) 따라서 그들의 장기기증 의사를 확인하는 공적인 절차를 두는 것이 필요하다.

마. 충분한 설명에 의한 동의

의료상의 주의사항을 알려주는 고지의무와 다르게 의료진은 환자에게 장기적출에 대하여 의학적으로 충분한 설명을 하여야 한다. 장기이식법은 생체 이식의 경우 본인과 가족에게 장기기증자의 건강상태, 장기 적출수술의 내용과 건강에 미치는 영향, 장기기증자의 건강상태, 장기 적출수술의 내용과 건강에 미치는 영향, 장기적출 후 치료계획 및 기타 사전에 알아야 할 사항 등에 대하여 반드시 충분한 설명을 하도록 하고 있다.[88)

3) 강요의 금지

장기이식을 받은 사람이 가족 중의 한사람일 경우 그에게 장기이식을 시켜주기 위하여 가족 중의 한 사람이 원하지 않는 장기기증 약속을 할 가능성이 존재한다. 이 경우 기증자 신체의 완전성을 보호하기 위하여 장기적출에 동의한 자는 장기 등의 적출수술을 하기 전에 언제든지 동의의 의사표시를 철회할 수 있다.[89)

4) 부당한 유인의 금지

이식에 제공되는 장기는 항상 부족하기 때문에 장기이식을 받으려는 자는 장기를 돈으로 사서라도 수술을 받으려는 유혹을 항상 받는다. 특히 신장이식이나 부분 간이식처럼 생체 장기이식이 가능한 경우가 문제

---

87) 장기이식법 시안에 의하면 "사회복지시설수용자 기타 대통령령으로 정하는 자의 장기기증에 대한 동의는 보건복지부령이 정하는 바에 의한다(제15조 제3항)"라고 하여 이들의 자기결정권을 보호하려고 하였다.
88) 장기이식법 제19조.
89) 장기이식법 제18조 제3항.

된다. 이에 대하여 장기이식법 제6조 제1항에서는 "누구든지 금전 또는 재산상 이익 기타 반대급부를 주고받거나 주고받을 것을 약속하고 다음 각호의 1에 해당하는 행위를 하여서는 아니된다"라고 규정하고, 각호에서 처벌되는 장기 매매행위를 구체적으로 규정하고 있다.

(4) 장기의 구득과 분배

장기생체나 뇌사기증자는 희소한 데 반하여 이를 받으려는 환자들이 매우 많다는 것은 장기이식윤리에서 항상 나타나는 배분적 정의의 문제이다. 장기이식법의 제정 이후 장기이식의 공정성은 확보하였으나 뇌사자 장기이식이 줄어드는 현상이 발생하였다. 이를 개선하기 위해서 여러 가지 입법적 보완이 있었고, 생체이식을 중심으로 한 이식 시민운동도 나타났다.

1) 지정기증

생체 장기이식의 경우 기증자가 장기를 받을 자를 지정하는 경우를 허용할 것인가. 만약 이를 허용하면 장기이식을 둘러싼 금전적 거래를 사실상 막기 어렵게 되며 이를 불허하면 생체장기기증은 거의 사라질 것이기 때문이다. 장기이식법 제22조 제3항은 생체장기의 지정 기증을 인정하고 있으며 더 나아가 장기이식릴레이도 인정되고 있다.[90]

생체기증의 경우에는 국립이식관리기관의 장의 사전승인을 받아야 한다. 이때 신청서류에 의하여 기증자와 이식대상자와의 관계는 명확하게 확인되지 아니하며, 동법 제6조에 의한 장기매매에 의한 행위라고 판단되는 경우에는 선정을 승인하지 않을 수 있다.

또한 장기이식 릴레이는 맨 처음 순수한 장기기증을 시작점으로 하여

---

90) 이에 대해 독일은 법에 의하여 남편, 아내, 약혼자와 같은 오직 가족 또는 극히 가까운 친척에 한하여 누구에게 장기를 줄 것인지 결정하였을 때에만 장기기증을 할 수 있도록 하고 있다(김장한, 앞의 논문, 406면).

장기를 이식받은 측에서 자발적으로 장기기증의 의사를 표현함으로써
그 연결고리를 확장하여 가는 새로운 형태의 장기이식이다. 그러나 이타
적인 동기에 의하여 포장된 릴레이 장기이식이 변형될 가능성은 언제나
존재하며, 또 장기기증의 의사를 제시하지 않은 환자가 이식 릴레이에
참여하는 것은 이식 릴레이가 종료하는 것을 의미한다. 이 경우 이식순
위에서 맨 나중에 고려해야 될 환자가 되어 버린다. 따라서 높은 순위를
얻기 위해서는 장기를 수여받은 측에서 다른 사람에게 장기를 기증하겠
다는 릴레이 의사를 제시하여야 한다.

2) 의료자원의 분배(장기이식대상자의 선정기준)

가. 선정기준

장기이식대상자의 선정기준은 신장·췌장, 간장, 심장·폐, 골수, 각막
등에 대한 각각의 '장기별 기준'과 '일반기준'으로 구분되며, 이 중에서
장기별 기준이 우선적으로 적용된다. 개개의 장기별 기준에 의한 이식대
상자 선정결과 동일 순위에 속하는 자가 2인 이상인 경우에는 ① 과거
에 장기 등을 기증했던 자, ② 나이가 어린자, ③ 장기 등 이식대상자로
등록한 기간이 오래된 자 순서로 이식대상자를 선정하여야 한다.

일반기준에 따르면 장기기증자와 이식대상자의 혈핵형은 동일하거나
수혈가능한 혈핵형이어야 하며,[91] 장기기증자가 살아있는 자인 경우를
제외하고 이식대상자는 장기기증자와 동일권역[92] 내에 있는 장기이식대
기자 중에서 선정하여야 한다.

---

91) 다만 의학적으로 이식수술이 가능한 경우에는 그러하지 아니하다.
92) 적국을 3개 권역으로, 즉 제1권역은 서울특별시·인천광역시·경기도·강원도 및 제
주도로, 제2권역은 대전광역시·광주광역시·충청북도·충청남도·전라북도 및 전
라남도로, 제3권역은 부산광역시·대구광역시·울산광역시·경상북도 및 경상남도로
구분하고 있다.

나. 평가

장기이식 등에 관한 법률에 따른 장기이식대상자의 선정기준에 대한 심사를 보면, 제1순위로 기증자와 대기자의 체중을 고려하고 그밖에 혈액형·나이 등을 고려함으로써 이식의 적합성 내지 의학적 효용성을 중시하는 한편 응급도·대기시간·과거 기증여부·지리적 근접도 등을 평가항목에 포함시킴으로써 정의의 원칙도 함께 반영하고 있다.

그러나 비록 체중의 비교를 제1순위 선정기준으로 삼고 있지만 이것만으로 의학적 효용성을 충분하게 평가하는 데에는 일정한 한계가 있다. 따라서 응급도·대기시간·과거 기증여부·지리적 근접도·나이순서 등을 차순위로 고려하는 현재의 선정기준은 의학적 효용성 보다는 정의의 원칙, 즉 공평한 분배에 역점을 두고 있는 것으로 평가된다. 또한 그나마 장기이식의 순서를 권역별 순번대로 배분하는 현재의 방식은 장기이식의료기관으로 하여금 자기 차례가 아니면 관련정보의 제공 및 장기기증에 대한 설득에 있어서 소극적인 태도를 보이게 함으로써 오히려 법 시행 전보다 장기이식이 격감하고 있다는 보도를 볼 때,[93] '공평'의 의미를 몰각한 채 장기의 산술적·무차별적인 분배에만 치중하고 있음을 알 수 있다.

III. 안락사

1. 개념

안락사란 그리스어인 eu(well)와 thanatos(death)에서 유래한 단어로서 좋은 죽음(good death)이란 뜻이다. 즉 말 그대로 안락한 죽음을 말한다. 초기의 개념은 의도적으로 사망에 이르게 하는 것을 일컬었으나 의학의 발달로 말기 환자들의 생명을 연장하는 것이 가능해지면서 자연적인 사

---

93) 뇌사자 장기이식 격감, 동아일보(2002년 7월 30일), A26면.

망을 전제로 하여 형성된 기존의 가치체계를 재정립할 필요성이 나타나게 되었다. 예를 들어 말기 암환자와 같이 치료를 하여도 그 성공률이 매우 낮을 뿐만 아니라 치료과정에서 환자에게 많은 고통과 부작용으로 고통을 받은 경우나 알츠하이머병과 같은 뇌질환처럼 시간이 지남에 따라 치매상태로 되어 생전의 인격을 찾을 수 없어서 인간으로서의 존엄성을 유지하기 어려운 상태로 되어 서서히 사망한 경우 등을 볼 수 있다.

이러한 환자들에 대하여 인간다운 삶을 유지하고 사기가 임박했을 때 자연적인 죽음을 맞게 하려는 의도에서 안락사가 논의 되고 있다.

2. 안락사의 종류

(1) 소극적 안락사

소극적 안락사는 죽음이 가까운 환자에 대하여 '생명연장에 필요한 치료'를 하지 않음으로써 사망에 이르게 하는 것이다. 사람의 생명에 대한 권리는 사람의 자연적인 죽음과 인간다운 죽음에 대한 권리를 포함하며 이에 기하여 환자가 치료를 거부하는 경우에 이러한 환자의 의사는 존중되어야 한다. 따라서 환자의 소생가능성이 소멸하여 사기가 임박한 경우에는 환자의 생명을 유지하여야 할 의사의 임무는 소멸되므로 환자가 자연스러운 죽음을 맞이할 수 있도록 하여야 한다.[94] 예를 들어 사기에 임박하여 병원에 입원한 말기 암환자에게 통증을 조절하기 위한 마약만을 투여하면서 생명연장에 필요한 약물을 투여하지 않는 경우이다.[95]

소극적 안락사의 방법으로는 필요한 치료를 처음부터 제공하지 않는

---

94) 배종대, 형법각론, 69면.
95) 특수한 상황으로 지속적 식물상태 환자에 대한 연명치료의 중단도 이에 해당하는데, 이를 '존엄사(death with dignity)'라고 부르기도 한다.

것(withhold)과 시행되고 있던 필요한 치료를 철회하는 것(withdraw)이다. 예를 들어 의사결정능력이 있는 말기의 암환자가 생전의사표시에 의하여 자신이 사망의 단계에 진입한 경우에 생명을 구하기 위한 응급조치를 시행하지 말 것을 지시한 경우에 의료진은 말기 환자의 심정지 시기에 직면하여 심폐소생술을 시행하지 않는다거나 만약에 의사가 환자의 지시를 거부하고 응급소생술을 시행하였고 이후 환자가 지속적 식물상태에 빠지게 된다면 의료진은 이후 연명치료를 철회할 것인가라는 문제에 직면하게 된다.

(2) 적극적 안락사

적극적 안락사는 죽음에 임박한 환자의 극심한 고통을 덜어주기 위하여 환자의 '생명을 단축시키려는 의도'를 가지고 그 환자의 생명을 단축시켜 사망에 이르게 하는 것이다. 예를 들어 치사량의 약물을 주입하여 환자를 사망에 이르게 하는 행위를 들 수 있다.

이 경우 사망시기가 자연사에 비하여 앞당겨지게 되었을 뿐만 아니라 행위가 생명단축을 의도하고 있었으므로 살인죄 또는 촉탁·승락에 의한 살인죄로 보아야 하는지가 문제된다.

[참고] 2001년 네덜란드에서는 최초로 4가지 요건을 만족시킨다는 전제하에 적극적 안락사와 의사조력자살을 합법화하였는데, 그 요건은 ① 환자가 충분한 설명을 듣고 안정된 상태에서 한 자의적 결정, ② 환자가 개선의 가능성이 없는 견딜 수 없는 고통에 시달리고, ③ 의사는 다른 의사에게 조언을 구하여 그 의사가 환자를 사망에 이르게 하는 것에 동의하며, ④ 시행은 환자의 상태를 예의 주시하면서 의사가 적절한 방법으로 시행할 것에 적법해야 한다는 것이다.[96]

---

96) 김장한, "안락사와 법", 「과학기술과 법」, 서울대학교 기술과 법센터, 박영사, 2007, 416면.

(3) 간접적 안락사

환자의 고통을 감소시키기 위한 조치를 취하는 도중에 '의도하지 아니했던 생명단축의 부작용'을 초래한 경우를 말한다. 예를 들어 말기환자의 통증을 조절하기 위하여 마약을 투여하였는데 점점 그 용량을 증가시켜야 했기 때문에 그로 인한 부작용으로 사망한 경우를 들 수 있다. 이와 같은 간접적 안락사에 대하여 그 허용 여부에 대한 논란이 있다. 즉 고의범과 과실범을 구별하는 우리 형법에서 학설은 범죄의 주관적 요건인 인식있는 과실과 미필적 고의를 구별하고 있지만 특별히 의도와 고의는 구별하고 있지는 않다. 따라서 사망이라는 결과가 인식있는 과실로 인하여 발생하였다면 그것은 치료행위의 부작용에 해당하는 것으로서 원칙적으로는 과실범이기 때문에 결과의 예견의무 및 회피의무 위반이 문제될 것이며, 만약 미필적 고의에 의하여 발생하였다면 살인죄로서 일반적인 형태의 안락사 논의에 포함되어야 한다.[97]

(4) 진정안락사

진정안락사는 말기 암환자가 고통을 느끼지 못하고 안락하게 죽도록 도와주는 것을 말하며 환자의 '생명단축은 없다'고 본다. 예를 들어 강력한 마취제를 계속적으로 투여하는 방법으로 의식을 마비시켜 환자가 고통(육체적 통증이나 정신적 괴로움)을 느끼지 못하게 하는 경우이다.

이 경우 환자의 동의나 승낙이 있다면 진정안락사는 치료행위로서 허용된다. 또한 환자가 중태에 빠져 있어 그 현실적인 승낙을 얻을 수 없는 때에도 환자가 승낙을 할 수 있었더라면 고통을 제거하거나 경감하

---

97) 김장한, 위의 논문, 418면; 한편 자연법사상과 카톨릭 교회의 전통에서 비롯하여 의무론적 윤리체계에서 널리 수용되고 있는 '이중효과원리'에 의하여 설명하는 입장에서는, 다량의 진통제를 투여함으로써 환자의 생명이 단축되는 것이 예견되더라도 환자의 통증을 경감하려는 의도하에 이루어 진 행위라면 그것은 이중효과원리에 의하여 허용된다고 한다(허일태, 안락사에 관한 연구, 한국형사정책연구원, 1994, 134면 참조).

는 조치를 승낙했을 것이라는 객관적인 추정이 있는 경우에도 마찬가지로 취급할 수 있다. 결국 진정안락사는 생명단축이 수반되지 않으므로 생명을 침해한다고 볼 수 없으며 환자의 의사에 반하는 경우라 하더라도 살인의 고의가 없다면 살인죄가 성립하지 아니한다.

3. 안락사의 구성요건

안락사에 대한 정의는 다양하지만 일반적으로 '격렬한 고통에 허덕이는 불치 또는 빈사의 환자에게 그 고통을 제거 또는 감경하기 위하여 그를 살해하는 것'[98]이라고 할 수 있다. 공통적으로 논의되고 있는 안락사의 구성요건들을 정리하면 다음과 같다.

(1) 객관적 요건

1) 살아있을 것

안락사의 대상은 살아 있는 사람이어야 한다. 뇌사설을 인정하는 입장에서는 뇌사자에 대한 안락사는 인정될 여지가 없다. 그러나 뇌사설을 부정하는 견해 중에는 뇌사자에 대하여 장기기증의 목적 없이 치료중단을 하는 것을 소극적 안락사의 개념으로 해결할 수 있다고 한다.[99]

2) 사망시기가 임박하거나 회생 불가능할 것

안락사의 대상은 의학적으로 볼 때 암과 같은 말기 환자로서 명백하게 사망이 임박한 경우 또는 지속적 식물상태와 같이 사망의 시기는 연장하는 것이 가능하지만 회복의 가능성이 없어야 한다. 사망이 임박하다는 것은 회생이 불가능하다는 것을 의미하지만 회생이 불가능한 경우가 반드시 사망이 임박한 것을 의미하지는 않는다.

---

98) 배종대, 형법각론, 68면 참조.
99) 이상돈, 인권과 정의, 대한변호사협회, 1998, 80면.

3) 고통의 제거 및 경감의 목적

안락사의 대상이 되는 사람에게 발생하는 고통을 제거 및 경감하는 것을 목적으로 안락사를 시행하여야 한다. 고통은 일반적으로 '육체적인 통증'과 '정신적인 괴로움'을 포함한다. 이와 관련하여 육체적인 통증에 대하여는 인정하지만 정신적인 괴로움을 제거하려는 목적으로는 인정되지 않는다는 주장[100])이 있는 반면에 안락사 반대론자들은 육체적 통증 또는 괴로움은 마약의 사용을 비롯한 통증의학과 호스피스 의학의 발달로 충분히 조절할 수 있으므로 고통의 제거 및 경감을 위한 안락사를 금지하여야 한다고 한다.

4) 생명의 단축

안락사 시행의 결과로 생명의 단축이 있어야 한다. 생명의 단축은 두가지로 구분할 수 있다. 즉 첫째는 병이 진행하여 자연적인 사망시기가 도래하기 전에 사기에 임박하여 고통을 제거 또는 경감하기 위하여 안락사를 시행함으로써 환자가 사망하는 것이고, 두 번째는 연명치료라는 의료적 개입을 통하여 생명을 인위적으로 연장하고 있는 환자에 대하여 연명치료를 중단함으로써 자연스러운 죽음을 맞이할 수 있도록 하는 것이다.

(2) 주관적 요건

죽임을 당하는 본인의 사전적 의사가 존재하거나 생전에 그러하였을 것이라는 추정적 의사가 존재하여야 한다. 이에 대하여 죽임을 당하는 본인의 사전의사가 확인되지 않거나 본인의 의사에 반하여 시행하는 안락사를 인정할 것인가에 대한 논란이 있다.

---

100) 이에 대하여 육체적인 통증과 정신적인 괴로움을 분리하는 것에 반대하여 정신적인 괴로움에 의한 안락사를 인정해야 한다는 주장이 있다.

(3) 규범적 요건

규범적 평가는 '의학적 무의미성'으로 표현할 수 있는데, 이것은 인간의 존엄성에 비추어 삶을 이어나가는 것이 과연 정당한가라는 삶의 질 개념이 그 중심을 이룬다. 그 구체적 평가대상은 개별 상황에 따라 달라지며 특히 비자의적 안락사에서 중요한 의미를 가진다. 예를 들어 지속적 식물상태의 환자들은 치료를 계속할 경우에 몇 년간 생명을 이어나갈 수 있고 통증을 느끼지도 않기 때문에 생명이라는 보호법익에만 초점을 맞춘다면 안락사를 허용할 이유가 없게 된다. 그러나 환자의 생전 의사·삶과 죽음에 관한 가치관·종교관 등 사회문화적인 요인들을 고려하여 지속적 식물상태의 환자에 대하여 생명을 단순히 연장하는 것이 죽는 것보다 못하다는 가치판단을 하게 되면 이것이 바로 '의학적 무의미성'이다.

4. 의사의 안락사 시술행위에 대한 형법적 평가

의료법학 측면에서 의사의 안락사 시술행위는 인간의 생명이라는 일신전속적인 법익을 보호하는 형법의 살인죄와 관련이 있다. 살인죄는 생명이라는 법익을 보호하는 구성요건이며 절대적 가치를 부여하고 있다. 안락사와 의사조력자살은 그 행위 태양에 따라 살인죄, 촉탁·승낙에 의한 살인죄, 자살관여죄가 적용될 수 있으며 이에 대한 위법성조각사유로서 논의되고 있다.

의사에 의한 안락사 시술행위에 대해서는, 첫째 진통제의 부작용으로 생명이 단축되는 간접적 안락사의 경우에 한하여 이를 허용하여야 한다는 입장[101], 둘째 간접적 안락사와 더불어 소극적 안락사도 허용되어야 한다는 입장[102], 셋째 안락사의 동기와 목적에 관계없이 일정한 요건,

---

101) 최우찬, "안락사와 존엄사", 「고시계」, 1989. 2, 42면.
102) 배종대, 형법각론, 69면.

즉 ① 환자가 불치병으로 인해 죽을 시기가 임박했을 것, ② 환자의 고통이 극심할 것, ③ 환자의 의식이 명료할 경우에는 본인의 진지한 촉탁 또는 승낙을, 확자의 의식이 명료하지 않을 경우에는 가족의 동의, 환자의 의식도 불명하고, 가족도 없을 경우에는 본인의 촉탁이나 승낙이 추정될 만한 상황일 것 등의 요건을 충족한 경우에는 간접적 안락사 및 소극적 안락사뿐 아니라 적극적 안락사까지도 허용하여야 한다는 입장[103]이 있다.

생각건대 죽을 시기가 임박하였고 극심한 고통에 시달리는 환자를 달리 도와줄 방법은 없으며 단지 한 가지 남은 방법은 사망의 시기를 앞당겨 주는 것임에도 불구하고 이를 무작정 부정하는 것은 바람직하지 않다. 또한 아무리 고통스럽더라도 무조건 생명을 연장하여야 한다고 법으로 강제할 수도 없다. 결국 치료활동을 중단하는 소극적 안락사는 사회상규에 반하지 않는 것으로써 허용되지만 독극물 등으로 사람을 직접 살해하는 적극적 안락사는 안락사 남용의 방지를 위해서나 인명경시의 위험을 배제하기 위해서도 허용하지 말아야 한다.

5. 연명치료중단과 안락사

(1) 의의

연명치료치료의 중단은 인간의 삶을 종식시킬 우려가 있는 행위이므로 인간의 생명침해와 관련하여 가장 근본적으로 연결되는 문제이다. 특히 연명치료중단과 안락사의 당부에 대한 판단은 윤리적인 측면에서의 관심뿐만 아니라 법적인 측면에서도 헌법상 생명권과 관련하여 인간이 인간의 생명을 단절할 수 있는가라는 문제와 맞물려 있으므로 연명치료중단을 이해하고 그 허용여부를 판단하기 위해서는 안락사에 관한 형법적 논의와 밀접한 관련이 있다.

---

103) 오영근, 형법총론, 대명출판사, 2002, 345면.

연명치료중단과 안락사는 치료중단의 결정을 환자본인이 할 것인가, 아니면 환자가 아닌 보호자나 법정대리인 등의 제3자가 할 것인가에 따라 구분할 수 있다. 안락사가 환자 본인의 의사에 의하여 치료중단의 결정이 이루어지는 데에 비하여, 연명치료중단은 소극적 안락사가 허용되는 기본여건을 갖춘 상태에서 대부분 환자의 의식이 없는 상태에서 제3자의 결정에 의하여 이루어진다. 따라서 소극적 안락사를 허용하는 입장에서 볼 경우 의식없는 소생불가능한 환자에 대한 연명치료중단은 일정한 요건 하에 허용되어야 할 것이다.

그러나 단순히 하나의 논리와 근거에 치중하여 연명치료중단의 정당화 여부에 관한 결론을 내리는 것은 무리일 것이다. 왜냐하면 치료중단에는 심폐소생술의 금지, 식물인간에 대한 영양공급의 중단, 인공호흡기의 제거, 말기환자의 항생제 투여 등의 금지, 소생가능성이 없는 환자의 퇴원 등 행위태양이 다양하고, 그 각각의 구체적인 상황에 따라 정당성의 여부나 조건이 다르기 때문이다.

(2) 윤리적 고찰

연명치료중단에 관한 논의는 환자의 생명권 및 죽을 권리와 관련하여, 스스로 치료의 지속여부를 결정할 수 있는 자기결정권, 품위있는 삶을 마감하기 위한 의미없는 연명치료의 거부 등과 같이 환자의 권리를 옹호하자는 입장에서 제기되기 시작하였다. 이러한 논의는 점차 적극적 치료에 따른 경제적 부담, 제한된 의료자원을 치료효과가 없는 말기 환자에게 사용하기 보다는 치유가능성이 많은 환자에게 제공하자는 요구 사이에서 새로운 윤리적 갈등상황을 야기하는 논의로 확대되었다.

연명치료중단의 정당성을 부정하는 논거는 연명치료중단에 대한 의사결정은 생명권의 절대성, 환자의 예후에 대한 불명확성, 경제적인 부담의 회피, 재산상속을 위한 생명단축 등의 문제가 얽혀있는 경우에 인간

의 생명을 인위적으로 종식시키게 한다는 것이다. 이에 반하여 정당성을
인정하는 근거는 사람의 자기결정에 따르는 죽을 권리를 인정하여야 하
므로 회복불가능한 질병의 치료를 중단할 수 있는 권리는 인간으로서의
생명권에 따르는 기본적인 권리에 해당한다는 점, 삶의 질 및 치료비 등
경제적 부담을 완화할 수 있다는 것이다.

(3) 형법적 고찰

연명치료중단은 형법상 살인죄와 밀접한 관련이 있다. 즉 살인하지 말
라는 규범은 모든 나라에서 통용되는 사회규범이며 우리나라에서도 형
법 제250조에 살인죄를 규정하여 처벌하고 있다.

사람의 생명은 절대적으로 보호되어야 하며 생명주체의 승낙에 의하
여 생명을 단절시키는 행위는 사회상규에 비추어 용인될 수 없다. 따라
서 피해자의 승낙이 있었다고 하더라도 살인죄의 위법성을 조각할 수
없으며, 이에 따라 우리 형법은 촉탁·승낙에 의한 살인을 처벌하고 있
다. 그러나 형법상 사망이 임박한 불치의 환자에 대해 의사가 치료를 포
기함으로써 사망하게 된 경우, 그 의사에게 형사책임을 물을 수 있는가
의 문제는 의사의 치료의무뿐만 아니라 환자의 자기결정권까지 문제된
다. 즉 생명권은 자연적인 죽음을 맞을 권리와 인간으로서의 존엄성을
유지하며 사망할 권리를 포함하므로, 환자의 의사에 반하는 생명연장시
술은 환자가 갖는 신체와 인격적 존엄성에 대한 자기결정권의 침해로
이어질 수 있다.

따라서 환자의 치료거부의사를 무시한 채 환자의 생명연장과 이에 따
르는 고통의 연장만을 만들어내는 치료의 계속은 정당화될 수 없다. 반
면에 더 이상의 치료가 무의미한 소생불가능한 환자에게 환자본인의 의
사에 따라 적극적인 의료행위를 하지 않고 자연적인 죽음을 맞이하도록
배려한 의사의 형사책임은 인정해서는 안 될 것이다.

결국 치료중단의 가능성에 대한 판단은 구체적인 사안에 따라 생명권의 절대성, 환자의 존엄사나 품위있는 죽음과 관련된 죽을 권리, 삶의 질과 경제적 비용, 의료자원의 분배 등 모든 여건을 비교형량하여 결정하되, 언제나 생명권을 보다 중요시하는 입장에서 판단하여야 할 것이다.

(4) 관련판례

1) 소위 '보라매병원' 사건

가. 사실관계

병원응급실에 의식이 혼미한 채 실려 온 환자에 대하여 의료진이 응급수술을 시행하였다. 수술 후 하루도 지나기 전에 환자의 처가 경제적 어려움을 이유로 퇴원을 요구하였고, 의료진은 치료를 지속하도록 설득하였으나 보호자의 강력한 요구에 따라 퇴원시켰으나 퇴원 후 환자는 곧바로 사망하였다. 검찰은 이 사건에 대하여 의사가 생존가능이 높은 환자를 보호자의 요구에 따라 퇴원하도록 허락하였다고 보호자와 주치의, 전공의, 수련의 등 의사 3인을 함께 살인조로 기소하였다.

나. 법원의 판단

환자의 보호자가 의사의 의학적 권고[104]에도 불구하고 치료를 요하는 환자의 퇴원을 강청하여 담당 전문의와 주치의가 치료중단 및 퇴원을 허용하는 조치를 취함으로써 환자를 사망에 이르게 한 사건에 대하여 담당 전문의와 주치의에게 환자의 사망이라는 결과 발생에 대한 정범의 고의는 인정되나 환자의 사망이라는 결과나 그에 이르는 사태의 핵심적

---

[104] 피해자는 피고인들을 포함한 의료진에 의하여 수술을 받고 중환자실로 옮겨져 의식이 회복되고 있었으나 뇌수술에 따른 뇌 부종으로 자가호흡을 할 수 없는 상태에 있었으므로 호흡보조장치를 부착한 채 계속 치료를 받고 있었는데, 의사는 "환자의 상태에 비추어 인공호흡장치가 없는 집으로 퇴원하게 되면 호흡을 제대로 하지 못하여 사망하게 될 것"이라는 설명을 하였다.

경과를 계획적으로 조종하거나 저지·촉진하는 등으로 지배하고 있었다고 보기는 어려워 공동정범의 객관적 요건인 이른바 기능적 행위지배가 흠결되어 있다는 이유로 작위에 의한 살인방조죄를 인정하였다.[105]

다. 검토

이 사건은 경제적인 부담감 등으로 인한 보호자의 퇴원요구와 환자 본인의 생명권의 보호 사이에 어느 법익을 우선할 것인가에 대한 문제이다. 한편, 이 사건에 대한 재판이 진행 중인 2001년 11월 대한의사협회는 「의사윤리지침」을 발표하여 적극적 안락사와 의사조력안락사를 금지하였지만 제60조에서 "의사가 회생불가능한 환자에게 의학적으로 무익하고 우용한 치료를 보류하거나 철회하는 것이 허용된다"라는 규정과 함께 제28조 제3항과 제30조 제2항에서 "환자 가족 등 대리인의 판단에 의하여 진료의 중단이나 퇴원을 요구하는 것을 허용한다"라고 규정하여 소극적 안락사, 특히 반자의적 소극적 안락사의 허용 여부에 관하여 논란이 되었다.

2) 소위 '세브란스병원 존엄사' 사건

가. 사실관계

환자는 폐암여부를 확인하기 위한 조직검사를 받다 과다 출혈에 따른 뇌손상으로 지속적 실물인간 상태(persistent vegetative state)에 빠져, 병원의 중환자실에서 인공호흡기를 부착한 상태로 항생제 투여, 인공영양 공급, 수액공급 등의 치료를 받고 있었으며 인공호흡기를 제거하면 곧바로 사망할 것으로 예상되는 상태였다. 환자의 가족들은 환자의 의식이 이미 회복불가능한 상태로서 환자에 대하여 이루어지고 있는 치료는 생명만을 단순히 연장시키는 것에 불과하여 의학적으로 의미가 없고, 환자

---

105) 대법원 2004. 6. 24. 선고 2002도995 판결.

가 평소 무의미한 생명연장을 거부하고 자연스러운 사망을 원한다는 의사를 표시하였으므로 환자에게는 인공호흡기 제거의 의사가 있다고 주장하였다.

나. 법원의 판단

대법원은 " … 이미 의식의 회복가능성을 상실하여 더 이상 인격체로서의 활동을 기대할 수 없고 자연적으로는 이미 죽음의 과정이 시작되었다고 볼 수 있는 회복불가능한 사망의 단계에 이른 후에는, 의학적으로 무의미한 신체 침해행위에 해당하는 연명치료를 환자에게 강요하는 것이 오히려 인간의 존엄성과 가치를 해하게 되므로 … 환자가 인간으로서의 존엄과 가치 및 행복추구권에 기초하여 자기결정권을 해하는 것으로 인정되는 경우에는 특별한 사정이 없는 한 연명치료의 중단이 허용될 수 있다"고 판시하였다. 또한 환자의 사전의료지시가 있거나, 환자의 사전의료지시가 없는 상태에서 회복불가능한 사망의 단계에 진입하였더라도 환자의 평소 가치관이나 신념 등에 비추어 연명치료를 중단하는 것이 객관적으로 환자의 최선의 이익에 부합한다고 인정되어 환자 스스로도 연명치료를 중단하는 것이 합리적이고 사회상규에 부합된다고 하였다.106)

다. 검토

이 판결은 위의 보라매 병원 사건에서 법원이 원칙적으로 의료진에게 살인방조죄를 인정한 것과 비교할 때, 객관적으로 환자의 상태가 회복불가능한 사망의 단계에 있고 주관적 요건으로서 환자의 사전의료지시가 있거나 추정의사가 인정되는 경우에는 연명치료 중단을 허용하도록 하였다는 점이다.

---

106) 대법원 2009. 5. 21. 선고 2009다17417 판결

한편 소생가능성이 없는 환자에 대한 보호자의 퇴거요구와 관련된 외국의 대표적인 사례로서, 미국의 '퀸란 사건'을 들 수 있다. 즉 1975년 4월 카렌은 친구의 생일파티에 참석하여 술을 마신 후 혼수상태에 빠져 병원으로 옮겨졌고 병원에서 인공호흡기에 연명하며 살았다. 하지만 뇌사상태는 아니었으나 의식을 거의 회복할 수 없는 상태였다.

수개월이 지난 뒤 부모는 더 이상의 호전을 기재할 수 없어 담당의사에게 카렌의 인공호흡기를 제거하여 죽을 수 있도록 해 달라고 요구하였으나, 담당의사는 카렌의 부모가 나중에 변덕을 부려 소송을 제기할지도 모른다는 생각에 이를 받아들이지 않았다. 이에 카렌의 부모는 주법원에 호흡기를 제거하기 위한 소송을 제기하였다. 이에 하급심에서는 카렌의 부모가 패소하였으나 1976년 1월 뉴저지 주 대법원은 만장일치로 카렌의 부모의 손을 들어주었다.107)

IV. 인공수정

1. 의의

지난 세기 동안 선천적 혹은 후천적인 이유에 의해서 임신이 불가능하였던 불임108) 부부들이 증가함에 따라 이를 극복하기 위한 치료법을 개발하기 위한 노력이 있어왔다. 그 결과 1978년 처음으로 시험관 아기의 탄생에서부터 인공수정·난모세포기증·수정란자궁이식·대리모 등에 이르기 까지 인공생식기술의 발전은 생식체계의 이상, 고령, 동성애자, 배우자의 사망 등으로 인하여 아이를 가질 수 없었던 사람들에게 부모가 될 수 있는 길을 열어주고 있다는 희망을 안겨주게 되었다. 그러나

---

107) In re Quinlan, 70 N.J.10, 355 A. 2d647(1976).
108) 불임이란 배우자와 동거하면서 피임을 하지 않고 정상적인 부부관계를 가진 상태에서 1년 이내에 임신이 되지 않거나 생존아를 출산할 수 있는 임신을 지속할 수 없는 상태라고 정의한다.

다른 한편으로 사회적·법률적·윤리적 측면에서 심각한 논란과 문제점을 불러일으키고 있다.

이에 따라 일부 국가에서는 인공수정과 관련된 법규가 제정되어 인공수정의 허용여부·시술요건 및 시술관련자의 책임 및 의무규정 등을 마련하고 있다. 그러나 우리나라는 인공수정의 허용범위 및 비배우자간 인공수정과 출산한 아이의 알 권리 등 아직 사회적 합의조차 이루지 못한 부분들이 많음에도 불구하고 이미 보편적인 불임치료법으로 광범위하게 인공수정이 이루어지고 있다. 현재 인공수정과 관련된 입법은 없으며 2005년 1월 1일부터 시행된 「생명윤리 및 안전에 관한 법률」에서 배아의 생성·보관·폐기 등에 관한 규정을 두고 있다.

인공수정은 불임부부에게 하나의 첨단의료기술이며 생식의 자기결정권에 따라 선택할 수 있는 시술방법이기도 하다. 따라서 이에 대한 충분한 고려가 필요하며, 특히 부부 이외의 제3자의 정자나 난자에 의한 인공수정은 이로 인해 태어난 아이의 법적 친자관계나 복리 등의 문제를 사전에 충분히 고려하여야 한다.

2. 체내수정과 체외수정

(1) 체내수정(Artificial insemination)

인공수정은 일련의 처리된 정자를 여성의 자궁강 내로 주입하여 자연적인 수정이 이루어지도록 유도하는 기술로서, 이에 사용되는 정자는 남편으로부터 또는 제3의 기증자로부터 얻는다. 가장 일반적인 경우로 AIH(Artificial Insemination with Husband)는 남편정자에 의한 인공수정으로 배우자간 인공수정이라고 하며, 이 방법은 결혼한 남녀가 여러 가지 의학적 문제 때문에 통상적인 성적 결합이 어려운 경우나 특수한 사정으로 결혼생활을 할 수 없는 경우에 남편의 정자를 그의 부인의 체내에 인공적으로 주입하여 임신하게 하는 방법이다.[109]

또 다른 방법으로는 주로 남편에게 불임원인이 명확하게 존재하는 경우에 사용하는 방법으로써 제3자의 정자에 의한 인공수정이 있다. 이를 비배우자간 인공수정(AID: Artificial Insemination by Donor)이라고 한다. AID의 경우 사회적 윤리적 논란 외에 친자관계의 결정과 같은 법률적인 문제를 야기하였으며, 특히 AID가 행해졌던 초기에는 생물학적으로 부의 자식이 아닌 자식을 낳는 행위라는 이유로 간통이라는 비난을 받아 왔다. 그러나 현재 AID의 경우 부부의 동의여부와 관계없이 간통죄에 해당하지는 않는다는 것이 다수 입법례의 견해이고, 다만 부의 동의를 얻지 않은 AID는 부부간의 배신행위로 혼인을 지속할 수 없는 중대한 사유가 되고 남편의 이혼청구가 인정될 가능성이 있다.110)

(2) 체외수정(IVF-FT, Vitro Fertilization and Embryo Transfer)

체외수정 및 배아이식은 난소 내에 있는 난자를 체외로 채취하여 인위적으로 받은 정액을 시험관 내에서 수정한 후 그 수정란을 자궁 내에 이식하여 임신하게 하는 인공수태방법이다. 이와 같이 체외수정은 난자를 체외로 채취한 후 인공적으로 수정시킨 후 다시 모체의 자궁에 이식하는 과정으로 연결된다. 이 과정을 통해서 태어난 아이를 '시험관 아기(Test tube baby)'111)라고 부른다.

체외수정은 불임부부의 정자와 난자의 수정이 성공적으로 이루어지기 위해 사용되며, 특히 여성의 나팔관이 막혀서 정자와 난자가 결합하는 것이 불가능한 경우에 사용되며, 더 나아가 난자에 정자를 수정하려고

---

109) 문신용, 불임치료－보조생식술의 현재와 미래, 서울대학교 산부인과교실.
110) 정연철, 인공생식의 입법례에 관한 연구, 동의논집 제28집, 인문사회과학편, 1998, 2, 22면.
111) 우리나라에서 시험관 아기 시술이 처음 도입된 것은 1985년 10월에 서울대병원 산부인과 장윤석 교수팀에 의해 시험관에서 배양된 수정란이 모체의 자궁 속에 이식돼 남매 쌍둥이가 태어난 것이다. 시작은 시험관 아기의 발상지인 영국보다 7～8년 정도 늦었지만 현재 불임의학과 관련된 국내 의료계의 체외수정 시술수준은 세계 일류 수준인 것으로 평가받고 있다.

시도하는 것을 모두 포함한다. 이러한 전통적인 방법에서의 체외수정은 정자와 난자가 결합하여 수정란을 만드는 환경을 제공하기 때문에 본질적으로 나팔관의 기능을 수행하고 있다고 할 수 있다.112)

체외수정의 방법 중에서 윤리적 논쟁의 여지가 있는 경우로는 제3자의 정자와 난자 또는 배아를 공여 받는 경우이다. 특히 난자를 생산할 수 없는 불임여성이 공여된 난자를 사용하여 체외수정의 과정을 거쳐서 배아를 자신의 자궁에 이식하는 경우를 들 수 있다. 체외수정에서 논쟁이 더욱 가열되는 사례는 체외수정을 통해서 제3의 여성의 자궁을 이용하는 경우이다. 예를 들어 난자를 생산할 수 있지만 아이를 포태할 수 없는 자궁을 가진 불임여성의 경우에는 대리모시술에 의존하게 된다.113) 대리모시술 중에서 대리모와 생물학적으로 연관되어 있는 아이를 출산하는 형태의 대리모를 '유전대리출산(Genetic surrogacy)'이라 하고, 이에 반해 체외수정과 배아이식이 가능하게 됨에 따라 자궁만을 빌려주는 출산모의 역할을 행하는 대리모를 '임신대리출산(Gestational surrogacy)'이라고 한다.114) 임신대리출산의 경우 의뢰한 아버지의 정자를 사용하여 수정한 난자를 대리모여성의 자궁에 이식하며, 통상 난자는 의뢰한 어머니로부터 채취하는 것을 말한다.115) 이 경우 아이는 출산을 의도한 부부

---

112) 이인영, "인공수정, 체외수정과 법", 「과학기술과 법」, 서울대학교 기술과 법센터, 벅영사, 2007, 292면.
113) 가장 논쟁이 가열되는 사례로는 대리모가 자궁을 수정란을 이식하는 것에 동의할 뿐 아니라, 대리모 자신의 난자를 사용하는 경우를 들고 있다(Keith Alan Byers, Supra note 15. p. 275).
114) 의뢰한 부부의 남편이 정자를 제3의 여성의 체내에 주입하여 인공수정을 하는 것이 보통이지만, 경우에 따라서는 직접적인 성적 교섭을 통하여 행하는 경우도 있을 수 있다. 대미로가 희망부의 정자에 의한 체내 혹은 체외인공수정 또는 직접적인 육체관계에 의하여 대리 임신하는 경우를 진정한 의미에서 '대리모'라고 부르고, 대리임신을 위해서 단지 자신의 자궁을 빌려주는 대리모는 엄밀하게 표현하자면 포태모 또는 배를 빌려주는 어머니라고 구분하는 견해가 있다(김민중, "의학적 인간인공생식 및 그 법률적 고찰", 대전대학교 논문집 제9권 제1호, 1990. 8, 18면).
115) 대리모를 허용하는 입장에서는 임신출산 대리모는 성교에 의하지 않은 생식 분야의 혁신을 추구하는 하나의 영역이 되었다고 평가한다(Pamela Laufer-Ukeles, "Approaching Surrogate Motherhood: Reconsidering Difference", Vermont Law Review, Vol. 26(Winter,

와 생물학적·유전적으로 연관되어 있다.[116] 임신대리출산의 경우 자의 유전적 형질은 의뢰한 부부가 결정하고 대리모는 의뢰인 부부의 자를 임신하여 출산하는 역할만 하게 된다.[117]

[대리모의 법적 지위] 제3자의 생식기관을 이용하는 대리모 방식은 수정과 성행위의 단절, 수정과 인체의존필요성의 단절, 수정과 잉태의 단절, 모성애와 잉태의 단절 등을 요소로 한다. 이러한 단절은 불임부부에게 그만큼 자식을 가질 수 있는 기회를 넓혀주는 것이기도 하지만, 현실적으로는 당사자간의 인간적 갈등이나 子의 양육권을 둘러싼 법적 다툼 등을 빈번하게 야기하고 있다.

[Baby M 사건[118]] 1986년 대리모인 Mary Beth Whitehead가 자신이 포태하여 출산한 아이의 양육권을 청구한 사건에서 대리모계약이 유효한 것인지 또는 공공정책에 반하여 무효인 것인지의 여부 및 대리모계약이 아이의 매매에 관한 것인지 또는 대리모의 노역 제공을 내용으로 하는 것인지가 문제된 사인이다. 이에 대하여 New Jersey 대법원은 의료비용 이상의 대가를 대리모에 지급하고 또한 아이를 완전히 포기할 것에 대의하는 것을 내용으로 하는 대리모계약은 무효라고 보았으며, 나아가 "이 계약은 아이의 판매 내지 자식에 대한 母의 권리의 판매에 관한 것에 해당하며, 그나마 다행스러운 것은 매수인 가운데 한 사람이 아이의 父라는 점이다"라고 판시한 바 있다.

2002), p. 409).

116) 영국의 대리모 관련협회인 Surrogacy UK에 의하면 유전대리출산이라는 용어 대신에 Straight, 임신대리출산은 Host라고 명명하고 있다.

117) 유전적 모성과 육체적 모성으로 구분하는 견해도 있다(장영민, "생명공학의 형법적 한계", 형사정책연구 제4권 제4호, 1993, 19면).

118) Baby M, 537 A. 2d 1227, 1246~47(N. J. 1988).

3. 체외수정과 관련된 법적 문제

(1) 체외수정의 허용여부

1) 반대하는 입장

체외수정에서 가장 강력한 반대의 목소리는 로마 가톨릭 신학자들이다. 가톨릭에 의하면 도덕적으로 합당한 출산은 결혼 안에서의 개별적인 성적 결합의 결과로서 이루어져야 한다. 특히 로마 가톨릭교회의 훈령에 따르면 부부간의 사랑행위가 인간을 출산하기위한 유일한 제도라고 하여 체외수정(IVF), 접합자 난관내 이식(ZIFT), 배아이식(ET), 비배우자간 인공수정(AID) 등은 도덕적으로 문제가 있다고 한다. 그렇지만 배우자간 인공수정은 남편의 정자가 난세포와 잘 수정할 수 있도록 도와주는 비교적 간단한 의술에 불과하기 때문에 도덕적으로 아무런 문제가 없다고 한다.[119]

2) 제한적 허용

체외수정은 그 기본정신과 목적에 따라서 허용될 수 있는 의료행위로 평가되므로 대부분의 국가는 불임 치료로서 이를 적용하는 데에 긍정적인 태도를 가지고 있다. 그러나 그 남용 내지 오용의 위험성을 예방하기 위해서 전면적 허용보다는 제한적 내지 조건적으로 규제하고 있다. 이를 잘 반영하고 있는 것이 독일의 배아보호법이다. 독일의 경우 배아보호법의 입법취지는 기본적으로 불임치료의 수단으로서만 생식기술을 인정하고, 장차 인간이 될 생명으로서의 인간의 배아를 다른 연구에 이용되는 것으로부터 보호하고자 하는 것이다. 이를 위하여 의사와 연구자의 행위

---

[119] 생식의술의 간섭을 금지하는 가톨릭의 태도는 결혼 안에서의 성에 관한 성경적 가르침과 피조물에 대한 인간 지배의 한 수단으로 생식 기술을 인정하는 신학적 입장에서 생실의술의 배제는 자의적이라는 비판을 받고 있다. 그리고 의학기술의 발달을 수용하고 있는 일반적인 가톨릭의 태도와 일치하지 않는다는 비판을 받고 있다.

를 엄격하게 규제하고 생식기술의 부정 이용 등을 처벌대상으로 하고 있다.

미국의 경우에는 체외수정에 관한 더 구체적인 조건을 예시하고 있는데, 예를 들어 미국의 텍사스 주법에 의하면 체외수정시술은 ① 피수정자의 난자와 그 배우자의 정자로만 행해져야 하며, ② 최소한 계속해서 5년 기간의 불임 또는 불임 이력을 가진 환자 또는 환자 배우자가 자궁내막 증식증이나 과정액증에 걸린 경우 또는 ③ 난관이 제거되었거나 막힌 경우 또는 정액이 부족한 때와 다른 불임치료로는 도저히 성공적인 임신을 하는 것이 불가능한 경우로 제한하고 있다.120)

3) 현행 관련 규정

생명윤리 및 안전에 관한 법률 제13조는 누구든지 임신 이외의 목적으로 배아를 생성하여서는 안 되며, 임신을 목적으로 배아를 생성함에 있어서는 ① 특정의 성을 선택할 목적으로 정자와 난자를 선별하여 수정시키는 행위, ② 사망한 자의 정자 또는 난자로 수정시키는 행위, ③ 미성년자의 정자 또는 난자로 수정시키는 행위(다만 혼인한 미성년자가 그 자녀를 얻기 위한 경우를 제외한다) 등을 금지하고 있다.121)

또한 체외수정 시술기관의 허가 요건으로서 인공수태시술을 위하여 정자 또는 난자를 채취·보관하거나 이를 수정시켜 배아를 생성하고자 하는 의료기관은 보건복지부장관으로부터 배아생성의료기관으로 지정받아야 하며, 또 배아생성의료기관으로 지정받고자 하는 의료기관은 보건복지부령이 정하는 시설 및 인력 등을 갖추어야 한다(동법 제14조).

---

120) 이인영, 앞의 논문, 295면.
121) 대한의학협회의 인공수태 윤리에 관한 선언에 의하면 현대 의학적 근거 하에 양측난관의 부존재와 같이 체외수정 및 배아이식의 방법 이외에는 임신의 성립이 불가능하다고 판정된 경우를 최우선 적응증으로 한다. 이 경우 이외에도 자궁내막증, 희소정자증 및 기타 원인불명의 불임증 등에서 다른 방법으로 임신성립에 계속 실패한 경우에는 체외수정 및 배아이식수술의 적응증이 된다고 규정하여 체외수정의 시술범위를 명시하고 있다.

그러나 반드시 설치되어야 할 시설요건은 명시되어 있지 않다. 기본적으로 의료기관으로서의 배아생성기관에는 임상시설, 정자·난자 채취실, 실험실 및 배아냉동보존시설 등의 시설이 구비되어야 한다. 하지만 체외수정과 관련해서 불임부부와 공여자의 프라이버시를 지킬 수 있는 독립된 공간으로서 상담실의 설치가 보완될 필요가 있다. 왜냐하면 감염이나 유전적 질환의 위험을 사전에 점검한다거나 부부가 진정으로 아이를 원하는 지를 의사가 판단할 수 있기 위해서 체외수정을 원하는 여성이나 그 배우자 그리고 공여자에게 심리적 상담을 포함한 의학적 상담이 제공되어야 할 필요가 있기 때문이다.

(2) 정자·난자·수정란의 공여

1) 무상공여의 원칙

배아의 단계 특히 초기 배아단계(pre-embryo stage)에서는 그것이 체외수정을 통해서 생산된 것이라면 적어도 자궁 내 착상이 가능한 기간 동안에 착상시킨다거나 아니면 냉동시켜야 생명의 잠재력을 유지할 수 있게 된다. 그렇기 때문에 이식이 가능한 장기와 동일하게[122] 금전이나 재산상의 이익 기타 반대급부를 주고받거나 약속하는 행위를 금지하고 있다.[123] 이것은 곧 배아의 기증이 무상으로 행해져야 한다는 '무상제공의 원칙'을 의미한다.

공여자의 자기결정권을 강조하게 되면 장기의 제공은 그것이 무상이든 유상이든 당사자 사이의 합의만 있으면 충분하다고 할 수 있다. 그러나 만약 장기의 제공을 무제한으로 시장원리에만 맡기게 된다면 부유한 자는 장기를 제공받을 수 있지만 가난한 자는 제공받지 못하게 될 뿐만

---

122) 박은정, 생명공학시대의 법과 윤리, 이화여자대학교 출판부, 2001, 426면.
123) 장기 등 이식에 관한 법률 제6조는 합법적으로 행하는 장기이식을 보호하고 이식의 료에 대한 국민의 신뢰를 확보하기 위한 규정으로 장기매매를 금지하고 그 위반행위에 대하여 벌칙을 규정하고 있다.

아니라 생명의 위기에 처한 환자의 절박한 상황을 이용하여 경제적 이득을 취하는 일이 발생할 수도 있다.[124]

> **[냉동수정란의 처분권]** 이혼한 부부가 냉동수정란의 처분권을 둘러싸고 다툰 소송에서 1992년 미국의 테네시 법원은 배아를 사람은 물론 재산으로도 인정하지 않았다.[125] 즉, 태어나지 않은 존재는 법에 의해 완전한 의미의 사람으로 인정된 적이 없다고 하였고, 또 부모에게 냉동수정란에 대한 재산적 청구권도 인정하지 않았다. 다만 냉동수정란을 파괴한 의료진에 대해서 부모의 정신적 피해에 대한 배상을 인정하고 있다. 이것은 사람으로서의 지위를 인정할 수는 없지만 생명체의 잠재성을 가지고 있으므로 신체의 다른 기관보다는 더 강한 보호를 받아야 한다는 논리의 결과이다.

또한 난자의 제공을 매매라는 시장경제 원리에 맡기게 된다면 주로 경제적으로 돈이 필요하거나 재정적으로 곤궁한 상태에 있는 여성들이 난자매매계약을 체결하게 되는 문제점이 있다. 즉 난자를 매매할 수 있다고 한다면 후진국의 여성들은 경제적 궁핍을 이유로 배아생산의 재료로서 난자를 공여하도록 명시적 또는 묵시적으로 강요받을 수 있으며, 또 선진국 등의 불임여성이나 난자를 필요로 하는 생명과학연구자들을 위하여 정자·난자의 거래가 전세계적으로 이루어질 수 있다는 것이다.

2) 관련규정

「생명윤리 및 안전에 관한 법률」 제13조 제3항은 "누구든지 금전 또는 재산상의 이익 그 밖에 반대급부를 조건으로 정자 또는 난자를 제공 또는 이용하거나 이를 유인 또는 알선하여서는 안 된다"고 규정하고 있으며, 또한 대한의사협회의 의사윤리지침은 "인공수정에 필요한 정자와 난자를 매매하는 것은 허용되지 않으며, 의사는 그러한 매매행위에 관하

---

124) 주호노, 축조해설 장기등 이식에 관한 법률, 육법사, 2000, 70면.
125) Davis V. Davis, 842 S.W. 2d 588(tenn, 1992).

여서는 아니된다"라고 규정하고 있다.

3) 소결

연구의 목적으로 여성의 난자를 채취하고 이용하는 경우에 일어날 수 있는 가장 큰 문제점은 난자제공과 관련된 과정에서 여성의 몸을 도구화·상품화한다는 것이다. 무엇보다 생식체인 정자나 난자 등을 대상으로 금전적인 대가를 지불하는 것은 기부자(contributor)의 가치 및 인간생명의 존엄성이라는 가치를 떨어뜨린다. 즉 종래 황우석 박사의 연구에서 나타난 것처럼 난자의 채취나 기증이 국가적 이익이나 공익을 위해 필요하다는 논리로 여성에게 희생을 강요하거나 조장할 수는 없다. 따라서 많은 수의 여성의 난자를 사용해야 하는 체세포복제 배아줄기세포연구 등과 같은 첨단 생명과학연구에서 여성을 단지 과학적 발전과정의 도구로 취급하여 여성의 신체 또는 신체의 일부가 객체화 내지 상품화되는 현상이 발생하지 않도록 하는 사회적 합의가 필요하다.

(3) 잔여 배아의 이용과 폐기

1) 의의

인간배아는 난자가 정자에 의하여 수정되면 23쌍의 인간염색체 수를 지닌 단세포 수정란(접합체, zygote)으로부터 시작된다. 접합체는 세포분열을 계속하며 상실배(morula) 단계와 6~7일 후 100~200개의 세포로 이루어진 배반포(blastocyst)단계가 된다. 그 후 14일 시점에 이르면 배반포의 한쪽 끝에 세포더미인 원시선(primitive streak)이 형성되며 이 시점부터 각 세포들이 구체적인 신체기관으로 성장한다. 원시선이 생기는 14일까지의 존재는 접합체와 상실배 그리고 배반포로 분류되며, 14일까지의 존재가 배아(embryo)로[126] 자궁에 착상된 후 장기들이 단순히 양적인

---

126) 외국의 입법 또는 보조생실술에서 취급하는 배아라 함은 14일 미만의 존재로서 자궁

성장을 하는 때 태아(fetus)로 분류된다.

체외수정 기술의 발달로 임신에 사용되지 않는 많은 배아들이 생겨났고, 냉동 기술의 발달로 그 배아들을 그 상태대로 냉동보관하고 있다. 최근 배아를 통한 연구가 가지는 의학적 유용성이 상당수 제시됨에 따라 잔여 배아(spare embryo)에 대해 많은 과학자들이 관심을 보여 왔다. 하지만 배아를 다루는 연구과정에서 필연적으로 배아가 손상·파괴되고 폐기될 수밖에 없다는 사실에서 윤리적인 논쟁들이 제기되고 있다. 즉 배아는 아무런 손상을 받지 않으면 하나의 생명체로 성장하는 존재이고 그래서 하나의 인간개체라고 본다면 살아있는 인간과 동일한 생명권을 지닌다고 보아야 한다. 따라서 신생아 혹은 성인을 죽이는 것이 허용될 수 없는 것처럼 배아를 가지고 연구하고 폐기하는 것 역시 허용될 수 없다는 주장이 있다. 이에 반해 체외수정은 많은 불임부부에게 아이를 갖게 해 주기 때문에 그로 인해 발생하는 잔여 배아의 생산 및 파기는 받아들여야 한다는 주장도 있다.[127]

  2) 냉동보관배아 및 초기배아의 처분권한

배아의 냉동은 대부분의 우수한 불임클리닉에서 행하는 전형적인 체외수정의 시술과정에 중요한 역할을 한다. 이것으로 인해 한번 수술로 10개 이상의 난자를 꺼내어 수정할 수 있다. 그 중 3~4개의 배아는 여성의 몸에 이식하고 나머지 배아들은 얼려둔다. 첫 임신이 성공하지 않으면 보관된 배아를 녹여서 적절한 시기에 다시 이식할 수 있게 된다. 이로 인해 난소채취의 추가 과정이 없으므로 여성이 받는 물리적인 스트레스와 추가비용 부담을 덜어준다. 또한 여성이 난소의 기능을 잃거나

에 착상되지 않은 상태로 존재하는 배아를 말한다. 초기배아(pre-embryo)로 따로 분류하는 이유는 전배아의 생물학적 특성 때문인데, 이 때에 원시선이 나타나고 전배아의 모든 세포들은 각기 성인으로 성장할 수 있는 잠재력을 지니게 되기 때문이다. 가령 8세포기의 모든 세포는 8명의 인간개체로 성장할 수 있게 된다.

127) 김상득, 「생명의료 윤리학」, 철학과 현실사, 2000, 99면.

난자가 손상될 경우를 대비해서 난자와 배아를 미리 얼려 두어 나중에 선택의 자유를 주고 있다. 또한 배아의 유전적 진단을 하기 위해서 냉동보관을 하기도 한다. 수정란은 실온에서 일주일 이상 살 수 없기 때문에 결과를 알기까지 냉동보존하면 안전하기 때문이다. 한편 배아를 죽이는 것을 피하기 위하여 잔여 배아를 냉동상태로 만들어 보존할 수 있다. 이 때 냉동 배아를 계속 보관했다가 결국 인간으로 태어나게 해야 될 것인가 아니면 그들을 정해진 기간이 지나면 자동으로 폐기할 것인지 여부를 판단해야 한다. 즉 배아를 인간이 될 잠재성을 가진 존재로 본다면 대리모를 통해서라도 인간으로 태어날 수 있도록 해야 한다는 딜레마에 빠진다.

한편 여성의 신체 이외에서 생존하도록 냉동보관 된 인간배아의 법적 지위와 관련해서 그 후견권 내지 처분권한이 문제된다. 특히 여성 자신의 신체를 통제할 수 있는 권리의 범위에 배아를 계속 보관할 것인지 여부에 대한 결정권도 포함되는지가 문제된다. 법원의 판결이나 법률의 제정을 통해서 배아의 파괴를 금지한다고 해서 난자의 공여자가 의무적으로 착상을 시도해야 하는 것을 의미하지는 않는다. 즉 초기 배아는 착상을 원하는 다른 불임부부에게 기증될 수 있기 때문에 여성이 더 이상 착상을 원하지 않는다면 그것을 강요할 수 없다.

초기 배아에 대한 처분권한의 제한문제는 두 가지 접근방법을 가지고 있다. 첫째는 여성의 몸 속에 있는 배아의 처분권한으로서 이것은 낙태 및 피임행위와 관련성을 가지고 있다. 둘째는 체외수정으로 인한 배아의 생성과 보관에 관한 제한 문제이다.

3) 현행 관련규정

생명윤리 및 안전에 관한 법률 제16조에 의하면 배아의 보존기간은 5년이다. 다만 동의권자가 보존기간을 5년 미만으로 정한 경우에는 이를 보존기간으로 한다. 배아생성의료기관은 위의 보존기간이 도래한 배아

중 연구의 목적으로 이용하지 않는 경우 배아를 폐기하여야 한다. 배아
생성의료기관은 배아의 폐기에 관한 사항을 기록·보관하여야 한다. 배
아생성의료기관이 배아를 폐기하는 경우에 그 폐기절차 및 방법은 폐기
물관리법 제12조의 규정에 의한 절차 및 방법을 준용한다.

(4) 배아의 부정이용의 금지

1) 정자·난자공여자의 동의

난자를 채취하는 과정은 매우 고통스러운 과정을 동반한다. 과배란을
위해 투여된 호르몬 제재의 부작용으로 난소과자극증후군이 초래될 수
있으며, 다수의 난포를 동반한 난소 증대와 함께 전신 모세혈관의 투과
성 증가로 인해 체액저류가 야기되어 부종·복수·흉수·혈액응고 장애
·간부전·성인성 호흡곤란 증후군 등을 일으키기도 한다. 중증인 경우
에는 입원치료가 필요하다.[128] 또한 난자를 채취하는 과정에서의 배란촉
진제의 사용이 난소암의 위험을 2.5배 증가시킨다는 우려[129]가 있을 뿐
만 아니라 난자의 채취를 위해 질을 통해 난소에 바늘을 삽입함으로 인
하여 감염이 발생할 수도 있다. 이러한 합병증은 발생률이 매우 낮기는
하지만 만약에 발생하면 골반염으로 발전하여 난자기증자는 이후에 불
임까지 초래될 수 있다.[130]

난자 채취에 수반하는 예후와 부작용이 불확실하기 때문에 난자기증
의 동의 과정에서 피시험자인 여성에게 충분한 설명을 하여야 한다. 헬

---

128) 정기성 외, 배란유도시 발생한 중증 난소과자극증후군에 대한 임상적 고찰, 대한산부
인과학회지 제37권 제10호, 1994, 2019~2027면 참조.
129) 난소암의 가족병력이 없고 배란촉진제에 노출된 횟수가 적은 여성들은 위험수준이
높지 않겠지만, 배란촉진제의 처방으로 12회 이상 난소주기에 자극을 받은 여성들이
가장 위험하다는 보고가 있다. 마이클 매클루어/김완구·이상헌·이원봉 옮김, 앞의
책, 85~86면.
130) 구영모, 인간배아복제와 연구절차－2004, 2005년 사이언스 논문에서 논란이 된 절차
상의 문제, 민노당 정책위원회 긴급토론회 자료집, 2005년 11월 28일, 4면.

싱키 선언에 의하면 "인체를 이용하는 시험에 있어서는 그 시험 자체의
목적과 방법 · 기금의 출처 · 모든 가능한 이해분쟁 · 시험자가 속한 기관
· 예견되는 이익과 내재하는 위험성 및 그에 따르는 고통 등에 관하여
피험자에게 사전에 충분히 알려주어야 한다"고 명시하고 있다. 설명의무
와 관련하여 대법원은 "수술 등에 대하여 환자의 승낙을 얻기 위한 의사
의 설명의무는 그 의료행위에 따르는 후유증이나 부작용 등의 위험발생
가능성이 희소하다는 사정만으로는 면제될 수 없으며, 그 후유증이나 부
작용이 당해 치료행위에 전형적으로 발생하는 위험이거나 회복할 수 없
는 중대한 것인 경우에는 그 발생 가능성이 희소하더라도 설명의 대상
이 된다"고 판시하고 있다.131)

또한 동의의 자발성이 무엇보다 중요하다. 따라서 ① 실험대상자가 동
의를 할 수 있는 법적 능력이 있어야 하며, ② 어떠한 폭력 · 사기 · 속임
· 협박 · 술책의 요소가 개입되지 않아야 하며, ③ 배후의 압박이나 강
제가 존재하지 않는 가운데 스스로 자유롭게 선택할 수 있는 권한이 주
어진 상태이어야 하며, ④ 이해와 분명한 지식에 근거한 결정을 할 수
있도록 충분한 지식과 주관적 요소들에 대한 이해를 제공해야 한다. 환
자가 아무리 명시적으로 동의하였다고 하더라도 그것이 강요에 의한 동
의인 경우에는 진정한 동의라고 보기 어렵기 때문에 충분한 정보에 근
거한 동의에는 동의의 자발성이 전제되어 있어야 한다.

2) 현행 관련규정

생명윤리 및 안전에 관한 법률 제15조에 의하면 배아생성의료기관으
로 지정받은 의료기관은 배아를 생성하기 위하여 정자 또는 난자를 채
취하는 때에는 정자제공자 · 난자제공자 · 인공수태시술대상자 및 그 배
우자의 서면동의를 얻어야 한다. 서면동의에는 다음의 사항이 포함되어
야 한다. ① 배아생성의 목적에 관한 사항, ② 배아의 보존기간 그 밖에

---

131) 대법원 1996. 4. 12. 선고 95다56095 판결 손해배상(의).

배아의 보관에 관한 사항, ③ 배아의 폐기에 관한 사항, ④ 임신외의 목적으로 잔여배아를 이용하는 것에 대한 동의여부, ⑤ 동의의 철회와 동의권자의 권리 및 정보보호 그 밖에 보건복지부령이 정하는 사항이다. 배아생성의료기관은 서면동의를 받기 전에 동의권자에게 충분히 설명하여야 한다. 또한 동법 제21조에 의하면 배아생성의료기관 및 배아연구기관은 동의서에 기재된 목적으로 배아를 취급하여야 하며, 잔여배아의 보관·취급·폐기 등의 관리를 철저히 하여야 한다.

　대한의학협회의 인공수태 윤리에 관한 선언에 의하면 시술의사는 불임부부에게 체외수정 및 배아이식에 관련된 제반사항을 설명하여야 하고 시술동의서를 받아야 한다. 시술대상 부부는 체외수정 및 배아이식의 시술과정과 예상성공률 및 발생가능한 합병증 등을 이해하고 부부간에 시술에 대한 충분한 협의를 거친 후 시술에 동의하여야 한다.

4. 인공수정으로 출생한 자의 법적 지위

(1) 배우자간 인공수정자의 법적 지위

　인공수정과 관련하여 발생할 수 있는 법률관계 중 가장 중요하고 기본적인 문제는 바로 인공수정자의 친생추정 및 친생부인권 행사와 관련되어 있다. 부의 정자가 처의 난자에 의하여 수정되고 처가 직접 임신하여 출산한 자는 자연적으로 수태되어 출산한 자와 동일하게 법적 지위를 인정받는다. 이에 따라 인공수정으로 출생한 자는 당연히 부부의 혼인 중의 자로서의 지위를 가지며 부에 대한 상속권과 부양청구권 등이 인정된다.

(2) 비배우자간 인공수정자의 법적 지위

　비배우자간의 인공수정은 시술의사가 불임부부와의 상담을 거쳐 부의 동의를 확인하고 시술하므로 부의 동의가 없는 비배우자간 인공수정은 거의 찾아 볼 수 없다. 이에 관하여 법원은 부의 동의를 받아 제3자의 정자를 사용하여 혼인 중에 포태되어 출생하였다면 민법 제844조에 의하여 당연히 부의 친생자 추정을 받는다고 판시하고 있다.[132]

한편 부의 동의 없이 인공수정에 의해서 출생한 자와의 친자관계를 부정하기 위해서는 친생자추정을 받는 혼인 중의 자의 경우에는 부가 친생부인의 소를 제기할 수 있다. 비배우자간의 인공수정에 의하여 출생한 자의 부에게 친생부인권이 있는가에 대해서는 부의 동의가 없었던 경우에는 친생부인권을 주장할 수 있지만, 부가 이미 동의한 경우에는 친생부인권을 행사할 수 없다고 보아야 한다.

그 이유는 첫째, 제3자의 정자를 인공수정하는 경우에는 자의 출생이 부의 동의하는 행위에 의하여 시작되었으므로 동의한 자에게 친생부인권을 행사하지 못하도록 하는 것이 당연하다. 둘째, 부가 제3자의 정자를 사용하는 데에 동의하고 자의 출생 후에 이를 친생부인하는 것은 신의칙에 위반한 권리남용에 해당하므로 그러한 부에게는 친생부인권을 인정할 수 없다. 셋째, 자의 이익우선의 원칙이나 복리위주의 원칙에도 위배된다. 자의 입장에서는 부의 친생부인으로 인하여 모와는 혼인 외의 자 관계로, 부와는 인척관계로 법률상의 지위가 변화하기 때문에 부양청구권과 상속 등의 문제에서 불이익을 입게 될 수 있다. 따라서 비배우자간 인공수정을 동의한 부는 친생부인권을 행사할 수 없다고 보아야 한다.

[관련판례: 인공수정으로 출생한 자의 법적지위] 갑(夫, 피고)과 을은 1992년 6월 24일 혼인한 부부인데, 갑의 생식불능으로 인하여 아이를 가질 수 없는 처지였다. 갑과 을은 제3자의 정자를 제공받아 인공수정을 하기로 합의

---

132) 서울가정법원 1983. 7. 15. 선고 82드5134 판결; 서울고등법원 1986. 6. 9. 선고 86르53 판결; 대구지방법원 1991. 9. 17. 선고 91가합8269 판결; 서울가정법원 2000. 8. 18. 선고 2000드단7960 판결.

하였고, 이에 따라 을은 1996년 9월 28일 인공수정 시술을 받았다. 인공수정에 의해서 포태한 을은 1997년 6월 25일 병(원고)을 출산하였으며, 갑은 병을 자신과 을 사이에서 태어난 子로 출생신고를 하였다. 그 후 갑과 을의 혼인관계가 파탄되어 이혼을 앞두게 되자 을은 병을 대리하여 갑을 상대로 친생자관계부존재확인의 소를 제기하였다.

이에 대하여 법원은 "민법상의 친생자관계의 존부는 자연적 혈연관계의 기초로 정해지는 것이고, 이는 당사자 사이의 의사와는 무관하게 결정되는 것이어서 비록 피고(갑)와 을이 장차 태어날 원고(병)에 대하여 서로 친자로 인정하기로 합의하였다고 하더라도 그로 인하여 친생자 아닌 자가 친생자로 인정될 수는 없다"고 판결하였다(서울가정법원 2002. 11. 19. 선고 2002드단 53028 판결).

(3) 출생손해배상소송(Wrongful life Action)

1) 의의

생식기술을 이용하여 탄생한 아이가 비정상적이거나 또는 원하지 아니함에도 아이를 갖게 된 때에는 "태어나지 말았어야 했으며 피고의 과실이 없었더라면 태어나지 않았을 것"을 이유로 하는 소위 '출생손해배상소송'이 문제될 수 있다. 즉 ① 의사의 과실로 원하지 아니하는 정상아를 출산한 경우의 '잘못된 임신', ② 의사의 과실로 원하지 아니하는 장애아를 출산한 경우의 '잘못된 출생'을 이유로 부모가 양육비·치료비 등의 손해배상을 청구하는 경우, ③ '잘못된 출생'으로 태어난 아이가 '존재하지 아니할 권리'의 침해를 이유로 스스로 제기하는 '잘못된 삶'에 관한 소송이 논의되고 있다.

2) 인정여부

기형아의 가족력이 있는 산모의 기형아 검사요구에 따른 검사 결과가 정상아인 것으로 판단되었지만 다운증후군이라는 기형으로 태어난 원고가 의사의 과실을 이유로 손해배상을 청구한 사건에서 대법원[133])은, "… 인간의 존엄성과 그 가치의 무한함을 생각할 때 어떠한 인간 또는 인간이 되려고 하는 존재가 타인에 대하여 자신의 출생을 막아 줄 것을 요구할 권리를 가진다고 보기 어렵고, 장애를 갖고 출생한 자체를 인공임신중절로 출생하지 않은 것과 비교하여 법률적으로 손해라고 단정할 수 없으며, 그로 인하여 치료비 등 여러 가지 비용이 정상인에 비하여 더 소요된다고 하더라도 그 장애 자체가 의사나 다른 누구의 과실로 말미암은 것이 아닌 이상 이를 선천적으로 장애를 지닌 채 태어난 아이 자신이 청구할 수 있는 손해라고 할 수 없다"라고 하여 원고의 청구를 부인하였다.

이에 대하여 긍정론자들은 의사의 과실에 의하여 유전질환을 보유한 채 출생한 경우에 별도로 요구되는 양육비나 치료비에 대한 부모의 추가적 부담을 이유로 하는 손해배상 및 그렇게 태어난 본인의 정신적 고통에 대한 손해배상을 내용으로 하는 이러한 특수한 불법행위를 통하여 과학자나 의사의 잘못된 원인행위를 '자유시장의 비용-편익분석'을 매개로 통제할 수 있다는 이유로 그 인정 및 확대를 주장하기도 한다.

생각건대 잘못된 삶을 살아야 하는 유전적 장애자 및 그 주위 사람들이 겪어야 할 정신적 고통은 이른바 유전적 속박에 기인한 것이며, 유전적으로 속박된 잘못된 삶을 살게 하는 것은 의사에 반하는 강제노역을 금하는 헌법 제12조 제1항에 반하는 것이고, 또한 장차 유전자검사 및 이에 의거한 유전자지문과 유전자치료의 기술이 일반화되면서 이와 관련한 의사의 과실여부를 묻는 소송 또한 빈번해질 것으로 예상된다. 결국 양자택일적 방식에 의한 해결보다는 이익형량을 바탕으로 절충식 해결방안의 모색이 요구된다.[134])

---

133) 대법원 1999. 6. 11. 선고 98다22857 판결.
134) 같은 견해: 정상기, 과학기술과 법, 글누리, 2008, 50면.

| 제4장 |

정보통신과학기술과 법적 규제

정보통신과학기술과 법적 규제

제1절 총설

정보통신기술의 급속한 발달로 인하여 인터넷[1]이라는 새로운 통신매체가 등장하였다. 이는 단순히 새로운 통신매체의 개발이라는 의미를 뛰어넘어 익명성·다양성·자발성 등을 특징으로 하는 새로운 활동영역인 가상공간[2]을 탄생시켰다. 또한 정보통신기술의 발달은 인간의 정치·경제·사회·문화적 생활을 한층 윤택하게 할뿐만 아니라 사회구조자체에도 커다란 영향을 미치고 있다. 즉 다양한 정보원으로부터 정보 또는 지

---

1) 인터넷은 상호 접속된 컴퓨터의 네트워크(international network of interconnected computers)라고 볼 수 있다. 인터넷은 1969년 APPANET(Advanced Research Project Agency에 의하여 발전된 NETWORK)으로 불린 군사프로그램이 진화한 것이며, APPANET은 이후 수많은 민간네트워크 특히 인터넷을 가능하게 하는 모태가 되었다 (Janet Reno, Attorney General of the United States, et al., Appellants v. American Civil Liberties Union ef al. 521 U.S. 844. 117S.Ct, 2329(1997), Concurrence by O'Connor/ Rehnquist No. 96〜511).

2) 가상공간은 서로 연결된 여러 컴퓨터들의 네트워크와 이를 통하여 확보된 일정한 통신공간을 말하며, ① 네트워크로 연결되어 있는 컴퓨터, ② 네트워크를 통하여 전달되는 정보, ③ 네트워크를 사용하는 사람들로 구성된다(이해완, "사이버스페이스와 표현의 자유―판례를 중심으로―", 헌법학 연구 제6권 제3호, 2000, 11, 86면).

식의 수집을 가능하게 함으로써 기존의 도서관을 대신하는 교육목적으로 활용되고 있으며, 정보의 상호교환에 의하여 민주사회의 초석인 여론형성을 가능하게 한다. 그리고 전자우편 및 전자상거래를 실현시킴으로써 통신비용·계약 및 물류비용의 절감에 획기적으로 기여하고 있다.

그러나 인터넷정보통신기술의 발달에 따른 역기능 또한 무시할 수 없는 것이 현실이다. 전세계에 많은 피해를 입혔던 ① 컴퓨터 바이러스의 유포행위, ② 국가전산망이나 기업전산망에 침입하여 자료를 절취하고 시스템을 파괴하는 해킹행위, ③ 음란물이나 음란정보를 유포시키는 행위, ④ 홈페이지나 전자게시판 등에 타인을 비방하는 글을 올리는 명예훼손행위와 무단복제로 인한 저작권침해행위, ⑤ 암호해독으로 인한 전자상거래의 신뢰성을 붕괴시키는 행위, ⑥ 메일폭탄 등을 통한 업무방해행위 등과 같은 역기능도 발생하고 있다. 그렇다고 하여 인터넷정보통신에 대한 무조건적인 규제를 가하면 헌법상 표현의 자유와의 충돌문제를 야기할 수도 있다.

결국 가상공간에서 행하여지고 있는 이러한 역기능적인 행위를 막을 수 있는 방안으로는 기술적인 차단방법과 인터넷서비스제공자(Internet Service Provider3))의 책임강화를 통한 해결방법이 제시되고 있다. 그러나 인터넷서비스제공자의 책임을 강화해서 가상공간의 문제점을 해결하려는 방법은 상당히 어려운 점을 내포하고 있다. 예를 들어 인터넷 이용자의 명예훼손 등과 같은 역기능적인 행위에 대하여 인터넷서비스제공자의 책임을 광범위하게 면책시킨다면 한편으로 인터넷서비스제공자는 이용자들의 사적표현을 여과 없이 전달하게 되어 명예훼손 등과 같은 인

---

3) 인터넷서비스제공자와 컴퓨터통신서비스제공자를 포함하는 개념을 온라인서비스제공자(Online Service Provider: OSP)라고 할 수 있는데 현재 컴퓨터통신이 거의 인터넷으로 대체되어 인터넷서비스제공자라는 용어가 점점 일반화되고 있다. 한편 정보통신망 이용촉진 및 정보보호 등에 관한 법률상의 '정보통신서비스제공자'는 인터넷서비스를 제공하는 부가통신사업자뿐만 아니라 기간통신사업자와 별정통신사업자까지 모두 포함하는 개념으로서 온라인정보서비스제공자(Online Service Provider: OSP)의 용어보다 더 넓은 개념이다.

격권침해현상의 범람을 방지하기 어렵거나 그에 대한 적정한 구제가 어려워 질 수 있지만 또 다른 한편으로는 표현의 자유의 수호자의 지위에 서게 된다. 이와는 반대로 인터넷서비스제공자의 책임을 넓게 인정한다면, 즉 규제입법 등을 통해 인터넷서비스제공자에게 모니터링에 대한 과도한 주의의무를 부과할 경우 이들의 모니터링으로 인하여 이용자들의 사적표현이 삭제되는 등 표현의 자유가 현저하게 위축될 수 있다.

제2절 인터넷서비스제공자의 규제에 관한 법제도적 현황

I. 개관

인터넷서비스제공자의 법적 책임과 관련한 실정법으로는 2001년 7월 1일에 발효한 「정보통신망이용촉진 등에 관한 법률」이 있다. 동 법률에는 개인정보의 보호, 정보통신망에서의 청소년의 보호, 정보통신망을 통한 명예훼손 등에 대하여 벌칙 등에 관한 규정을 두고 있다. 또한 전기통신기본법, 전기통신사업법, 청소년보호법 등이 부분적으로 관련규정을 두고 있다. 그리고 인터넷서비스제공자의 저작권침해책임과 관련하여 저작권법은 미국의 DMCA와 마찬가지로 인터넷 서비스를 이용한 저작물의 복제 또는 전송이 저작권을 침해하는 경우 일정한 요건 하에서 인터넷서비스제공자의 면책 및 저작권 침해물의 제거에 관한 사항을 규정하고 있다.

II. 법제도 현황

1. 정보통신망이용촉진 및 정보보호 등에 관한 법률

(1) 개인정보의 보호

1) 개인정보 보호의무

정보통신서비스제공자는 이용자의 개인정보를 보호하고 건전하고 안전한 정보통신서비스를 제공함으로써 이용자의 권익보호와 정보이용능력의 향상에 이바지하여야 한다(동법 제3조 제1항).

2) 개인정보의 수집을 위한 인터넷서비스제공자의 의무

정보통신서비스제공자가 이용자의 개인정보를 수집하기 위해서는 당해 서비스 이용계약의 이행이나 요금정산을 위하여 필요하거나 또는 법률의 특별한 규정이 있는 경우가 아닌 한 이용자의 동의[4]를 얻어야 한다. 이러한 동의를 얻고자 하는 경우에는 미리 정보의 수집 및 이용의 목적, 정보관리책임자의 인적사항, 정보를 제3자에게 제공하는 경우 제공받을 자, 제공목적 및 제공할 정보의 내용 등을 이용자에게 고지하거나 당해 서비스이용약관에 명시하여야 한다. 이러한 요건을 충족하여 개인정보를 수집하는 경우라 하더라도 필요한 최소한의 정보만을 수집하여야 하며, 나아가 필요한 최소한의 정보 외에 개인정보를 제공하지 아니한다는 이유로 당해 서비스의 제공을 거부하여서는 아니된다(동법 제22조 및 제23조).

---

[4] 정보통신서비스제공자가 만 14세 미만의 아동으로부터 개인정보를 수집하거나 수집한 정보를 이용 또는 제3자에게 제공하고자 하는 경우에는 그 법정대리인의 동의를 얻어야 한다. 법정대리인의 동의는 언제든지 철회할 수 있으며, 아동이 제공한 개인정보에 대한 열람 또는 오류의 정정을 요구할 수 있다(동법 제31조).

3) 개인정보의 이용 및 공개

정보통신서비스제공자는 수집한 개인정보를 전술한 고지 또는 정보통신서비스이용약관에 명시한 범위를 넘어 이용하거나 제3자에게 제공하여서는 아니된다. 다만 이용자의 동의가 있거나 서비스의 제공에 따른 요금정산을 위한 특별한 경우나 통계작성·학술연구 또는 시장조사를 위하여 필요한 경우로서, 특정 개인을 알아볼 수 없는 형태로 가공하여 제공하거나 법률에 특별한 규정이 있는 경우에는 그러하지 아니하다. 정보통신서비스제공자로부터 이용자의 개인정보를 제공받은 자 역시 이용자의 동의가 있거나 법률에 특별한 규정이 있는 경우가 아닌 한 제공받은 목적 외의 용도로 이를 이용하거나 제3자에게 제공하여서는 안 된다(동법 제24조).

정보통신서비스제공자 및 그로부터 정보를 제공받은 자(이하 '정보통신서비스제공자 등'이라 한다)는 개인정보를 취급함에 있어서 분실·도난·누출·변조 또는 훼손되지 아니하도록 안전성 확보에 필요한 기술적·관리적 조치를 강구하여야 하며, 수집목적 또는 제공받은 목적을 달성한 때에는 당해 개인정보를 지체 없이 파기하여야 한다. 다만 다른 법령의 규정에 의하여 보존할 필요성이 있는 경우에는 그러하지 아니하다(동법 제28조 및 제29조).

4) 정보제공자의 권리

정보제공자는 정보의 제공·이용 또는 공개에 대하여 동의를 하였더라도 언제든지 이를 철회할 수 있으며, 이처럼 정보제공자의 동의가 철회된 때에는 정보통신서비스 제공자 등은 지체 없이 수집된 개인정보를 파기하는 등의 필요한 조치를 취하여야 한다. 또한 정보제공자는 자신의 개인정보에 대한 열람을 요구할 수 있으며 그 정보에 오류가 있는 경우에는 그 정정을 요구할 수 있다. 이러한 열람 또는 정정요구를 받은 정보통신서비스제공자 등은 지체 없이 필요한 조취를 취하여야 한다(동법 제30조).

5) 손해배상책임

정보제공자는 정보통신서비스제공자 등이 정보보호에 관한 의무를 위반함으로써 손해를 입은 경우에는 손해배상을 청구할 수 있으며, 정보통신서비스제공자 등 그 의무위반에 대하여 고의 또는 과실이 없음을 입증하지 못하는 한 책임을 면할 수 없다(동법 제32조).

(2) 음란물로부터의 청소년의 보호

정보통신망을 통하여 유통되는 음란·폭력정보 등의 유해한 정보로부터 청소년을 보호하기 위하여 정통부장관은 ① 내용선별소프트웨어의 개발 및 보급, ② 청소년 보호를 위한 기술의 개발 및 보급, ③ 청소년보호를 위한 교육 및 홍보 등을 위한 시책을 마련하여야 하며, 전기통신사업자의 전기통신역무를 이용하여 일반에 공개를 목적으로 청소년보호법상의 청소년유해매체물을 제공하는 정보제공자는 그 사실을 표시하여야 한다(동법 제41조 및 제42조).

(3) 명예훼손에 대한 구제

1) 정보의 삭제요청

정보통신망을 이용하여 일반에 공개를 목적으로 제공된 정보로 인하여 법률상 이익이 침해된 자는 해당정보를 취급한 정보통신서비스제공자에게 당해 정보의 삭제 또는 반박내용의 게재를 요청할 수 있다. 정보통신서비스제공자는 정보의 삭제등의 요청을 받은 때에는 지체 없이 필요한 조치를 취하고 이를 즉시 신청인에게 통지하여야 한다(동법 제44조). 다만 이러한 삭제요청 등에 대하여 아무런 조치를 취하지 아니한 경우에 대한 벌칙규정이 결여되어 있어 당해 규정의 실효성이 문제된다.

2) 명예훼손에 대한 형사적 벌칙

사람을 비방할 목적으로 정보통신망을 통하여 공연히 사실을 적시하여 타인의 명예를 훼손한 자는 3년 이하의 징역이나 금고 또는 2천만원 이하의 벌금에 처하며, 허위의 사실을 적시하여 타인의 명예를 훼손한 자는 7년 이하의 징역, 10년 이하의 자격정지 또는 5천만원 이하의 벌금에 처한다. 이러한 형사적 벌칙은 반의사불벌죄(反意思不罰罪)로 규정되어 있다(동법 제61조).

2. 전기통신사업법

동법은 "전기통신사업의 운영을 적정하게 하여 전기통신사업의 건전한 발전을 기하고 이용자의 편의를 도모함으로써 공공복리의 증진에 이바지함을 목적"으로 하며, 불법통신의 금지 및 통신비밀의 보호에 관한 규정을 두고 있다.

(1) 불법통신의 금지 단속 및 인터넷서비스제공자에 대한 취급 거부·정지 또는 제한명령권

전기통신을 이용하는 자는 불법통신을 하여서는 안 되는데, 여기에서 불법통신이란 ① 음란한 부호·문언·음향·화상 또는 영상을 배포·판매·임대하거나 공연히 전시하는 내용의 전기통신, ② 사람을 비방할 목적으로 공연히 사실 또는 허위의 사실을 적시하여 타인의 명예를 훼손하는 내용의 전기통신, ③ 공포심이나 불안감을 유발하는 부호·문언·음향·화상 또는 영상을 반복적으로 상대방에게 도달하게 하는 내용의 전기통신, ④ 정당한 사유 없이 정보통신시스템, 데이터 또는 프로그램 등을 훼손·멸실·변경·위조하거나 그 운용을 방해하는 내용의 전기통신, ⑤ 청소년보호법에 의한 청소년유해매체물로써 상대방의 연령확인, 표시의무 등 법령에 의한 의무를 이행하지 아니하고 영리를 목적으로 제공하는 내용의 전기통신, ⑥ 법령에 의하여 금지되는 사행행위에 해당하는 내용의 전기통신, ⑦ 법령에 의하여 분류된 비밀 등 국가기밀을 누설하는 내용의 전기통신, ⑧ 국가보안법에서 금지하는 행위를 수행하는 내용의 전기통신, ⑨ 범죄를 목적으로 하거나 교사 또는 방조하는 내용의 전기통신을 말한다. 정보통신부장관은 이러한 불법통신을 하는 자에 대하여 정보통신윤리위원회의 심의를 거쳐 전기통신사업자로 하여금 그 취급을 거부·정지 또는 제한하도록 명할 수 있다(동법 제53조).

한편 동법은 건전한 정보문화를 창달하고 전기통신의 올바른 이용환경을 조성하기 위하여 정보통신윤리위원회(이하, '위원회'라 한다)를 설치하고 있으며 그 위원회는 ① 정보통신윤리에 대한 기본강령의 제시, ② 전기통신회선을 통하여 일반에 공개를 목적으로 유통되는 정보의 심의 및 시정요구, ③ 불건전 정보통신 신고센터의 운영, ④ 전기통신을 이용한 불건전 정보유통의 단속과 관련하여 정보통신부장관이 위임하는 사항 등을 담당하고 있다(동법 제53조의 2).

(2) 통신비밀의 보호

누구든지 전기통신사업자가 취급 중에 있는 통신의 비밀을 침해하거나 누설하여서는 안 되며, 전기통신업무에 종사하는 자 또는 종사하였던 자는 그 재직 중에 통신에 관하여 알게 된 타인의 비밀을 누설하여서는 안 된다. 다만 검사 또는 수사기관의 장으로부터 수사 또는 형의 집행, 국가안전보장에 대한 위해를 방지하기 위한 정보수집의 필요에 의하여 이용자의 인적사항과 가입 또는 해지일자에 관한 자료의 열람이나 제출을 요청받은 때에는 그러하지 아니하다. 이러한 열람 및 제출에 관한 요청은 원칙적으로 그 사유, 해당 이용자와의 연관성, 필요한 자료의 범위를 기재한 서면으로 하여야 한다(동법 제54조).

3. 전기통신기본법

전기통신설비에 의하여 '공익을 해할 목적으로 공연히 허위의 통신'을 하거나 '자기 또는 타인에게 이익을 주거나 타인에게 손해를 가할 목적으로 공연히 허위의 통신'을 하는 행위는 금지된다. 전자의 경우는 5년 이하의 징역 또는 5천만원 이하의 벌금에, 후자는 3년 이하의 징역 또는 3천만원 이하의 벌금에 처한다. 허위의 통신이 전신환에 관한 것이거나 전기통신업무에 종사하는 자가 이러한 행위를 한 때에는 형이 가중된다(동법 제47조).

한편 음란물의 규제와 관련해서는 "전기통신역무를 이용하여 음란한 부호·문헌·음향 또는 영상을 반포·판매 또는 임대하거나 공연히 전시한 자는 1년 이하의 징역 또는 1천만원 이하의 벌금에 처한다"고 규정하고 있으나(동법 제48조의 2), '음란'에 대한 정의는 없다. 따라서 후술하는 것처럼 형법 제243조 및 제244조의 '음란한 문서'에 관한 대법원의 해석을 준용하여야 한다.

4. 청소년보호법

청소년보호법은 형법상의 음란물죄에도 불구하고, 특히 청소년의 보호를 위하여 제17조와 제50조에서 '청소년유해매체물'을 청소년을 대상으로 판매·대여·배포하거나 시청·관람·이용에 제공하는 행위를 3년 이하의 징역 또는 2천만원이하의 벌금에 처하도록 하고 있다. 여기에서 '청소년'이라 함은 19세 미만의 자를 말하며(동법 제2조 제1호), '매체물'은 음반·비디오물·신문·잡지·전자출판물·음성정보·영상정보·광고선전물 등을 포함하며(동법 제2조 제2호), '청소년유해매체물'이란 ① 청소년에게 성적인 욕구를 자극하는 선정적인 것이거나 음란한 것,

② 청소년에게 폭악성이나 범죄의 충동을 일으킬 수 있는 것, ③ 성폭력을 포함한 각종 형태의 폭력행사와 약물의 남용을 자극하거나 미화하는 것, ④ 청소년의 건전한 인격과 시민의식의 형성을 저해하는 반사회적·비윤리적인 것, ⑤ 기타 청소년의 정신적·신체적 건강에 명백히 해를 끼칠 우려가 있는 것 등을 포함한다(동법 제2조 제3호).

한편 형법의 음란물과 청소년보호법의 청소년유해매체물의 관계는 후자의 경우가 폭력성 또는 반사회적·비윤리적인 요소를 포함하고 있어서 전자보다 범위가 더 넓다. 하지만 양자 모두가 음란성이라는 요소를 공통적으로 가지고 있기 때문에 이처럼 음란성이 있는 물건을 형법과 청소년보호법이 각각 규제하고 있는 것은 청소년보호법이 형법의 특별법이라는 것을 의미한다.

5. 형법

(1) 음란죄

형법은 "음란한 문서·도화·필름 기타 물건을 반포·판매 또는 임대하거나 공연히 전시 또는 상영한 자" 및 이러한 "행위에 공할 목적으로 음란한 물건을 제조·소지·수입 또는 수출한 자"는 각각 1년 이하의 징역 또는 500만원 이하의 벌금에 처한다고 규정하고 있다(동법 제243조 및 제244조).

한편 대법원은 법문상의 '음란'이라 함은 "일반 보통인의 성욕을 자극하여 성적 흥분을 유발하고 정상적인 성적 수치심을 해하여 성적 도의관념에 반하는 것"을 가리키고, 그 음란성의 판단에 있어서는 "성에 관한 노골적이고 상세한 묘사서술의 정도와 그 수법, 묘사서술이 문서 전체에서 차지하는 비중, 문서에 표현된 사상 등과 묘사서술과의 관련성, 문서의 구성이나 전개 또는 예술성, 사상성 등에 의한 성적 자극의 완화의 정도, 이들의 관점에서 당해 문서를 전체로서 보았을 때 주로 독자의 호색적 흥미를 돋우는 것으로 인정되느냐의 여부 등을 검토하는 것이 필요하고, 이들의 사정을 종합하여 그 시대의 건전한 사회통념에 비추어 그것을 공연히 성욕을 홍분 또는 자극시키고 또한 보통인의 정상적인 성적 수치심을 해하고, 선량한 성적 도의관념에 반하는 것이라고 할 수 있는가의 여부에 따라 결정되어야 한다"고 판시하였다.[5]

(2) 명예훼손죄 등

1) 명예훼손죄

공연히 사실을 적시하여 사람의 명예를 훼손한 자는 2년 이하의 징역이나 금고 또는 500만원 이하의 벌금에 처하고, 공연히 허위의 사실을 적시하여 사람의 명예를 훼손한 자는 5년 이하의 징역, 10년 이하의 자격정지 또는 1천만원 이하의 벌금에 처하며, 사람을 비방할 목적으로 출판물에 의하여 이러한 행위를 한 때에는 형이 가중된다(동법 제307조 및 제309조). 공연히 허위의 사실을 적시하여 死者의 명예를 훼손한 자는 2년 이하의 징역이나 금고 또는 500만원 이하의 벌금에 처한다(동법 제308조). 다만 공연히 사실을 적시하여 사람의 명예를 훼손한 행위가 진실한 사실로서 오로지 공공의 이익에 관한 것인 때에는 위법성이 조각된다(동법 제310조).

2) 신용훼손죄 및 업무방해죄

허위의 사실을 유포하거나 기타 위계로써 사람의 신용을 훼손하거나 사람의 업무를 방해한 자는 5년 이하의 징역 또는 1천 500만원 이하의 벌금에 처한다. 컴퓨터 등 정보처리장치 또는 전자기록 등 특수매체기록을 損壞하거나 정보처리장치에 허위의 정보 또는 부정한 명령을 입력하거나 기타 방법으로 정보처리에 장애를 발생하게 하여 사람의 업무를

---

5) 대법원 1995. 6. 16. 선고 94도2413 판결('즐거운 사라' 사건).

방해한 자도 그러하다(동법 제313조 내지 제315조).

　3) 비밀침해죄

　봉함 기타 비밀장치한 사람의 편지·문서 또는 도화를 개봉하거나 봉함 기타 비밀장치한 사람의 편지·문서·도화 또는 전자기록 등 특수매체기록을 기술적 수단을 이용하여 그 내용을 알아 낸 자는 3년 이하의 징역이나 금고 또는 500만원 이하의 벌금에 처한다(동법 제316조).

6. 저작권법

　문화관광부는 2001년 저작권침해책임과 관련하여 일정한 경우 인터넷서비스제공자의 면책을 인정하고 그러한 면책을 주장하기 위한 요건의 하나로서 침해물의 복제·전송의 중단 등에 관한 규정을 포함하는 저작권법 개정을 단행한 바 있다.

(1) 인터넷서비스제공자의 면책 또는 감경

　인터넷서비스제공자가 저작물의 복제·전송과 관련된 서비스를 제공하면서 다른 사람에 의한 저작물의 복제·전송으로 인하여 그 저작권이 침해된다는 사실을 알고 당해 복제·전송을 방지 또는 중단시킨 경우에는 인터넷서비스제공자의 책임을 감경 또는 면제할 수 있으며, 당해 복제·전송을 방지 또는 중단시키고자 하였으나 기술적으로 불가능한 경우에는 그 책임은 면제된다(동법 제77조).

(2) 복제·전송의 중단 등

　1) 복제·전송의 중단 및 통보

인터넷서비스를 이용한 저작물의 복제 또는 전송에 의해 자신의 저작권이 침해됨을 주장하는 자(이하 '권리주장자'라 한다.)는 그 사실을 소명하여 인터넷서비스제공자에게 당해 저작물의 복제 또는 전송을 중단시킬 것을 요구할 수 있다. 이러한 중단요구가 있는 경우 인터넷서비스제공자는 지체 없이 당해 저작물의 복제 또는 전송을 중단시키고 당해 저작물을 복제 또는 전송하는 자(이하 '복제·전송자'라 한다)에게 그 사실을 통보하여야 한다(동법 제77조의 2 제1항 및 제2항).

2) 복제·전송의 재개

복제 또는 전송의 중단에 대한 통보를 받은 복제·전송자가 자신의 복제 또는 전송이 정당한 권한에 의한 것임을 소명하여 복제 또는 전송의 재개를 요구하는 경우 인터넷서비스제공자는 재개요구사실 및 재개예정일을 권리주장자에게 지체 없이 통보하고 그 예정일에 복제 또는 전송을 재개시켜야 한다(동법 제77조의 2 제3항).

3) 복제·전송의 중단 또는 재개에 따른 면책

권리주장자의 중단요구 또는 복제전송자의 재개요구에 따른 중단 또는 재개로 인하여 권리주장자 또는 복제전송자에게 손해가 발생하였더라도 인터넷서비스제공자는 이에 대하여 책임을 지지 아니한다. 다만 이러한 면책은 인터넷서비스제공자가 중단 또는 재개사실에 관한 통보를 수령할 자를 지정하여 자신의 설비 또는 서비스를 이용하는 자들이 쉽게 알 수 있도록 공지한 경우에 한하여 인정된다. 한편 정당한 권한 없이 저작물의 복제 또는 전송의 중단이나 재개를 요구하는 자는 그로 인하여 발생하는 손해를 배상하여야 한다(동법 제77조의 2 제5항 및 제6항).

제3절 인터넷서비스제공자의 법적 책임

I. 개관

1. 인터넷서비스제공자의 개념 및 법적지위

(1) 개념

일반적으로 인터넷서비스제공자(the Internet Service Providers)는 그 기능에 따라 일종의 전자우편센터로서의 역할을 수행하는 중앙컴퓨터라고 할 수 있는 BBS(Bulletin Board Services), 인터넷의 접속을 가능하게 할 뿐만 아니라 자체의 독자적인 정보도 함께 제공하는 OSP(Online Service Provider), 야후나 라이코스와 같이 검색서비스를 제공하는 LAP(Logical Access Provider) 등으로 분류된다. 한편 인터넷의 접속을 가능하게 하는 내부전산망서비스를 제공하는 기업·공공기관·학교 등에 관해서는 논란이 없는 것은 아니지만 대체로 인터넷서비스제공자에 준하는 것으로 보아야 한다.[6]

인터넷서비스제공자는 인터넷사업자로부터 인터넷회선설비를 임차하여 인터넷사업자가 제공하는 인터넷역무를 제공하는 사업자로서 다른 인터넷서비스제공자, 인터넷제공자 또는 이용자와 자신의 주컴퓨터를 이용하여 정보의 제공과 수집을 가능하도록 하는 네트워크이용계약을 체결한다. 네트워크 이용계약에 따라 인터넷서비스제공자는 이용자에게 전용선을 임대하거나 서버대여·전자게시판·메일서비스·뉴스서비스·이용자참가형서비스·홈페이지서비스 등을 제공한다. 대부분의 인터넷서비스제공자의 경우 회원제를 채택하여 각 회원을 ID와 PassWord로 관리하고 있다.

인터넷산업이 발달하면서 인터넷상 내용(Content)과 관련하여 피해자

---

6) 정상기, 과학기술과 법, 190~191면 참조.

가 발생하자 인터넷서비스제공자의 법적 책임문제가 대두되기 시작하였다. 이러한 인터넷서비스제공자의 법적 책임과 관련하여 첫째 인터넷서비스사업자가 인터넷상서비스와 관련하여 어떤 법적 지위를 갖는가를 검토하고, 둘째 법적 책임을 부담한다면 과연 그것이 어떤 책임인가에 대한 검토가 필요하다.

(2) 법적지위

인터넷서비스제공자는 정보제공자와 이용자 사이의 정보를 중계하는 역할을 하며, 인터넷서비스제공자 스스로 정보를 수집하여 제공하거나 자신의 주컴퓨터의 일정영역을 임대하여 정보가 제공될 수 있도록 하기도 한다. 인터넷을 통하여 형성된 가상공간에서는 시간과 공간을 초월하여 인터넷서비스제공자가 제공하는 인터넷 서비스를 통해 수많은 정보가 유통되고 있다. 이런 정보 중에는 유용한 정보도 있지만 타인의 명예훼손과 사생활침해, 저작권과 상표권의 침해, 개인정보와 영업비밀의 침해, 음란물과 같은 불법행위를 수반한 정보도 공존하고 있다. 이러한 문제들은 인터넷서비스제공자가 제공하는 인터넷 서비스를 통해 발생하고 있기 때문에 「정보통신망이용촉진 및 정보보호 등에 관한 법률」에서는 인터넷서비스제공자에게 이용자의 개인정보를 보호하고 건전하고 안전한 인터넷서비스를 제공하도록 하고 있다(동법 제2조). 특히 전기통신이 담당하고 있는 공공성과 이용자 보호라는 관점에서 헌법 제18조의 통신의 자유와 제21조 제2항의 언론출판의 자유 및 집회결사의 자유의 취지와 결부되어 인터넷서비스제공자에게 개인정보보호(동법 제28조), 개인정보유용금지(동법 제24조)라는 중요한 의무가 부과되어 있다. 또한 전기통신역무를 제공함에 있어서 부당한 차별취급이나 정당한 이유가 없는 역무 제공의 의무, 이용자의 권리보호, 정보통신망에서 청소년의 보호, 정보통신망의 안전상 확보 등 인터넷서비스제공자에 대한 각종 규제를 규정하고 있다.

그러나 인터넷서비스제공자에 대한 규제의 본질은 통신의 안전성·신뢰성의 확보와 공공의 이익보호를 목적으로 하는 것이며, 이용자의 통신내용에 대한 감시·감독권한을 규정한 것은 아니다. 즉 인터넷서비스제공자의 기본적 성격은 자유롭게 통신사업을 하는 사적기업이다. 따라서 인터넷서비스제공자의 법적인 책임은 이용자보호를 위해서 규제를 받는다고 하는 책임이다.

2. 인터넷서비스제공자의 민사책임

인터넷을 이용하기 위해서는 어느 인터넷서비스제공자와 계약을 체결하지 않으면 안 된다. 인터넷상의 표현행위가 각각의 법률문제를 야기하고 있어서 각 인터넷서비스제공자는 회원규약과 이용규정가운데 공서양속에 반하는 표현이나 타인의 권리를 침해할 우려가 있는 표현을 행하는 것 그리고 경우에 따라서는 인터넷서비스제공자가 써넣은 글을 삭제하는 것을 정하고 있어 이용자는 이 규약·규정에 동의할 것을 요구하고 있다. 이러한 규약 및 규정은 다양한 헌법상의 표현의 자유의 범위내에 있는 행위까지 인터넷에서 배척하는 결과를 가져온다. 즉 인터넷서비스제공자는 기업이므로 인터넷서비스제공자와 이용자 간의 문제는 사인간의 문제이다. 헌법이 보장하는 표현의 자유는 국가나 지방공공단체에 대하여 보장되는 것으로 이것은 그대로 인터넷서비스제공자에 대하여 적용하는 것은 타당하지 않다. 인터넷서비스제공자는 기업으로서 민법상 그 회원규약이나 이용규정을 자유로이 결정할 권리를 가지고 있다. 따라서 만약 국가나 지방공공단체라면 허용되지 아니할 것 같은 규제를 인터넷서비스제공자가 행하는 경우에도 이것을 곧바로 위법하다고 할 수 없다.

인터넷서비스제공자에게 민사상의 공동불법행위책임을 지우기 위해서는 공동불법해위에 관한 민법 제760조 제1항의 규정에 의한 성립요건을 충족하여야 한다. 공동불법행위가 성립하기 위해서는 ① 가담자의 각자 행위가 독립하여 일반불법행위의 요건인 고의 또는 과실, 책임능력, 인과관계, 위법성, 손해의 발생을 충족하여야 하며, ② 각 행위 간에 행위의 관련공동성이 존재하여야 한다. 따라서 인터넷서비스제공자의 경우 그 과실 여부가 주로 문제될 것이므로 주의의무위반이 존재하는지 또는 작위의무가 존재하는지에 따라서 그 책임을 판단하여야 한다.

인터넷서비스제공자는 정보통신망이용촉진법 제3조 제1항에서 "정보통신서비스제공자는 이용자의 개인정보를 보호하고 건전하고 안전한 정보통신서비스를 제공함으로써 이용자의 권익보호와 정보이용능력의 향상에 이바지하여야 한다"고 규정하고, 전기통신사업법 제36조의3 제1항 4호에서 "전기통신사업자는 이용약관과 다르게 전기통신역무를 제공하거나 전기통신이용자의 이익을 현저히 저해하는 방식으로 전기통신역무를 제공하는 행위를 하여서는 안 된다"고 규정하고 있고, 또한 제53조 제1항 9호는 "전기통신이용자에 대하여 범죄를 목적으로 하거나 교사 또는 방조하는 내용의 전기통신을 하여서는 안 된다"고 규정하고 있으며, 제2항에서는 "이러한 행위를 하는 이용자에 대하여 전기통신사업자로 하여금 그 취급을 거부, 정지 또는 제한하도록 정보통신부장관이 명할 수 있다"고 규정하고 있으므로 이러한 범위 내에서 주의의무를 부담한다고 할 수 있다.

[관련 판례] 사진 삭제요구를 들어주지 않아 초상권을 침해당했다며 온라인 사진동호회 사이트를 운영하는 기업을 상대로 위자료 소송을 제기한 사건에서, 법원은 "피해자의 삭제요구에 사이트 운영회사는 사진을 게시한 게시자의 개인 홈페이지 방명록에 삭제요청 글을 남겼을 뿐 게시자에게 직접 연락할 노력을 기울이지 않았고, 비공개 게시물로 처리하는 방법이 있음에도 한 달 가량 사진을 방치하는 등 사이트 운영자로서 주의의무를 다하지 못한 과실이 있다고 밝혔다. 또한 사이트 운영회사가 해당 사이트를 회원들의 자발

적인 사진게시 공간으로 제공할 뿐 선별이나 분류에 관여하지 않는다 해도
회원들이 올리는 초상권 또는 저작권 침해, 명예훼손 게시물을 관리할 책임
이 없는 것은 아니다"라고 하여 인터넷게시판에 올라온 사진을 삭제해 달라
는 요구에 적극적으로 대응하지 않은 사이트 운영업체에 대하여 손해배상책
임이 있다고 판결하였다(서울서부지방법원 2007. 4. 19. 선고 2006나8560 판
결).

3. 인터넷서비스제공자의 형사책임

사이버범죄에 대한 이제까지의 처벌은 주로 사이버공간에서 불법한
내용물을 게재한 자를 중심으로 논의되어 왔다. 그러나 정보통신망이 일
반인들의 보편적 사용수단이 되고 이에 의한 불법내용들의 게시나 유통
이 확대되는 관계로 이를 가능하게 하는 정보통신망의 운영자에 대한
처벌가능성에 주목하게 되었다.

그러나 아직까지 인터넷서비스제공자의 형사책임에 관한 일반원칙을
직접적·명시적으로 규정한 법률은 없고, 다만 정보통신망법이 정보통
신서비스제공자의 '개인정보보호의무(동법 제27조 제1항 및 제28조)'나
'정보통신망안전성확보의무(동법 제45조 제1항)'를 부여하고 있다. 그렇
지만 이 규정들 역시 정보통신서비스제공자에 대한 일정한 책임의 존재
만 확인하고 있을 뿐 정보통신서비스제공자의 책임을 묻기 위한 구체적
요건이 입법된 것이라고는 할 수 없다.[7] 따라서 이용자 등에 의한 불법
한 내용의 콘텐츠 게시 등과 같은 사이버범죄에 대한 인터넷서비스제공
자의 형사책임은 형법이론에 기초하여 해당 사이버범죄의 부작위범 또
는 방조범의 성립가능성을 검토한다.

---

7) 황태정, "정보통신서비스제공자의 책임에 관한 비교법적 고찰", 인터넷법률 제28호,
   2005, 3, 22면 이하 참조.

II. 사이버명예훼손과 법적 책임

1. 문제제기

　최근 인터넷의 등장은 우리 사회경제구조를 근본적으로 변화시키고 인터넷 공간 내지 사이버 공간이라는 종전의 법체제가 전혀 경험하지 못한 영역을 제공하고 있다. 이러한 인터넷이 제기한 새로운 문제 중 하나가 바로 인터넷 공간에서 벌어지는 명예훼손행위이다. 예를 들어 인터넷의 전자게시판을 통한 정치인이나 연예인에 대한 악의적인 표현뿐만 아니라 결별한 애인과의 성관계 사실을 폭로하는 등 공적인물이 아닌 일반 사인에 대한 명예훼손행위도 무분별하게 행하여지고 있다.

　인터넷의 발달은 정보의 접근과 표현이 신속하고 경제적이라는 기술적 특성을 기반으로 한 것으로써 인터넷을 통한 정보의 교환은 통신의 수단으로부터 표현의 자유를 담보하는 언론의 지위로까지 진화하였다. 이러한 인터넷은 정보의 유통과 표현의 자유를 고양시키는 획기적인 사회적 장치로서의 순기능을 수행하지만, 다른 한편으로는 익명성이라는 또 다른 특성으로 인하여 사용자로 하여금 표현의 자유의 남용에 대한 유혹에 빠지게 만드는 역기능도 파생시킨다.

　명예훼손이 이루어지는 인터넷 및 PC통신의 컴퓨터 통신망에 대한 개인의 접근이나 이용은 통상 그 통신망으로의 접속을 매개하는 사업자를 통하여 이루어지며 접속 후에 발생하는 명예훼손은 주로 불특정 다수인이 읽고 쓸 수 있는 전자게시판을 통하여 이루어진다. 그런데 통신망상에서 명예훼손이 일어난 경우 직접 명예훼손행위를 행한 자 이외에 그 행위가 일어난 가상공간을 관리, 운영하거나 가상공간에 접속할 수 있도록 매개해준 통신사업자나 전자게시판 운영자에게 그에 따른 책임을 부담시킬 수 있는지가 문제된다.

　인터넷에서 이루어지는 명예훼손은 피해자가 피해사실을 알지 못하는 경우가 많고, 그 익명성 때문에 가해자를 쉽게 확인할 수 없다. 또한 피해자가 가해자를 찾아냈다고 하더라도 손해배상을 할 만한 자력이 없는 경우가 많다. 이러한 상황에서 피해자는 인터넷상에서 명예훼손의 공간을 마련해준 인터넷서비스제공자에게 책임을 추궁할 필요성을 강하게 느낀다. 왜냐하면 인터넷서비스제공자는 가장 용이하게 인터넷상의 명예훼손사실을 포착하고 이를 통제할 수 있는 유일한 지위에 있으며 다수인이 접속하는 전자게시판의 운용으로 인하여 간접적인 경제적 이익을 향유하고 있기 때문이다.

그러나 위와 같은 요청을 충족시키기 위하여 사업자에게 법적인 근거가 없는 무과실책임을 강요할 수는 없으므로 위와 같은 책임을 부담시킬만한 합리적인 법률상의 근거가 있어야 한다. 실제로 인터넷서비스제공자가 모든 자료를 모니터링(monitoring)하는 것은 상당히 어려운 일이고 그 자체는 바로 전자게시판 게시물에 대한 검열·삭제·내용규제 등 사용자의 표현의 자유나 자유로운 정보의 유통에 영향을 미치는 조치이다. 즉 인터넷서비스제공자에 대한 책임의 강화는 그들에 대한 주의의무 강화를 의미하여 결국에는 인터넷상에서 자유로운 정보의 유통과 의사의 자유로운 표현이라는 가치를 퇴색시키는 결과로 이어짐으로써 더 큰 가치를 잃을 위험성이 존재한다. 또한 인터넷사업자에 대한 책임추궁을 막기 위한 사업자의 과다한 사전통제 작업은 통신망 이용비용의 증가로 이어져 결국 새롭게 발달하는 인터넷 산업의 위축을 가져올 우려도 있다. 따라서 가치의 충돌이 다면적인 상황에서 인터넷서비스제공자에게 어느 정도의 공동책임을 부여할 것인가는 대단히 어렵고도 중요한 법적 문제로 부각된다.

2. 관련 법규정 및 법이론

사이버공간은 물질의 세계가 아니라 관념적인 공간으로서 사상과 생각이 소통되는 지식과 정보 네트워크의 공동체이다. 표현의 자유라는 관점에서 보았을 때 네트워크와 네트워크를 통하여 이루어지는 의사소통의 영역인 사이버공간은 무한한 가능성을 가진 열린 공간이라고 할 수 있다. 따라서 사이버명예훼손에 관한 논의에 있어서도 표현의 자유에 대한 고려되어야 한다. 즉 헌법 제21조 제1항은 모든 국민은 언론·출판의 자유를 가진다고 규정한다. 한편 동조 제4항은 언론·출판은 "타인의 명예나 권리 또는 공중도덕이나 사회윤리를 침해하여서는 안 된다"고 규정함으로써 표현의 자유에 수반되는 한계도 설정하고 있다.

인터넷상의 명예훼손에 대하여 '정보통신망이용촉진 및 정보보호 등에 관한 법률' 제61조에서 "사람을 비방할 목적으로 정보통신망을 통하여 공연히 사실 또는 허위의 사실을 적시하여 타인의 명예를 훼손한 자"를 형사처벌의 대상으로 규정하고 있다. 동 조항에 의한 사이버명예훼손죄는 형법 제309조의 출판물 등에 의한 명예훼손죄의 구성요건에 '정보통신망을 통하여'란 문구를 추가하고 형량을 다소 상향조정하였지만, 형법 제309조와 기본적인 법이론상의 차이점은 발견하기 어렵다.

그러나 인터넷 등의 온라인 매체의 특성을 고려해 볼 때, 사이버공간이라고 지칭되는 온라인매체에서도 기존의 명예훼손법리가 그대로 적용될 수 있는가에 대한 문제가 있다. 인터넷매체에서는 무한한 복제가 가능하고 신속한 전파도 가능하므로 피해의 정도가 매스미디어 보다 더 심각할 위험성이 매우 높다는 점을 고려하면, 기존의 명예훼손법리는 사이버공간에도 그대로 적용되어야 하며 더 나아가서 피해자의 구제를 위한 새로운 장치들이 마련되어야 할 것이다. 반면에 일방성이 특징인 신문이나 방송과는 달리 쌍방향성이 특징인 사이버공간은 자신의 명예를 훼손하는 표현에 대한 반박이 다른 매스미디어에 비해서 상당히 용이하다. 뿐만 아니라 인터넷을 통한 공개토론의 장에서 훼손된 명예를 회복하기 위한 방법을 모색해 온8) 상황에서 만약 형사적 처벌이나 민사적

---

8) 박광민, "인터넷상의 명예훼손에 대한 형사법적 규제", 형사법연구 24호, 2005.12, 한국형사법학회, 103면 참조(David R. Johnson &David Post, "Law and Borders - The Rise of

구제수단을 통해서 명예를 회복하려고 한다면 이는 피해자의 구제라는 긍정적 기능보다는 표현의 자유의 위축이라는 부정적 기능을 더 유발시킬 수 있다.

사이버명예훼손과 관련된 법적 규제를 살펴보면, 우선 정보통신망이용촉진 및 정보보호에 관한 법률 제44조의3조 제1항에서는 "정보통신서비스 제공자는 자신이 운영·관리하는 정보통신망에 유통되는 정보가 사생활 침해 또는 명예훼손 등 타인의 권리를 침해한다고 인정되면 임의로 임시조치를 할 수 있다"고 규정하고 있으며, 동법 제44조의2 제1항에서는 "정보통신망을 통하여 일반에게 공개를 목적으로 제공된 정보로 사생활 침해나 명예훼손 등 타인의 권리가 침해된 경우 그 침해를 받은 자는 해당 정보를 취급한 정보통신서비스 제공자에게 침해사실을 소명하여 그 정보의 삭제 또는 반박내용의 게재(이하 '삭제등'이라 한다)를 요청할 수 있다"고 규장하고 있다. 그리고 민법 제750조는 "고의 또는 과실로 인한 위법행위로 타인에게 손해를 가한 자는 그 손해를 배상할 책임이 있다"고 규정하고 있으며, 동법 제760조 제1항은 "수인이 공동의 불법행위로 타인에게 손해를 가한 때에는 연대하여 그 손해를 배상할 책임이 있다"고 규정하면서 제3항에서는 "교사자나 방조자는 공동행위자로 본다'고 규정하고 있다. 이와 관련하여 인터넷서비스제공자의 책임은 주로 부작위에 의한 방조책임이 문제된다.[9]

Law in Cybertspace", 48 Stanford Law Review 1367(1996), 1381-1382).

9) 방조라 함은 불법행위를 용이하게 하는 직접·간접의 모든 행위를 가리키는 것으로서 형법과 달리 손해의 전보를 목적으로 하여 과실을 원칙적으로 고의와 동일시하는 민법의 해석으로서는 과실에 의한 방조도 가능하다(대법원 2003.1.10. 선고 2002다35850 판결 참조).

3. 책임발생의 요건

(1) 제3자에 의한 인터넷상 명예훼손적 표현의 게시

인터넷서비스제공자의 책임이 인정되기 위해서는 원칙적으로 인터넷상에 게시된 정보가 타인의 명예 등 인격권을 침해하는 내용이어야 한다.

(2) 삭제의무 등 작위의무의 발생

1) 인터넷서비스제공자에 의한 관리통제가 가능

인터넷서비스제공자의 관리통제는 전통적인 편집권과는 달리 내용수정이나 삭제까지를 의미하는 것은 아니다. 즉 인터넷서비스제공자에 의한 게시판 등의 관리는 인터넷서비스제공자와 해당 인터넷서비스의 성격, 인터넷서비스제공자와 이용자 사이의 이용약관, 운영방침, 관련 법령 등에 의하여 이루어진다.

그러나 삭제의무 등 작위의무는 인터넷서비스제공자에 의하여 정보의 관리통제가 가능함을 전제로 하는 것이므로 특별한 사정이 없는 한 인터넷서비스제공자 중 관리통제권을 행사하지 않는 IAP(Internet Access Provider, 인터넷에 연결할 수 있도록 해 줌)와 LAP(Logical Access Provider, 검색엔진을 제공하고, 인터넷상 정보들의 체계적 정리와 관련된 도구들을 제공함)에 있어서는 삭제의무 등 작위의무가 발생할 여지가 없다고 보아야 한다.

또한 인터넷서비스제공자가 제공하는 서비스의 유형별로 보면 ① 뉴스서비스·공개토론·자료실영역·www페이지·사실데이터베이스 등 출판영역(publishing areas)은 삭제 또는 접근제한 등의 관리통제권을 행사할 수 있고, ② 전자게시판을 통한 침해의 경우에도 인터넷서비스제공자는 특별한 사정이 없는 한 관리통제권이 있다. 그러나 인터넷서비스제공자가 제3자에게 대여한 홈페이지 공간에서 침해행위가 발생한 경우에는 약관의 해석에 따라 관리·통제권이 있는가를 판단하여야 하고, 전자우편이나 파일전송 그리고 이용자 간의 정보전송 등의 배포영역(distribution areas)이나 인터넷 중계토론 등의 공유메시지 영역(shared message areas)은 관리통제권을 전혀 행사할 수 없어 이를 통한 침해나 링크를 통한 침해의 경우는 인터넷서비스제공자에게 그 침해에 대한 관리통제권이 있다고 보기 힘든 경우가 많다. 현재 인터넷서비스제공자 대부분은 이들 서비스 모두를 가지고 운영되는 것이 보통이므로 서비스 영역 여하에 따라 유통기관이나 출판자의 복합적 지위를 가진다.[10]

[관련판례] 온라인 서비스 제공자인 인터넷상의 홈페이지 운영자가 자신이 관리하는 전자게시판에 타인의 명예를 훼손하는 내용이 게재된 것을 방치하였을 때 명예훼손으로 인한 손해배상책임을 지게되기 위해서는 그 운영자에게 그 게시물을 삭제할 의무가 있음에도 정당한 사유 없이 이를 이행하지 아니한 경우여야 하고, 그의 삭제의무가 있는지는 게시의 목적, 내용, 게시기간과 방법, 그로 인한 피해의 정도, 게시자와 피해자의 관계, 반론 또는 삭제 요구의 유무 등 게시에 관련한 쌍방의 대응태도, 당해 사이트의 성격 및 규모·영리 목적의 유무, 개방정도, 운영자가 게시물의 내용을 알았거나 알 수 있었던 시점, 삭제의 기술적·경제적 난이도 등을 종합하여 판단하여야 할 것으로서, 특별한 사정이 없다면 단지 홈페이지 운영자가 제공하는 게시판에 다른 사람에 의하여 제3자의 명예를 훼손하는 글이 게시되고 그 운영자가 이를 알았거나 알 수 있었다는 사정만으로 항상 운영자가 그 글을 즉시 삭제할 의무를 지게 된다고 단정할 수는 없다(대법원 2003년6월27일 선고 2002다72194 판결).

 2) 삭제등 필요한 조치의 요청

인터넷서비스제공자에게 게시물에 대한 일반적이고 상시적인 감시의

---

10) 박창희, 온라인서비스제공자의 민사책임, 전북대학교대학원 석사학위논문(1999) 참조.

무 또는 안전배려의무를 부과할 수는 없다. 인터넷서비스제공자가 게시판 등에 투고되는 모든 내용을 사전에 점검·조사하는 것이 물리적으로 불가능할 뿐만 아니라 그러한 의무를 부과하는 것은 인터넷상의 표현의 자유를 지나치게 제약하는 위축효과(chilling effect)를 초래할 것이므로 바람직하지도 않기 때문이다. 따라서 인터넷서비스제공자에게 위와 같은 일반적 의무가 없는 이상 원칙적으로 피해자가 인터넷서비스제공자에 대하여 삭제등 필요한 조치를 요청하여야 한다.[11] 만약 삭제요청이 없었음에도 인터넷서비스제공자가 명예훼손적 표현이 게시되어 있음을 알았거나 알 수 있었던 경우 삭제의무가 있는가. 이에 관하여는 인터넷서비스제공자가 명예훼손 발언의 게시를 알게 된 경우에만 인터넷서비스제공자에게 삭제등의 적절한 조치를 취할 의무가 있다거나 혹은 게시사실을 알지 못한 경우에도 그에 관하여 과실이 있다면 책임을 진다는 주장 및 입법론적으로는 중대한 과실로 알지 못한 경우로 제한하자는 주장 등이 있다. 생각건대 인터넷서비스제공자의 서비스내용에 대한 통제의 정도는 다양하므로 위법 또는 유해한 정보의 유통에 대하여 자주적으로 대응한 인터넷서비스제공자는 알 수 있었을 가능성이 높아지지만 이를 방치한 인터넷서비스제공자는 알 수 있었을 가능성이 낮아진다. 사상의 자유시장의 원활한 작동을 위해서는 정보를 방치한 인터넷서비스제공자에 비하여 정보의 건전한 유통을 위하여 자주적으로 관리통제권을 행사한 인터넷서비스제공자에게 오히려 더 무거운 책임을 지게 해서는 안된다. 따라서 특별한 사정이 없는 한 인터넷서비스제공자가 알 수 있었다는 사정만으로는 인터넷서비스제공자의 삭제의무가 발생한다고 보기는 곤란하다. 특별한 사정과 관련해서는 당해 사이트의 성격 및 규모, 영리 목적의 유무, 개방정도, 서비스의 성격이 공익적인지 상업적인지, 인터넷상에서 사상의 시장이 제대로 작동하고 있는지 여부 등을 고려하여야 한다.

---

11) 정보통신망이용촉진 및 정보보호 등에 관한 법률 제44조의2 제1항.

3) 피해의 중대성 또는 명백성

피해의 정도가 중하지 않음에도 인터넷서비스제공자에게 삭제의무를 인정하게 되면 인터넷서비스제공자의 소유물에 관한 제3자의 과도한 개입을 야기하여 경영의 자유를 침해하게 된다. 그리고 게시된 내용이 명예훼손적임이 명백하지 않음에도 삭제의무를 인정하는 것은 표현의 자유를 침해할 수 있다. 따라서 피해의 중대성이 있어야 한다.

또한 피해의 명백성과 관련해서는 제3자에 의하여 게시된 명예훼손적 표현에 위법성조각사유가 존재하지 않아 위법성이 명백하다는 의미로 보아야 한다. 게시물의 내용 등에 비추어 이러한 점이 명백하지 않다면 피해자가 삭제요청시에 인터넷서비스제공자에게 충분한 자료의 제공과 설명을 하여야 한다.12)

그리고 피해의 중대성·명백성과 관련하여 일반적으로 말하면 표현의 자유와 인격권 보호 사이의 이익교량의 원칙을 무엇보다 중요한 고려요소로 삼아야 한다.13) 즉 공적 문제(public issue), 공적관심사(public concern), 공적관계인지 사적관계인지, 공공성이나 사회성을 갖춘 것인지 등을 고려할 필요가 있고, 사적인 영역에 관한 것이라면 언론의 자유보다 명예의 보호라는 인격권이 우선된다.

(3) 인터넷서비스제공자에 대한 삭제등 의무의 면제 또는 책임면제

인터넷서비스제공자의 책임에 있어서는 명예훼손의 일반법리 등과 연결되어 삭제등 조치의 지체 또는 불이행에 있어서 인터넷서비스제공자의 항변사유에 해당하거나 위법성조각의 일반적 사유인 정당행위·정당방위·긴급피난 등의 요건에 해당한다면 위법성이 조각되어 인터넷서비

---

12) 장철익, 명예훼손에 대한 온라인서비스제공자의 손해배상책임, 언론중재 24권1·2호, 2004. 봄·여름호, 주72).
13) 이해완, 앞의 논문, 114~115면 주9) 참조.

스제공자에 대한 책임을 인정할 수는 없다.

1) 삭제등 조치의 기술적 · 경제적 어려움

당해 서비스의 형태에 따라 삭제등의 조치를 취함에 있어서 기술적인 어려움이나 과다한 비용이 소요된다면 인터넷서비스제공자의 경영의 자유에 중대한 제한을 가하는 것이 되므로 삭제의무 등 작위의무가 발생하였더라도 인터넷서비스제공자의 책임을 인정하기는 곤란하다.

2) 성실한 대응

인터넷서비스제공자가 삭제를 요청받은 게시물에 관하여 즉시 삭제등의 조치를 취하지 않았고 이로 인하여 명예훼손의 피해가 확대되었다 하더라도 인터넷서비스제공자가 정보의 관리통제자로서 문제의 해결을 위한 신속하고 성실한 대응, 예를 들어 가해자에 대한 경고메일의 발송이나 정정글의 게시권고 또는 게시물에의 접근제한 등을 행하였다면 정당한 관리통제권의 행사라고 할 것이므로 이 경우에는 인터넷서비스제공자의 책임을 인정하기 곤란하다.

3) 당해 표현의 공익성 및 진실성에 관한 상당한 이유

한편 인터넷서비스제공자가 당해 표현이 공익을 위한 것으로서 진실하다고 믿을 만한 상당한 이유가 있었다면 삭제등 조치의무위반으로 인한 책임을 인정할 수 없다. 다만 상당한 이유는 표현 자체나 그 밖의 당시 정황에 비추어 그럴듯하다는 정도의 표현행위자의 상당한 이유보다는 완화된 정도로 족하다.

4. 안티사이트 운영자의 책임

인터넷 기술의 발전으로 인터넷사이트의 개설방법이 쉬워지고 그 비용도 저렴해지면서 특정 기업이나 언론사 또는 특정 종교단체에 대하여 비판적 태도를 가지고 있는 자나 특정 제품에 대해 불만을 품고 있는 소비자가 그 기업·언론사·종교단체·제품을 비판하는 내용의 인터넷홈페이지 이른바 안티사이트를 개설하는 일이 많아졌다. 또한 특정 연예인이나 정치인을 대상으로 하는 안티사이트를 등록하고 개설하여 외모나 옷차림 및 사생활 등에까지 맹목적으로 비판하거나 악성소문을 퍼뜨리는 일도 있다.

이러한 안티사이트에 당연히 명예훼손적 표현이 많이 게시되고 있다. 즉 그 피해자가 안티사이트에 명예훼손적 표현을 게시한 자의 책임을 묻는 경우와 그러한 공간을 제공한 안티사이트의 개설자 또는 안티사이트 대여자를 상대로 책임을 묻는 경우인데, 과연 어느 정도로 표현의 자유에 의하여 보호되어야 하는지가 문제된다.

(1) 안티사이트 내 표현행위자의 책임

안티사이트는 그 홈페이지의 이름만으로도 어떤 대상에 대한 반대 또는 비판의 의도에서 그 사이트를 개설하였는지를 알 수 있어 그 사이트를 접하게 되는 이용자들 역시 게시된 내용을 사실 그대로 받아들이지는 않을 것이므로 안티사이트 내의 표현에 대한 허용 범위를 다른 매체에서 보다 폭넓게 인정할 필요가 있다. 그러나 안티사이트 내의 표현이라 할지라도 그것이 명예훼손적인 표현인 이상 명예훼손의 일반이론과 달리 완전한 면책을 인정할 수는 없다.

[스포츠신문 안티사이트 사건] 안티사이트에 게재된 기사는 다른 언론매체의 기사에 비해 보다 폭넓은 비평이 허용된다 할 것이고, 또한 이 사건 각 기사는 종교적 관점이 반영된 것이므로 그 비평의 허용범위가 더 넓어진다. 이러한 관점에서, 피고의 이 사건 각 기사는 기독교계 나아가 이 사회의 건전한 문화를 위한 것으로서 그 공익성이 인정되고, 원고 스포츠신문이 재미

와 상업성을 추구하여 다소 폭력성과 음란성이 있는 기사를 게재한 사실은 진실한 것으로 보이며, 피고가 진실한 사실을 전제로 공익을 위하여 원고 스포츠신문에 대해 의견을 표명하면서 다소 과격한 표현을 사용하였으나, 종교적 성격의 안티사이트에서의 평론의 한계를 넘지는 않는 것으로 보이므로, 이 사건 각 기사는 위법성이 없다.[14)]

(2) 안티사이트 개설자의 책임

안티사이트가 많은 사람들에게 커다란 영향을 주고 있는 특정 회사·단체·언론사나 특정 제품 또는 특정 연예인이나 정치인 등의 잘못된 행태를 정당하게 지적하고 분발을 촉구하여 발전의 계기로 삼도록 한다면 이는 전체 사회를 위하여 바람직하다고 할 것이고, 안티사이트의 특성상 안티사이트에 게재된 일부 표현이 명예훼손적이라는 이유만으로 안티사이트 개설자에게 과도한 책임을 부과할 수는 없다. 즉 위와 같은 안티사이트 개설자에 대하여는 사상의 자유시장에서 긍정적 기능을 수행하고 있다는 점에서 일반 인터넷서비스제공자에 비하여 폭넓은 면책을 허용할 필요가 있다.

그러나 안티사이트가 비판의 대상으로 삼고 있는 내용이 공익적인 것이 아니거나 게재되는 내용 및 정보의 대부분이 허위의 사실로서 명예훼손에 해당한다면 그 안티사이트 개설자에 대해 폭넓은 면책을 허용하기는 곤란하다. 다만 책임의 범위와 관련해서 사이트폐쇄청구가 가능한가가 문제된다.

---

14) 서울지방법원 2001. 9. 19. 선고 2000가합86668 판결: 관련 시민단체에 의하여 여러 차례 원고 스포츠신문 기사의 선정성, 폭력성이 지적되고 있는 상황에서 피고는 2000.7.경 원고 스포츠신문에 반대하는 인터넷사이트를 개설하여 그 게시판에 신문기사의 내용과 그 대표이사 등을 비판하는 글을 싣거나 관련된 글을 복사하여 게시한 사건이다.

[**안티사이트 폐쇄**] 안티사이트가 일정 정도 공론의 장(場)으로서 기능한 점은 부정할 수 없으나, 한편 A의 입장에서는, 안티사이트라는 수단으로 심리적인 압박을 가하여 자신의 손실을 전보 받으려 하였을 가능성을 배제할 수 없는 점, 글들이 대부분 인격을 비하하는 표현을 사용하고 사실을 왜곡 과장하고 있는 점, A가 C회사들의 요구에도 불구하고 새로운 사이버동호회 또는 사이트를 만들어 장기간 계속적으로 명예훼손적 표현을 게재 또는 전재하여 온 점 등에 비추어 보면, A가 이 사건 안티사이트를 개설·운영하면서 C회사들의 명예를 훼손하는 글들을 게재 또는 전재하는 것이 그 위법성이 없다고 보기는 어렵다.15)

III. 음란물유통과 법적 책임

1. 문제제기

인터넷은 사이버쇼핑, 사이버 금융, 주식거래, E-메일을 통한 의사소통, 인터넷을 통한 신고·서류신청 등 일상생활의 거의 모든 일을 처리할 뿐만 아니라 필요한 정보를 시간적·공간적 제약 없이 용이하게 접근할 수 있게 하는 등 인간에게 삶의 편리함을 제공해 주었다. 그러나 이러한 편리함과 더불어 새로운 형태의 여러 문제들도 야기하게 되었다. 특히 청소년들이 인터넷상 접속하는 음란정보·영상물은 일방적인 남성 위주의 성적 묘사 또는 상호 인격관계를 무시한 성기중심의 자극적인 내용이 대부분인데, 이는 아직 정신적으로 불완전한 상태인 청소년들에게는 엄청난 충격적인 내용으로 받아들여져서 그들의 성격형성에 악영

---

15) 서울고등법원 2004. 7. 29. 자 2003라748 결정: A는 B인터넷포털사이트에 '안티C'라는 사이버동호회를 만들고, C출판회사와 C정수기회사 등의 기업집단(C그룹)과 관련된 자신의 피해사례를 악의적 표현으로 게시하거나 다른 피해사례 등을 옮겨 게시하였다. C회사들의 요청에 따라 B가 접근제한 제재조치를 취하자, A는 같은 포털사이트에 새로이 'C 피해자 모임'을 만들어 종전 게시물들을 그대로 옮겨 게시하는 한편 별도로 D와 함께 도메인등록을 하고 독자적 안티이트를 개설하여 악의적 표현물들이 주기적, 반복적으로 게시되도록 한 사건이다.

향을 끼친다는 점이다. 이로 인하여 청소년들은 모방심리를 불러일으켜 분별력 없이 주관적인 성적 행위를 보이기도 하며, 이러한 성적 행위는 성범죄로 이어지는데 그 범죄대상은 저항할 수 없는 여성 또는 어린이 들이 되어 이로 인한 가정과 사회에 폐해를 주게 된다. 따라서 이에 대한 인터넷서비스제공자의 법적 책임이 문제된다.

2. 인터넷상 음란물의 제공방법 및 폐해성

(1) 제공방법

인터넷상 음란물은 게시판·전자메일·홈페이지 등을 통해서 이루어지고 있다. 첫째, 전자메일상 음란물의 제공은 주로 음란물정보의 소개와 관계 사이트에 관한 정보제공으로 이루어지고, 간혹 전자메일 파일을 첨부(Attach File)하여 메일수신자에게 제공되기도 한다. 이러한 음란물의 서비스는 메일송신자와 수신자 사이에 비대면적으로 특정되어 이루어진다는 점에서 아래의 음란물제공과 차이점이 있다. 둘째, 게시판(BBS)을 통하여 음란물의 웹사이트 또는 직접적인 음란물들이 소개됨으로써 이용자(User)가 쉽게 그 게시판을 통해 음란물의 정보를 접하게 된다. 주로 야설과 야사 등이 게시판에 소개되고 있다. 셋째, 인터넷상 게시판이 아닌 자체의 홈페이지를 전용 음란물웹사이트 또는 홈페이지의 일부 내용을 음란물로 구성하여 이용자에게 제공하고 있다. 이러한 홈페이지에 의한 음란물은 인터넷에서 제공되는 서비스를 모두 이용하여 제공되고 있다. 예를 들어 야설·야사·야동·야음·야게임 등 다양한 음란물들이 있다.

(2) 폐해성

전자메일에 의한 음란물의 서비스제공은 음란물홈페이지운영자 또는 전자메일소유자 사이에 전자메일을 이용하여 음란물 정보의 송·수신이 이루어진다. 이러한 '1 : 1' 음란물제공서비스는 불특정 다수가 아닌 특정인과 사이에 이루어지기 때문에 다른 서비스보다는 그 폐해가 적다고 할 수 있다. 하지만 은밀하고 비밀스러운 형태로 당사자(음란물서비스제공자와 이용자)사이에 이루어지기 때문에 이용자가 청소년 또는 어린이인 경우에는 그 폐해가 쉽게 밖으로 나타나지 않을 뿐만 아니라 그 발견도 쉽지 않고, 이로 인한 엄청난 정신적 피해는 가정과 사회에 악영향을 미치고 있다. 또한 게시판과 홈페이지에 의한 음란물은 청소년과 어린이의 폐해는 불특정 다수를 지역제한 없이 발생할 수 있다는 점에서 그 폐해의 정도와 폭이 상상을 초월할 수 있으며, 이로 인한 사회문제는 매우 크다고 할 수 있다.

3. 규제입법 및 판례

(1) 규제입법

헌법에서 보장하고 있는 표현의 자유에는 성표현의 자유도 포함되는 것으로 해석된다. 그러나 헌법 제21조 제4항은 "언론·출판은 타인의 명예나 권리 또는 공중도덕이나 사회윤리를 침해하여서는 아니 된다"고 규정되어 있으므로 성표현의 자유에도 일정한 한계가 있다. 따라서 형법은 제243조와 제244조에서 성표현의 자유의 한계를 벗어나서 음화를 제조하거나 판매하는 행위에 대하여 형사처벌의 대상으로 하고 있으며, 이는 인터넷상에서의 음란물 제조와 유통에도 적용된다. 다만 인터넷상에서의 음란·외설적 내용물은 디지털정보의 형태로 제공되기 때문에 '정보통신망이용 및 정보보호 등에 관한 법률' 그리고 '청소년보호법' 등에 의해 인터넷음란물로부터 청소년을 보호하고 있다.

(2) 판례[16]

1) 사실관계

인터넷 포털 서비스 사이트를 운영하는 X주식회사와 그 업무총괄담당임원 및 대표이사로 근무하던 甲은 이 사이트 내에 Y라는 사이트를 개설한 후 14개 정보제공업체에 서버에 대한 이용권한을 주어 위 정보제공업체들이 Y사이트에 게재한 음란한 내용의 만화 등을 X사이트의 가입자들이 이용할 수 있도록 함으로써 전기통신역무를 이용하여 음란한 부호·문언·음향·영상물을 반포·판매하였다.

2) 판단

웹서버의 공간을 제공하는 포털사이트의 운영자는 이를 방지하기 위하여 각별한 주의를 기울여야 하는 점에서 X사이트를 운영하는 피고인들은 위 사이트의 일부를 할당받아 유료로 정보를 제공하는 정보제공업체들이 음란한 정보를 반포·판매하지 않도록 이를 통제하거나 저지하여야 할 조리상의 의무를 부담한다.

그러나 구 전기통신기본법(2001. 1. 16. 법률 제6360호로 개정되기 전의 것) 제48조의2 위반죄는 전기통신역무를 이용하여 음란한 부호·문언·음향 또는 영상을 반포·판매 또는 임대하거나 공연히 전시한 경우에 성립하는 것으로서 그 규정형식으로 보아 작위범이며 이와 같이 작위를 내용으로 하는 범죄를 부작위에 의하여 범하는 부진정 부작위범이 성립하기 위해서는 부작위를 실행행위로서의 작위와 동일시할 수 있어야 하는데, 이 사건에서 음란한 정보를 반포·판매한 것은 정보제공업체이므로 위와 같은 작위의무에 위배하여 그 반포·판매를 방치하였다는 것만으로는 음란한 정보를 반포·판매하였다는 것과 동일시할 수는 없고 따라서 피고인들이 정보제공업체들의 전기통신기본법 위반 범행을

---

16) 대법원 2006. 4. 28. 선고 2003도80 판결.

방조하였다고 볼 수 있음은 별론으로 하고 위와 같은 작위의무 위배만으로는 피고인들을 전기통신기본법 위반죄의 정범에 해당한다고 할 수는 없다.

[미국의 입법과 판례] 미국은 가상공간에서 저속한 성적 표현물의 유통이 확산됨에 따라 미연방정부는 청소년 보호 차원에서 1996년 통신법(Telecommunications Act)을 개정하면서 동법 제5장에 인터넷상의 음란물과 저속한 성적 표현물을 규제할 수 있도록 하는 취지의 통신품위법(Communications Decency Act, 이하 CDA라 한다)을 신설하였다. 그러나 연방대법원과 연방지방법원은 "인터넷은 주파수가 제한된 방송과 달리 이용자 개개인을 출판업자나 방송국으로 볼 수 있으므로 희소한 자원이 아니다. 다시 말해서 인터넷 이용자는 잠재적으로 내용공급자가 될 수 있다. 그리고 방송에서 저속한 표현을 규제하는 것은 라디오와 TV의 속성상 이들의 스위치를 켬과 동시에 예상치 못한 저속한 표현이 시청자들에게 전달되므로 이로부터 청소년을 보호하기 위한 것인데, 인터넷은 컴퓨터를 켠 후 접속하기까지 비교적 복잡한 절차를 거쳐야 문제의 내용에 접근이 가능하므로 인터넷을 방송과 같이 동일시해서는 안 되고 인쇄매체와 마찬가지로 최대한 표현의 자유를 보장받아야할 매체이다. 이 때문에 내용공급자에게 보장되는 표현의 자유는 넓게 인정될 필요가 있다. 또한 저속한 표현과 명백하게 불쾌한 표현에 대한 정의가 불분명하므로 의회가 청소년보호를 위해 충분히 세밀하게 통신품위법을 제정하였다고 볼 수 없다"는 이유로 정부의 주장을 배척하였다. 이에 따라 펜실베니아 연방지방법원은 CDA중 '저속한 표현' 및 '명백히 불쾌한 표현'을 규제하는 제223조(a)와 (d)는 수정헌법 제1조가 보장하는 표현의 자유를 침해하는 것으로서 위헌이라는 판결을 내렸고, 연방대법원도 이와 동일한 판결을 내렸다.[17]

CDA의 일부조항이 위헌판결을 받은 이후 미연방의회에서는 CDA를 수정하는 형식으로 별도의 청소년온라인보호법(Child Online Protection Act, 이하 COPA라 한다.)을 제정하였다. 이 법률에 대하여도 미국시민권연맹(the American Civil Liberties Union, 이하 ACLU라 한다.)은 다른 원고들과 함께 펜

---

17) Reno v. American Civil Liberties Union, 117 S. Ct. 2329(1997. 6. 26.).

실베니아 연방지방법원에 COPA의 제231조의 내용[18]이 수정헌법 제1조가 보호하고 있는 인터넷 사용자의 표현의 자유를 침해하고 있다는 이유로 위헌선언과 함께 예비적 금지명령(preliminary injunction)을 청구하였다.[19] 이 법은 웹사이트를 이용하여 '청소년들에게 유해한(harmful to minors)' 내용물을 상업적으로 판매하는 것을 규제하기 위한 목적으로 현실적으로 웹사이트 운영자들로 하여금 청소년은 물론이고 성인들까지 내용물에 접근하기 전에 신용카드 또는 성인 식별 프로그램이 먼저 나타나도록 웹사이트를 조정하도록 하는 등의 규제를 포함하는 규정을 두고 있었다. 이 사건에서 연방지방법원은 이 법이 공공의 이익을 증대하기 위하여 이용할 수 있는 가장 덜 제한적이 수단을 선택하였을 경우에만 합헌일 수 있음을 전제한 후, 신용카드 조회 등에 의한 내용차단 프로그램의 사용강제는 청소년에게 유해한 것을 완전히 차단할 수 없을 뿐만 아니라 오히려 도움이 되는 내용물도 과도하게 차단할 수 있는 불완전한 것임을 이유로 COPA의 규정이 표현의 자유를 침해하였다고 판시하고 이 법의 시행을 잠정적으로 보류하라는 결정을 내렸다.

4. 음란물의 차단방법

인터넷서비스사업자의 사업이 신장함으로 인하여 이용자들은 다양한 방법을 통해서 무차별적으로 인터넷상의 음란물에 접근하기 때문에 청소년들에 대한 보호 방안이 절대적으로 필요하다. 이에 대한 보호 방안은 법적 측면과 기술적 측면으로 나누어 볼 수 있다. 즉 법적 측면에서

---

18) COPA 제231조는 "(1) 그 정을 알면서 그리고 내용물의 성격을 알면서, 월드와이드웹으로 국내 또는 국외거래에서 소수자에게 이용 가능한 그리고 소수자에게 해악적인 내용물을 포함하는 상업적인 목적을 위한 통신을 만드는 자에게 50,000 달러 이내의 벌금에 처하거나 6월 이상의 징역 또는 두 가지 형을 병과할 수 있다. (2) (1)에 의한 벌에 더하여, 고의적으로 그러한 행위를 한 자는 각각의 위반에 대하여 50,000달러 이내의 벌금에 처해질 수 있다. 이 문의 목적상 위반한 각각의 일자는 독립적 위반을 구성한다. (3) (1) 및 (2)에 의한 벌에 더하여 (1)을 위반하는 자는 각각의 위반에 대하여 50,000달러 이내의 민사책임이 부과될 수 있다. 이문의 목적상 위반한 각각의 일자는 독립적 위반을 구성한다"고 규정하고 있다.

19) American Civil Liberties Union v. Janet Reno, Civ. Act. No. 98-5591, 1999 U.S. Dist. Lexis 735(E.D. Pa., Feb. 1, 1999).

는 인터넷서비스사업자의 책임의 강화하고, 기술적인 방법으로는 원칙적으로 인터넷상 음란물을 이용자(청소년)가 접근할 수 없도록 하는 것이다.

(1) 인터넷서비스제공자의 책임강화

인터넷서비스사업자는 인터넷상 음란물제공에 대하여 자유로울 수 있는가. 즉 법적 책임은 없는가. 인터넷서비스의 기술의 발달과 아울러 그 차단기술도 개발되고 있으므로 인터넷상 음란물제공에 대한 인터넷서비스사업자의 법적 책임을 부여할 근거가 점차 확대되고 있다. 그 책임에 있어서 앞에서 언급한 책임인정론에서와 같이 인터넷서비스사업자를 공표자(Publisher)로서의 지위로 보기에는 인터넷의 기능상 무리가 없지 않다. 따라서 제한적이기는 하지만 일정한 조건이 성립되었을 경우에 그 책임을 물을 수 있도록 하는 것이 바람직하다고 생각한다. 이는 점차 인터넷상의 정보가 상상을 초월할 정도로 팽창함으로 인하여 사람이 인터넷상의 기술적인 처치로서 개개의 해당 음란물을 제거하는 것이 불가능하기 때문이다.

(2) 기술적 차단방법

1) 인터넷 음란물의 등급제

인터넷상 음란물을 공론화하여 인터넷상 음란물에 대한 등급제를 하고 이를 통하여 이용자가 안심하고 등급에 따른 선택을 할 수 있도록 함으로써 이용자의 선택권을 보장할 수 있고 더 나아가 인터넷상 음란물 제작과 공급을 투명하게 할 수 있다.

2) 차단 소프트웨어의 개발과 보급

우선 인터넷상 음란물을 등급화하여 이를 바탕으로 인터넷상 음란물을 차단하는 소프트웨어의 개발과 보급을 통하여 이용자, 특히 청소년과 어린이가 해당 음란물에 접근하는 것을 차단할 수 있다.

3) 차단서버(Server)의 설치 · 운영

인터넷서비스사업자는 인터넷서비스를 위해 다양한 서버를 설치 · 운영하고 있는데, 이 서버 중 트래픽 서버(Traffic Server)와 Blacklist CB를 연동하여 이용자의 음란물을 서버 자체에서 차단시키는 것이다. 이 시설 운영이 완벽하게 이루어진다면 인터넷상 음란물제공이 인터넷서비스로 이루어지는 것을 원천적으로 봉쇄하게 되어 인터넷상 음란물의 차단에 커다란 기여를 한다.

IV. 저작권침해와 법적 책임

1. 문제제기

인터넷서비스제공자는 일정한 디지털콘텐츠를 제작하여 이용자에게 제공하거나 제3자의 서버에 접근할 수 있는 도구로서의 역할을 한다. 그리고 인터넷서비스이용자들은 인터넷서비스제공자를 통하여 인터넷에 접속할 수 있고 전자우편 · 대화방 · 홈페이지 및 전자게시판 등을 운영할 수도 있다. 따라서 인터넷서비스제공자는 자신이 콘텐츠를 제작하는 과정이나 제3자의 서버와의 연결과정에서 타인의 저작권을 침해할 가능성이 있고, 인터넷서비스이용자는 타인의 자료를 대화방 · 홈페이지 · 전자게시판에 게재함으로써 또는 전자우편으로 송신함으로써 타인의 저작권을 침해할 가능성이 크다.

저작물을 창작한 저작권자는 인터넷상에서도 자신의 권리가 침해당하지 않을 배타적인 권리를 가지고 있기 때문에 인터넷상에서 자신의 권리가 침해되는 경우에는 직접 침해행위를 한 당사자에게 그 책임을 추궁할 수 있다. 그러나 그러한 침해행위에 대한 대응행위로서 민사상손해배상을 청구하는 것이 불가능하거나 혹은 가능하더라도 현실적으로 실효성이 없는 경우가 많다는 문제점을 가지고 있다. 이러한 문제점 때문에 저작권을 침해당한 저작권자는 직접 침해행위를 한 자뿐만 아니라 그러한 침해행위를 가능하게 한 인터넷서비스제공자에 대해서도 책임을 추궁하려는 강한 욕구를 가진다.

결국 인터넷서비스제공자가 디지털콘텐츠 등을 제작함에 있어서 또는 자신의 서버상에 타인의 자료를 무단으로 올림으로써 저작권을 침해하는 경우에는 당연히 그 침해행위에 대한 책임을 부담해야 한다. 그러나 인터넷서비스이용자가 타인의 저작권을 침해한 경우에도 그에 대한 책임을 부담할 할 것인가. 만약 부담한다면 어느 정도의 범위에서 인터넷서비스제공자에게 책임을 지우는 것이 합리적인가 하는 것 등이 문제된다.

2. 인터넷상 저작권침해행위의 특징

(1) 침해행위의 신속성 · 광범위성

인터넷을 통한 정보(저작물)의 유통은 종전까지의 정보의 전파속도와는 비견할 수 없을 정도로 빠르게 전파되고 그 범위 또한 넓다는 특징을 가지고 있다. 따라서 저작권침해행위가 일어나는 경우에도 그 파장이나 피해범위도 클 수밖에 없다.

(2) 침해행위의 용역성 · 심각성

인터넷을 통한 저작권의 침해행위는 디지털기술의 발달에 의하여 실제공간에서의 침해행위에 비하여 더욱 쉽게 할 수 있다. 디지털정보 저장장치(예를 들어 디스크드라이브 · CD · DVD 등)의 광범위한 사용 및 디지털원격통신 네트워크(예를 들어 인터넷)의 성장은 창작물의 제공자들에게 그들의 제품을 소비자에게 보다 낮은 가격으로 제공하는 새로운 기회를 주고 있다. 그와 동시에 지적창작물의 소유자의 동의를 얻지 않고 그러한 것을 낮은 가격으로 고품질로 복제하고 제공할 수 있게 되었다. 이와 같이 디지털형태의 저작물은 아날로그형태의 저작물에 비하여 그 개작 및 배포가 쉬울 뿐만 아니라 원본과 동일한 형태의 저작물의 생성도 무한대로 할 수 있어[20] 저작권침해의 심각성은 더욱 크다.

(3) 침해행위자의 익명성 및 위법성인식의 결여

저작권침해행위는 실제공간에서 보다는 익명성이 보장되는 인터넷 공간에서 더욱 광범위하고 용이하게 행해질 수 있다. 또한 인터넷이용자는 인터넷세계의 자유로운 이용을 원하는 성향을 가지고 있기 때문에 저작권침해라는 위법성을 인식조차 하지 못하거나 혹은 인식하는 경우에도 그 중대성을 자각하지 못하여 죄의식을 느끼지 못하는 문제점이 있다.

(4) 법적 대응의 곤란성

인터넷상의 저작권침해에 대한 구제는 우선 그 침해자의 특정이 쉽지 않다. 인터넷상의 침해자는 익명성을 띠고 있고, 재차 저작물을 받아 봄으로써 저작권을 침해하는 자의 숫자가 무수히 많고, 세계 각지에 존재하기 때문이다. 침해자의 신원이 현실적으로 밝혀지더라도 영세한 규모의 사업자이거나 배상할 책임재산이 없는 개인인 경우가 많기 때문에 손해배상을 받기 위한 비용이 손해배상액보다 더 많이 소요되는 현상을 일으킨다. 따라서 저작권자가 직접침해자에 대하여 법적 대응을 하는 것

---

20) 아날로그형태의 저작물은 복제된 저작물과 원저작물 사이에 불가피하게 질적인 차이가 존재할 수밖에 없는데, 디지털형태의 저작물은 원본과 복제본 사이에 아무런 질적인 차이가 존재하지 않는다(板東久美子, "コンピュータ・ネットワーク時代における著作權の展開", ジュリスト, No. 1117(1997. 8). 126면).

은 불가능하거나 가능하더라도 현실적이지 못하다.[21)]

3. 저작권침해책임에 대한 학설

인터넷서비스제공자는 정보공유의 중개자라는 순기능적 역할을 하고 있지만 다른 한편 저작권 침해행위의 장 내지 설비제공을 하는 역기능적 역할을 하기도 한다. 따라서 인터넷서비스제공자에 대하여 저작권침해행위에 대하여 책임을 지워야 하는지 또는 면책시켜야 하는지에 대하여 견해의 대립이 있다.

(1) 소극설

인터넷서비스이용자 수의 증가와 더불어 인터넷에서 유통되는 정보의 양이 기하급수적으로 증가하고 있음을 이유로 인터넷서비스제공자의 저작권 침해책임에 대하여 소극적인 입장이다. 즉 ① 인터넷서비스제공자는 정보사회를 이끄는 주체로서 이들을 보호하지 않으면 통신과 정보의 이용에 장애가 될 것이며,[22)] ② 인터넷서비스제공자의 시스템에 있는 자료량은 너무 방대해서 이를 모니터링하거나 심사하는 것이 현실적으로 불가능하고,[23)] ③ 인터넷서비스제공자가 자신의 시스템상 자료를 모니터할 의지와 능력을 가지고 있다고 하더라도 침해물을 항상 가려낼 수는 없으며,[24)] ④ 법은 행위에 책임이 있는 자에게만 책임을 물어야 한다는 등을 근거로 하고 있다.

---

21) 이대희, 디지털경제시대의 지적재산권법의 과제, 「심포지엄자료 디지털경제시대의 법적 과제」, 한국법제연구원, 2001. 12. 7, 188면.
22) 인터넷서비스제공자에 대한 책임추궁은 이를 예방하기 위한 통신망이용료의 상승으로 이어져 통신과 정보이용의 장애로 된다(Marc L. Caden/Stephanie E. Lucas. "Accidents on the Information Superhighway: On-Line Liability and Regulation", 2 Richmond Journal of Law &Technology 3 (1996)).
23) Jonathan Rosenoer, Cyber Law, Springer, 1997, p. 20.
24) 미국NII지적소유권작업반·임원선 옮김, 초고속통신망과 저작권, 한울아카데미, 1996, 107면.

(2) 적극설

인터넷서비스제공자의 저작권침해에 대하여 책임을 인정하는 입장에서는, 첫째 인터넷서비스제공자는 자신의 서비스를 통한 이용자의 저작권침해행위에 의해 순식간에 광범위한 피해를 낳을 수 있는 위험을 만들었고, 둘째 통상 이용자의 활동으로 직·간접적인 경제적 이익을 얻으며, 셋째 많은 경우 정보의 유통에 대한 모니터링이 가능하다는 이유로 이러한 피해를 방지하거나 중단시킬 수 있는 적임자로서 이용자의 침해행위에 대하여 이를 중단시키는 등의 적절한 조치를 취할 작위의무가 있다고 한다.[25)]

작위의무의 내용으로는 감시의무와 중단의무를 들 수 있다. 감시의무란 이용자의 게시물 등이 저작권을 침해한 것인지의 여부를 모니터링할 의무를 말한다. 중단의무란 침해행위가 발생한 경우 침해를 중단하기 위한 침해저작물의 삭제 또는 침해행위자의 접근금지 및 게시판 폐쇄 등 침해를 더 이상 확대시키지 않기 위한 적절한 조치를 취할 의무를 말한다.

감시의무라 하더라도 모든 게시물에 대하여 이를 감시하는 것은 물리적으로나 경제적으로 이를 기대하기 어렵기 때문에 저작권침해행위를 알 수 있는 사정이 있는 경우, 예를 들어 이러한 행위가 반복적으로 이루어지거나 또는 권리자 등으로부터의 통지가 있는 등의 사정이 있거나 아니면 침해공간의 특성상 이러한 침해행위가 발생하기 쉬운 특별한 이유가 있는 경우 등에 구체적인 감시의무가 발생한다.

(3) 소결

저작권 침해의 경우 인터넷 사업자의 주의의무를 판단하기 위해서는

---

25) 권영준, 저작권침해에 대한 온라인서비스제공자의 책임, 서울대학교 석사논문, 2000, 87면.

그 침해행위가 일어난 가상공간의 통제·관여 가능성, 저작권 침해행위의 인식 또는 인식가능성, 저작권 침해행위를 인식하고 취한 조치의 내용, 직접침해자와의 사이의 계약내용, 인터넷서비스제공자의 상업성 여부 등의 요소들을 종합적으로 참작하여 사안별로 판단하여야 한다.

전자게시판이나 공개자료실처럼 감독이 쉽고 삭제·편집권을 행사할 수 있는 경우에는 주의의무의 내용도 평상시 저작권침해행위방지 및 침해인식을 위한 합리적인 범위의 노력과 인식을 한 후에 삭제등의 적극적 조치를 요한다. 그러나 인터넷서비스제공자가 단지 형식적으로만 매개하는 이용자 간의 자료 전송이거나 혹은 감독 및 개입이 곤란한 기업·개인의 홈페이지 영역에서는 그 주의의무의 내용도 침해의 고지를 받은 경우에 합리적 조치를 취할 것 등의 소극적 수준에 그친다.

['소리바다' 사건26)] ① **사실관계**: 중앙 서버를 거치지 않고 이용자들의 개인 컴퓨터가 연결되어 직접 MP3 음악파일 등을 주고받을 수 있는 P2P(peer to peer)방식의 '소리바다'라는 인터넷 웹사이트와 관련하여 음반제작사 등은 자신들의 저작권 또는 저작인접권이 침해되었다고 주장하면서 '소리바다' 운영자들에게 침해금지가처분신청 및 손해배상청구, 형사고소를 하였다.
② **법원의 판판**: P2P 프로그램을 이용하여 음악파일을 공유하는 행위가 대부분 정당한 허락 없는 음악파일의 복제임을 예견하면서도 MP3 파일 공유를 위한 P2P 프로그램인 소리바다 프로그램을 개발하여 이를 무료로 널리 제공하였으며, 그 서버를 설치·운영하면서 프로그램 이용자들의 접속정보를 서버에 보관하여 다른 이용자에게 제공함으로써 이용자들이 용이하게 음악 MP3 파일을 다운로드 받아 자신의 컴퓨터 공유폴더에 담아 둘 수 있게 하고, 소리바다 서비스가 저작권법에 위배된다는 경고와 서비스 중단 요청을 받고도 이를 계속한 경우, MP3 파일을 다운로드 받은 이용자의 행위는 구 저작권법(2006. 12. 28. 법률 제8101호로 전문 개정되기 전의 것) 제2조 제14호의 복제에 해당하고, 소리바다 서비스 운영자의 행위는 구 저작권법상 복제권 침해행위의 방조에 해당한다.

26) 대법원 2007. 12. 14. 선고 2005도872 판결.

제4절 인터넷과 사이버범죄

I. 개념 및 특성

정보처리장치의 발전은 개인용 컴퓨터의 광범위한 보급과 정보통신기술의 발전이라는 요인들과 어울려 인터넷의 대중화가 이루어 졌으며 현실세계와는 또 다른 세계인 사이버공간을 만들었다. 우리나라의 경우 1994년에 인터넷이 상용화된 이후 2007년 3월 현재 인터넷이용자수가 3,400만명에 이르는 것으로 보고되고 있다. 이는 전세계 인터넷이용자 수의 3.1%에 해당되며 인터넷이용자 수에 있어서 미국, 중국, 일본, 독일, 인도, 영국에 이어 7위에 해당하는 숫자이며, 국민의 66.5%가 인터넷을 사용한다는 점에서 국민의 인터넷이용비율은 거의 정상급에 해당한다.[27]

이와 같이 인터넷과 PC의 결합에 의한 새로운 생활세계인 사이버공간 (cyberspace)이 종래에는 상상하지 못했던 새로운 범죄유형, 즉 사이버범죄를 양산하고 있다. 예를 들어 해킹이나 바이러스 유포행위, 아이템 훔치기, 전자기록의 위조·변조, 사이버스토킹, 컴퓨터시스템의 작동원리에 의한 업무방해, 인터넷뱅킹을 악용한 재산상 이득의 취득, 인터넷을 통한 음란물의 유통, 이메일에 의한 성희롱이나 협박, 인터넷음란사이트·자살사이트·무기제조사이트 등과 같은 위험 내지 유해정보의 범람, 인터넷게시판이나 댓글에 의한 명예훼손이나 모욕 등이 빈발하고 있다. 바야흐로 '정보의 바다'라고 불리는 인터넷이 '범죄의 바다'로 되고 있는 실정이다.

인간의 생활에서 시간과 공간의 제약을 극복하여 거래방식이나 의사소통방식 등 삶의 기본구조를 획기적으로 변화시킨 20세기 최고의 발명품인 인터넷을 보다 안전하게 이용하고 사이버공간의 건전한 발전을 위

---

27) 전지연, "사이버범죄의 과거, 현재 그리고 미래", 형사법연구 제19권 제3호, 2007, 3면.

해서는 이러한 사이버범죄에 대한 효과적인 대책이 이루어 져야 한다.

1. 사이버범죄의 개념

사이버범죄란 인터넷과 같은 정보통신망으로 연결된 컴퓨터시스템이나 이들을 매개로 한 사이버공간을 이용하여 행하여지는 범죄로 정의하고자 한다. 이 외에도 사이버범죄를 인터넷과 같은 정보통신망으로 연결된 컴퓨터시스템이나 이를 매개로 형성되는 사이버공간을 중심으로 발생하는 범죄행위라고 견해[28], 컴퓨터범죄를 포함한 사이버공간에서 행해지는 모든 범죄적 현상이라는 견해[29], 인터넷사이트나 이를 서로 연계시키는 컴퓨터네트워크를 수단으로 하거나 대상으로 하는 범죄라는 견해[30] 등이 있다. 그러나 사이버범죄는 컴퓨터와 인터넷이라는 첨단기술과 관련이 되어져 있고 이러한 첨단기술은 거의 날마다 변화하는 것으로서 향후 어떠한 형태의 신종범죄가 나타날지 예측하기 어렵기 때문에 사이버범죄의 개념을 정립하는 데에 일정한 어려움이 있다. 즉 사이버범죄의 개념은 전통적이고 고전적인 범죄에 대한 개념처럼 구체화시키기 어려운 난점이 있다. 따라서 결국은 일단 어느 정도 추상화되는 것을 감수하되 미래에 나타날 신종범죄까지도 내포할 수 있는 개념을 설정하여야 할 것으로 보인다.

또한 사이버공간에서 발생하는 범죄행위에 대하여 「사이버범죄」라는 용어 이외에도 「컴퓨터범죄」, 「인터넷범죄」, 「하이테크범죄」, 「정보범죄」, 「정보통신범죄」 등 다양한 용어가 사용되고 있으나 해당 용어의 의미와 범위에는 다소 차이가 있는 것으로 보인다. 그러나 이런 범죄개념들이 모두 명확히 정의된 것은 아니다. 해당 용어들은 컴퓨터나 인터넷의 등

---

28) 김종섭, "사이버범죄의 현황과 대책", 형사정책 제12권 제1호, 2000, 234면.
29) 강동범, "사이버범죄 처벌규정의 문제점과 대책", 한국형사정책학회 2007춘계학술회 의자료집, 39면.
30) 전지연, 앞의 논문, 6면 참조.

장으로 새롭게 나타나고 있는 신종범죄를 지칭하기 위한 용어들로서 범행도구나 범행수법 등을 중심으로 범죄현상을 파악하려는 시도에서 출발하였다. 그러나 개념정립의 기초가 되는 컴퓨터·하이테크·인터넷 또는 사이버라는 용어 자체가 명확하게 정의하기 어려운 개념이어서 그에 대한 범죄개념 역시 명확히 정의하기가 곤란하다. 그럼에도 불구하고 사이버공간에서 발생하는 범죄현상들에 대한 적절한 대응을 하기 위해서는 이들을 지칭한 적당한 용어들이 필요하다.

2. 사이버범죄의 특성

　사이버범죄는 컴퓨터를 기반으로 하는 인터넷이라는 사이버공간을 그 배경으로 하고 있기 때문에 기존의 전통적인 범죄와는 다른 특성을 가지고 있다. 따라서 그 배경이 되는 사이버공간의 특성은 곧 사이버범죄의 특성으로 나타난다. 이러한 사이버범죄는 사회적·문화적·윤리적 역기능을 초래한다. 즉 사이버범죄는 대규모 경제적 손해[31]를 야기할 뿐만 아니라 국가안보나 외교 등에 관한 주요정보나 산업정보의 유출 또는 사회의 혼란과 정보질서의 문란 등을 초래하는 사회적 역기능, 컴퓨터를 통한 도박이나 음란물의 유포 등에 의한 문화적 역기능, 완전범죄 가능성에 대한 오신과 새로운 범죄도구에 대한 유혹 및 다른 사람의 사생활에 대한 침해 등에 따르는 윤리적 역기능을 초래한다.[32]

　사이버범죄는 컴퓨터를 기반으로 하는 것이기 때문에 종래 컴퓨터 범죄의 특성으로 언급되었던 것들은 모두 사이버범죄에도 해당되는 것이라고 보아야 한다. 즉 종래 컴퓨터범죄의 특성으로 언급되었던 것을 보

---

31) 사이버범죄에 의해 이처럼 경제적 피해가 큰 것은 컴퓨터가 가지는 영속성과 자동성에 기인한다. 즉 사건이 반복되고 피해액이 누적된다는 것이다. 또한 컴퓨터의 기계적인 특성인 자료의 압축성이 또한 컴퓨터로 인한 피해액을 증대시킨다(장영민·조영관, "컴퓨터범죄에 관한 연구", 한국형사정책연구원, 1993, 71면).
32) 최영호, "정보범죄의 현황과 제도적 대처방안", 한국형사정책연구원, 1988, 13면.

면 ① 컴퓨터부정조작의 경우 일단 조작방법을 터득하게 되면 그 조작행위의 빈번한 반복가능성이 있을 수 있다는 점(영속성), 행위자가 어떤 다른 행위를 하지 않더라도 일단 불법 변경된 자료를 호출하거나 불법한 프로그램을 삽입할 때마다 범죄행위가 유발된다는 점(자동성),[33] 네트워크에 연결된 경우 네트워크를 이용한 원격지에서의 범행이 가능하게 된다는 점(광역성),[34] 현실상의 증거물보다 컴퓨터 자료는 폐쇄성 · 불가시성 · 은닉성을 가지기 때문에 그 발각과 증명의 곤란성 등을 나타내게 된다.[35]

위와 같은 특성 이외에도 사이버 범죄가 인터넷이라는 사이버공간과 관련됨으로 인하여 나타나는 범죄의 특성에 대하여 살펴보면 다음과 같다.

(1) 동시성 혹은 시 · 공간적 무제한성

인터넷은 의사소통을 매우 빠르게 실시간(real time)으로 이루어지게 한다. 이러한 인터넷을 이용하는 경우 인간행위의 속도는 현실범죄와는 달리 전파의 속도 내지 빛의 속도에 필적한다. 따라서 인간은 사이버공간에서 물리적 공간이나 시간에 의한 제약을 받지 않게 되었으며, 인터넷 사용자는 자신의 메시지를 동시에 전세계의 이용자들에게 전달하는 것이 가능하게 되었다. 그러나 이러한 장점을 건설적인 일에만 사용하면 좋겠지만 현실은 결코 그렇지 않고 불법적인 행위에 사용할 수 있는 위험성은 언제나 존재한다. 즉 위와 같은 인터넷의 특징을 이용하여 다른 이용자 개인의 사생활을 침해하는 정보 · 음란정보 · 위험정보 등도 전세계의 이용자들에게 전파시키는 것이 가능하게 되었고, 인터넷이 연결된

---

33) 김문일, "정보화 사회에 있어서의 컴퓨터범죄와 그 방지대책에 관한 연구", 중앙대학교 대학원 박사학위논문, 1988, 57면.
34) 이철, 컴퓨터범죄 시론, 경진사, 1989, 28면.
35) 장영민 · 조영관, 앞의 논문, 72면.

곳이면 지구 어느 나라의 컴퓨터에도 바이러스를 유포시킬 수 있을 뿐만 아니라 해킹도 가능하게 되었다.[36]

(2) 비대면성

사람들이 사회생활과 경제생활을 영위하면서 일일이 서로 만나지 않아도 된다. 즉 상거래에 있어서 판매자와 소비자는 서로 만나지 않고 물건을 사고 팔 수 있으며, 국제간의 무역거래이서도 사람들 간에 서로 만나서 굳이 대화할 필요가 없다. 이러한 비대면성은 편리하고 경제적인 상거래를 가능하게 한 반면에 쉽게 범죄에 이용되기도 한다. 예를 들어 인터넷 사기의 많은 경우가 직접 대면하지 않는 데서 오는 책임의식의 결여와 범행 후 도주가 용이하기 때문에 쉽게 범죄로 연결된다. 또한 명예훼손이나 협박과 같은 경우에도 얼굴을 맞대면 쉽게 할 수 없는 언행이 비대면성으로 인해 과격해지고 대담해지는 경우가 많다.[37]

(3) 익명성

사이버공간은 인터넷주소(IP Address)를 중심으로 서로 접속하고 필요한 거래를 행하게 된다. 홈페이지 게시판에 글을 게시하는 경우나 원격서비스를 이용할 경우에도 일부에서 인증절차를 통해 검증하는 경우가 있기는 하지만 정확한 인적사항을 기재할 것을 요구하지 않는 경우가 대부분이다. 이러한 익명성으로 인하여 많은 범죄가 발생한다. 즉 해킹·바이러스유포·통신사기·음란물 판매 등과 관련된 범죄자들은 인터넷을 이용하면 자신의 신분이 노출되지 않는다고 생각하기 때문에 범죄를 저지르는 것이며 최근에는 자신을 숨기기 위한 각종 기술들이 인터

36) 강동범, 사이버범죄의 실태와 형사법적 대책, 한국형사정책연구원 제25회 형사정책세미나 자료집(2000. 5).
37) 김종섭, 사이버범죄의 현황과 대책, 형사정책 제12권 제1호, 2000, 235면.

넷상에서 공개되고 있다.

(4) 쌍방향성

인터넷의 가장 큰 특징은 상호대화식 쌍방향 서비스가 가능하다. 즉 인터넷 이용자들은 대화실·전자우편·뉴스그룹 등을 통하여 일방적으로 정보를 전달받거나 전달하는 것에 그치는 것이 아니라 서로의 의견을 주고받는 방법으로 대화를 하는 것이 가능하다. 이러한 특성으로 인하여 전혀 모르는 사람들 사이에서도 인터넷을 통하여 범행을 모의하는 것이 가능하다.

(5) 전문성 내지 기술성

사이버범죄에는 사이버스토킹·사이버성폭력·인터넷 도박과 같이 컴퓨터와 인터넷의 간단한 조작만으로도 범할 수 있는 범죄유형도 있지만 바이러스프로그램의 제작·유포 및 해킹, 영업비밀을 몰래 절취하는 인터넷 스파이, 프로그램이나 데이터의 조작을 통한 컴퓨터 사기 그리고 지적재산권과 관련하여 컴퓨터프로그램에 부과된 기술적 보호조치를 무력화시키는 행위처럼 일정수준이상의 전문적인 기술을 갖추어야 하는 경우도 있다. 이는 사이버범죄가 전통적인 범죄와는 달리 일정한 수준이상의 컴퓨터와 인터넷에 대한 전문지식이나 기술이 있어야 한다는 것을 의미한다.[38]

(6) 국제성

인터넷은 전세계의 네트워크를 실시간으로 연결하고 있기 때문에 국가 간의 경계 및 지리적 제약을 해소한다. 외국에 근거지를 둔 한글 음

---

38) 金熙準, 사이버犯罪의 槪念과 對應方案, 海外硏修檢事硏究論文集 第18輯, 法務硏修院, 2003, 446~447면.

란사이트가 다수 발견되고 이것이 확산일로에 있다거나, 각종 바이러스의 유포에 의한 피해가 어느 한 나라뿐만 아니라 전세계에 확산될 수 있다든지 또는 외국의 비밀정보나 산업기밀을 쉽게 그리고 아주 적은 비용으로 별다른 통제나 발각의 염려 없이 신속·정확하게 전달할 수 있어 국경을 초월하여 타국의 기업이나 국가기관에 대한 스파이 행위를 가능하게 하였다. 이들은 모두 사이버범죄의 국제성을 나타낸다.

II. 사이버범죄의 유형 및 처벌법규[39]

사이버 범죄는 그 범행 목적에 따라 해킹이나 컴퓨터 바이러스와 같은 유형의 '사이버 테러형 범죄'와 사이버명예훼손과 전자상거래 사기, 개인 정보 침해, 불법 사이트 개설, 디지털 저작권 침해 등의 '일반사이버범죄'로 나눌 수 있다.

1. 사이버테러형 범죄

(1) 해킹(Hacking)

일반적으로는 다른 사람의 컴퓨터 시스템에 무단 침입하여 정보를 빼내거나 프로그램을 파괴하는 전자적 침해행위를 의미한다. 해킹은 사용하는 기술과 방법 및 침해의 정도에 따라서 다양하게 구분된다. 즉 해킹에 사용되는 기술과 방법, 침해의 정도에 따라서 단순침입·사용자도용·파일등 삭제변경·자료유출·폭탄스팸메일·서비스거부공격 등으로 구분할 수 있다.

1) 단순침입

정당한 접근권한 없이 또는 허용된 접근권한을 초과하여 정보통신망

---

39) http://www.netan.go.kr에 있는 자료를 바탕으로 정리한 것임.

에 침입하는 것을 말한다. 여기에서 '접근권한'이란 행위자가 해당 정보통신망의 자원을 임의로 사용할 수 있도록 하는 권한을 말하며, "정보통신망에 침입한다"라는 것은 행위자가 해당 정보통신망의 자원을 사용하기 위해서 거쳐야 하는 인증절차를 거치지 않거나 비정상적인 방법을 사용해 해당 정보통신망의 접근권한을 획득하는 것을 말한다. 즉 정보통신망에 침입하기 위해서 타인에게 부여된 사용자계정과 비밀번호를 권한자의 동의 없이 사용하는 것을 말한다.

2) 서비스거부공격

정보통신망에 일정한 시간 동안 대량의 데이터를 전송시키거나 처리하게 하여 과부하를 야기시켜서 정상적인 서비스가 불가능한 상태를 만드는 일체의 행위를 말한다. 메일서버가 감당할 수 있는 한계를 넘는 많은 양의 메일을 일시에 보내 장애가 발생하게 하거나 메일내부에 메일수신자의 컴퓨터에 과부하를 일으킬 수 있는 실행코드 등을 넣어 보내는 것도 서비스거부공격의 한 유형이다.

3) 처벌법규

가. 정보통신기반 보호법

동법 제12조에서는 "누구든지 접근권한을 가지지 아니하는 자가 주요정보통신기반시설에 접근하거나 접근권한을 가진 자가 그 권한을 초과하여 저장된 데이터를 조작·파괴·은닉 또는 유출하는 행위를 하여서는 아니된다"규정하고, 제28조에서 이에 위반하여 주요정보통신기반시설을 교란·마비 또는 파괴한 자는 10년 이하의 징역 또는 1억원 이하의 벌금에 처하고 있다.

나. 정보통신망 이용촉진 및 정보보호 등에 관한법률

동법 제48조 제1항은 "누구든지 정당한 접근권한 없이 또는 허용된 접근권한을 초과하여 정보통신망에 침입하여서는 아니된다"고 규정하고, 제72조에서 이에 위반하여 정보통신망에 침입한 자는 3년 이하의 징역 또는 3천만원 이하의 벌금에 처하고 있다.

다. 물류정책기본법

동법 제33조 제5항은 "누구든지 불법 또는 부당한 방법으로 제4항의 규정에 의한 보호조치를 침해하거나 훼손하여서는 아니된다"고 규정하고, 제71조에서 이에 위반하여 종합물류망 또는 국가물류 통합데이터베이스에 의하여 처리·보관 전송되는 물류정보를 훼손하거나 그 비밀을 침해·도용 또는 누설한자는 5년 이하의 징역 또는 1억원 이하의 벌금에 처하고 있다.

(2) 악성프로그램

정보시스템의 정상적인 작동을 방해하기 위하여 제작·유포되는 모든 실행가능한 컴퓨터 프로그램을 악성프로그램으로 규정하고 이를 유포하는 행위를 처벌하고 있다. 악성프로그램은 리소스의 감염여부와 전파력 및 기능적 특징에 따라 크게 바이러스, 웜, 스파이웨어 등으로 구분할 수 있다. 악성프로그램에 감염된 컴퓨터는 처리속도가 현저하게 감소하거나 평소에 나타나지 않았던 오류메시지 등이 표시되면서 비정상적으로 작동하기도 하고 지정된 일시에 특정한 작동을 하기도 한다.

1) 트로이목마

프로그램에 미리 입력된 기능을 능동적으로 수행하여 시스템 외부의 해커에게 정보를 유출하거나 원격제어기능을 수행함으로써 트로이목마처럼 유용한 유틸리티로 위장하여 확산되기 때문에 감염사실을 알아채기 어렵다.

2) 인터넷 웜

시스템 과부하를 목적으로 이메일의 첨부파일 등 인터넷을 이용하여 확산된다. 확산시 정상적인 파일이 첨부되기도 하기 때문에 개인정보 유출의 위험이 있다.

3) 스파이웨어

공개프로그램, 셰어웨어, 평가판 등의 무료 프로그램에 탑재되어 정보를 유출시키는 기능이 있는 모든 종류의 프로그램을 말한다.

4) 처벌법규

정보통신망이용촉진및정보보호등에관한법률 제48조 제2항은 "누구든지 정당한 사유 없이 정보통신 시스템, 데이터 또는 프로그램 등의 훼손·멸실·변경·위조 또는 그 운용을 방해할 수 있는 프로그램(이하 '악성프로그램'이라 한다.)을 전달 또는 유포하여서는 아니된다"고 규정하고, 제72조에서 이에 위반하여 정보통신망에 침입한 자는 3년 이하의 징역 또는 3천만원 이하의 벌금에 처하고 있다.

2. 일반사이버범죄

(1) 전자상거래 사기

1) 의의

인터넷 화면을 보며 마우스 클릭만으로 주문에서 결재와 배송까지 확인 할 수 있다는 편리성 때문에 인터넷쇼핑몰 이용자들이 급증하는 추세이다. 그러나 통상 '선결제'라는 인터넷 거래의 특성을 악용하여 인터넷 쇼핑 사이트를 그럴듯하게 만들어 놓고 유명한 상품을 시중 가격에 비해 싸게 판매하는 것처럼 광고 한 후 고객으로부터 선불금을 받은 뒤 잠적해 버리거나 상대방이 확인하기 힘들다는 점을 악용하여 물건을 가지고 있지 않거나 팔 생각이 없으면서도 거래를 하기로 한 후 돈만 받고 연락을 끊어버리는 등의 수법을 이용한 사기 사건이 급증하고 있다.

게임사기는 인터넷 게임인구가 늘어나고 게임시장이 점점 확대됨에 따라 게임사이트에서 실제 돈으로 게임머니를 충전해 주거나 사이버 상에서 통용되는 게임머니나 게임아니템 등이 게임매니아 사이에서 실물처럼 거래되고 있는 실정으로 게임머니나 아이템을 거래하기로 하는 과정에서 사기피해가 발생하고 있다.

2) 처벌법규

형법 제347조는 사람을 기망하여 재물의 교부를 받거나 재산상의 이익을 취득한 자 또는 제삼자로 하여금 재물의 교부를 받게 하거나 재산상의 이익을 취득하게 한 자는 10년 이하의 징역 또는 2천만원이하의 벌금에 처하고 있다. 또한 동법 제347조의2는 컴퓨터등 정보처리장치에 허위의 정보 또는 부정한 명령을 입력하거나 권한 없이 정보를 입력·변경하여 정보처리를 하게 함으로써 재산상의 이익을 취득하거나 제3자로 하여금 취득하게 한 자는 10년 이하의 징역 또는 2천만원 이하의 벌금에 처하고 있다. 그리고 동법 제348조에서는 미성년자의 지려천박 또는 사람의 심신장애를 이용하여 재물의 교부를 받거나 재산상의 이익을 취득한 자 또는 제삼자로 하여금 재물의 교부를 받게 하거나 재산상의 이익을 취득하게 한 자는 10년 이하의 징역 또는 2천만원이하의 벌금에 처하고 있다.

(2) 불법복제

저작권법 및 컴퓨터프로그램보호법상의 창작물에 대한 저작권을 침해하는 행위이다. 과거 불법 복제되어 오프라인에서 거래되던 컴퓨터 프로그램·영화·음반(CD) 등이 최근에는 인터넷을 통해 파일 형태로 유포되거나 인터넷을 매개로 판매되는 등 불법복제물의 유포 및 판매가 사이버범죄의 한 형태로 나타나고 있다. 특히 최근에는 자신의 컴퓨터에 관련 프로그램만 설치하면 동일한 프로그램을 사용하는 다른 사람의 컴퓨터에 보관되어 있는 자료를 공유할 수 있는 P2P(peer to peer) 방식의 인터넷 자료공유 서비스가 확산되고 있다. 그로 인하여 자료공유를 원하는 네티즌들 사이에 범죄의식 없이 불법으로 복제된 컴퓨터 프로그램이나 영화 및 음반들이 유포되고 있다.

(3) 불법·유해사이트

1) 의의

불법·유해사이트는 공공의 안녕·질서유지 또는 미풍양속을 해하는 등 반사회적 내용을 담고 있는 사이트로서 개설목적 자체가 법률에 위반되거나 범죄수단으로 사용되는 위법사이트를 포함한다. 접근제한이나 이용의 제약이 없는 인터넷을 이용하여 각종 불법행위에 대한 정보교환 등이 이루어지고 있으며 특히 자살사이트나 마약거래를 위한 사이트는 물론이고 청부살인이나 폭력을 의뢰하는 심부름센터 사이트까지 생겨나 인터넷으로 정보를 주고받음으로써 오프라인 범죄의 모태가 되기도 한다. 또한 누구나 접근할 수 있는 사이버공간에 이러한 유해정보를 제공하는 것은 청소년이나 기타 이른바 네티즌 등에게 범죄의 유혹을 제공하기도 한다.

2) 처벌법규

가. 정보통신망 이용촉진 및 정보보호 등에 관한법률

동법 제74조 제1항은 정보통신망을 통하여 음란한 부호·문언·음향·화상 또는 영상을 배포·판매·임대하거나 공연히 전시한 자에 대하여 1년 이하의 징역 또는 1천만원 이하의 벌금에 처하고 있다.

나. 형법

동법 제246조는 재물로써 도박한 자(단 일시오락정도에 불과한 때에는 예외)에 대하여 500만원 이하의 벌금 또는 과료에, 상습으로 본 죄를 범한 자에게는 3년 이하의 징역 또는 2천만원이하의 벌금에 처하도록 하고 있고, 나아가 제247조에서는 영리의 목적으로 도박을 개장한 자는 3년 이하의 징역 또는 2천만원이하의 벌금에 처하도록 하고 있다. 그리고 제248조는 법령에 의하지 아니한 복표를 발매한 자에 대하여 3년 이하의 징역 또는 2천만원이하의 벌금에, 복표발매를 중개한 자는 1년 이하의 징역 또는 500만원 이하의 벌금에 처하도록 하고 있다.

(4) 사이버명예훼손

1) 의의

인터넷 게시판에 타인의 명예를 훼손하는 글·사진 등을 게시하거나 전자우편 등을 통해 유포하는 것을 말한다. 불특정 다수인이 무제한 접근이 가능한 인터넷의 특성상 인터넷 게시판 등에 해당 내용이 일단 게재되면 시간이나 공간의 제한 없이 단시간 내에 급속도로 유포될 수 있기 때문에 그로 인한 피해가 심각하다.

이러한 이유로 「정보통신망이용촉진 및 정보보호 등에 관한 법률」에서는 사이버명예훼손죄를 일반명예훼손보다 더 무겁게 처벌하도록 규정하고 있다.

2) 처벌법규

정보통신망 이용촉진 및 정보보호 등에 관한법률 제70조는 사람을 비방할 목적으로 정보통신망을 통하여 공연히 사실을 적시하여 타인의 명예를 훼손한 자는 3년 이하의 징역이나 금고 또는 2천만원 이하의 벌금에, 사람을 비방할 목적으로 정보통신망을 통하여 공연히 허위의 사실을 적시하여 타인의 명예를 훼손한 자는 7년 이하의 징역, 10년 이하의 자격정지 또는 5천만원 이하의 벌금에 처하도록 하고 있다.

(5) 개인정보침해

1) 의의

쇼핑·오락·교육·행정·금융업무 등 생활전반이 인터넷을 통해 이루어짐에 따라 인터넷에서 개인의 성명, 주민등록번호, 주소 및 전화번호 등과 같은 개인정보의 중요성은 점점 커지고 있다. 개인정보를 침해하는 범죄의 심각성은 단순히 개인정보가 유출된 것으로 끝나는 것이 아니라 유출된 개인정보가 다른 범죄에 사용될 수 있다는 것에 있으며 이러한 개인정보는 범죄의 표적이 되고 있다.

개인정보는 재화로서의 가치를 갖고 유통되기도 하므로 법에서는 정보통신서비스제공자가 이용자의 동의 없이 개인정보를 수집하거나 개인정보를 취급하거나 취급하였던 자가 개인정보를 타인에게 누설하거나 제공하는 경우와 같은 조직적인 개인정보침해행위도 규제하고 있다.

2) 처벌법규

가. 정보통신망 이용촉진 및 정보보호 등에 관한법률

동법 제71조는 정당한 사유 없이 정보통신시스템, 데이터 또는 프로그램 등을 훼손·멸실·변경·위조 또는 그 운용을 방해할 수 있는 프로그램(이하 악성프로그램이라 한다)을 전달 또는 유포한 자에 대하여 5년 이하의 징역 또는 5천만원 이하의 벌금에 처하도록 하고 있다.

나. 형법

동법 제316조 제2항은 봉함 기타 비밀장치한 사람의 편지·문서·도화 또는 전자기록 등 특수매체기록을 기술적 수단을 이용하여 그 내용을 알아낸 자에 대하여 3년 이하의 징역이나 금고 또는 500만원 이하의 벌금에 처하도록 하고 있다.

다. 정보통신망 이용촉진 및 정보보호 등에 관한법률

동법 제71조는 정보통신망에 의하여 처리·보관 또는 전송되는 타인의 정보를 훼손하거나 타인의 비밀을 침해·도용 또는 누설한 자는 5년 이하의 징역 또는 5천만원 이하의 벌금에 처하도록 하고 있다.

라. 통신비밀보호법

동법 제16조는 통신비밀보호법과 형사소송법 또는 군사법원법의 규정에 의하지 아니하고는 우편물의 검열·전기통신의 감청 또는 통신사실확인자료의 제공을 하거나 공개되지 아니한 타인간의 대화를 녹음 또는 청취한 자 또는 그 지득한 통신 또는 대화의 내용을 공개하거나 누설한 자에 대하여 10년 이하의 징역과 5년 이하의 자격정지에 처하도록 하고 있다.

(6) 사이버 스토킹

1) 의의

인터넷 게시판·대화방·E-mail 등 정보통신망을 통하여 상대방이 원하지 않는 접속을 지속적으로 시도하거나 욕설·협박 내용을 담고 있는 메일 송신행위를 지속하는 것을 말한다. 우리나라에서는 현재까지 사이버 스토킹을 구체적인 범죄로 규정하지 않고 사이버성폭력의 한 사례로 분류하고 있지만, 외국에서는 사이버 스토킹을 독립된 하나의 범죄로 중요하게 취급하고 있다.

2) 처벌법규

가. 정보통신망 이용촉진 및 정보보호 등에 관한법률

동법 제74조 제3호에서는 정보통신망을 통하여 공포심이나 불안감을 유발하는 말·음향·부호·문언·음향·글·화상·영상을 반복적으로 상대방에게 도달하게 한 자는 1년 이하의 징역 또는 1천만원 이하의 벌금에 처하고 있다.

나. 성폭력범죄의 처벌 및 피해자 보호 등에 관한 법률

동법 제14조는 자기 또는 다른 사람의 성적 욕망을 유발하거나 만족시킬 목적으로 전화·우편·컴퓨터 기타 통신매체를 통하여 성적 수치심이나 혐오감을 일으키는 말이나 음향, 글이나 도화, 영상 또는 물건을 상대방에게 도달하게 한 자에 대하여 2년 이하의 징역 또는 500만원 이하의 벌금에 처하도록 하고 있다.

(7) 스팸메일

1) 의의

스팸메일(spam mail)이란 종래의 광고전단처럼 다수를 대상으로 전자우편을 통해 자신의 사이트나 상품을 광고하는 것을 말한다. 이러한 행위는 인터넷 사용자에게 통신비 부담, 생활장애, 업무방해 등 많은 피해를 야기하고 있다.

2) 처벌법규

「정보통신망 이용 촉진 및 정보보호 등에 관한 법률」제50조에서 "누구든지 전자우편, 그 밖에 대통령령이 정하는 매체를 이용하여 수신자의 명시적인 수신거부의사에 반하는 영리 목적의 광고성 정보를 전송하여서는 아니 된다."라고 규정하고, 이에 위반하는 자는 3천만원 이하의 과태료에 처하고 있다.

(8) 메신저 피싱

타인의 인터넷 메신저 ID · 비밀번호를 입수하여 해킹하는 방법으로 로그인을 한 후 이미 등록되어 있는 친 · 인척, 지인에게 1:1 대화를 시도하여 계정소유자를 사칭하여 인터넷 뱅킹을 통해 금전송금을 유도하는 수사기법이다. 금전요구시 전화로 계정 소유자에게 사실확인을 하고 수시로 비밀번호를 교체하거나 공공장소에서의 메신저 사용은 자제하는 등의 주의가 필요하다.

III. 사이버 음란물 유포행위

1. 의의

사이버 음란물은 컴퓨터파일에 동화상이나 영상물을 담아 사이버 공간에 올리거나 CD에 담아 PC통신의 대화방이나 인터넷 홈페이지 게시판을 통하여 광고하거나 또는 불특정 다수인에게 전자메일을 보내 광고하는 방법을 사용한다. 따라서 그 전달방법에 있어서 일반적으로 통용되는 음란물과는 근본적 차이가 있다.[40]

---

40) 따라서 디지털형태의 파일은 물건에 해당하지 않으므로 '음란물'이라는 용어보다는 '음란한 내용'이라는 용어가 타당하다는 견해(조병인 · 정진수 · 정완 · 탁희성, 사이버 범죄에 관한 연구, 한국형사정책연구원, 2000, 157면), 인터넷을 통해 음란물을 주고받

문제는 음란사이트들이 인터넷상에서 난무하고 있을 뿐만 아니라 그 내용과 정도에서도 갈수록 심해지고 있다는 것이다. 특히 이러한 음란사이트는 인터넷의 이용자들이 그 주소만 알면 누구나 접속할 수 있고 심지어는 미성년자들까지도 간단한 성인인증절차만 받으면 접속하는 것이 가능할 뿐만 아니라 이를 복제하거나 인터넷상에서 재차 유통하는 것까지 가능하여 그 문제의 심각성을 가중하고 있다.

2. 음란의 의미 및 판단기준

(1) 음란의 의미

음란의 개념 자체는 규범적인 것으로서 절대적인 개념정의가 불가능하며 시대와 장소 및 가치관에 따라 판단될 수밖에 없는 포괄적이고 광범위한 개념이다. 그럼에도 불구하고 형법상 음란물죄와 청소년보호법상 청소년유해매체물 판매의 죄에서는 구체적인 개념정의 없이 음란성을 범죄요건으로 하고 있다. 이와 관련하여 판례[41]는 음란의 개념을 "일반적으로 그 내용이 사람의 성욕을 자극·흥분시켜 일반인으로 하여금 성적 수치심을 야기하고 선량한 성적 도의관념에 반하는 것"이라고 정의하고 있다.

(2) 음란성의 판단기준

또한 그 음란성에 대한 판단기준을 "① 당해 표현물의 성에 관한 노골

거나 매매하는 방식의 행위를 사이버 음란물 유통이라고 하여 디지털 파일이 아닌 형태의 음란물도 사이버 음란물의 범주에 포함시키는 견해(허일태, 사이버범죄의 현황과 대책, 동아대학교 법학연구소 세미나 발표논문, 2000, 7면) 그리고 사이버 범죄의 범주에 원조교제와 같은 정보도 포함시키는 견해(허일태, 사이버범죄의 현황과 대책, 8면)가 있다.

41) 대법원 2006. 4. 28. 선고 2003도4128 판결; 대법원 2005. 7. 22. 선고 2003도2911 판결.

적이고 상세한 묘사·서술의 정도와 그 수법, 묘사·서술이 그 표현물 전체에서 차지하는 비중, ② 거기에 표현된 사상 등과 묘사·서술의 관련성, 표현물의 구성이나 전개 또는 예술성·사상성 등에 의한 성적 자극의 완화 정도, ③ 이들의 관점으로 부터 당해 표현물을 전체로서 보았을 때 주로 그 표현물을 보는 사람들의 호색적 흥미를 돋우느냐의 여부 등 여러 점을 고려하여야 하며, ④ 표현물 제작자의 주관적 의도가 아니라 그 사회의 평균인의 입장에서 그 시대의 건전한 사회 통념에 따라 객관적이고 규범적으로 평가하여야 한다"라고 제시하고 있다. 그러나 위와 같이 판례가 음란성의 개념을 구체화하고 있음에도 불구하고 여전히 음란의 개념은 추상적이어서 객관적 기준을 마련하는 것이 쉽지 않은 것으로 보인다.

3. 음란물 유통의 유형 및 형사법적 규제

인터넷상에서의 음란물 유통은 ① 사이버음란물(cyberpornography)을 공연히 전시하거나 유통시키는 행위, ② 몰래카메라를 이용하여 타인의 성적생활을 촬영하고 이를 유통시키는 행위, ③ 자신의 행위를 촬영하는 데 대한 동의능력이 없는 아동 내지 동의능력이 미약한 청소년이 출연하는 아동포르노그래피 내지 청소년이용음란물을 유통시키는 행위 등 크게 3가지로 나눌 수 있다.

(1) 사이버음란물 전시·유통

우리 형법 제243조 음란물반포 등의 죄는 "음란한 문서·도화·필름 기타 물건을 반포·판매 또는 임대하거나 공연히 전시 또는 상영한 자는 1년 이하의 징역 또는 500만 원 이하의 벌금에 처한다"고 규정하고 있다. 따라서 음란한 내용을 담은 CD와 같은 음란물을 인터넷사이트를 통해 유통하는 행위에 대하여는 형법 제243조가 적용될 수 있다. 그러나

음란한 내용의 컴퓨터파일, 예를 들어 음란한 동영상을 인터넷 게시판에
올려 이를 다운로드받을 수 있게 하거나 인터넷 사이트를 개설하여 이
사이트에 접속하게 한 행위를 형법 제243조의 음란물 죄로 처벌할 수
있는가에 대한 문제이다. 즉 동죄의 객체는 음란한 '물건'이어야 하는데,
인터넷과 컴퓨터통신을 이용한 사이버 음란물의 경우에는 가장 기본적
인 표현방법이 텍스트와 이미지(화상 또는 영상)이므로, 이러한 텍스트
나 이미지를 담고 있는 컴퓨터파일이 음란한 물건에 해당하는가에 대한
문제이다.

이에 관하여 판례는 "컴퓨터프로그램파일은 형법 제243조에서 규정하
고 있는 문서·도화·필름 기타 물건에 해당되지 않는다는 이유로 음란
한 영상화면을 수록한 컴퓨터프로그램파일을 컴퓨터통신망을 통하여 전
송하는 방법으로 판매한 행위에 대하여는 형법 제243조를 적용할 수 없
다고 판시하였다.42) 따라서 형법 제243조에 의해서는 처벌할 수 없다.
그러나 성폭력범죄의처벌및피해자보호등에관한법률 제14조의 통신매체
이용음란죄로 처벌하는 것이 가능하다.43)

(2) 몰래카메라 이용촬영 및 사이버공간 유포

몰래카메라를 이용한 촬영행위에 대하여는 「성폭력범죄의 처벌 및 피
해자보호에 관한 법률」 제14조의2에 의하여 처벌할 수 있다. 즉 동 조항
에 의하면 "카메라 기타 이와 유사한 기능을 갖춘 기계장치를 이용하여

---

42) 대법원 1999. 2. 24. 선고 98도3140 판결(피고인들이 컴퓨터통신정보제공자로 일하고
   있는 자와 공모하여, 컴퓨터정보통신회사를 설립하여 'BIG'이라는 사설게시판을 개설
   하고, 수수료를 받고서 음란한 영상화면을 수록한 컴퓨터 프로그램파일 73개를 컴퓨
   터 통신망을 통하여 전송하는 방법으로 판매한 사건이다).
43) 성폭력범죄의처벌및피해자보호등에관한법률 제14조에서는 "자기 또는 다른 사람의
   성적욕망을 유발하거나 만족시킬 목적으로 전화·우편·컴퓨터 기타 통신매체를 통
   하여 성적수치심이나 혐오감을 일으키는 말이나 음향, 글이나 도화, 영상 또는 물건을
   상대방에게 도달하게 한 자는 1년 이하의 징역 또는 300만원 이하의 벌금에 처한다"
   고 규정하고 있다.

성적 욕망 또는 수치심을 유발할 수 있는 타인의 신체를 그 의사에 반하여 촬영한 자는 5년 이하의 징역 또는 1천만원 이하의 벌금에 처한다"고 규정하고 있다. 따라서 피해자의 동의하에 촬영한 경우에는 본죄의 구성요건에 해당하지 않지만, 그 동의의 범위를 일탈하여 해당 사진 등을 이용하였을 경우에는 초상권침해로 인한 불법행위책임이 발생하여 이를 이유로 한 손해배상청구가 가능하다.

본죄는 동법 제14조의 통신매체이용음란죄와는 달리 친고죄가 아니다. 이는 몰래카메라의 촬영행위가 여관이나 화장실 혹은 목욕탕 등에서 불특정 다수인을 상대로 하는 경우가 많아 피해자를 특정하기 어렵다는 현실적인 이유를 고려한 것으로 판단된다.

그리고 이러한 몰래카메라 촬영행위를 방지하기 위한 대책의 하나로 몰래카메라장치의 제조행위 및 판매행위에 대한 적극적인 단속이 필요하다. 현재 통신비밀보호법에 의하여 감청설비에 대하여는 인가를 받은 자만이 취급할 수 있고 이를 위반하여 인가를 받지 아니하고 감청설비를 제조·수입·판매·배포·소지·사용하거나 이를 광고한 자는 동법 제17조 제2호의 규정에 의하여 5년 이하의 징역 또는 3천만원 이하의 벌금으로 처하도록 되어 있다. 다만 위 조항은 음성인식기능이 있는 몰래카메라에 대하여는 적용가능하나 음성인식기능이 없는 몰래카메라에 대하여는 적용할 수 없어 이를 처벌할 수 있도록 입법상의 조치가 있어야 한다.

(3) 아동포르노그래피 및 청소년이용음란물 유포

청소년의 성보호에 관한 법률 제2조는 '청소년이용음란물'이라 함은 청소년이 등장하여 청소년과의 성교행위 또는 청소년과의 구강·항문 등 신체의 일부 또는 도구를 이용한 유사성교행위를 하거나, 청소년의 수치심을 야기하는 신체의 전부 또는 일부 등을 노골적으로 노출하여 음란한 내용을 표현한 것으로서 필름·비디오물·게임물 또는 컴퓨터 기타 통신매체를 통한 영상 등의 형태로 된 것을 말한다고 규정하고 있으며, 제8조는 이러한 청소년이용음란물을 제작·수입·수출한 자는 5년 이상의 유기징역에, 영리를 목적으로 청소년이용음란물을 판매·대여·배포하거나 이를 목적으로 소지·운반하거나 공연히 전시 또는 상영한 자는 7년 이하의 징역에, 청소년을 청소년이용음란물의 제작자에게 알선한 자는 1년 이상 10년 이하의 징역에 처한다고 규정하고 있다.

따라서 청소년을 이용한 사이버 음란물은 동법 제8조를 통해 규율할 수 있다. 이처럼 청소년의 성보호에 관한 법률은 청소년 이용 음란물의 제작·배포 등에 대한 처벌을 강화하여 청소년 이용 컴퓨터 프로그램이나 인터넷 음란사이트 등에까지 그 처벌범위를 확장하고 있다. 다만 청소년보호법 제50조 제1호와 청소년의 성보호에 관한 법률 제8조의 행위객체에 문자정보·음성정보·영상정보만을 규정하고 있기 때문에 사이버 음란물의 가장 기본적인 표현방식인 이미지 또는 그래픽파일에 대한 규정이 빠져있다. 즉 도화나 화상이 이들 조항의 적용대상에서 제외되어 있다. 따라서 이 경우에는 정보통신망이용촉진 및 정보보호에 관한 법률 제44조의7 제1항[44]에 의해 처벌받는다.

IV. 사이버명예훼손

1. 개념

인터넷상의 명예훼손행위는 이러한 사이버 범죄의 대표적인 것의 하나로, 기존의 '명예에 관한 죄'가 인터넷을 통한 가상공간에서 이루어지는 것을 말한다. 즉 "불특정 또는 다수인이 열람하는 게시판이나 전자우

---

44) 동조 제1항은 "누구든지 정보통신망을 통하여 음란한 부호·문언·음향·화상 또는 영상을 배포·판매·임대하거나 공공연하게 전시하는 내용의 정보를 유통하여서는 아니 된다"라고 규정하고 있다.

편 또는 채팅방 등 정보통신망을 이용하여 타인에게 인격적 모독·비방 혹은 허위 사실을 유포하거나 사실을 구체적으로 표시하여 사람의 사회적 평가를 저하시킬 위험상태에 빠뜨리는 일체의 행위"[45]라고 한다.

또한 기존의 명예훼손과 구분하여 '사이버명예훼손'이라는 개념으로 통칭하기도 한다. 즉 기존의 명예에 관한 죄가 구두에 의한 명예훼손, 문서에 의한 명예훼손, 그리고 모욕으로 구분되는데 반하여, 사이버명예훼손은 그 문구에 불구하고 일단 이 모든 것을 하나로 합한 개념으로 파악된다. 따라서 사이버명예훼손을 세분하면, 채팅에 의한 명예훼손 같은 것은 구두에 의한 명예훼손, 전자게시판에 의한 명예훼손은 출판물 등에 의한 명예훼손, 구체적인 사실적시 없이 이루어지는 명예훼손은 모욕으로 구분한다.[46]

사이버명예훼손은 인터넷홈페이지의 게시판(전자게시판)에 타인을 비난하는 악의적인 글이나 사진 또는 동영상을 올리는 것이 전통적인 유형이다. 그러나 오늘날은 이외에도 이용자 간의 상호비방으로 인한 명예훼손, 안티사이트를 통한 명예훼손, 유즈넷(Usenet)을 이용한 명예훼손, 도메인 주소를 이용한 명예훼손, 채팅을 통한 명예훼손, 사이버 훌리건에 의한 명예훼손 등 비교적 새로운 형태의 명예훼손행위도 많이 발견되고 있다.

2. 사이버명예훼손죄의 구성요건

정보통신망이용촉진 및 정보보호 등에 관한법률 제61조에 의한 사이버명예훼손죄가 성립하기 위해서는 사람을 비방할 목적으로 정보통신망[47]을 통하여 공연히 사실 또는 허위의 사실을 적시하여 타인의 명예

45) 정대관, "사이버공간에서의 인권보호", 한국비교형사법학회 2003년도 하계국제학술대회 논문집, 479면 참조.
46) 박광민, 앞의 논문, 101면.
47) '정보통신망'이란 전기통신기본법 제2조 제2호의 규정에 의한 전기통신설비를 이용하거나 전기통신설비와 컴퓨터 및 컴퓨터의 이용기술을 활용하여 정보를 수집·가공·

를 훼손하여야 한다. 형법상의 출판물에 의한 명예훼손죄와의 관계에서
특별히 고려해야 할 사이버명예훼손죄의 구성요건은 다음과 같다.

(1) 행위자에게 고의 이외에 '비방할 목적'이 있을 것

타인의 비위사실을 인터넷상에 게재하여도 비방할 목적이 없다면 사
이버명예훼손죄는 성립하지 않으며, 이 경우에는 형법 제307조의 명예
훼손죄가 된다고 보아야 한다. 그런데 사이버명예훼손죄를 적용함에 있
어서 이 '비방할 목적'이 있느냐를 판단하는 것은 상당히 어려운 문제에
속한다. 결국 행위자의 주관적 의도의 강도 내지 방향성, 행위자가 올린
게시물 등의 전체내용, 표현방법 및 주변정황을 종합적으로 판단한다.[48]

(2) '공연성'이 있을 것

공연성이 있어야 한다.[49] 즉 인터넷의 특성상 높은 전파성을 갖고 있
음에도 불구하고 공연성을 요구하는 이유는 직접적으로 사회에 유포시
켜 사회적으로 유해한 행위만을 처벌하고, 공연성이 없는 개인적인 정보
전달을 제외함으로써 표현의 자유에 대한 지나친 제한을 억제하려는 데
에 있다.[50] 한편 공연성의 요구를 부정하는 입장에서는 정보통신망법상
의 '공연성'의 개념은 정보통신망이라는 특성상 무한정한 전파성으로 인
해 '항상 불특정 또는 다수인이 인지할 수 있는 상태'임을 간과한 불필요
한 개념이므로 이를 의미 없는 주의적 규정이라고 한다.[51] 또한 형법상
단순명예훼손죄에서 요구하는 공연성 인정의 기준과 관련하여 소위 '전

저장·검색·송신 또는 수신하는 정보통신체제를 말한다(정보통신망법 제2조 제1항
   제1호).
48) 정완, 사이버명예훼손죄에 관한 소고, 형사정책연구소식(2003, 3·4월호), 12면 참조.
49) 대법원 1991. 6. 25. 선고 91도347 판결; 대법원 1996. 7. 12. 선고 96도1007 판결.
50) 이에 반하여 공연성이란 "불특정 또는 다수인이 인식할 수 있는 상태"를 의미한다.
51) 정대관, 사이버 공간에서의 명예훼손죄, 성균관법학회 제1회 학술발표대회 논문집,
   2005.2, 44면.

파성의 이론'을 일관되게 지지하는 판례[52]의 이론에 의하면 이 죄에서의 공연성은 의미 없는 주의적 규정에 불과하다는 주장[53]도 있다.

그러나 개인 간의 전자메일에 의한 경우에는 단순한 통신이기 때문에 명예훼손의 문제는 일어나지 않으며, 서브관리자 또는 게시판 관리자만 볼 수 있게 기술적으로 제한한 경우에는 공연성이 없다고 보아야 한다. 다만 카본 카피(carbon copy)의 형태로 혹은 메일링 리스트(mailing list)[54]를 이용하여 다수의 사람에게 송신하는 경우에는 공연성의 요건이 충족된다. 또한 PC통신, 인터넷의 전자게시판, 홈페이지의 게재 등 커뮤니케이션이 한정되지 않고 다수의 접근(access)이 가능한 경우에는 당연히 공연성이 긍정된다.

(3) 사실을 적시할 것

적시될 '사실'에 대해서는 기본적으로 다른 수단에 의한 경우와 다르지 않다. 다만 그것이 명예훼손에 해당되는가는 구체적 사실관계나 인터넷의 특수성을 감안하여 결정되어져야 한다. 따라서 사진이나 동영상 등을 올리는 것도 사실의 적시에 해당한다고 보아야 한다.

또한 사실의 적시가 '특정인'의 명예가 침해될 가능성을 가질 정도로 구체적이어야 한다면, 피해자의 ID나 핸들네임(handle name)을 사용하여 그 명예를 침해한 경우에 '익명성의 확보'가 문제되는데, 이 경우 사실관계로 핸들네임에서 피해자를 추론하여 알 수 있는 경우에는 익명성이 확보되지 않으므로 명예훼손이 성립하게 된다.

---

52) 대법원 1990. 7. 24. 선고 90도1167 판결; 대법원 1994. 9. 30. 선고 94도1880 판결; 대법원 1996. 7. 12. 선고 96도1007 판결 등.
53) 박광민, 앞의 논문, 105면.
54) 메일링 리스트는 특정 리스트에 가입하려면, 가입자가 올린 메시지가 그 리스트의 가입자에게 전자우편의 형태로 배포되는 것을 말한다. 이 메일링 리스트는 'List Server'라는 프로그램을 통하여 제공되기 때문에 'listserv'라고 부르기도 한다.

3. 사이버명예훼손죄의 위법성조각

　　정보통신망법상의 사이버명예훼손죄에는 형법 제310조와 같이 진실성과 공익성을 요건으로 위법성을 조각하는 특별한 규정이 없다. 따라서 위법성조각이 배제된 출판물에 의한 명예훼손죄와 마찬가지로 사이버명예훼손죄에도 형법 제310조에 의한 위법성조각이 배제되는지 여부가 문제된다.

　　온라인매체에서는 무한한 복제가 가능하고 신속한 전파도 가능하므로 피해의 정도가 더 심각할 위험성이 매우 높고, 인터넷이 가지는 쌍방향성의 특성을 강조하여 인터넷을 통한 공개토론의 장에서 그 해법을 모색하는 것은 피해자의 관점에서 볼 때 반드시 만족스럽고 유리한 것만은 아니다. 오히려 공개토론의 장으로 자신에 대한 명예훼손적 메시지가 회자됨으로써 불필요한 메시지의 확대재생산을 초래할 우려도 있으며, 피해자가 가해자에 대한 법적 처벌이나 보상을 단호하게 요구할 경우 시장논리에 따른 공개토론의 장에서의 해결방법은 그 한계에 부딪칠 수밖에 없다. 따라서 사이버명예훼손죄도 출판물에 의한 명예훼손죄에서와 마찬가지로 형법 제310조에 의한 위법성조각이 배제되는 것이 타당하다고 본다. 다만 사이버공간에서의 표현의 자유가 지나치게 위축되지 않도록 사이버명예훼손죄에서의 '비방의 목적'과 형법 제310조의 '공공의 이익'은 상호 배척적인 관계에 있다고 할 수 있으므로 인터넷상에 적시된 사실이 공공의 이익에 관한 것이라면 반사적으로 비방목적이 부인되어 제307조 제1항의 단순명예훼손죄의 성립여부가 문제될 수 있다. 그리고 형법 제307조의 명예훼손죄가 성립되면 진실성과 공익성을 요건으로 제310조의 위법성 조각도 가능하다.

4. 기타

(1) 기수시기

사이버명예훼손죄의 특성을 고려하여 당해 정보를 하드디스크 등에 장치·기억시키는 단계가 아니라, 단적으로 정보로서 화면에 표시되어 현실로 인식되는 단계에서 적시에 해당된다고 보는 것이 타당하다.[55]

(2) 범죄지의 결정

인터넷이 가지는 특성 때문에 데이터의 보관·관리를 하는 서버가 국내에 있는지 아니면 국외에 있는지에 따라서 범죄성립에 영향을 미치는가에 대한 문제점이 있다. 행위지와 결과발생지를 모두 범죄지로 보는 견해[56]에 따르면 인터넷상의 명예훼손 행위를 범죄로 규정하고 있는 모든 국가의 형법이 적용될 수 있다. 따라서 이에 대하여는 '올려놓기'(up-load)된 컴퓨터가 소재하는 국가가 어디인가를 문제로 삼으면 해석론상 별 문제는 없다. 예를 들어 우리나라에서 사실이 적시되면 범죄결과(위험범에 있어서 위험의 발생)의 발생지는 우리나라 국내이므로 우리나라의 형법이 적용된다.

(3) 링크연장행위의 가벌성

링크를 연장하는 행위는 '퍼온 글'과는 달리 다른 홈페이지의 URL(Uniform Resource Locator)를 참조하는 명령(command)이 들어있기 때문에 링크운영주체와 매개수단자의 관계에서 공연성이 있는가를 검토해야 한다. 따라서 명예훼손의 내용을 이루는 정보로의 링크 행위가 공연성이 없다면 벌할 수 없다. 그러나 피해자의 사회적 평가를 해하는 공연성의

---

55) 박광민, 앞의 논문, 105면.
56) 김성규, "형법의 장소적 적용범위에 관한 규정의 내용과 한계", 형사법연구 제18호, 2002 겨울, 192면 이하 참조.

범위를 확대하여 간접적으로 정범행위 결과를 조장하는 행위라면 공범 (방조범)이고, 정보를 자기의 것으로 하여 정보를 제공하는 정범행위와 동일시할 수 있다면 정범으로 취급된다.

> **[관련판례]** 인터넷사이트에 링크사이트를 만들어 놓고 이를 이용하여 별다른 제한 없이 음란한 부호 등에 바로 접할 수 있는 상태를 조성한 경우 그러한 행위는 전기통신 역무를 이용하여 음란한 부호 등을 공연히 전시한다는 구성요건을 충족한다(대법원 2003. 7. 8. 2001도1335 판결).

위 판례를 비판하는 입장에서는 "음란정보는 특별히 다른 사람에게 해를 끼치는 것이 아니므로 그에 관한 규정은 엄격하게 해석·적용해야 하고, 특히 전시행위는 더욱 엄격하게 적용해야 하며, 더구나 다른 사이트의 초기화면에 링크시킨 경우에는 더욱 그러하다"라고 하거나[57] "음란물 전시에 대한 직접 정범의 책임을 져야 하는 자는 인터넷상에 음란문서나 파일을 직접 등재한 사람에 한정하는 것이 바람직하고, 이에 링크한 사람은 정범의 음란물 전시행위를 방조한 자라고 보아야 한다"는 견해[58]가 있다.

(4) 사이버모욕죄의 신설 논쟁

1) 의의

사이버 공간의 특성인 익명성에 근거한 무분별한 비난성 댓글 도는 덧글의 난무로 인하여 그 피해의 범위가 커지고 있다. 이러한 상황에서 최근에 학생왕따 사건, 개똥녀 사건, 최진실 자살사건 등이 발생하자 형법상 모욕죄와는 별도로 사이버모욕죄를 신설하여 사이버 공간에서의

---

57) 오영근, "인터넷상 음란정보 '전시'의 개념", 법률신문(2003.10.23. 제3213호).
58) 서보학, "유해정보사이트에 링크해 놓은 경우의 형사책임", 법률신문(2003. 9. 25. 제3205호).

무분별한 모욕행위에 대해 강력히 대체해야 한다는 인식에서 사이버모욕죄의 신설이 주장되고 있다. 그러나 모욕죄 자체를 폐지하는 것이 세계적인 경향임에도 불구하고 그에 대한 처벌을 강화하는 것은 국제적 추세에도 어긋난다고 할 수 있다.[59] 또한 세계언론자유위원회(WFPC)와 국제언론인협회(IPI)도 표현의 자유에 대한 위축을 우려하여 모욕죄의 폐지를 요구하고 있으며, 사이버 모욕죄를 두고 있는 나라는 중국이 유일하다.

이하에서는 모욕의 개념 및 형법상 모욕죄의 보호법익을 살펴 본 후, 사이버모욕죄의 신설에 대한 찬성하는 입장 및 반대하는 입장의 근거를 살펴본다.

2) 모욕의 개념 및 모욕죄의 보호법익

가. 모욕의 개념

모욕이란 '사실의 적시가 없는 타인에 대한 경멸의 의사표시'를 의미한다. 사실의 적시가 없다는 면에서 명예훼손과 구별된다. 현행 형법은 제307조의 명예훼손죄와는 별도로 제311조에 모욕죄를 처벌하는 규정을 두고 있으며, 또한 법정형에서도 명예훼손죄와는 달리 1년 이하의 징역이나 금고 또는 200만원 이하의 벌금형으로 규정하고 있다.[60] 이처럼 법조문상뿐만 아니라 개념상으로도 모욕을 명예훼손과 명확히 규정하고 있다.

나. 모욕죄의 보호법익

명예에 관한 죄에서의 명예는 일반적으로 사람이 사회생활에서 가지는 가치로서, 사회의 다른 구성원으로부터 인격체로 인정받고 그 가치에

---

59) 박혜진, "사이버모독죄 도입에 대한 비판적 검토", 안암법학 제28호, 안암법학회, 2009, 334면.
60) 명예훼손죄의 법정형은 2년 이하의 징역이나 금고 또는 500만원 이하의 벌금형이다.

적합한 처우를 받도록 보장하는 보호법익이다. 명예는 그 내용에 따라 '내적 명예', '외적 명예', '명예감정'으로 나눌 수 있다.[61] 즉 첫째, 내적 명예는 사람이 가지는 인격의 내부적 가치 그 자체로서, 사람의 출생과 함께 가지게 되는 천부적 성질의 것으로서 인간에 의해서 평가될 수 없을 뿐만 아니라 타인에 의해 침해될 수도 없는 인격적 가치이다. 둘째, 외적 명예는 사람의 인격적 가치와 그의 도덕적·사회적 행위에 대한 사회적 평가로서 그 사람의 진정한 가치에 비해 과소평가 혹은 과대평가 될 수 있다. 셋째, 명예감정(주관적 명예)은 인간이 자기 자신에 대해 가지는 주관적 평가 내지 감정으로서 자존심을 의미한다. 이러한 명예감정은 자기 자신에 대한 평가기준이 개인마다 다르므로 형법상 보호법익이 될 수 없다. 따라서 형법의 명예에 관한 죄에서 보호법익으로서의 명예는 '외적 명예'이고, 명예훼손죄와 모욕죄의 보호법익도 '외적 명예'라고 할 수 있다.[62]

3) 사이버모욕죄 신설에 대한 찬반론

가. 찬성론

형법상 모욕죄와는 별도로 사이버 모욕죄의 신설을 주장하는 논거는 다음과 같다. 첫째, 인터넷상에서 행해지는 모욕행위는 그 피해의 확산 속도가 빠르고 광범위하여 그로 인한 인격권의 침해결과가 회복하기 어려운 상태에 이르는 경우가 많고, 사이버 공간의 특성인 익명성과 소위 '퍼나르기' 등으로 인해 가해자가 누구인지 특정하기 어려워서 범죄피해에 대한 신고나 고소가 어렵다는 것이다.[63] 둘째, 우리 헌법은 타인의

---

61) 배종대, 형법각론, 264면; 이재상, 형법각론(제5판), 박영사, 2008, 179면 이하.

62) 다만, 사실의 적시를 요하지 않는 단순한 경멸적 감정의 표현행위로는 객관적인 외부적 명예가 침해되었다고 보기 어렵다는 이유로 모욕죄의 보호법익을 명예감정으로 보는 견해도 있다(윤영철, "사이버모욕죄에 대한 비판적 소고", 「과학기술법연구 제14집 제2호」, 한남대학교 과학기술법연구원, 2009, 433면; 대법원 1987. 5. 12. 선고 87도 739 판결).

명예를 표현의 자유의 한계로 규정하고 있는데, 사이버 공간에서의 모욕행위는 헌법상의 표현의 자유의 한계를 벗어나는 행위로서 새로운 입법에 의한 규제가 필요하다는 것이다.[64] 셋째, 현행법에 따라 형법상의 명예훼손죄와 정보통신망법상의 사이버명예훼손죄가 있는 것처럼, 입법의 균형상 형법상의 모욕죄에 대하여 정보통신망법상의 사이버모욕죄를 신설하는 데에 어려움이 없다는 것이다.[65]

나. 반대론

한편, 사이버모욕죄의 반대하는 논거는 다음과 같다. 첫째, 사이버모욕죄의 신설은 명예훼손죄와 모욕죄를 구별하고 있는 현행 형법의 취지에 맞지 않다는 것이다. 즉 형법은 사실의 적시를 기초로 하는 명예훼손죄에 대하여 상대적으로 전파가능성이 높은 '출판물에 의한 명예훼손죄'의 불법가중 규정을 두고 있고, 또 이러한 맥락에서 정보통신법상 사이버명예훼손죄를 규정하고 있다. 반면에 모욕죄의 경우에는 별도로 불법가중 규정으로서의 출판물에 의한 모욕죄를 규정하고 있지 않다.[66]

둘째, 사이버공간에서의 모욕행위에 대한 불법을 가중할 합리적인 근거가 없다는 것이다. 즉 사이버모욕죄 신설을 찬성하는 입장에서는 사이버 공간에서의 모욕행위의 피해규모 및 정도가 훨씬 크다는 것을 근거로 제시하고 있으나, 이는 사이버 공간의 높은 확산성이라는 특징에 기인한 것에 불과하다. 또한 형법상 모욕죄를 추상적 위험범으로 이해할 경우[67]이고, 추상적 위험범으로서의 모욕죄는 피해라는 결과를 요구하

---

63) '정보통신망 이용촉진 및 정보보호 등에 관한 법률 일부개정법률안'(의안번호 1683), 2008. 11. 3, 1면.
64) 정완, 사이버공간상 인권침해범죄에 대한 법제도적 통제방안 연구, 한국형사정책연구원, 2006, 75면.
65) 정완, 앞의 책, 75면.
66) 김혜경, 사이버공간에서의 표현행위와 형사책임, 형사정책연구원, 2005, 96면.
67) 김일수·서보학, 형법각론, 박영사, 2004, 184면; 오영근, 형법각론, 박영사, 2009, 203면; 임웅, 형법각론, 법문사, 2007, 211면; 진계호·이존걸, 형법각론, 대왕사, 2008,

지 않기 때문에 피해의 범위와 정도는 모욕죄의 불법을 가중하는 근거가 될 수 없다.[68]

셋째, 사이버모욕죄의 신설은 형법상 구성요건의 체계와도 상충한다. 즉 형법상 모욕죄와 명예훼손죄는 사실의 적시 유무에 의하여 구별되고 모욕죄는 명예훼손죄의 감경적 구성요건으로 규정되어 있다. 따라서 사이버 공간에서의 모욕행위는 형법상 모욕죄의 적용으로 충분히 대응할 수 있기 때문에 사이버모욕죄를 신설하여 모욕죄의 불법을 가중할 이유가 없다.[69]

넷째, 명예훼손행위나 모욕행위의 경우 그 실질이 동일하다고 볼 수 있으므로 사이버 공간에서의 명예에 관한 죄를 별도로 규정하기 보다는 현행 형법을 개정하여 이를 포섭하는 방법이 입법적으로 적절하다.[70] 즉 해석상 사이버 공간에서의 명예훼손행위는 형법상 출판물에 의한 명예훼손죄를 적용할 수 있으므로 이를 정보통신망법상의 사이버명예훼손죄로 다시 규정한 것은 명백한 중복입법이라는 견해가 있다.[71] 이 견해에 의하면 사이버모욕죄 역시 형법상의 모욕죄에 포섭할 수 있다.[72]

4) 소결

사이버 공간의 본질적인 특성을 고려하지 않고 사이버 공간에서의 욕설이나 비난성 댓글 등을 처벌하기 위해 사이버모욕죄를 신설하는 것은 명예훼손죄와 모욕죄를 구별하고 있는 형법의 취지에 맞지 않으며, 형법상 구성요건 체계와도 상충하는 중복입법이라는 비난을 면지 못할 것이다. 또한 사이버 공간에서의 모욕행위에 대한 불법을 가중할 합리적인

218면 등. 한편 구체적 위험범으로 보는 견해로는 배종대, 형법각론, 290면.
68) 김혜경, 앞의 책, 96면.
69) 김혜경, 앞의 책, 96면 참조.
70) 정완, 앞의 책, 75면.
71) 백광훈, 사이버범죄에 대한 ISP의 형사책임, 한국형사정책연구원, 2003, 56면.
72) 김혜경, 앞의 책, 96면.

근거가 없으며, 자율성에 기초하는 사회적 관용을 경시하여 형법의 최후
수단성과 비례성의 원칙에도 반한다.

V. 사이버도박

인터넷과 전자상거래가 활성화되면서 사행심을 조장하는 도박사이트
가 급격히 늘고 있다. 이는 단순히 가상의 돈으로 게임을 즐기는 형태가
아니라 실제로 신용카드를 이용하여 도박행위를 하는 형태로 변질되어
문제가 심각해지고 있다.

사이버도박은 신용카드를 통하여 칩을 구입하고 웹브라우저상에서 도
박을 행하는 형태로 이루어지며, CD나 인터넷에서 전송 받은 전용 게임
에뮬레이터를 이용해 게임하는 방식을 취하고 있다. 이러한 사이버 도박
으로 인하여 거액의 외화가 해외로 유출되고 여기에 해외 도박사이트들
의 사기행각 및 해킹행위까지 가세하여 그 부작용은 갈수록 심각해지고
있는 상황이다.

현행 형법은 도박에 대해 현실뿐만 아니라 가상에서의 도박도 불법으
로 규정하고 있어 사이버도박도 형법상 도박죄로 처벌이 가능하다. 하지
만 국내가 아닌 도박이 허용되는 외국에서 도박사이트를 개설하고 영업
을 하는 경우에는 그 사이트 개설자를 사실상 처벌할 수 없다. 따라서
현재로서는 별도의 입법조치는 필요하지 않을 것으로 판단된다. 그러나
보다 효율적으로 사이버도박을 규제하기 위해서는 도박 자금의 지불수
단인 신용카드의 사용에 대한 통제를 강화하여야 한다. 그렇게 하기 위
해서는 첫째 국제간 신용카드결제의 통제수단을 마련해야 하고, 둘째 범
죄예방을 위한 국제사법공조체제를 수립해야 하며, 셋째 정보통신망상
의 불법적인 암호사용을 금지하이야 하고, 넷째, 기술적인 대책으로 내
용등급제를 확정하여 자율적인 서비스제한을 이루도록 하거나, 필터링
기술을 이용하여 학교 및 공공장소에서의 도박사이트에 접속을 제한하

여야 한다.

> **[관련판례]** 형법 제247조의 도박개장죄는 영리의 목적으로 스스로 주재자가
> 되어 그 지배하에 도박장소를 개설함으로써 성립하는 것으로서 도박죄와는
> 별개의 독립된 범죄이고, '도박'이라 함은 참여한 당사자가 재물을 걸고 우
> 연한 승부에 의하여 재물의 득실을 다투는 것을 의미하며, '영리의 목적'이
> 란 도박개장의 대가로 불법한 재산상의 이익을 얻으려는 의사를 의미하는
> 것으로, 반드시 도박개장의 직접적 대가가 아니라 도박개장을 통하여 간접
> 적으로 얻게 될 이익을 위한 경우에도 영리의 목적이 인정되고, 또한 현실적
> 으로 그 이익을 얻었을 것을 요하지는 않는다. 따라서 인터넷 고스톱게임 사
> 이트를 유료화하는 과정에서 사이트를 홍보하기 위하여 고스톱대회를 개최
> 하면서 참가자들로부터 참가비를 받고 입상자들에게 상금을 지급한 행위는
> 도박개장죄에 해당한다(대법원 2002. 4. 12. 선고 2001도5802 판결).

VI. 사이버성폭력

1. 의의

사이버성폭력이란 사이버 공간에서 개인이 원치 않는 음란물이나 성
적 메시지를 전달하는 행위, 메신저 혹은 댓글 등을 통하여 상대방에게
성적인 수치심이나 모욕을 느낄만한 언어폭력을 자행하는 행위, 매매춘
이나 원조교제 등을 강요하는 행위 등을 말한다. 한편, 한국 성폭력 상담
소는 사이버성폭력의 개념을 '온라인상에서 상대방에게 일방적으로 성
적 메시지를 전달하여 불쾌감이나 위압감 등의 피해를 유발하는 행위'
라고 정의하고 있다.

사이버성폭력의 범주는 사회의 문화적·제도적인 맥락에 따라 끊임없
이 재구성된다. 즉 사회의 변화에 따라 남녀 관계의 양식 및 친밀성의
구조들이 점차 변함에 따라 성희롱 및 스토킹 등 새로운 유형이 성폭력
으로 규정되는 것처럼 사이버성폭력의 범주도 확장되고 있으며, 또 대상

매체도 발전하여 종전의 컴퓨터뿐만 아니라 핸드폰이나 문자 메시지를 통한 성희롱과 스토킹도 사이버 범죄에 포함된다.

2. 사이버성폭력의 유형

(1) 언어적 성폭력

최근 가장 많이 발생하고 있는 유형으로서, 사이버 공간에서 음담패설, 성적 언어 등을 이용하여 상대방을 희롱하거나 상대방의 ID · 이름을 도용하여 성적 수치심을 야기하는 행위로 상대방에게 피해를 입히는 경우이다. 이는 사이버 공간에서 자신의 이름이 공개되지 않을 것이라고 생각하는 개인에 의해 무분별하게 행해지고 있다.

(2) 이미지 성폭력

사진, 영상, 음향 등을 이용하여 상대방에게 성적인 수치심을 야기하는 것이다. 피해자의 나체나 성행위 장면이 인터넷 공간에 공개될 경우 피해자는 사회적으로 큰 피해를 입을 수 있다. 특히 오늘날 핸드폰이나 카메라를 통해 대중교통장소나 개인적 공간에서 촬영한 장면이 인터넷 게시판에 공개되면서 개인에게 심각한 피해를 유발하고 있다.

(3) 성적 사이버 스토킹

사이버 공간에서 상대방에게 집요하게 성적인 접근을 시도하는 것을 말한다. 예를 들어 성적인 수치심을 유발할 만한 편지나 쪽지를 계속해서 보낸다거나 채팅을 이용하여 계속적으로 성을 요구하거나 혹은 성적으로 수치심을 가질만한 행동을 요구하는 경우이다.

이러한 사이버 스토킹에는 세 가지 유형이 있다. 즉 자신이 좋아하는 연예인이나 친구의 움직임을 포착하여 이를 여러 매체에 올려 상대방을 괴롭히는 주변배회유형, 개인의 인적사항을 포르노 사이트와 같은 곳에 올려 개인에게 심각한 피해를 가져다주는 특정 사이트 이용 유형, 인터 넷이나 여러 매체를 이용해 집요하게 만남을 요구하는 통신매체 이용 유형 등이다. 이러한 성적 사이버 스토킹은 실제 공간에서 직접적인 성 관계로 이어져 2차적인 폭력을 유발할 수 있다는 문제점을 가지고 있다.

(4) 사이버 성매매

성매매 특별법의 개정으로 성매매 단속이 강화되자 사이버 공간에서 의 성매매가 활성화 되고 있다. 즉 현실의 집창촌의 모습과 유사하게 사 이버 공간에서도 포주가 등장해서 성을 사고자 하는 자와 파는 자를 연 결시켜 주고 있고, 이러한 만남의 매체로 사이버 공간이 활용되고 있다. 특히 사회적으로 문제되는 것은 청소년들이 이러한 사이버 성매매의 대 상이 되고 있다는 것이다. 최근에는 사이버 공간의 단속을 통해 많은 사 이트들이 폐쇄되고 있지만 이와 유사한 사이트들이 다시 생겨나고 있다 는 것이 문제이다.

3. 사이버성폭력의 원인

사이버 공간에서는 직접 얼굴을 맞대지 않고 만난다고 하는 비대면성 이라는 특징 때문에 오프라인에서의 만남에 비해서 상대방에 대한 정보 가 부족하다. 따라서 상대방은 자신의 의지에 따라 구성한 정보에 기초 하여 만나게 된다. 특히 사이버공간에서는 현실의 경우와 달리 아이디와 대화명을 사용하게 되는데, 이는 자신이 아닌 다른 자아가 행위를 하는 것으로 생각한다는 점에서 개인책임의 부재를 가져 오게 되고, 또 개인 스스로의 행동을 억제하는 것을 어렵게 만들어 개인은 감정조절이나 표 현에 대한 조절을 어렵게 만든다. 이러한 익명성이라는 사이버 공간의 특성은 사이버 공간에서의 인신비방과 각종 욕설, 범죄 등각종 불법적 행동을 가능하게 한다.

> **[사례]** 특히 채팅할 때 막 욕하고.. '니 가슴이 계란이 터졌나?' 막 내 마음
> 대로 표현할 수 있는 거 이런 게 되거든요. 이중적인 모습인데요, 어, 맺혀있
> 는 게 표출될 수 있다는 것이 되게 시원해서, 익명성이 보장이 되니까, 그게
> 아마 사이버상에서 제가 성희롱이나 성폭력을 가해하는 가장 큰 이유인 것
> 같네요(한국여성단체연합 대안사회정책 연구소. 한국성폭력 상담소, 2001:
> 118).

사이버성폭력은 상대방과 대면하지 않은 상태에서 신체적 접촉이 없
이 단순히 언어의 형태로만 이루어지기 때문에 상대방의 피해에 대한
인식이 현실세계에 비하여 크지 않아서 불법행위에 대한 죄책감도 덜
작용하게 된다. 이러한 이유 때문에 사이버상의 성폭력은 현실세계에서
의 성폭력에 비해 그 발생빈도가 높다고 할 수 있다.

4. 사이버성폭력의 규제 법규

(1) 정보통신망 이용촉진 및 정보보호 등에 관한 법률

동법 제44조의7 제1항에서는 "누구든지 정보통신망을 통하여 ① 음란
한 부호·문언·음향·화상 또는 영상을 배포·판매·임대하거나 공연
히 전시하는 내용의 정보, ② 공포심이나 불안감을 유발하는 부호·문언
·음향·화상 또는 영상을 반복적으로 상대방에게 도달하게 하는 내용
의 정보 등을 유통한자에 대하여 1년 이하의 징역 또는 1천만원 이하의
벌금에 처하도록 하고 있다.

(2) 경범죄처벌법

동법 제1조에서는 "정당한 이유없이 다른 사람에게 전화 또는 편지를

여러 차례 되풀이하여 괴롭힌 사람"에 대하여, 10만원 이하의 벌금, 구류 또는 과료의 형에 처하도록 하고 있다.

(3) 성폭력범죄의 처벌 및 피해자보호 등에 관한 법률

동법 제14조에서는 "자기 또는 다른 사람의 성적 욕망을 유발하거나 만족시킬 목적으로 전화·우편·컴퓨터 기타 통신매체를 통하여 성적 수치심이나 혐오감을 일으키는 말이나 음향, 글이나 도화, 영상 또는 물건을 상대방에게 도달하게 한 자"에 대하여 2년 이하의 징역 또는 500만원 이하의 벌금에 처하고 있다.

또한 동법 제14조의2 제1항에서는 "카메라 기타 이와 유사한 기능을 갖춘 기계장치를 이용하여 성적 욕망 또는 수치심을 유발할 수 있는 타인의 신체를 그 의사에 반하여 촬영하거나 그 촬영물을 반포·판매·임대 또는 공연히 전시·상영한 자"에 대하 5년 이하의 징역 또는 1천만원 이하의 벌금에 처하고 있고, 나아가 "영리목적으로 제1항의 촬영물을 「정보통신망 이용촉진 및 정보보호 등에 관한 법률」 제2조 제1항 제1호의 정보통신망을 이용하여 유포한 자에 대하여 7년 이하의 징역 또는 3천만원 이하의 벌금에 처하고 있다.

5. 판례의 동향

법원은 사이버성폭력에 대하여 일관되지 못한 태도를 보여주고 있다. 특히 사이버성폭력 행위는 인터넷상에서만 그치는 것이 아니라 현실에서의 범죄(성폭력이나 강도 등)로도 이어지고 있을 뿐만 아니라 명예훼손, 사생활 침해, 협박 등의 범죄와 동시에 이루어지고 있어서 이를 일괄하여 사이버성폭력 범죄로 규정하여 처벌하는 것도 어렵다. 따라서 법원은 대다수의 사안에서 사이버성폭력을 경범죄 정도로 취급하거나 다른 죄와의 관계에서 수단으로 이용되는 것을 감안하여 형법상의 다른 죄를 적용하여 피고인을 처벌하는 경우가 많다.

[화상채팅] 피고인은 컴퓨터에 인터넷 채팅용 화상카메라를 설치한 후 이를 이용하여 여자친구와 화상채팅을 하고 있던 중 여자친구가 춤을 추며 옷을 모두 벗고 자신의 음부를 보여주는 모습이 채팅창을 통해 피고인의 컴퓨터에 중계되자 여자친구의 의사에 반하여 위 컴퓨터의 '캠VIEW'라는 프로그램의 '저장화면'을 클릭하여 위 장면들을 저장함으로써 성적 수치심을 유발할 수 있는 여자친구의 신체를 그 의사에 반하여 촬영하였다.

이에 대하여, 법원은 피해자가 이른바 화상채팅 시스템을 이용하여 자신의 모습을 피고인에게 영상으로 보여주기 위하여, 스스로 자신의 특정 동작이나 신체의 부위를 선택하여 화상카메라에 비추었고, 이후 소정의 프로그램에 의하여 카메라 렌즈를 통과한 상(像)의 정보가 디지털화되어 최종적으로 피고인의 컴퓨터에 전송되었으며, 피고인은 수신한 정보가 영상으로 변환된 것을 소정의 프로그램을 이용하여 컴퓨터에 저장한 것이므로, 피고인은 피해자가 자신을 카메라에 비춤으로써 스스로 구성한 영상을 소극적으로 수신하였을 뿐이어서 피고인의 이 부분 공소사실과 같은 행위는 「성폭력범죄의 처벌 및 피해자보호 등에 관한 법률」제14조의2에서 정한 촬영행위에 해당하지 아니한다(대법원 2005. 10. 13. 선고 2005도5396 판결).

| 제5장 |

과학기술과 지적재산

과학기술과 지적재산

제1절 총설

정보통신기술의 발달과 인터넷 이용 인구의 폭발적인 증가로 인터넷을 통한 정보공유 및 교환이 일반화되어 가고 있다. 이에 따라 생산과 소비는 물론 고용 및 문화생활에 이르기까지 기존의 거의 모든 생활패턴이 급속도로 변화되고 있다. 또한 인터넷을 통한 전자상거래가 새로운 경제활동의 중심으로 등장하게 됨에 따라 시간적·공간적 제약을 넘어 국경을 초월한 글로벌 마케팅을 실현할 수 있게 하였다. 이러한 변화는 지적재산권 분야에 있어서도 새로운 변화를 가져오고 있다. 즉 특허·의장(디자인)·상표 및 저작권 등 전통적인 지적 재산권 분야에서도 인터넷 가상공간에서의 독창적인 영업방법, 이른바 Business Model(Business Method: BM)에 관한 특허성, 인터넷 도메인 이름과 상표와의 저촉 문제, P2P 방식에 의한 저작권침해 여부, 특히 인터넷을 통하여 제공되고 있는 각종 서비스 이용자의 상표권 및 저작권 침해행위, 부정경쟁행위 그리고 이에 대한 서비스 제공자의 책임 문제 등에 관한 새로운 쟁점들이 제기되고 있다.

지적재산권제도는 잠재적 발명가나 저작자에게 발명 또는 저작물의 창작을 위하여 보다 많은 연구와 지식·자본·기술 등을 투입할 수 있게 하는 경제적 동기를 부여함으로써 한층 수준 높은 지적생산물을 창작할 수 있게 하며 궁극적으로는 나라 전체의 문학·예술·과학·기술 등의 발전에 기여하게 된다.[1]

지적소유권이라는 용어는 지적활동의 성과물, 즉 정신적 재화인 지적재산(intellectual property) 내지 무형의 재화인 무체재산(intangible property)을 보호대상으로 하는 여러 가지 권리를 포괄적으로 표현한 것이다. 이러한 지적활동에는 자연법칙을 이용한 기술적 사상(발명 등)의 창작, 공업상 이용가능한 물품의 디자인(의장) 창작, 自他상품식별이 있는 마크(標章)의 고안, 사상이나 감정의 창작적 표현(저작물), 프로그램 혹은 데이터베이스의 작성(저작권), 비밀유지에 의하여 상업적인 가치를 만드는 정보의 축적, 신규인 상품형태의 창작, 식물신품종의 육성 등 각종 산업분야로부터 예술분야에 이르는 광범위한 활동이 존재한다. 따라서 지적성과물의 보호와 이용촉진을 목적으로 하는 법규범을 총칭하여 지적재산법이라고 한다.

지적재산의 공통적인 성질은 소유권의 객체인 유체물[2]과 어느 특정인에 의한 100%의 지배와 동시에 또 다른 특정인에 의한 100%의 지배도 가능하다. 또한 유체물을 객체로 하는 소유권에는 모방의 문제가 제기될 수 없지만 창작성과물에 대해서는 모방이 이루어지면 심각한 문제가 발생한다. 즉 모방으로 인하여 개발비용을 회수할 수 없을 뿐만 아니라 고생하여 창작한 그 성과물은 무용지물이 되고 만다. 그로 인하여 창작하려는 의욕도 감소되고 창작의욕이 감소하면 문명의 발전이나 산업의 발달은 막연한 것이 되고 만다. 또한 창작자도 창작성과물을 공개하기를

---

1) 정상기, 앞의 책, 4~5면.
2) 소유권은 물건을 소유한 자의 고유한 지배권이고, 소유자가 지배하면 동시에 타인에 의한 지배가 불가능하다.

꺼려할 것이며 그로 인하여 先人들에 의한 무수한 성과물의 집적위에 성립하는 문명이나 산업의 진전은 기대할 수 없게 된다. 따라서 이와 같은 악순환을 근절하기 위하여 모방을 인위적으로 일정기간 금지하여 창작의욕을 위축시키지 않도록 하는 것이 지적재산법의 목적 중 하나이다.

종래의 지적재산권은 그 창작물이 발명·디자인·상표와 같이 산업적 이용을 위한 것인가 또는 순수한 문학·학술·예술에 관한 것인가에 따라 전자는 특허권·디자인권·상표권을 총칭하는 산업재산권(Industraul Property)으로, 후자는 저작권(Copyright)으로 분류하는 것이 보통이었다. 그러나 오늘날과 같은 첨단산업·정보화시대에 들어서면서 지적재산권의 범주도 전에 없이 확대일로의 길을 가고 있다. 이른바 '신지적재산권'으로 일컬어지는 것들이며 이를 '지적소유권'이라고도 한다. 지적소유권에 관한 문제를 담당하는 국제연합의 전문기구인 세계지적재산권기구(WIPO)는 이를 구체적으로 '문학·예술 및 과학작품, 연출·예술가의 공연·음반 및 방송, 발명·과학적 발견, 공업의장·등록상표·상호 등에 대한 보호권리와 공업·과학·문학 또는 예술분야의 지적 활동에서 발생하는 기타 모든 권리를 포함한다'고 정의하고 있다. 이것은 인간의 지적 창작물을 보호하는 무체(無體)의 재산권으로서 산업재산권과 저작권으로 크게 분류된다. 산업재산권은 특허청의 심사를 거쳐 등록을 하여야만 보호되고, 저작권은 출판과 동시에 보호된다. 그리고 그 보호기간은 산업재산권이 10~20년 정도이고, 저작권은 저작자의 사후 30~50년까지이다.

지적소유권은 특히 국가와 국가 간에 그 보호장치가 되어 있는지 여부 및 국가 간의 제도상의 차이로 인하여 분쟁의 대상이 되기도 한다. 오늘날과 같이 정보의 유통이 급속하게 이루어지고 있는 시대에는 어떤 국가가 상당한 시간과 인력 및 비용을 투입하여 얻은 각종 정보와 기술문화가 쉽게 타국으로 흘러들어가기 마련이어서 선진국들은 이를 보호하기 위한 조치를 강화하고 있다.

　　최근에는 새로운 기술의 산물인 컴퓨터 소프트웨어 및 유전공학 기술 등의 보호방법과 보호범위가 지적 소유권보호제도의 한 과제가 되고 있다. 특히 컴퓨터 소프트웨어는 대부분의 선진국들이 저작권으로 보호하는 추세에 있어서 한국도 1986년 12월 '컴퓨터프로그램보호법'을 제정하여 1987년 7월부터 시행하고 있으며, 유전공학 기술은 그 제조방법을 한국 등 대다수의 국가가 특허로 인정하고 있다.

[지적재산권의 비교]

구분	보호대상		정의	보호요건	보호기간
특허법	발명		자연법칙을 이용한 기술적 사상의 창작으로 고도한 것	신규성, 산업사용가능성, 진보성	출원 후 20년
실용신안법	고안		물품의 형상, 구조, 조합에 관한 고안	상동	출원 후 10년
디자인보호법	디자인		물품의 형상, 모양, 색채 또는 이들의 결합으로 시각을 통해 미감을 일으키게 하는 것	신규성, 산업상이용가능성, 창작비용이성	등록 후 15년
상표법	상표		상품의 생산, 판매 등 업자가 자기의 상품을 타인의 상품과 식별하기 위해 사용하는 것	현저성	등록 후 10년, 갱신가능
저작권법	저작권	저작물	문학, 학술, 예술의 범위에 속하는 창작물	문학 등의 범위, 창작성, 외부표현	사후 50년
	저작인접권	저작인접물	실연, 음반, 방송	–	행위 후 50년

　　우리나라는 특허법·실용신안법·디자인보호법·상표법·저작권법·컴퓨터프로그램보호법·부정경쟁방지법·반도체집적회로의 배치설계에 관한 법률 등을 제정하여 지적 창작물의 창작자에게 그 창작물을 일정기간 배타적으로 이용할 수 있는 권리를 부여하고 있다. 위의 <표>는 우리나라 현행 지적재산권법의 기본골격을 비교한 것이다.

　　한편 지적재산권에 대한 관심이 높아지면서 그 취득을 위한 출원건수도 매년 증가하고 있는 추세이다. 2007년의 경우 특허·실용신안·디자인 및 상표의 등록을 위한 출원건수는 모두 380,203건으로 집계되고 있으며, 이는 국제적으로도 매우 높은 위치에 있다. 즉 유엔 산하 세계지식재산권기구(WIPO)가 7월31일 발표한 '2008 특허 보고서'에 따르면 2006년을 기준으로 일본 국민은 51만4천47건(29.1%)으로 1위를 차지했고, 미국(39만8백15건·22.1%), 한국(17만2천7백9건·9.8%), 독일(13만8백6건·7.4%), 중국(12만8천8백50건·7.3%) 등이 그 뒤를 이었다. 상위 5개국 국민의 특허 출원 건수는 전세계 특허 출원 건수의 76%를 차지하고 있다.[3]

아래의 <표>는 최근 5년간 출원건수이다.

[지적재산의 연도별 출원건수]

종류\년도	특 허 Patents	실용신안 Utility models	디자인 Designs	상 표 Trademarks	계 Total
2003	118,652	40,825	37,607	108,917	306,001
2004	140,115	37,753	41,184	108,464	327,516
2005	160,921	37,175	45,222	115,889	359,207
2006	166,189	32,908	51,039	122,384	372,520
2007	172,469	21,084	54,362	132,288	380,203

제2절 특허권

I. 의의

특허법은 발명 또는 신기술의 보호와 장려 및 그 이용을 도모함으로써 기술의 발전을 촉진하여 궁극적으로는 국가산업발전에 이바지함을 목적으로 한다(제1조). 즉 특허제도는 발명자에게 당해 발명을 일정기간

---

3) 시사저널 [981호] 2008년 08월 06일 (수)

동안 독점배타적으로 지배할 수 있는 특허권이라는 일종의 재산권을 부여하여 보호하는 한편 그러한 대가로서 그 발명을 공개토록 하여 다른 사람의 이용을 가능하게 함으로써 국가 전체의 산업발전에 기여함을 그 목적으로 한다.

II. 발명의 법적 보호요건

1. 발명의 의의

(1) 개념

특허법 제2조 제1호는 '발명'을 "자연법칙을 이용한 기술적 사상의 창작으로서 고도한 것"이라고 정의하고 있다. 여기에서 '자연법칙'이라 함은 인간의 상상력·경제학상의 법칙·인위적인 결정 등이 아닌 자연과학상의 원리를 의미하며, '기술적 사상'이란 기술에 관한 인간의 지능적 소산물을 말한다. 따라서 수학적 계산법·작도법·암호작성방법·과세방법 등이나 운동선수의 기능과 피아노의 연주기법 등은 발명이라 할 수 없다. 또한 '고도한 것'이란 기술수준 또는 창작의 수준이 높은 것을 말하므로 당해 기술분야의 평균인이 통상적으로 인식할 수 있는 정도의 것은 발명이라고 할 수 없다. 이러한 발명은 새로운 무엇 또는 그 무엇을 만들어내는 방법에 관한 것이므로 이미 존재하고 있었던 것을 찾아내는 '발견'과 구별된다.

(2) 발명의 종류

1) 물건의 발명과 방법의 발명

물건의 발명은 물건 그 자체를 의미하지만, 방법의 발명은 물건의 생산 또는 이용에 관한 방법을 말한다. 즉 현행 특허법 제2조 3호는 발명의 이용행위를 뜻하는 '실시'의 개념을 정의하면서 "물건의 발명인 경우에는 그 물건을 생산·사용·양도·대여 또는 수입하거나 그 물건의 양도 또는 대여의 청약을 하는 행위, 방법의 발명인 경우에는 그 방법을 사용하는 행위, 물건의 생산방법에 관한 발명인 경우에는 그 방법의 사용행위 이외에 그 방법에 의하여 생산된 물건을 사용·양도·대여 또는 수입하거나 그 물건의 양도 또는 대여의 청약을 하는 행위"라고 규정하여 물건의 발명과 방법의 발명을 구분하고 있다.

2) 기본발명과 개량발명

선행발명의 기술적 구상을 포함하지 아니한 신규의 발명을 '기본발명'이라고 하며, 이 기본발명에 하자나 결함이 있어 이를 보완하여 개량한 발명을 '개량발명'이라고 한다. 따라서 개량발명의 실시는 필연적으로 기본발명의 특허권을 침해할 수밖에 없는데[4] 이를 위하여 특허법제138조는 통상실시권허여심판제도와 같은 양자의 이해조정을 위한 규정을 두고 있다.

3) 직무발명

'직무발명'이라 함은 종업원, 법인의 임원 또는 공무원(이하 '종업원등'이라 한다)이 그 직무에 관하여 발명한 것이 성질상 사용자·법인 또는 국가나 지방자치단체(이하 '사용자등'이라 한다)의 업무범위에 속하고 그 발명을 하게 된 행위가 종업원등의 현재 또는 과거의 직무에 속하는 발명을 말한다.[5]

---

4) 특허법 제98조(타인의 특허발명 등과의 관계) 특허권자·전용실시권자 또는 통상실시권자는 특허발명이 그 특허발명의 특허출원일 전에 출원된 타인의 특허발명·등록실용신안 또는 등록디자인이나 이와 유사한 디자인을 이용하거나 특허권이 그 특허발명의 특허출원일 전에 출원된 타인의 디자인권 또는 상표권과 저촉되는 경우에는 그 특허권자·실용신안권자·디자인권자 또는 상표권자의 허락을 얻지 아니하고는 자기의 특허발명을 업으로서 실시할 수 없다.

5) 발명진흥법 제2조 2호; 국가 과학기술혁신을 위한 직무발명의 역할이 증대됨에 따라 직

종래에는 탁월한 개인 혹은 소수의 인원에 의해 중요한 발명이 이루어지는 경우가 많았다. 즉 전화기를 발명한 알렉산더 그레이엄 벨과 엘리샤 그레이 및 백열전구와 축음기, 영화 등 1,300가지가 넘는 발명과 특허를 얻어 발명왕이라 불리는 토마스 에디슨 등 19세기부터 20세기 초에 이르기 까지 역사에 이름을 떨친 발명가들이 적지 않다. 그러나 현대 시대에 이르러 과학기술이 더욱 발전하고 규모가 커지면서 개인적 차원보다는 기업이나 연구소 혹은 국가가 거액의 비용과 수많은 인력을 투입하여 연구개발 및 발명을 이루는 것이 보편적인 현상이다. 우리나라의 경우 최근 직무발명의 비율이 80%를 넘었고, 일본의 경우에는 97% 정도가 직무발명이라고 한다. 이와 같이 기업의 조직적인 연구개발 등을 통한 직무발명이 급증함에 따라 그 직무발명의 소유권이 자본과 시설을 제공한 사용자측에 있는가 아니면 아이디어를 내고 발명행위를 완성한 종업원(발명가)에 있는가에 대한 논쟁이 있었다.

이에 대하여 「직무발명법(발명진흥법)」은 종업원등에게 직무발명의 특허권등(특허, 실용신안등록, 디자인등록)을 귀속시키고, 사용자 등에게는 그 특허권등에 관한 통상실시권을 인정하고 있다.[6] 다만 공무원의 직무발명에 대한 권리는 국가나 지방자치단체가 승계하며, 국가나 지방자치단체가 승계한 공무원의 직무발명에 대한 특허권등은 국유나 공유로 한다.[7] 한편 종업원등은 직무발명에 대하여 특허등을 받을 수 있는 권리나 특허권등을 계약이나 근무규정에 따라 사용자등에게 승계하게 하거나 전용실시권을 설정한 경우에는 정당한 보상을 받을 권리를 가진다.[8]

무발명을 활성화하고 직무발명에 대한 보상을 강화하기 위하여 직무발명에 대한 보상 기준 및 절차 등을 체계적으로 정비하기 위하여 특허법과 발명진흥법에 각각 규정되어 있는 직무발명 관련 규정을 발명진흥법으로 통합하였다.
6) 발명진흥법 제10조 제1항.
7) 발명진흥법 제10조 제2항.
8) 발명진흥법 제15조 제1항.

2. 특허요건

(1) 주체

특허출원인은 권리능력이 있는 자로서 정당한 발명자 또는 그의 승계인이어야 한다. 외국인은 특허법 제25조에 따라 권리능력을 인정받은 자가 아닌 한 특허권을 향유할 수 없다. 한편 특허청의 직원 및 특허심판원의 직원은 상속 또는 유증의 경우를 제외하고는 재직하고 있는 동안 특허를 받을 수 없다.[9]

(2) 내용 요건

발명이 특허를 받을 수 있기 위해서는 이른바 '신규성', '산업상이용가능성', '진보성'의 요건을 구비하여야 하고 소정의 불특허사유에 해당하여서는 안 된다.

1) 신규성

발명의 '신규성'(novelty)이란 당해 발명의 기술적 창작이 지금까지의 기술적 지식에는 아직 알려져 있지 아니한 새로운 것, 즉 사회일반에 '공지·공용'되지 아니한 것을 의미한다. 공지 또는 공용의 발명인지의 여부는 '특허출원시'를 기준으로 판단한다.

이에 관하여 특허법은 "특허출원 前에 국내 또는 국외에서 공지되었거나 공연히 실시된 발명 또는 국내 또는 국외에서 반포된 간행물에 게재되거나 대통령령이 정하는 전기통신회선을 통하여 공중이 이용가능하게 된 발명과 동일한 발명은 특허를 받을 수 없다"고 규정하고 있다.[10] 다만 공지 또는 공용된 발명이라 하더라도 학술지 발표, 박람회 출품 등 특허를 받을 수 있는 권리를 가진 자에 의하여 또는 도난 등의 이유로

---

9) 특허법 제33조 제1항 단서.
10) 특허법 제29조 제1항.

특허를 받을 수 있는 권리를 가진 자의 의사에 반하여 공지 또는 공용된 때에는 그러한 사유가 발생한 날로부터 6월 이내에 특허출원을 하면 신규성을 상실하지 아니한 것으로 본다.[11]

2) 산업상 이용가능성

발명은 새로운 가치를 창조하는 것이어야 한다. 즉 발명을 실시할 수 없거나 사회적으로 반복 이용할 수 없는 것은 특허의 대상이 되지 아니한다. 발명의 산업상 이용가능성이 반드시 발명의 '경제성' 내지 '실효성'과 동일한 의미라고는 할 수 없지만, 소비자의 수요가 극히 적어 채산성이 없거나 또는 당해 발명을 실시하는데 지나치게 많은 경비가 소요되는 경우 등은 산업상 이용가능성이 있는 발명이라고 보기 어렵다.

한편 여기에서 '산업'이라 함은 공업·상업·농업·광업·수산업 등을 포함하는 넓은 의미의 산업을 뜻하지만 보험업·금융업·의료업 등은 제외되는 것으로 이해되고 있다. 보험 또는 금융에 관한 기법 등은 자연법칙을 이용한 것이라 보기 어려우며, 질병의 진단 또는 치료기술은 인도주의적인 견지에서 특허보호의 대상이 되어서는 아니 된다. 그러나 의약품이나 의료기계기구는 특허의 대상이 될 수 있다.

[의료행위의 특허성] ① 의료행위는 인간의 존엄 및 생존에 깊이 관계되어 있는 점, 모든 사람은 의사의 도움을 통하여 질병의 진단, 치료, 경감 또는 예방할 수 있는 의료방법을 선택하고 접근할 수 있는 권리가 보호되어야 한다는 점, 의료행위에 관한 발명을 특허의 대상으로 하게 되면 의사가 의료행위를 수행함에 있어 특허의 침해 여부를 신경 쓰게 되어 의료행위에 대한 자유로운 접근이 어렵게 되는 점 등으로 인하여 인체를 필수 구성요건으로 하는 발명이 특허의 대상에서 제외된다(특허법원 2004. 7. 15. 선고 2003허6104 판결).

② 온구기를 사용하여 사람의 등 부위의 경혈과 배 부위의 경혈을 자극하는

---

11) 특허법 제30조 제1항.

방법은 온구기의 시구 순서와 시구 시의 몸의 자세 등으로 구성되어 출원발명은 사람의 질병을 치료, 경감하고 예방하거나 건강을 증진시키는 의료행위에 관한 것이고, 인체를 필수 구성요소로 하고 있는 것으로서 산업에 이용할 수 있는 발명이라 할 수 없어 특허의 대상이 될 수 없다(특허법원 2005. 6. 23. 선고 2004허7142 판결).

③ '모발의 웨이브방법에 관한 발명'은 인체를 필수 구성요건으로 하고는 있지만, 의료행위가 아니라 미용행위에 해당하고, 그 발명을 실행할 때 반드시 신체를 손상하거나 신체의 자유를 비인도적으로 구속하는 것이라고도 볼 수 없고, 공공의 질서 또는 선량한 풍속을 문란하게 하거나 공중의 위생을 해할 염려가 있는 발명이라고도 할 수 없으므로, 특허법 제29조 제1항 본문 소정의 산업상 이용할 수 있는 발명에 속한다(특허법원 2003. 7. 15. 선고 2003허6104 판결).

3) 진보성

특허출원 전에 당해 발명이 속하는 기술분야에서 통상의 지식을 가진 자가 공지·공용의 발명이나 국내외 간행물에 기재된 발명을 기초로 하여 용이하게 발명할 수 있는 것이 아니어야 한다.[12] 이러한 진보성의 유무는 발명의 목적·구성·효과 등을 종합하여 판단해야 한다.

[관련판례] 특허등록된 발명이 공지된 발명의 구성요건을 이루는 요소들의 수치를 한정함으로써 이를 수량적으로 표현한 것인 경우, 그것이 그 기술분야에서 통상의 지식을 가진 사람이 적절히 선택하여 실시할 수 있는 정도의 단순한 수치 한정으로서 그러한 한정된 수치범위 내·외에서 이질적(異質的)이거나 현저한 작용효과의 차이가 생기지 않는 것이라면 그 특허발명은 진보성의 요건을 갖추지 못하여 무효라고 보아야 한다(대법원 2005. 1. 28. 선고 2003후1000 판결).

---

12) 특허법 제29조 제3항.

4) 특허불허 사유

신규성 등의 요건을 충족하는 것이라 하더라도 그 발명이 "공공의 질서 또는 선량한 풍속을 문란하게 하거나 공중의 위생을 해할 염려가 있는" 때에는 법적인 보호를 받을 수 없다.[13] 이는 사회예방적 견지에서 당연한 규정이다.

(3) 절차 요건

하나의 발명이 특허권을 통한 법적 보호의 대상이 될 수 있기 위해서는 특허법이 규정하고 있는 소정의 절차적 요건을 충족하여야 한다. 이러한 절차적 요건으로는 선원주의, 1발명 1출원주의, 출원서류의 기재사항 등이 문제되고 있다. 이에 관해서는 후술하기로 한다.

III. 특허권의 내용

1. 특허권의 효력범위

특허권자는 자신의 특허발명을 '업으로서 실시할 권리'를 독점한다.[14] 여기에서 '업'이라 함은 가정적 또는 개인적 범위를 떠나 산업적으로 이용되는 것으로 그 영리성 여부는 묻지 아니하는 것으로 이해되고 있으며, 한편 '실시'라 함은 우선 '물건의 발명'인 경우에는 그 물건을 생산·사용·양도·대여 또는 수입하거나 그 물건의 양도 또는 대여의 청약(양도 또는 대여를 위한 전시를 포함한다. 이하 같다)을 하는 행위를, 다음으로 '방법의 발명'인 경우에는 그 방법을 사용하는 행위를, '물건을 생산하는 방법의 발명'인 경우에는 그 방법을 사용하는 행위와 그 방법에 의하여 생산한 물건을 사용·양도·대여 또는 수입하거나 그 물건의

---

13) 특허법 제32조.
14) 특허법 제94조.

양도 또는 대여의 청약을 하는 행위를 말한다.[15)]

그러나 특허권자의 이러한 독점적 권리는 ① 연구 또는 시험을 하기 위한 특허발명의 실시, ② 국내를 통과하는데 불과한 선박·항공기·차량 또는 이에 사용되는 기계·기구·장치 기타의 물건 및 ③ 특허출원시부터 국내에 있는 물건에는 그 효력이 미치지 아니한다. 또한 그 특허발명이 2 이상의 의약을 혼합함으로써 제조되는 의약의 발명 또는 둘 이상의 의약을 혼합하여 의약을 제조하는 방법의 발명인 때에는 그 특허권의 효력은 약사법에 의한 조제행위와 그 조제에 의한 의약에는 미치지 아니한다.[16)]

2. 특허권의 존속기간

발명의 광범위한 이용을 통하여 국가산업발전에 이바지한다는 특허제도의 궁극적인 목적을 달성하기 위해서는 일정기간이 지난 후에는 그 발명을 일반공중에게 개방하는 것이 필요하다.

우리 특허법에 따르면, 특허권은 원칙적으로 '특허권의 설정등록일'로부터 특허출원일 후 20년이 되는 날까지 존속한다.[17)] 다만 특허발명을 실시하기 위하여 다른 법령의 규정에 의하여 허가를 받거나 등록 등을 하여야 하고, 그 허가 또는 등록 등을 위하여 필요한 활성·안정성 등의 시험으로 인하여 장기간이 소요되는 대통령령이 정하는 발명으로서 그 특허발명이 2년 이상 실시할 수 없었던 경우에는 그 실시할 수 없었던 기간에 대하여 5년의 기간 내에서 특허권의 존속기간을 연장하는 것이 가능하다.[18)]

---

15) 특허법 제2조 제3호.
16) 특허법 제96조.
17) 특허법 제88조 제1항.
18) 특허법 제89조; 즉 의약품발명, 농약 또는 농약원제의 발명 등이 이에 해당한다(시행령 제7조).

3. 특허권의 소멸

특허권의 소멸이란 특허권이 일정한 사유에 의하여 그 효력을 상실함으로써 '공유'(public domain)에 속하게 되는 것을 말한다. 이처럼 특허권이 소멸되는 사유로는 존속기간의 만료·특허료의 불납·특허권의 포기·특허권의 취소·특허의 무효·상속인의 부존재 등의 사유로 소멸한다.

4. 실시권

(1) 의의

특허발명을 업으로서 실시할 권리는 기본적으로 특허권자의 권리이지만 특허권자 이외의 자도 당사자의 계약 또는 법정의 사유가 있는 때에는 타인의 특허발명을 실시할 수 있다. 이와 같이 "타인의 특허발명을 적법하게 실시할 수 있는 권리"를 실시권이라 한다. 이러한 실시권은 그 효력에 따라 '전용실시권'과 '통상실시권'으로, 그 발생원인에 따라 '약정실시권'·'법정실시권' 및 '강제실시권'으로 각각 구분된다.

(2) 전용실시권과 통상실시권

특허권자는 그 특허권에 대하여 타인에게 전용실시권을 설정할 수 있고, 전용실시권자는 그 설정행위로 정한 범위 안에서 업으로서 그 특허발명을 실시할 권리를 독점한다.[19] 따라서 전용실시권이 설정된 범위 내에서는 특허권자도 전용실시권자의 허락이 없는 한 특허발명을 실시할 수 없다. 이러한 전용실시권은 항상 당사자의 약정에 의해서만 발생하며, 전용실시권의 설정·이전(상속 기타 일반승계에 의한 경우를 제외한다)·변경 등의 사항은 등록이 있어야만 그 효력이 발생한다.[20]

---

19) 특허법 제100조.

이에 반하여 통상실시권은 타인의 특허발명을 일정한 조건하에 업으로 이용할 수 있는 권리라는 점에서 전용실시권과 유사하지만 독점성이 없다는 점에서 차이가 있다. 또한 통상실시권의 설정·이전·변경 등의 사항에 관한 등록은 제3자에 대한 대항요건에 불과하다.[21]

(3) 법정실시권

법정실시권이란 특허권자의 의사와 관계없이 특허법이 규정한 일정요건을 구비한 자가 당연히 특허발명을 업으로서 실시할 수 있게 되는 권리를 말한다. 현행법상 ① 직무발명에 있어서 사용자가 가지는 통상실시권, ② 특허발명과 동일한 발명을 특허출원시부터 실시하고 있던 자에게 인정되는 선사용에 의한 통상실시권, ③ 둘 이상의 발명에 특허가 허여되고 그 어느 하나의 출원이 무효가 된 경우 그 무효심판청구의 등록 전에 실시하고 있던 자에게 인정되는 통상실시권, ④ 특허권과 저촉관계에 있던 디자인권의 존속기간이 만료한 경우 그 소멸된 디자인권자의 실시자에게 인정되는 통상실시권, ⑤ 특허권에 설정된 질권의 실행에 의하여 특허권을 상실한 자가 새로운 특허권자에 대하여 가지는 통상실시권, ⑥ 특허무효심결 등의 확정에 따라 그 심결을 신뢰하여 발명을 실시하고 있었으나 재심청구에 의하여 상반된 심결이 나온 경우 그러한 재심에 의하여 회복된 특허권에 대하여 선의의 실시자에게 인정되는 통상실시권 및 ⑦ 후술하는 강제실시권의 허여심결이 재심에 의하여 번복된 경우 그 허여심결에 의하여 특허발명을 실시하고 있던 자에게 인정되는 통상실시권 등의 7가지 법정실시권을 규정하고 있다.[22]

---

20) 특허법 제101조.
21) 특허법 제118조 제3항.
22) 특허법 제102조.

(4) 강제실시권

강제실시권이란 글자 그대로 "특허권자의 의사에 반하여 강제적으로 다른 제3자에게 주어지는 실시권"을 말한다. 현행법상 강제실시권이 인정되는 경우는 다음 3가지이다.

1) 국방상 필요에 의한 강제실시권

전시·사변 또는 이에 준하는 비상시에 있어서 국방상 필요한 경우 정부는 특허권을 수용하거나 특허발명을 실시하거나 제3자로 하여금 실시하게 할 수 있다. 이처럼 특허권을 수용하거나 특허발명을 실시하는 때에는 특허권자·전용실시권자 또는 통상실시권자에 대하여 정당한 보상금을 지급하여야 한다.[23]

2) 재정에 의한 강제실시권

재정에 의한 강제실시권이란 특허권자에 의한 특허발명의 실시가 만족스럽지 못하거나 공공의 이익 또는 불공정거래행위의 시정 등을 위하여 필요한 경우 당해 특허발명을 실시하고자 하는 자의 청구에 의하여 특허청장이 허여하는 강제실시권을 말한다.

현행 특허법은 ① 특허발명이 천재·지변 기타 불가항력 또는 대통령령이 정하는 정당한 이유 없이 계속하여 3년 이상 국내에서 실시되고 있지 아니한 경우, ② 특허발명이 정당한 이유 없이 계속하여 3년 이상 국내에서 상당한 영업적 규모로 실시되지 아니하거나 적당한 정도와 조건으로 국내수요를 충족시키지 못한 경우, ③ 공공의 이익을 위하여 비상업적으로 특허발명을 실시할 필요가 있는 경우 및 사법적 절차 또는 행정적 절차에 의하여 불공정거래행위로 판정된 사항을 시정하기 위하여 특허발명을 실시할 필요가 있는 경우, ④ 자국민 다수의 보건을 위협하

---

23) 특허법 제106조.

는 질병을 치료하기 위하여 의약품(의약품 생산에 필요한 유효성분, 의약품 사용에 필요한 진단키트를 포함한다)을 수입하고자 하는 국가(이하이 조에서 '수입국'이라 한다)에 그 의약품을 수출할 수 있도록 특허발명을 실시할 필요가 있는 경우에 있어서 특허발명을 실시하고자 하는 자는 특허청장에게 통상실시권 설정에 관한 재정을 청구할 수 있도록 규정하고 있다. 다만 ① 또는 ②의 사유에 기초한 재정의 청구는 그 특허발명의 특허권자 또는 전용실시권자와 통상실시권 허락에 관한 협의를 할 수 없거나 협의 결과 합의가 이루어지지 아니하는 경우 및 당해 특허발명이 특허출원일부터 4년을 경과한 경우에 비로소 허용된다.[24]

3) 심판에 의한 강제실시권

특허발명이 그 특허발명의 특허출원일 전에 출원된 타인의 특허발명을 이용한 것인 때에는 그 특허권자로부터 동의가 없는 한 자기의 특허발명을 업으로서 실시할 수 없다.[25] 따라서 이러한 경우에 해당되어 실시의 허락을 받고자 하였으나 그 타인이 정당한 이유 없이 허락하지 아니하거나 또는 아예 허락을 받을 수 없는 때에는 자기의 특허발명의 실시에 필요한 범위 안에서 통상실시권 허여의 심판을 청구할 수 있다. 그러나 이러한 통상실시권 허여의 심판에 의하여 강제실시권이 인정되기 위해서는 자신의 특허발명이 타인의 특허발명에 비하여 상당한 기술상의 진보를 가져온 것이어야 한다.[26]

[생명과학기술의 특허성 여부] 생명과학기술에 관련된 발명이란, 동물, 식물, 미생물 등 생물체를 직접 대상으로 하거나 혹은 그 기능을 이용하는 데에 특징을 둔 발명으로 정의할 수 있다. 따라서 특허의 대상이 되는 생명과학기술 발명의 주요 유형으로는, 새로운 미생물 자체나 그 이용에 관한 발

---

24) 특허법 제107조.
25) 특허법 제98조.
26) 특허법 제138조.

명, '무성적으로 반복 생식할 수 있는 변종식물'을 비롯한 식물 관련 발명, 동물 자체나 일부분 혹은 동물의 제조 방법, 이용, 형질전환, 복제기술 등을 포함하는 동물 관련 발명, 그리고 유전자, DNA 단편, 벡터나 단백질 등을 포함하는 유전공학 관련 발명, 그리고 수술이나 진단, 치료 방법에 관한 발명 등이 있다. 이러한 동식물이나 미생물 등 생명체에 대한 특허제도를 도입하는 경우, 품종개량, 신품종 또는 신약의 개발을 촉진하여 농업, 의학 또는 생명과학의 발전에 기여하리라는 점은 쉽게 예상할 수 있으며, 또한 이러한 생물종에 대한 특허제도는 지구생물자원에 대한 무분별한 접근과 남용을 억제함으로써 자칫 손상되기 쉬운 생물다양성의 보전에 기여할 수 있다는 점에서 중요한 의미를 가지고 있다.[27]

[변종동물의 특허가능성] 종래 무성적으로 반복생식이 가능한 변종식물의 특허가능성을 인정하면서도, 변종동물의 보호여부에 대해서는 특허법이 아무런 규정을 두고 있지 아니할 뿐만 아니라 윤리적 문제를 들어 그 특허성을 부인해온 것이 지금까지의 관행이었다. 그러나 특허청은 1998년 3월 1일, '동물발명 특허심사기준'을 제정하여, 생태계의 파괴・환경오염・인간에 대한 위해 등의 위험이 없는 한 변종동물 및 그 제조방법에 대한 특허의 길을 열어놓은 상태이다.

4) 종자산업법에 따른 품종보호권

WTO/TRIPs 협정에 따른 의무의 이행을 위하여 1995년에 제정된 종자산업법은 品種이라 함은 "식물학상 통용되는 최저분류 단위의 식물군으로서 … 유전적으로 발현되는 특성 중 한 가지 이상의 특성이 다른 식물군과 구별되고 변함없이 증식될 수 있는 것"을 말한다고 정의하고, 이러한 식물의 신품종이 신규성・구별성・균일성・안정성 등의 요건을 충족하는 경우 그 설정등록일로부터 20년 동안 당해 신품종의 상업적 이용에 관한 배타적인 권리를 인정하고 있다.[28]

---

27) 특히 지구생물자원의 태반을 보유하고 있는 개발도상국에 생명체에 대한 특허제도를 통하여 생물다양성 보전에 대한 경제적 동기를 부여할 수 있다는 점에서 더더욱 그러하다.

IV. 특허출원절차

발명에 대한 특허권을 취득하기 위해서는 특허법이 정한 일정한 절차를 거쳐야만 한다. 즉 발명자 또는 그의 승계인이 특허청에 법정요건을 구비한 후 특허출원을 하게 되면 특허청은 그 출원을 토대로 발명의 특허성 여부를 심사한 후 그 심사의 결과 특허권을 인정할 만한 자격이 있다고 판단되는 때에는 특허결정을 하게 된다. 특허 결정이 있은 후 발명자는 이를 등록함으로써 특허권을 취득하게 된다.

1. 의의

특허출원이란 '발명에 대하여 특허를 받을 수 있는 권리를 가진 자가 국가에 대하여 발명의 공개를 조건으로 특허권의 부여를 요구하는 의사표시행위'를 말한다. 특허출원이 적법한 것이 되기 위해서는 출원서류의 적법성과 함께 1발명 1출원주의, 선출원주의에 합치하여야 한다. 다만 선출원주의는 우선권의 주장에 의하여 제한받게 된다.

(1) 1발명 1출원주의

현행 특허법은 "특허출원은 1발명을 1특허출원으로 한다"고 규정하여 1발명 1출원의 원칙을 천명하고 있다. 이러한 1발명 1출원의 원칙은 이론적 요청이라기보다는 특허심사 및 특허등록의 간소화를 도모하고, 특허문헌조사, 특허권 거래의 편의 등을 기하기 위한 것이다. 그러나 여기에는 한 가지 예외가 인정된다. 즉 "하나의 총괄적 발명의 개념을 형성하는 1군의 발명"에 대해서는 하나의 특허출원으로 출원하는 것이 가능하다.[29] 2개 이상의 발명이 상호 밀접한 관련이 있는 경우조차 1발명 1

---

28) 종자산업법 제56조.
29) 특허법 제45조 제1항.

출원의 원칙을 고수하게 되면 오히려 불편을 초래할 수도 있기 때문이다, 예를 들어 물건의 발명 및 그 제조방법에 관한 발명은 각각 별개의 출원보다는 하나의 출원으로 절차를 진행하는 것이 보다 편리하다.

[관련판례] 2이상의 발명을 1출원으로 한 경우란 2이상의 발명이 반드시 특허청구의 범위에 기재된 경우뿐만 아니라 발명의 상세한 설명이나 도면에 기재되어 출원된 경우까지 포함하는 것이므로 분할출원을 하면서 원출원 당시 제출한 발명의 상세한 설명이나 도면을 다시 사용할 수도 있고 원출원 중 일부 발명이 실시 예 등의 상세한 설명에 기재된 것으로서 원출원 발명과 다른 하나의 발명으로 볼 수 있는 경우에는 그 일부를 분할출원할 수 있다. 이 경우 그 동일성 여부의 판단은 특허청구범위에 기재된 양 발명의 기술적 구성이 동일한가에 의하여 판단하되 그 효과도 참작하여야 할 것이므로 기술적 구성에 차이가 있더라도 그 차이가 주지 관용 기술의 부가·삭제·변경 등으로 새로운 효과의 발생이 없는 정도에 불과하다면 양 발명은 서로 동일하다고 하여야 한다(대법원 2004. 3. 12. 선고 2002후2778 판결).

(2) 선출원주의

1) 의의

동일한 발명에 대하여 둘 이상의 특허출원이 경합하고 있는 경우 어느 하나를 배제하여야 한다(중복특허금지의 원칙). 이러한 경우 현행 특허법은 발명의 실제 창작일의 선후관계는 불문한 채, 가장 먼저 출원한 자에게 특허권을 부여한다. 이를 이른바 '선출원주의'라 한다. 이러한 선출원주의는 '발명의 조기공개'를 유도할 수는 있으나, 졸속출원, 도용 또는 모방출원으로 인하여 진정한 발명자가 보호받지 못하게 될 가능성이 있다. 따라서 선출원주의 하에서는 진정한 발명자나 정당한 권리자를 보호하기 위한 배려가 필요하다.

2) 선출원의 판단

동일한 발명에 대한 2 이상의 출원이 서로 다른 날짜에 출원된 경우, 출원의 선후관계는 출원서가 수리되어 특허청에 계속된 날을 기준으로 가장 먼저 출원한 자만이 그 발명에 대하여 특허를 받을 수 있다. 한편 출원이 같은 날에 이루어진 때에는 시각주의를 취하는 입법례도 있으나, 우리의 특허법은 "특허출원인의 협의에 의하여 정하여진 하나의 특허출원인만이 그 발명에 대하여 특허를 받을 수 있다. 협의가 성립하지 아니하거나 협의할 수 없는 때에는 어느 특허출원인도 그 발명에 대하여 특허를 받을 수 없다"고 규정하고 있다.[30]

(3) 우선권 제도

1) 의의

'우선권 제도'란 한 나라에 출원한 것을 근거로 다른 나라에 동일한 내용을 후출원하는 경우 출원 일자를 선출원일자로 소급인정해 주는 제도로 종전에 출원인은 우선권을 주장하기 위해서 '우선권 증명서류'를 서면으로 발급받아서 상대국 특허청에 제출해야 한다.

'각국특허독립의 원칙'에 따라 우리나라에서 취득한 특허권은 오직 우리나라에서만 효력을 가질 뿐이며 다른 외국에서 특허권의 보호를 받기 위해서는 당해 국가의 특허절차에 따라 별도의 특허권을 취득하여야 한다. 따라서 기술적 창작의 국제적 보호를 위해서는 각기 여러 국가에 특허출원을 할 수 밖에 없지만 그 모든 출원을 동시에 하는 것은 거의 불가능하다. 그 결과 어느 한 국가에 출원한 후 제2의 국가에 출원하려는 경우 신규성이 상실되었거나 또는 다른 사람이 동일한 발명을 출원함으로써 후출원자가 되는 결과가 발생할 수 있다. 이러한 불이익을 당하지

---

30) 특허법 제36조.

않도록 하기 위해 제2의 출원을 최초의 출원을 한 날에 출원한 것으로 간주해주는 제도가 바로 '우선권제도'라고 한다.

현행 특허법은 "조약에 의하여 대한민국 국민에게 특허출원에 대한 우선권을 인정하는 당사국 국민이 그 당사국 또는 다른 당사국에 특허출원을 한 후 동일발명을 대한민국에 특허출원하여 우선권을 주장하는 때에는 … 그 당사국에 출원한 날을 대한민국에 특허출원한 날로 본다"고 하여 우선권제도를 인정하고 있다. 대한민국에 먼저 출원한 후 다른 나라에 출원하는 경우 역시 우선권을 주장할 수 있음은 물론이다.[31]

2) 요건

우선권을 주장하려는 자는 조약 당사국 가운데 어느 한 국가에서 정규의 특허출원을 하였거나 또는 그의 승계인이어야 하며, 우선권 주장의 기초가 되는 최초의 출원일로부터 1년 이내에 특허출원 하는 때에만 우선권을 주장할 수 있다.[32]

3) 효과

우선권 주장에 의하여 우리나라에서의 특허출원일은 최초의 출원일에 출원한 것으로 간주된다. 그러나 이러한 소급효는 신규성 및 선출원의 판단에 있어서만 인정된다는 점에 유의할 필요가 있다.

4) 국내우선권제도

전술한 우선권제도는 2개 이상의 국가에서 이루어지는 출원에 관한 것이었다. 그러나 이러한 우선권제도의 기본법리는 국내에서 이루어지는 둘 이상의 출원에 대해서도 적용될 수 있다. 현행 특허법은 "특허를 받고자 하는 자는 … 그 특허출원한 발명에 관하여 그 자가 특허나 실용

---

31) 특허법 제54조 제1항.
32) 특허법 제54조 제2항.

신안등록을 받을 수 있는 권리를 가진 특허출원 또는 실용신안등록출원으로 먼저 한 출원의 출원서에 최초로 첨부된 명세서 또는 도면에 기재된 발명을 기초로 하여 우선권을 주장할 수 있다"고 규정하고 있다(제55조 제1항). 이를 특히 '국내우선권제도'라고 한다. 이러한 국내우선권제도는 주로 개량발명이나 이용발명에 대한 출원을 하는 경우에 활용될 수 있다.

2. 특허출원서류

(1) 출원서류의 종류

특허출원인은 특허출원서와 함께 명세서, 필요한 도면 및 요약서를 첨부하여야 한다. 특허출원서에는 특허출원인의 성명과 주소·대리인의 표시·제출년월일·발명의 명칭·발명자의 성명과 주소 등 법정사항을 기재하여야 한다.

명세서는 기술개발의 성과인 발명을 공개하는 '기술문헌'에 해당한다. 이러한 목적을 위하여 '발명의 명칭', '도면의 간단한 설명', '발명의 상세한 설명' 및 '특허청구범위'를 기재하도록 요구하고 있다. 이 가운데 '발명의 상세한 설명'에는 그 발명이 속하는 기술분야에서 통상의 지식을 가진 자가 용이하게 실시할 수 있을 정도로 그 발명의 목적·구성·효과를 기재함으로써 기술문헌으로서의 역할을 다할 수 있도록 하여야 하며, 특허청구범위는 보호받고자 하는 사항을 1 또는 2 이상의 항으로 기재하여야 한다.[33] 특허청구범위는 특허발명의 법적 보호범위, 즉 특허권의 효력범위를 특정하는 역할을 한다.[34]

도면은 명세서 기재내용의 이해를 돕기 위하여 첨부하는 것으로 발명의 성질상 도면이 필요하지 않은 경우에는 제출하지 아니하여도 무방하

---

33) 특허법 제42조.
34) 특허법 제97조.

다. 끝으로 요약서는 명세서가 기술정보로서 용이하게 활용될 수 있도록 하기 위하여 발명의 내용을 요약 정리한 것으로 특허발명의 보호범위를 정하는 데에는 사용할 수 없다.[35] 그 밖에 우선권을 주장하는 자, 신규성 의제의 주장을 하는 자, 미생물을 기탁한 자, 대리인에 의하여 출원절차를 행하는 자들은 관련증빙서류들을 첨부하여야 한다.

(2) 출원서류의 보정

1) 보정의 의의

특허출원인은 특허출원서에 최초로 첨부된 명세서 또는 도면의 요지를 변경하지 아니하는 범위 안에서 그 명세서 또는 도면을 보정할 수 있다. 이러한 보정은 출원서류를 명확히 할뿐더러 출원서류의 흠결을 이유로 하는 거절결정을 미연에 방지할 수 있게 함으로써 절차의 번잡을 피하는데 기여할 수 있다.

2) 보정의 한계

명세서나 도면의 보정은 이른바 '요지변경'에 해당하는 것이어서는 안된다. 요지변경이란 예를 들어 보정한 내용이 그 명세서나 도면의 중요한 부분인 특허청구범위의 기술적 사항을 변경하거나 확장하는 것을 말한다. 현행 특허법 제48조는 "특허결정등본의 송달 전에 특허출원서에 최초로 첨부된 명세서 또는 도면에 기재된 사항의 범위 안에서 특허청구범위를 증가, 감소 또는 변경하는 보정은 그 요지를 변경하지 아니하는 것으로 본다"고 규정하고 있다. 이처럼 요지변경을 금하는 이유는 요지변경을 통한 선출원주의의 악용을 차단함으로써 후출원자 또는 선의의 제3자를 보호함과 동시에 행정절차의 간소화를 위한 것이다. 한편 보정은 출원인이 원하기만 하면 어느 때나 할 수 있는 것은 아니다. 법정

---

35) 특허법 제43조.

의 시간적 한계 내에서 보정이 이루어져야 한다.[36)

3) 보정의 효과

요지변경이 아닌 적법한 보정은 출원의 순위 또는 신규성의 판단 등에 있어서 최초 출원시부터 보정된 내용의 출원이 있었던 것으로 본다. 그러나 요지변경에 해당하는 보정은 보정각하결정의 대상이 되며, 이러한 각하결정이 있는 때에는 당해 결정등본이 특허출원인에게 송달된 날로부터 30일이 경과할 때까지는 특허출원에 대한 결정을 하여서는 아니된다(제51조). 또한, 요지변경에 해당하는 보정임에도 불구하고 이를 간과한 채 특허권의 설정등록이 이루어진 때에는 그 특허출원은 그 보정서를 제출한 때에 특허출원한 것으로 간주함으로써 선후원관계 또는 신규성의 판단에 있어서 불이익을 감수하게 하고 있다(제49조).

3. 특허출원의 심사

특허출원의 심사란 특허권을 부여하기에 앞서 특허출원된 발명이 전술한 주체·내용·절차 등에 관한 특허요건을 구비하고 있는지의 여부를 일정자격을 갖춘 심사관이 판단하는 일련의 과정을 말한다. 이처럼 우리 특허법은 '심사주의'를 채택하는 한편 심사처리의 지연에 따른 문제점을 해소하고 또한 심사의 객관성을 유지하기 위한 심사청구제도, 출원공개제도, 출원변경제도 등을 두고 있다.

---

36) 보정의 시간적 한계에 대해서는 특허법 제47조 제1항 및 제2항 참조.

(1) 심사청구제도

1) 의의

"특허출원은 심사청구가 있을 때에 한하여 이를 심사한다".[37] 즉 특허출원에도 불구하고 심사관이 당연히 직무상 심사를 개시하는 것은 아니다. 심사청구제도는 심사를 원하지 아니하는 출원을 심사대상에서 제외함으로써 심사의 적체나 지연을 방지하고 심사의 질적인 향상을 도모하기 위한 것이다.

2) 심사청구의 절차 및 효과

심사청구는 당해 출원과의 이해관계여부를 불문하고 누구든지 청구할 수 있으며, 원칙적으로 특허출원일로부터 5년 이내에 청구하여야 한다. 이 기간 내에 심사청구가 없는 때에는 특허출원을 취하한 것으로 본다.[38] 심사청구가 있게 되면, 특허청장은 출원공개 전의 심사청구에 대해서는 출원공개시에, 출원 공개 후의 심사청구에 대해서는 지체 없이 그 취지를 특허공보에 공표하여야 하며, 출원인이 아닌 제3자의 심사청구가 있는 때에는 출원인에게 그 취지를 통지하여야 한다.[39] 심사청구는 취하할 수 없다.[40]

3) 우선심사

특허출원에 대한 심사는 원칙적으로 심사청구의 순서에 따라 진행된다. 다만 특허청장은 출원공개 후 특허출원인이 아닌 자가 업으로서 특허출원된 발명을 실시하고 있다고 인정되거나 긴급처리가 필요하다고 인정되는 것으로서 대통령령이 정하는 특허출원에 대하여는 심사관으로

---

37) 특허법 제59조 제1항.
38) 특허법 제59조 제2항 및 제5항.
39) 특허법 제60조.
40) 특허법 제59조 제4항.

하여금 다른 특허출원에 우선하여 심사하게 할 수 있다.[41]

(2) 출원공개제도

1) 의의

출원공개제도란 특허출원된 발명을 그 심사의 진행여부와 관계없이 특허출원 후 일정기간이 경과한 때에 공개하는 제도를 말한다. 이러한 출원공개제도는 발명의 기술내용을 조기에 공개함으로써 동일발명에 대하여 중복연구·중복투자를 방지하기 위한 것이다. 출원공개는 원칙적으로 특허출원일로부터 1년 6월이 경과한 때에 특허공보에 게재함으로써 이루어진다.[42]

2) 출원공개의 효과

출원공개가 있게 되면 특허출원인은 그 특허출원된 발명을 업으로서 실시한 자에게 특허출원된 발명임을 서면으로 경고할 수 있으며, 이러한 경고를 받거나 출원공개된 발명임을 알고 그 특허출원된 발명을 업으로 실시한 자에 대하여 특허출원인은 그 경고를 받거나 출원공개된 발명임을 안 때부터 특허권의 설정등록시까지의 기간 동안 그 특허발명의 실시에 대하여 통상 받을 수 있는 금액에 상당하는 보상금의 지급을 청구할 수 있다. 다만 이러한 보상금의 청구는 당해 특허출원에 대한 특허권의 설정등록이 있은 후가 아니면 이를 행사할 수 없다.[43]

---

41) 특허법 제61조. 한편 특허법 시행령 제13조는 방위산업분야의 출원, 에너지 절약 또는 대체산업분야의 출원, 수출촉진에 유용한 출원, 공해방지에 유용한 출원, 국가공공단체의 직무발명으로 공익상 필요하다고 인정되는 출원 등을 긴급처리할 필요가 인정되는 출원으로 열거하고 있다.

42) 특허법 제64조 제1항.

43) 특허법 제65조.

(3) 변경출원제도

실용신안등록출원인은 그 실용신안등록출원의 출원서에 최초로 첨부된 명세서 또는 도면에 기재된 사항의 범위 안에서 그 실용신안등록출원을 특허출원으로 변경할 수 있다. 다만 그 실용신안등록출원에 관하여 최초의 거절결정등본을 송달받은 날부터 30일이 경과한 때에는 특허출원으로 변경할 수 없다. 변경된 특허출원이 있는 경우에 그 변경출원은 실용신안등록출원을 한 때에 특허출원한 것으로 보며, 원래의 실용신안등록출원은 취하된 것으로 본다.[44]

(4) 결정

1) 특허결정과 거절결정

특허출원에 대한 심사는 심사관의 '결정'에 의하여 종료된다. 결정이란 특허출원이 특허요건을 구비하고 있는지의 여부에 대한 심사관의 최종적 판단으로서, 특허성을 부인하는 '거절결정'과 특허성을 인정하는 '특허결정'으로 구분된다. 결정은 그 이유를 붙여 서면으로 하여야 하며, 그 결정의 등본을 특허출원인에게 송달하여야 한다.[45] 특허결정을 받은 자는 법정절차에 따라 특허권의 설정등록을 하는 경우 '특허권'을 취득하게 된다.

2) 거절이유 및 거절경정에 대한 대응

심사관이 거절결정을 하고자 하는 때에는 특허출원인에게 거절이유를 통지하고 기간을 정하여 의견서를 제출할 기회를 주어야 한다.[46] 여기에서 거절이유라 함은 전술한 특허요건을 구비하지 못하였거나, 무권리자

---

44) 특허법 제53조.
45) 특허법 제67조.
46) 특허법 제63조.

가 특허출원하였거나, 조약에 위반한 경우 등을 말한다. 한편 거절결정을 받은 자는 거절결정등본을 송달받은 날로부터 30일 이내에 그 불복을 위한 심판을 청구할 수 있다.[47]

(5) 설정등록 및 등록공고

특허권은 이른바 설정등록에 의하여 발생하므로 특허출원인이 특허결정이 있은 후 특허료를 납부한 때에는 특허청장은 특허권의 설정등록을 하여야 하며, 이러한 설정등록이 있는 때에는 그 특허에 관하여 특허공보에 게재하여 등록공고를 하여야 한다.[48] 공고기간은 등록공고일로부터 3개월이다. 이러한 등록공고제도는 공중에게 심사의 결과를 알려 의견제시의 기회를 부여함으로써 심사의 완전성·공정성을 담보시키고자 함에 그 제도적 의미가 있다.

---

47) 특허법 제132조의 3.
48) 특허법 제87조.

[특허출현 및 심사절차]

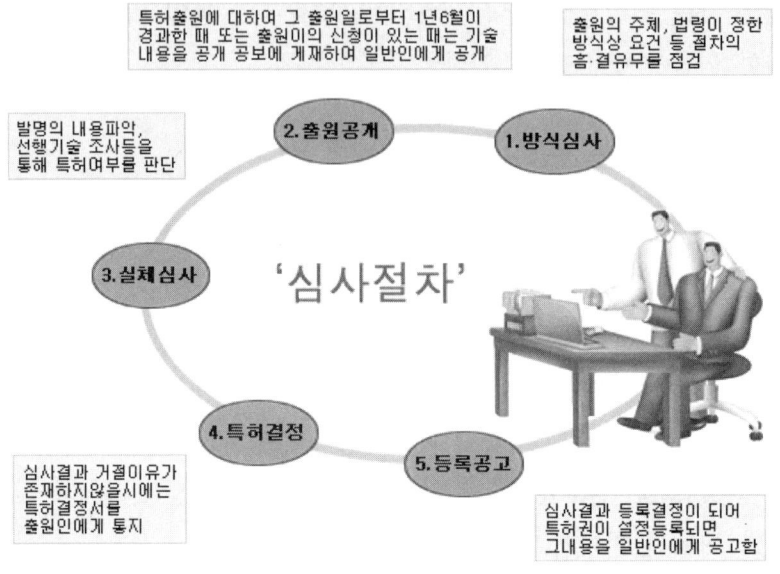

특허출원에 대하여 그 출원일로부터 1년6월이 경과한 때 또는 출원인의 신청이 있는 때는 기술 내용을 공개 공보에 게재하여 일반인에게 공개

출원의 주체, 법령이 정한 방식상 요건 등 절차의 흠·결유무를 점검

발명의 내용파악, 선행기술 조사등을 통해 특허여부를 판단

2.출원공개

1.방식심사

3.실체심사

'심사절차'

4.특허결정

5.등록공고

심사결과 거절이유가 존재하지않을시에는 특허결정서를 출원인에게 통지

심사결과 등록결정이 되어 특허권이 설정등록되면 그내용을 일반인에게 공고함

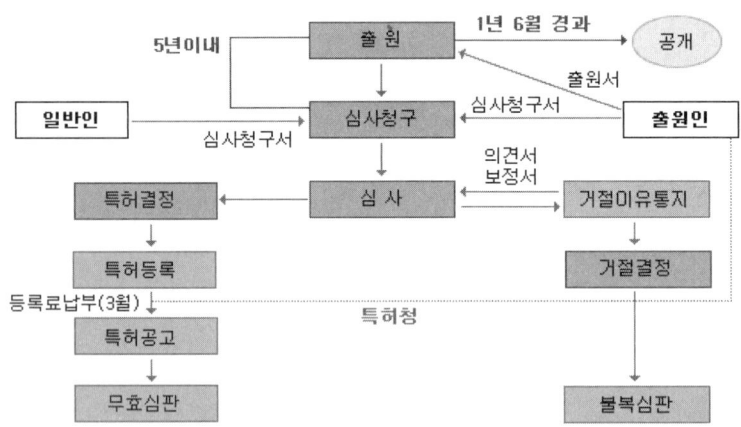

특허출원 및 심사절차도

4. PCT 국제출원

(1) 해외출원의 필요성

특허독립(속지주의)의 원칙상 각국의 특허는 서로 독립적으로 반드시 특허권 등을 획득하고자 하는 나라에 출원을 하여 그 나라의 특허권 등을 취득하여야만 해당국에서 독점배타적 권리를 확보할 수 있다. 따라서 한국에서 특허권 등의 권리를 취득하였더라도 다른 나라에서 권리를 취득하지 못하면 그 나라에서는 독점배타적인 권리를 행사할 수가 없다. 이러한 1국 1특허의 원칙 때문에 해외출원이 필요하며, 해외출원을 하는 방법에는 전통적인 출원방법과 PCT(Patent Cooperation Treaty)국제출원 방법으로 대별된다.

(2) 전통적인 해외출원방법

특허획득을 원하는 모든 나라에 각각 개별적으로 특허출원하는 방법으로 'Paris루트를 통한 출원'이라고도 한다. 단, 先출원에 대한 우선권을 주장하여 출원하는 경우 선출원의 출원일로부터 12개월 이내에 해당 국가에 출원하여야 우선권을 인정받을 수 있다.

(3) PCT에 의한 국제출원절차

일반인이 자신의 발명을 자국뿐만 아니라 다른 나라에서도 특허로 등록받길 원할 경우, 특허협력조약(Patent Cooperation Treaty, 이하 PCT) 가입국 국민은 각 해외 특허청에 각각 등록해야 하는 번거로운 절차 없이 자국 특허청에 '국제출원서류'를 제출하기만 하면 자동으로 가입국에 대해서도 출원된 것과 같은 특혜를 받는다. 단, 이때 출원인은 서류에 자신의 발명이 보호받기를 원하는 국가를 지정(우선권 주장)해야 하고 또 일정한 기간(1년8개월 또는 2년6개월) 내에 각 가입국의 자국어로 된 번역문을 제출해야 한다(국내단계진입).

그러나 이때 주의할 점은 자국을 제외한 다른 나라들에 대해서만 우선권 주장을 해야 한다는 점이다. 만약 한국도 우선권 주장국에 포함해 출원할 경우(자기지정), 국내에서는 이중으로 특허출원을 한 것으로 돼 국제출원절차보다 먼저 밟았던 국내출원절차가 1년3개월 후 자동으로 취하된다(자기지정에 의한 취하간주).

V. 특허쟁송제도

특허출원인 등이 "특허청의 처분(특허행정작용)을 다투는" 법제도적 장치를 특허쟁송제도라 하며, 특허쟁송제도는 누가 판단의 주체인가를 기준으로 다시 '특허심판제도'와 '특허소송제도'로 구분된다. 특허쟁송제도는 행정쟁송제도의 일종이다. 따라서 특허소송과 특허권의 침해를 다투는 민사소송으로서의 특허권침해소송과는 구별하여야 한다.

1. 특허심판

(1) 의의

일반적으로 특허심판은 '소송의 전단계로서 특허행정작용 및 특허권에 관한 분쟁을 해결하기 위하여 특허심판원에 소속된 심판관의 합의체에 의하여 심리·결정되는 행정상 쟁송절차의 특수한 형태'라고 정의되고 있다.

특허심판제도는 흠이 있는 특허행정작용을 사후적으로나마 시정하여 특허행정작용의 적정성을 도모하고 동시에 국민의 권리구제를 도모함에 있어서 법원의 소송을 통하지 않더라도 유사한 결과를 얻을 수 있다는 점에서 그 제도적 존재의의를 찾을 수 있다. 또한 이는 소송에 준하는 엄격한 절차를 거쳐 이루어지기 때문에 일반적으로 준사법적 성격을 가진다.

(2) 특허심판의 종류

1) 특허법상의 특허심판과 행정심판법상의 특허심판

특허청의 처분 또는 특허권에 관한 분쟁을 해결하기 위한 소송전단계적인 절차로서의 광의의 특허관련행정심판은 그 적용 법률에 따라 특허법상의 특허심판(협의의 특허심판)과 행정심판법상의 특허심판으로 구분할 수 있다. 양자는 심판의 판단주체, 심판청구기간, 심리절차 등이 상이하다는 점에서 그 구별실익을 찾을 수 있다.

현행 특허법에 의한 협의의 특허심판으로는 '거절사정·취소결정심판', '보정각하결정심판', '특허무효심판', '특허권존속기간연장등록무효심판', '권리범위확인심판', '정정심판', '정정무효심판' 및 '통상실시권허여심판'이라는 8종의 기본적 심판과 '제척·기피결정심판', '심판참가여부결정심판' 등의 부수적 심판이 존재한다.

2) 항고심판과 당사자심판

심판의 대상 및 대립구조의 차이에 따라 항고심판과 당사자심판으로 구분된다. 항고심판은 이미 행하여진 행정처분의 위법 또는 부당을 이유로 그 취소·변경·무효확인 등을 처분청을 상대로 구하는 심판임에 비하여, 당사자심판은 공법상 법률관계의 형성 또는 존부의 다툼이나 의문이 있는 경우 당해 법률관계의 일방당사자가 타방 당사자를 상대로 다투는 쟁송을 말한다. 즉 항고심판은 처분의 상대방과 처분청이 대립하여 행정처분 그 자체를 심판의 대상으로 하여 다투는 것이나, 당사자심판은 공법상 법률관계의 양 당사자가 당해 법률관계 내지 권리관계를 심판의 대상으로 하여 다툰다는 점이 상이하다. 다만 현행행정심판법에 따른 행정심판은 모두 항고심판에 해당하며, 당사자심판은 개별단행법에 의하여 예외적으로만 인정되고 있을 뿐이다.

2. 특허소송

(1) 의의

특허심판원의 심결 또는 심판청구서나 재심청구서의 각하결정을 받은 자가 이에 불복하고자 하는 경우에 심결 또는 결정의 등본을 송달받은 날부터 30일 이내에 특허법원에 소를 제기할 수 있다.[49]

(2) 당사자

특허소송을 제기할 수 있는 자는 당사자, 참가인 또는 심판이나 재심에 참가신청을 하였으나 그 신청이 거부된 자에 한하며,[50] 특허소송의 피고는 거절결정불복의 심결 등과 같은 결정계 사건과 정정심판에 있어서는 특허청장이 피고가 되며, 특허무효심판의 심결 등과 같은 당사자계 사건에 있어서는 심판의 청구인 또는 피청구인이 피고가 된다(제187조).

(3) 판결의 효력

특허법원에 의하여 심결취소의 판결이 확정되면 특허심판원은 그 사건을 다시 심리하여 심결 또는 결정을 하여야 하며, 이 경우 판결에 있어서 취소의 기본이 된 이유는 그 사건에 대해 특허심판원을 기속한다.[51] 특허법원의 판결에 대하여 불복하고자 하는 자는 판결문이 송달된 날로부터 2주일 내에 대법원에 상고할 수 있다.[52]

---

49) 특허법 제186조.
50) 특허법 제186조 제2항.
51) 특허법 제189조.
52) 특허법 제186조 제8항.

제3절 저작권

I. 의의

저작권법은 '문예·학술·예술의 범위에 속하는 창작물'의 저작자 및 그 창작물을 일반대중에게 전달해 주는 역할을 담당하는 저작인접권자의 권리를 보호하는 한편 저작물의 공정한 이용을 도모함으로써 궁극적으로 문화의 향상발전에 이바지함을 목적으로 한다(제1조). 이에 저작권법은 저작자 등에게 일정기간 저작물의 복제·배포 등 저작물을 이용할 수 있는 배타적 권리를 보장하면서도 경우에 따라서는 '저작물의 공정한 이용'이라는 측면을 고려하여 일정한 범위 내에서 저작자 등의 권리를 제한하는 '저작재산권 제한사유'를 열거하고 있다.

전통적인 저작물의 전달방식은 저작권(Copyright)을 보유한 자로부터 저작물의 복제를 허락받은 자가 아날로그 형태인 서적, 음반, 영화 등의 단매체 방식으로 저작물을 복제하여 일반대중에게 일방적으로 그것도 제한된 양만을 전달하는 방식에 불과하였기 때문에 저작권법은 일단 제작된 적법한 복제물의 무단복제를 규제하는 것으로 그 소임을 달성할 수 있었다.

그러나 이미 가시화 되고 있는 '멀티미디어' 시대에서는 저작물의 무제한적·쌍방적·범세계적 전달이 가능해지게 됨에 따라 저작물의 복제는 물론 멀티미디어의 쌍방향성에 따른 저작물의 개작 및 변형·왜곡의 문제, 사용허락에 따른 대가의 지급문제 등 기술적 측면뿐만 아니라 저작권법제 차원에서의 새로운 대응이 절실하게 요구된다.

II. 저작권법에서의 보호대상

1. 저작물의 의의

(1) 개념

현행 저작권법은 '저작물'을 "문예·학술 또는 예술의 범위에 속하는 창작물"이라 정의하고 있다(제2조 제1호). 이는 곧 사상이나 감정의 창작적 표현으로 문예·학술 또는 예술의 범위에 속하는 것은 저작물에 해당된다는 것을 의미한다. 이처럼 저작물로 보호받기 위해서는 사상 또는 감정의 창작적 표현일 것이 요구되지만, 통상 인간의 정신활동의 일환으로 생각하고 느낀 것을 표현한 것이면 충분하다고 이해되고 있으므로 반드시 예술적·학술적으로 그 가치가 탁월한 것이어야 하는 것은 아니다.

(2) 범위

한편 저작물은 그 표현방식이나 존재형식에 따라 소설·시·강연 등의 「어문저작물」, 「음악저작물」, 연극·무용 등의 「연극저작물」, 회화·서예·공예·응용미술작품 등의 「미술저작물」, 「건축저작물」, 「도형저작물」, 「사진저작물」, 「영상저작물」 등으로(제4조), 저작자의 수에 따라 단독저작물과 공동저작물로 구분된다.

또한 기존의 저작물을 번역·편곡·변형·각색·영상제작 등의 방법으로 작성한 창작물(2차적 저작물)이나 편집물로서 소재의 선택이나 배열에 창작성이 있는 것(편집저작물)은 원저작물의 저작자 또는 편집저작물의 구성부분이 되는 저작물의 저작자의 권리에 영향을 미치지 아니하는 범위에서 독자적인 저작물로 보호된다. 특히 편집저작물에는 "논문·수치·도형 기타의 자료의 집합물로서 이를 정보처리장치를 이용하여 검색할 수 있도록 체계적으로 구성한 것"이 포함되는 바, 이는 오늘날

DB의 광범위한 이용과 관련하여 중요한 의미를 가진다.

저작물의 개념 내지 범위를 이와 같이 이해하는 경우, 정부지원연구결과물의 저작물성을 인정하는 데에는 하등의 문제가 없다. '학술의 범위에 속하는 지적 창작물'로서 어문저작물의 요건을 충족하며, 공동연구의 결과물인 때에는 공동저작물에 속한다.

(3) 비보호저작물

저작권법은 기본적으로 저작자를 보호하기 위한 법률이지만 궁극적으로는 국가의 문화발전에 이바지하기 위한 법률이다. 따라서 저작자에게 배타적인 권리를 인정하는 것이 오히려 국가의 문화발전에 역행된다면 그 권리를 인정하지 아니하는 것이 바람직하다.

이러한 차원에서 저작권법은 법령, 국가 또는 지방공공단체의 고시·공고·훈령 그 밖의 이와 유사한 것, 법원의 판결·결정·명령 및 재판이나 행정재판절차 그 밖의 이와 유사한 절차에 의한 의결·결정 등, 국가 또는 지방공공단체가 작성한 이상의 편집물 또는 번역물, 사실의 전달에 불과한 시사보도 및 공개한 법정·국회 또는 지방의회에서의 연술은 저작권법에 의한 보호를 받지 못한다고 규정하고 있다.[53]

그러나 이처럼 비보호저작물로 규정되어 있다고 하더라도 이들이 저작물이 아니라는 것은 아니다. 다만 법령이나 판결 등은 모든 국민이 널리 인지하고 있어야 할 것들이므로, 이들을 저작권으로 보호함으로써 특정인의 배타적 지배하에 두는 것은 오히려 문화발전에 역행하는 결과를 초래할 수 있다는 판단하에 비보호저작물로 규정하고 있다.

---

53) 저작권법 제7조.

2. 저작권

(1) 저작자의 권리

저작자는 '저작물을 창작한 때'부터 저작권을 보유한다. 저작권은 크게 저작인격권과 저작재산권으로 구분되며, '저작인격권'은 다시 공표권, 성명표시권, 동일성유지권으로, '저작재산권'은 저작물의 이용양태에 따라 복제권·공연권·방송권·전시권·배포권·2차적 저작물작성권으로 세분된다.

'저작인격권'은 각각 저작물의 공표여부, 저작물의 공표시 성명의 표시여부, 저작물의 무단변경 등을 금지하거나 허락할 수 있는 권리로서 이러한 저작인격권은 저작자의 사망과 함께 소멸하는 저작자 일신전속적인 권리이므로 양도, 상속 등에 의한 이전의 대상이 되지 아니한다. 이에 비하여 '저작재산권'은 원칙적으로 '저작자의 사망 후 50년'까지 존속하며, 저작자는 이 기간 동안 저작재산권의 전부 또는 일부를 양도하거나 또는 그 저작물을 이용하고자 하는 자에게 이용의 범위, 방법, 조건 등을 정한 계약을 통하여 저작물의 이용을 허락할 수 있다. 이러한 절차 없이 타인의 저작물을 무단으로 이용하는 때에는 민·형사적 책임을 감수해야 한다.

(2) 저작권의 발생과 귀속

1) 권리의 발생

현행 저작권법이 "저작권은 저작한 때부터 발생하며 어떠한 절차나 형식의 이행을 필요로 하지 아니한다"고 규정하고 있다.[54] 따라서 특허권이 특허청에의 특허출원 및 심사를 거쳐 특허권의 설정등록에 의하여 그 권리가 발생하는 것과는 달리, 저작권은 그 권리의 발생을 위하여 특

---

54) 저작권법 제10조 제2항.

별한 절차나 형식의 이행을 요구하지 아니한다.

2) 권리의 귀속

저작자가 누구인지 분명치 아니하거나 또는 타인에게 고용되어 그 업무를 수행하는 과정에서 창작된 저작물의 경우, 그 권리를 누구에게 귀속시켜야 할 것인지가 문제된다. 이러한 문제의 해결을 위하여 현행 저작권법은 '저작자의 추정' 및 '단체명의저작물의 저작자'에 관한 규정을 두고 있다.

가. 저작자의 추정

공표된 저작물에 특정인이 저작자로 표시되어 있더라도 그가 반드시 당해 저작물을 실제로 창작한 자인지는 분명치 아니하다. 이에 저작권법 제8조는 ① 저작물의 원작품이나 그 복제물에 저작자로서의 성명(이하 '실명'이라 한다) 또는 그의 예명, 아호, 약칭 등(이하 '이명'이라 한다)으로서 널리 알려진 것이 일반적인 방법으로 표시된 자 및 ② 저작물을 공연 또는 방송함에 있어서 저작자로서의 실명 또는 저작자의 널리 알려진 이명(예명·아호·약칭 등을 말한다)으로 표시된 자를 당해 저작물의 저작자로 추정하고 있다.

나. 단체명의저작물의 저작자

법인, 단체 그 밖의 사용자(이하 '법인 등'이라 한다)에게 고용되어 있는 자가 그 업무의 수행과정에서 저작물을 창작한 경우 그 권리를 법인 등에게 귀속시켜야 하는 것인지 또는 그 종업원에게 귀속시켜야 하는 것인지 의문이다.

이에 대하여 저작권법 제9조는 "법인 등의 업무에 종사하는 자가 업무상 작성하는 저작물로서 법인 등의 명의로 공표된 것(이하 '단체명의

저작물'이라 한다)의 저작자는 계약 또는 근무규칙 등에 다른 정함이 없
는 때에는 그 법인 등이 된다. 다만 기명 저작물의 경우에는 그러하지
아니하다"고 규정하고 있다. 이는 직무상 창작된 저작물이 법인 등의 명
의로 공표된 것이 아니거나, 또는 법인 등의 명의로 공표되었다고 하더
라도 근무규칙 등에서 달리 정하고 있는 때에는 그 종업원이 저작권을
보유할 수 있다는 것을 의미한다.

3) 지적재산권의 제한

우리나라 헌법 제23조 제2항은 "재산권의 행사는 공공복리에 적합하
게 행사하여야 한다"고 규정함으로써 이른바 '재산권의 사회적 제약성'
을 천명하고 있다. 이러한 헌법적 요구는 저작재산권의 경우에도 적용되
어야 함은 물론이다. 예를 들어 이유여하를 막론하고 다른 사람의 저작
물을 이용하기 위해서는 항상 그의 허락이 있어야만 한다면 오히려 국
가사회 전체적인 측면에서 문화발전에 역행하는 결과는 초래할 수도 있
기 때문이다. 이에 현행 저작권법은 제24조 내지 제35조에서 저작재산
권제한사유를 규정하고 있다.

가. 시사보도를 위한 이용(제24조)

방송·영화·신문 그 밖의 방법에 의하여 시사보도를 하는 경우 "그
과정에서 보이거나 들리는 저작물"은 보도를 위한 정당한 범위 안에서
복제·배포·공연·방송 할 수 있다. 다른 연구자 또는 국민의 '알 권리'
의 충족을 위한 시사보도의 과정에서 불가피하게 타인의 저작물을 복제
·배포·방송하게 되는 경우를 예정한 규정이다.

나. 저작물의 인용(제25조)

이미 공표된 저작물은 일정한 범위 안에서 자유로이 발췌, 요약하여

인용하는 것이 허용된다. 여기에서 일정한 범위라 함은 그 인용의 목적
이 보도, 비평·교육·연구 등을 위한 것이어야 하며, 또한 그러한 인용
은 '정당한 범위' 안에서 '공정한 관행'에 합치하여야 한다. 그러나 '정당
한 범위'와 '공정한 관행'이 의미하는 바가 무엇인지에 대하여 다툼이 있
을 수 있으며, 개개의 구체적인 사정에 따라 그 기준이 달라질 수밖에
없다.

> [관련판례] 인용된 부분이 원저작물에서 차지하는 중요도나 그 분량, 인용
> 으로 인하여 원저작물의 잠재적 시장에 미치는 영향, 인용 부분과 새로운 저
> 작물의 주종관계 등을 고려하여 '정당한 범위'의 여부를 판단하고 있으며,
> 그 인용 출처를 밝히고 사전에 원저작자의 양해를 구하려고 시도하였으며
> 원저작자가 그 인용 사실을 알고서도 상당기간 묵인한 경우 등에는 '공정한
> 관행에 합치되는' 인용에 해당한다(서울지법 1996. 4. 19. 선고 95카합3836
> 판결).

저작물의 인용과 관련하여 한 가지 주의할 점은 타인의 저작물을 인
용한 경우 그 인용의 정도가 법이 허용하는 정당한 범위 및 공정한 관행
에 합치하는 경우라 하더라도 반드시 그 출처를 밝혀주어야 한다는 점
이다.[55] 출처명시의 의무를 위반한 때에는 500만원 이하의 벌금에 처해
지는 형사처벌의 대상이 된다.

다. 사적이용을 위한 복제(제27조)

영리를 목적으로 하지 아니하고 사사로운 용도로 이용하기 위한 저작
물의 복제는 자유롭게 허용된다. 이러한 복제는 통상 은밀하게 이루어지
기 때문에 법이 규제할 수 없는 영역이기도 하다. 따라서 동료가 구입한
컴퓨터 소프트웨어의 복제금지장치를 풀고 이를 복제하여 '개인적 또는

---

55) 출처표시의 의무는 비영리목적의 공연·방송, 도서관에서의 복제, 시사보도를 위한
이용, 재판절차 등에서의 복제 등의 경우에도 적용된다(저작권법 제34조).

가정 및 이에 준하는 한정된 범위 안에서' 이용하는 한 저작권자의 권리
가 미치지 아니한다.

라. 도서관에서의 복제(제28조)

도서관 또는 이와 유사한 시설에서는 ㉮ 조사 · 연구를 목적으로 하는
이용자의 요구에 따라 공표된 저작물의 일부분을 1인 1부에 한하여 제
공하거나, ㉯ 자료의 자체보존을 위하여 필요하거나, ㉰ 다른 도서관 등
의 요구에 따라 절판 등의 사유로 구하기 어려운 저작물의 복제물을 보
존용으로 제공하는 경우에는 자신이 보관하고 있는 자료를 복제할 수
있다. 다만 ㉮과 ㉰의 경우 디지털 형태로는 복제할 수 없다.

여기에서 '도서관 또는 이와 유사한 시설'이라 함은 「도서관 및 독서
진흥법」의 규정에 의한 공공도서관 · 학교도서관 및 특수도서관(영리를
목적으로 하는 법인 또는 단체가 설립한 도서관을 제외한다)과 국가, 지
방자치단체, 영리를 목적으로 하지 아니하는 법인 또는 단체에서 도서 ·
문서 · 기록 그 밖의 자료를 보존 · 대출 · 기타 공중의 이용에 제공하기
위하여 설치한 시설 및 이와 유사한 시설로서 문화관광부장관이 인정하
여 지정한 시설을 의미한다(시행령 제3조).

한편 2003년 인터넷을 이용한 도서관 이용에 대비한 저작권법 개정이
있었다. 개정법에 따르면, 도서관은 컴퓨터 등을 이용하여 이용자가 그
도서관 안에서 열람 할 수 있도록 보관된 도서 등을 복제하거나 전송할
수 있다. 이 경우 동시에 열람할 수 있는 이용자는 그 도서관에서 보관
하고 있거나 저작권을 가진 자로부터 이용허락을 받은 도서 등의 부수
를 초과할 수 없다. 또한 도서관은 컴퓨터 등을 이용하여 이용자가 다른
도서관 안에서 열람할 수 있도록 보관된 도서 등을 복제하거나 전송할
수 있다. 다만 그 전부 또는 일부가 판매용으로 발행된 도서 등은 그 발
행일로부터 5년이 경과하지 아니한 경우에는 그러하지 아니하다.

위와 같이 도서관에서의 복제가 허용되는 경우라 하더라도, 그 도서 등이 디지털 형태로 판매되고 있는 경우에는 이를 디지털 형태로는 복제할 수 없다. 또한 도서관이 이용자의 요구에 따라 디지털 형태의 도서 등을 복제하는 경우 및 다른 도서관의 안에서 열람할 수 있도록 복제하거나 전송하는 경우에는 문화관광부장관이 정하여 고시하는 기준에 의한 보상금을 저작재산권자에게 지급하거나 이를 공탁하여야 한다.

마. 기타

그 밖에 재판절차를 위하여 필요한 경우이거나 입법, 행정의 목적을 위한 내부 자료로서 필요한 경우에는 그 한도 안에서 저작물을 복제할 수 있으며,[56] 고등학교 및 이에 준하는 학교 이하의 학교의 교육목적상 필요한 교과용 도서에는 공표된 저작물을 게재할 수 있고,[57] 또한 영리를 목적으로 하지 아니하는 학교입학시험, 입사시험, 기능시험 등을 위한 정당한 범위 내에서의 저작물의 복제[58] 및 맹인을 위한 점자로의 복제[59] 등이 허용된다.

3. 저작인접권

저작권법은 저작물의 창작자 이외의 창작된 저작물을 일반대중에게 전달해주는 저작물의 전달자도 함께 보호하고 있다. 저작물의 전달자는 나름대로 저작물을 해석·표현함으로써 저작물의 가치를 증진시키는 자이기 때문에 저작자에 준하는 권리를 인정받고 있다. 현행 저작권법상으로는 실연자, 음반제작자, 방송사업자가 그들이며, 이들을 총칭하여 '저

---

56) 저작권법 제22조.
57) 저작권법 제23조.
58) 저작권법 제29조; 요즘 유행하는 아동이나 직장인을 위한 학습지는 영리를 목적으로 한 것이므로 이 규정과는 관계없다.
59) 저작권법 제30조.

작인접권자'라 한다. 출판사도 저작물의 전달자임에는 분명하나 저작인
접권자의 범주에서 제외되어 있다.

이러한 저작인접권자의 권리는 저작재산권에 준하는 것이나, 구체적
으로는 실연자는 자신의 실연에 대한 녹음·녹화·사진촬영권, 방송권
및 판매용음반의 방송이용에 대한 보상금청구권을, 음반제작자는 음반
의 복제·배포권과 판매용음반의 방송이용에 대한 보상금청구권을, 방
송사업자는 그 방송의 복제권과 동시중계방송권을 가진다. 저작인접권
은 각각 실연을 행한 때, 음을 음반에 처음 고정한 때, 방송을 한 때로부
터 50년간 보호된다.

> [관련판례] 원·피고의 만화들이 모두 중국 나관중의 삼국지연의를 원저작
> 물로 하여 스토리의 기반으로 하는 2차적 저작물로서 원고의 '전략 삼국지'
> 가 그 스토리를 풀어나감에 있어서 독창적으로 표현해낸 그림 또는 대사, 컷
> 나누기 등의 요소들과 피고의 '슈퍼 삼국지' 중의 그러한 요소들을 비교하
> 여 양 저작물 사이에 실질적 유사성 여부를 판단해야 한다는 전제하에 비록
> 피고가 '슈퍼 삼국지'를 저작함에 있어서 삼국지의 등장인물들에 관하여 독
> 창적인 시각적 묘사를 하였다고 하더라도, 컷 나누기라든지 인물의 대화의
> 기재 및 인물의 표정·동작 및 말, 배, 수레, 나무, 건물의 배치 등 주변상황
> 의 묘사에 있어서 피고는 전체 만화에 걸쳐서 원고의 '전략 삼국지'를 상당
> 부분 모방하였으므로 피고는 원고의 출판권을 침해하였다(서울고법 2003. 8.
> 19. 선고 2002나22610 판결).

4. 저작인격권

저작인격권은 저작자의 인격적 이익을 보호하는 권리로서 공표권, 성
명표시권, 동일성유지권의 세 가지 권리로 이루어져 있다. 저작인격권
중 가장 자주 그리고 중요하게 취급되는 것은 동일성유지권이다.

(1) 공표권

저작자는 자신의 저작물을 공표하거나 공표하지 아니할 것을 결정할 권리를 가진다. 또한 저작자가 공표되지 아니한 저작물의 저작재산권을 제45조의 규정에 따른 양도 또는 제46조의 규정에 따른 이용허락을 한 경우나 공표되지 아니한 미술저작물·건축저작물 또는 사진저작물(이하 '미술저작물등'이라 한다)의 원본을 양도한 경우에는 그 상대방에게 동의한 것으로 추정한다. 그리고 원저작자의 동의를 얻어 작성된 2차적 저작물 또는 편집저작물이 공표된 경우에는 그 원저작물도 공표된 것으로 본다.[60]

(2) 성명표시권

저작자는 저작물의 원본이나 그 복제물에 또는 저작물의 공표 매체에 그의 실명 또는 이명을 표시할 권리를 가진다. 따라서 저작물을 이용하는 자는 그 저작자의 특별한 의사표시가 없는 때에는 저작자가 그의 실명 또는 이명을 표시한 바에 따라 이를 표시하여야 한다. 다만 저작물의 성질이나 그 이용의 목적 및 형태 등에 비추어 부득이하다고 인정되는 경우에는 그러하지 아니하다.[61]

(3) 동일성유지권

저작자는 그의 저작물의 내용·형식 및 제호의 동일성을 유지할 권리를 가진다. 그러나 저작자는 ① 제25조의 규정에 따라 저작물을 이용하는 경우에 학교교육 목적상 부득이하다고 인정되는 범위 안에서의 표현의 변경, ② 건축물의 증축·개축 그 밖의 변형, ③ 그 밖에 저작물의 성질이나 그 이용의 목적 및 형태 등에 비추어 부득이하다고 인정되는 범

---

60) 저작권법 제11조.
61) 저작권법 제12조.

위 안에서의 변경에 대하여는 이의(異議)할 수 없다. 다만 본질적인 내용의 변경은 그러하지 아니하다.[62]

또한 저작인격권은 저작재산권과는 달리 일신전속적인 권리로서 이를 양도하거나 이전할 수없는 것이므로, 비록 그 권한 행사에 있어서는 이를 대리하거나 위임하는 것이 가능하다 할지라도 이는 어디까지나 저작인격권의 본질을 해하지 아니하는 한도 내에서만 가능하고 저작인격권 자체는 저작권자에게 여전히 귀속된다. 따라서 저작자는 자기의 저작물에 관하여 그 저작자임을 주장할 수 있는 권리(소위 귀속권)가 있으므로 타인이 무단으로 자기의 저작물에 관한 저작자의 성명, 칭호를 변경하거나 은닉하는 것은 고의, 과실을 불문하고 저작인격권의 침해가 된다.[63]

5. 출판권

(1) 의의

출판(出版)이라 함은 저작물을 인쇄 그 밖의 유사한 방법으로 문서 또는 도서 형태로 발행하는 것을 말한다.[64] 여기서 발행이란 저작물을 일반 공중의 수요를 위하여 복제·배포하는 것을 말한다.[65] 따라서 출판에는 저작재산권의 하나인 복제·배포권이 함께 작용하게 된다.

저작물을 복제·배포할 권리를 가진 자는 그 저작물을 인쇄 그 밖의 이와 유사한 방법으로 문서 또는 도서로 발행하고자 하는 자에 대하여 이를 출판할 권리(출판권)를 설정할 수 있다.[66]

이와 같이 출판권설정계약에 따라 출판권자가 취득하는 권리를 출판권이라 한다(저작권법 제54조 제1항). 출판권자는 그 설정행위에서 정하

---

62) 저작권법 제13조
63) 대법원 1995. 10. 2. 자 94마2217 결정.
64) 저작권법 제54조 제1항.
65) 저작권법 제2조 제16호.
66) 저작권법 제54조 제1항.

는 바에 따라 그 출판권의 목적인 저작물을 원작 그대로 출판할 권리를
가진다(저작권법 제54조 제2항). 즉 저작물을 독점적, 배타적으로 출판할
권능을 가진다.

　출판권은 출판자에 대해 계약에 의해 정해진 범위 내에서 출판의 목
적을 위해 저작물의 직접적 지배를 허락하는 권리이므로 준물권적 권리
이고, 저작권자 및 권리승계인은 출판권자에 따른 저작물의 이용을 용인
하지 않으면 안 되는 의무를 지닌다. 따라서 출판권은 마치 부동산의 용
익물권과 같은 권리라 할 수 있다.

(2) 출판계약의 유형

　넓게 저작물을 적법하게 출판하기 위해 출판자가 출판권자와 체결하
는 계약을 출판계약이라 부르는데, 저작자와 출판자사이의 이른바 '출판
계약(出版契約)'에는 여러 가지 유형이 있다. 앞서 본 출판권(出版權)과
복제·배포의 허락을 의미하는 출판허락계약과는 명백히 구별되어야 한
다. 출판허락계약은 채권적인 권리에 불과한 점에서 출판권과 그 성질을
달리한다.

　출판계약의 유형 중 출판자가 취득하는 권리의 범위가 넓은 것부터
거시하면, ① 저작재산권전체를 출판자에게 이전하는 저작재산권 양도
계약, ② 저작재산권 중 복제권(배포권 포함)만을 양도하는 계약, ③ 출
판권설정계약, ④ 출판허락계약, ⑤ 독점적 출판허락계약 등이 있을 수
있다.

(3) 출판권의 내용

　출판권이라 함은 출판권자가 출판권 설정행위에서 정하는 바에 따라
그 출판권의 목적인 저작물을 일반 공중의 수요를 위하여 '원작 그대로'
인쇄 그 밖의 이와 유사한 방법으로 문서 또는 도화로 복제·배포할 권

리를 의미한다.[67] 여기서 '원작 그대로'라 함은 '원작의 전부를 출판하는 것'을 의미하는 것이 아니라 '개작이나 번역 등을 하지 못한다'는 의미이고, 오자·탈자 등이나 맞춤법이 틀린 것은 수정하여 출판할 수 있다.

또한 원작의 전부를 출판하는 것만을 의미하는 것은 아니므로, 침해자가 출판된 저작물을 전부 복제하지 않았다 하더라도 그 중 상당한 양을 복제한 경우에는 출판권자의 출판권을 침해하는 것이다.[68]

출판권이 설정되면 출판자는 저작물을 출판할 권리를 전유하는 것이므로, 저작권자는 출판권의 목적인 저작물을 원작 그대로 출판할 수 없게 되는 것은 물론이고 그 원작물을 전집 그 외의 편집물에 수록하는 것도 허락되지 않는다. 원저작물과 그에 대한 번역저작물이 있는 경우 번역저작물에 대하여 출판권을 설정할 수 있는 권리자는 번역저작물의 저작자이지 원저작물의 저작자가 아니다.

(4) 출판권과 복제권의 관계

출판도 복제의 한 형태이므로 복제권의 내용에는 저작물의 출판을 허락할 배타적인 권리가 포함된다. 복제권과 설정출판권은 각각 배타적인 권리이므로 복제권자가 설정출판권을 설정한 경우 양자 간에 경합이 생기고 복제권자는 그 범위에서 권리행사를 할 수 없게 된다. 마치 소유물에 관하여 제한물권을 설정한 것과 마찬가지 효과가 인정되고, 저작권자의 복제권은 그 범위에 한하여 제한된다. 따라서 복제권자는 저작물을 원작 그대로 출판하거나 제3자에게 출판을 허락할 수 없게 된다.

---

68) 대법원 2003. 2. 28. 선고 2001도3115 판결.

(5) 2차적 저작물 작성권과의 관계

2차적 저작물은 원저작물을 번역·편곡·변형·각색 영상제작 그 밖의 방법으로 작성한 창작물을 말한다. 원저작물과 실질적 유사성을 가지고 있되, 이것에 새로운 창작성이 부가되어 만들어진 새로운 창작물을 말한다. 2차적 저작물은 원저작물로부터 독립된 독자적인 저작물로 보호된다.[69] 원저작물의 저작자의 동의가 없었더라도 2차적 저작물의 성립에는 영향이 없고, 원저작권자의 2차적 저작물 작성권을 침해한 결과로 된다.[70]

III. 저작권 침해의 구제

1. 민사적 구제

(1) 손해배상청구권 등

저작권침해에 대한 민사적 구제수단으로는 침해의 정지(예방청구 포함), 침해에 따른 손해배상청구(동법 제91조, 제93조). 인격권의 침해를 이유로 하는 명예회복청구(동법 제95조) 등이 인정된다.

(2) 특칙

저작권 침해에 대한 민사적 구제제도와 관련하여 저작권법은 민법의 특칙을 몇 가지 인정하고 있다.

1) 침해간주행위

저작권을 직접 침해한 것이 아니라 하더라도 ① 수입시에 대한민국

---

69) 저작권법 제5조 제1항.
70) 대법원 1995. 11. 14. 선고 94도2238 판결.

내에서 만들어졌더라면 저작권의 침해로 될 물건을 대한민국 내에서 배포할 목적으로 수입하는 행위, ② 저작권을 침해하는 행위에 의하여 만들어진 물건을 그 사실을 알고 배포할 목적으로 소지하는 행위, ③ 정당한 권리 없이 저작권의 기술적 보호조치를 제거·변경·우회하는 등 무력화하는 것을 주된 목적으로 하는 기술·서비스·제품·장치 또는 그 주요부품을 제공·제조·수입·양도·대여 또는 전송하는 행위, ④ 저작권의 침해를 유발 또는 은닉한다는 사실을 알거나 과실로 알지 못하고 정당한 권리 없이 전자적 형태의 권리관리정보를 고의로 제거 또는 변경하거나, 전자적 형태의 권리관리정보가 제거 또는 변경된 사실을 알고 당해 저작물이나 실연·음반·방송 또는 데이터베이스의 원작품이나 그 복제물을 배포·공연·방송 또는 전송하거나 배포의 목적으로 수입하는 행위는 저작권을 침해한 것으로 본다.[71] 저작자의 명예를 훼손하는 방법으로 그 저작물을 이용하는 행위는 저작인격권의 침해로 본다.

2) 손해액의 추정

저작권 침해에 대한 손해배상을 청구하는 경우 그 권리를 침해한 자가 그 침해행위에 의하여 이익을 받은 때에는 그 이익의 액을 손해의 액으로 추정하며, 손해배상을 청구함에 있어서 그 권리의 행사로 통상 받을 수 있는 금액에 상당하는 액을 손해배상액으로 청구할 수 있다.[72] 이러한 규정에도 불구하고 실제 손해액이 금액을 초과하는 경우에는 그 초과액에 대하여도 손해배상을 청구할 수 있음은 물론이다.

3) 손해액의 인정

법원은 손해가 발생한 사실은 인정되나 손해액을 산정하기 어려운 때에는 변론의 취지 및 증거조사의 결과를 참작하여 상당한 손해액을 인

---

71) 저작권법 제92조.
72) 저작권법 제93조 제1항 내지 제3항.

정할 수 있다.73)

4) 과실의 추정

등록된 권리를 침해한 경우 침해행위에 과실이 있는 것으로 추정한다.74)

2. 형사적 제재

저작권법은 저작권 침해사범에 대한 형량을 꾸준히 강화해오고 있다. 저작권침해죄는 원칙적으로 親告罪이다.

(1) 권리침해죄

저작권법이 보호하는 재산적 권리(저작재산권·저작인접권·출판권 등)를 복제·방송·2차적 저작물작성 등의 방법으로 침해한 자는 5년 이하의 징역 또는 5천만원 이하의 벌금(병과 가능)에 처하며, ① 저작인 격권을 침해하여 저작자의 명예를 훼손한자, ② 등록을 허위로 한 자, ③ 데이터베이스제작자의 권리를 복제·배포·방송 또는 전송의 방법으로 침해한 자, ④ 업으로 또는 영리를 목적으로 전술한 침해간주행위 가운데 ② 또는 ③의 행위를 한 자에 대해서는 3년 이하의 징역 또는 3천만원 이하의 벌금(병과 가능)에 처한다.75)

(2) 부정발행 등의 죄 등

① 저작자 아닌 자를 저작자로 하여 실명·이명을 표시하여 저작물을 공표한 자, ② 실연자 아닌 자를 실연자로 하여 실명·이명을 표시하여

---

73) 저작권법 제94조.
74) 저작권법 제93조 제4항.
75) 저작권법 제136조.

실연을 공연 또는 공중송신하거나 복제물을 배포한 자, ③ 자신에게 정당한 권리가 없음을 알면서 고의로 동법 제103조제1항 또는 제3항의 규정에 따른 복제·전송의 중단 또는 재개요구를 하여 온라인서비스제공자의 업무를 방해한 자에 대해서는 1년 이하의 징역 또는 1천만원 이하의 벌금(병과 불가)에 처한다.[76]

IV. 인터넷과 저작권

인터넷과 디지털 기술의 발달은 전통적인 저작권 기반을 변화시키고 있다. 종래에는 인쇄비용과 유통비용이 높았기 때문에 특정한 사람만이 인쇄업과 출판업에 종사할 수 있었다. 따라서 저작권을 주장하는 사람은 한정되었고, 인쇄업이나 출판업의 능력이 있는 사람만이 저작권을 침해할 수 있었다. 결국 저작권법은 이러한 사람들의 무단복제를 규제하는 것이 주된 임무였다.

그러나 저작물이 비트화됨에 따라 저작물에 대한 생산비용과 유통비용이 감소되고 저작물의 전파속도와 범위가 증가할 뿐만 아니라 복제방법과 유통경로의 독점이 사라지고 저작권자가 증가하고 있다. 또한 이와 비례해서 저작물에 대한 접근이 간편해지고, 복제가 원본과 동일하게 비용을 들이지 않고서도 신속하게 이루어질 뿐만 아니라 복제 자체가 익명성으로 이루어지기 때문에 저작권을 침해하는 경향도 증가하고 있다.

한편 저작물의 국제적 유통이 비약적으로 증가하면서 세계 각국은 저작물의 국제적 보호를 위한 노력을 경주하고 있다. 그 결과 기존의 베른협약, UCC, 로마협약, 음반협약 이외에 최근 들어 WTO/TRIPs, WCT 및 WPPT 등의 국제협약이 탄생하였으며, 이러한 협약은 우리나라 저작권법에도 적지 않은 영향을 미치고 있다. 외국 저작물의 소급보호, 대여권·전송권의 신설 등 협약상의 요구에 따른 저작권법의 개정이 속속 이

---

76) 저작권법 제137조.

어지고 있는 실정이다.

[WTO/TRIPs] 1995년 1월에 발효한 협정은 "위조상품의 교역을 포함한 무역관련 지적재산권협정"(the Agreement on Trade Related Aspects of Intellectual Property Rights, Including Trade in Counterfeit Goos: TRIPs)이라는 그 명칭이 시사하는 것처럼 지적재산권의 보호문제를 무역문제와 연계시키고 있다는 점에 특색이 있다. TRIPs 협정이 등장하게 된 직접적인 계기는 기존 지적재산권 관련 국제협약들이(베른협약, 파리협약, 로마협약 등) 첨단과학기술의 급속한 발전이라는 현대적인 상황을 제대로 수용할 수 없게 되었기 때문이다.

[인터넷협약] WTO/TRIPs 이후, WIPO(World Intellectual Property Organization)의 최대 관심사항은 디지털기술과 인터넷으로 야기된 저작물의 창작·이용환경의 변화에 대한 법제도적 대응방안을 모색하는 일이 있었으며, 그 결과로서 1996년 12월 20일, 'WIPO 외교회의'는, '정보와 통신기술의 발달 및 융합현상'으로 비롯된 저작권 문제들을 해결하기 위해서는 새로운 국제적 원칙을 마련하는 한편 기존의 개념을 새롭게 해석할 필요가 있음을 인정하면서, WIPO Copyright Treaty(WCT)와 WIPO Perfomances and Phonograms Treaty(WPPT)를 채택한 바 있다. 이들은 모두 인터넷시대를 대비하기 위한 것이라는 점에서 양자를 합하여 '인터넷협약'이라고도 한다. 이러한 인터넷 협약은 당연히 세계 각국의 저작권법에 영향을 주고 있으며, 우리나라도 1999년 법 개정을 통하여 인터넷 협약의 내용을 부분적이나마 수용한 바 있다.

제4절 실용신안권

I. 의의

실용신안제도는 원래 특허보다 낮은 소발명, 즉 고안을 보호하기 위한 제도이다. 따라서 특허를 받을 정도의 수준에 달하지 못하더라도 일정수준의 법적보호를 부여함으로써 중소기업이나 개인발명가의 창작활동을 보호·장려할 수 있다. 그리고 실용신안법은 '산업상 이용할 수 있는 물품의 형상·구조 또는 조합에 관한 고안'을 보호대상으로 한다. 여기서 '고안'이란 자연법칙을 이용한 기술적 사상의 창작을 말하며,77) 고도성을 요구하지 않는다는 점에서 특허법상의 발명과 구별되고, '물품의 형상·구조 또는 조합'을 보호대상으로 하므로 예를 들어 농약, 의약, DNA구조, 미생물, 유리조성물, 시멘트조성물 등과 같은 '물질'은 실용신안법의 보호대상이 아니다. '고안'이 실용신안법의 보호를 받기 위해서는 '발명'의 특허와 마찬가지로 산업상 이용가능성, 신규성 및 진보성 등의 요건을 구비하여야 한다. 다만 진보성과 관련해서는 "그 고안이 속하는 기술분야에서 통상의 지식을 가진 자가 '극히' 용이하게 고안할 수 있는 것"을 진보성이 없는 것으로 하여 발명의 진보성보다 정도면에서 더 완화시키고 있다.78)

II. 등록거부사유

첫째, 발명의 실용신안법은 특허와 마찬가지로 공익적 관점에서 등록거부사유를 규정하고 있다. 즉 국기 또는 훈장과 동일하거나 유사한 고안과 공공의 질서 또는 선량한 풍속을 문란하게 하거나 공중의 위생을 해할 염려가 있는 고안에 대해서는 실용신안등록을 받을 수 없다.79)

둘째, 산업상 이용할 수 있는 물품의 형상·구조 또는 조합에 관한 고안이라고 하더라도 ① 실용신안등록출원 전에 국내 또는 국외에서 공지되었거나 공연히 실시된 고안인 경우 또는 ② 실용신안등록출원 전에

---

77) 실용신안법 제4조 제1항 및 제2조 1호.
78) 실용신안법 제4조 제2항.
79) 실용신안법 제6조.

국내 또는 국외에서 반포된 간행물에 게재되거나 대통령령이 정하는 전기통신회선을 통하여 공중이 이용할 수 있는 고안인 경우에는 등록을 할 수 없다.

셋째, 실용신안등록출원 전에 그 고안이 속하는 기술분야에서 통상의 지식을 가진 자가 ① 또는 ②에 규정된 고안에 의하여 극히 용이하게 고안할 수 있는 것도 실용신안등록을 받을 수 없다.

넷째, 실용신안등록을 출원한 고안이 그 실용신안등록출원을 한 날 전에 실용신안등록출원 또는 특허출원을 하여 그 실용신안등록출원을 한 후에 출원공개되거나 등록공고된 다른 실용신안등록출원 또는 특허출원의 출원서에 최초로 첨부된 명세서 또는 도면에 기재된 고안 또는 발명과 동일한 경우에는 실용신안등록을 받을 수 없다.[80] 다만 그 실용신안등록출원의 고안자와 다른 실용신안등록출원의 고안자나 특허출원의 발명자가 동일한 경우 또는 그 실용신안등록출원 당시 출원인과 다른 실용신안등록출원이나 특허출원의 출원인이 동일한 경우에는 그러하지 아니하다.

III. 출원 및 심사절차

현행 실용신안제도는 심사 후 등록제도를 운영하고 있다. 이는 종래의 특허출원에 대한 심사처리기간의 대폭적인 단축이 전망됨에 따라 신속한 권리설정을 목적으로 도입된 심사전 등록제도인 실용신안 선등록제

---

80) 이 경우에 다른 실용신안등록출원 또는 특허출원이 제34조제1항의 국제출원에 의한 실용신안등록출원규정에 의하여 실용신안등록출원으로 보는 국제출원 또는 「특허법」 제199조제1항의 규정에 의하여 특허출원으로 보는 국제출원(제40조제4항 또는 「특허법」 제214조제4항의 규정에 의하여 실용신안등록출원 또는 특허출원으로 되는 국제출원을 포함한다)인 경우에는 '출원공개'는 '출원공개 또는 「특허협력조약」 제21조의 규정에 의한 국제공개'로, '출원서에 최초로 첨부된 명세서 또는 도면에 기재된 고안 또는 발명'은 '국제출원일에 제출한 국제출원의 명세서, 청구의 범위 또는 도면과 그 출원번역문에 다 같이 기재된 고안 또는 발명'으로 본다.

도의 장점이 감소되고, 심사 없이 등록된 권리의 오·남용, 복잡한 심사 절차로 인한 출원인의 부담 증가 및 심사업무의 효율성 저하 등 심사전 등록제도의 문제점이 상대적으로 부각된 점을 반영한 것이다.

또한 특허제도와의 통일된 절차를 통한 합리적인 제도운영을 도모하기 위하여 이중출원제도를 폐지하고, 그 대신 변경출원제도를 운영하고 있으며 실용신안등록이의신청제도를 실용신안등록무효심판제도로 통합하였다. 따라서 실용신안등록출원절차 및 그 심사는 특허법의 그것을 준용하거나 유사하다고 할 수 있다.

[특허제도와 현행 실용신안제도(심사후 등록제도)의 주요내용 비교]

구 분		실 용 (2006.3.3 법률.제7872호 기준)	특 허 (2006.3.3 법률 제7871호 기준)
등록	보호대상	· 물품의 형상 · 구조 또는 조합에 관한 자연법칙을 이용한 기술적 사상의 창작(실§ 2, 4)	· 자연법칙을 이용한 기술적 사상의 창작으로서 고도한 것(특§ 2)
	등록요건	· 신규성, 진보성 등 실체적 요건(실§ 13, 15)	· 신규성, 진보성 등 실체적 요건(특§ 62, 66)
	명세서등 보정시기	· 특허와 동일(실§ 11에서 특§ 47 준용)	· 특허결정등본을 송달하기 전 또는 · 최초거절이유통지 받기 전(특§ 47) · 거절이유통지 의견서제출기간 이내 거절결정 · 불복심판청구일부터 30일 이내
	결정방법	· 실용신안등록결정 또는 실용신안등록거절결정	· 특허결정 또는 특허거절결정
권리 행사	권리존속 기간	· 10년	· 20년
	권리행사 의 요건	· 특허와 동일	· 설정등록
	침해자의 과실추정	· 특허와 동일(실§ 30)	· 설정등록 후(특§ 130)
권리 취소 무효	이의신청	· 이의신청제도가 무효심판제도로 통합(실§ 31) (실용신안등록이의신청은 2007.6.30.까지 가능)	· 이의신청제도가 무효심판제도로 통합(특§ 133) (특허이의신청은 2007.7.1. 전에 특허권이 설정등록된 것에 대하여만 가능)
	심사청구	· 출원부터 3년 이내 누구든지 가능, 취하할 수 없음(특§ 12)	· 출원부터 5년 이내 누구든지 가능, 취하할 수 없음(특§ 59)
	무효심판	· 특허와 동일(실§ 31)	· 설정등록이 있는 날부터 등록공고일 후 3월 이내에는 누구든지 가능 · 등록공고일 후 3월 이후에는 이해관계인 또는 심사관만 가능(특§ 133)
기타	우선심사 제도	있음(실§ 61) ※ 출원과 동시에 심사청구를 하고 그 출원 후 2월 이내에 우선심사 신청이 있는 경우도 가능	있음(특§ 61) ※ 특허청장이 외국특허청장과 우선심사하기로 합의한 특허출원도 가능
	진보성	· 극히 용이하게 고안가능한지 여부(실§ 4)	· 용이하게 발명가능한지 여부(특§ 29)
	정정가능 절차	· 특허와 동일	· 무효심판, 정정심판, 정정의 무효심판

[현행 실용신안 흐름도]

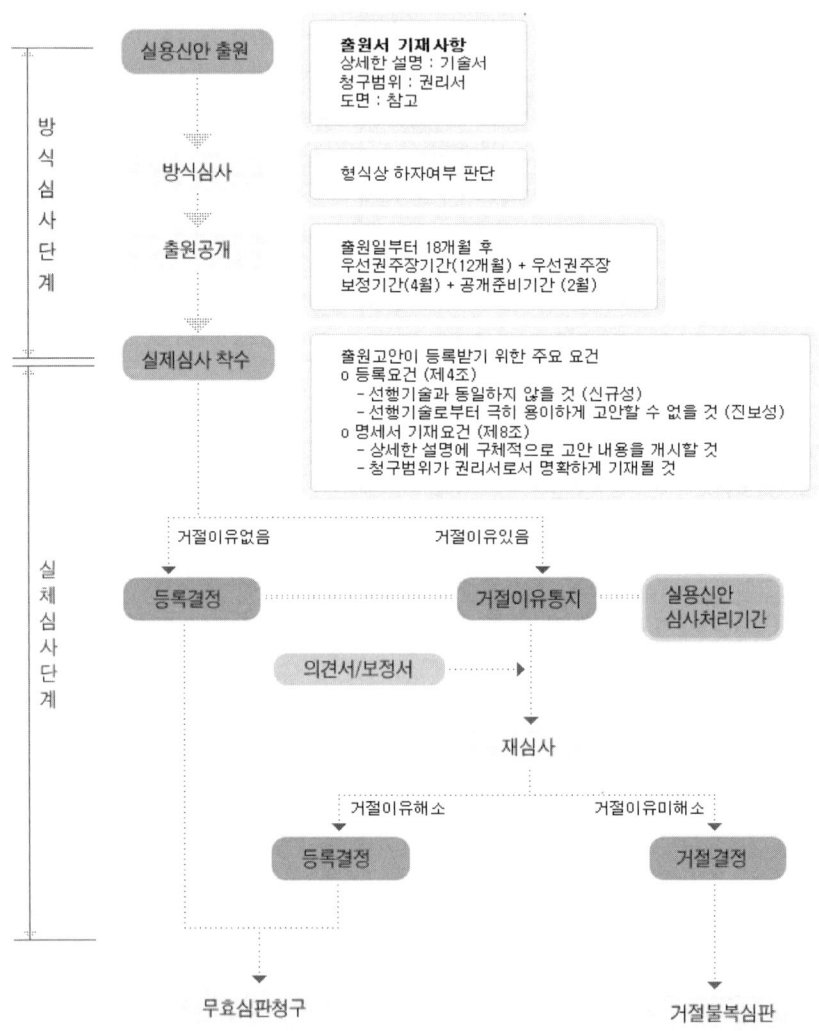

현행 실용신안 흐름도

제5절 디자인권

I. 의의

'디자인'이라 함은 물품(제12조를 제외한 물품의 부분 및 글자체를 포함한다.)의 형상·모양·색채 또는 이들을 결합한 것으로서 시각을 통하여 미감을 일으키게 하는 것을 말하며,[81] 여기에서의 '글자체'라 함은 기록이나 표시 또는 인쇄 등에 사용하기 위하여 공통적인 특징을 가진 형태로 만들어진 한 벌의 글자꼴(숫자, 문장부호 및 기호 등의 형태를 포함한다)을 한다. 디자인이 성립되기 위해서는 물품성·형태성·시각성 및 심미성을 구비하여야 한다.

1. 물품성

물품성이란 디자인은 물품과 불가분의 관계이며 물품을 떠나서는 존재할 수 없다. 따라서 창작된 도안을 보호하는 것이 아니라 그 도안이 적용된 물품을 보호하는 것이다. 여기에서 물품이란 "독립성이 있는 구체적인 유체동산"을 의미하므로 물품이 아닌 부동산·열·체·액체·전기 등과 같이 형체가 없는 것, 설탕 등과 같은 분상물·입상물 등은 보호되지 않는다.[82]

2. 형태성

디자인은 형상·모양·색채 또는 이들의 결합에 의한 것으로서 형상

---

81) 디자인보호법 제2조 1호.
82) 2001년 7월 1일부터 디자인보호법에 의한 부분디자인제도의 시행으로 양말의 뒷굽·병의 주둥이·커피잔의 손잡이 등과 같이 물품의 부분에 관한 디자인도 디자인으로 등록 받을 수 있다. 다만 디자인의 대상이 되는 물품명은 양말·포장용 병·커피잔과 같이 기재하여야 한다.

은 공간을 점하고 있는 물품의 형체·물품을 구성하고 있는 입체적 윤곽을 의미하며, 모양(Pattern)은 물품의 외관에 나타나는 선도·색흐림·색구분, 즉 무늬를 말한다. 그리고 색채(Colour)는 시각을 통하여 식별할 수 있도록 물품에 채색된 빛깔을 의미한다.

3. 시각성

디자인은 인간의 육안으로 식별할 수 있는 것만을 대상으로 한다. 따라서 시각 이외의 감각에 의하여 인식 가능한 것, 육안으로는 식별할 수 없는 것, 외부에서 볼 수 없는 것 등은 디자인보호의 대상이 될 수 없다.

4. 심미성

디자인은 미감을 일으키는 것이어야 한다. 그러나 미감의 의미는 주관적인 가치판단이 개입되므로 명확한 판단기준을 세우기는 어렵다. 따라서 심사실무에 있어서는 고도의 심미성에 대한 판단보다는 아름다움을 느낄 수 있을 정도의 형태적 처리가 된 것이면 심미감이 있는 것으로 보고 있다.

II. 디자인의 등록요건

디자인이 등록받기 위해서는 ① 신규성, ② 창작성, ③ 공업상 이용가능성 등을 충족하여야 하며 ④ 확대된 선출원주의에 위배되지 말아야 한다. 그리고 이와 같은 요건을 충족한 디자인 또는 이와 유사한 디자인이 2이상 출원된 경우에는 가장 먼저 출원한 자만이 등록 받을 수 있다. 다만 디자인무심사등록출원된 디자인에 대해서는 위의 등록요건 중 신규성·창작성·확대된 선출원주의·선출원주의 등을 심사하지 않고, 방식심사와 성립요건, 공업상이용가능성, 무등록사유 해당여부 등만을 심

사하여 등록한다.[83]

이러한 요건을 모두 갖춘 디자인이라 할지라도 ① 국기·국장·군기·훈장·기장·기타 공공기관 등의 표장과 외국의 국기·국장 또는 국제기구 등의 문자나 표지와 동일 또는 유사한 디자인, ② 선량한 풍속에 어긋나거나 공공질서를 해칠 우려가 있는 디자인, ③ 타인의 업무에 관계되는 물품과 혼동을 가져올 염려가 있는 디자인, ④ 물품의 기능을 확보하는데 불가결한 형상만으로 된 디자인 등은 등록의 대상이 되지 않는다.

1. 공업상 이용가능성

'공업상 이용가능성'이란 공업적 생산방법[84]에 의해 동일한 디자인물품이 양산가능한 것[85]을 말한다. 자연물을 그대로 디자인의 구성주체로 사용한 것으로써 대량 생산할 수 없는 것이나 순수미술의 분야에 속하는 저작물은 공업상 이용가능성이 없다. 따라서 공업상 이용가능성의 요건을 충족하기 위해서는 출원한 디자인에 관한 물품의 반복생산이 가능하여야 하고, 처음부터 양산을 의도했어야 하며, 단순한 아이디어에 불과한 것이 아니라 기술적으로 충분히 달성할 수 있을 정도의 물품이어야 한다.

---

83) 한편 2008년 1월 1일 시행 디자인보호법에서는 기존에 인정되었던 디자인등록 무심사 물품 외에도 제조식품 및 기호품, 화상디자인도 2008년 1월 1일 출원건부터는 무심사 등록이 가능한 물품으로 규정하였다. 또한 출원시 제출하여야 하는 6면도 중 동일한 도면이 여러 개인 경우 1개를 제외한 나머지 도면은 모두 생략할 수 있도록 하였고, 화상디자인의 경우 정면도만 제출할 수 있도록 규정하였다.
84) 기계에 의한 생산방법 뿐만 아니라 수공업적 생산방법도 포함하는 의미이다.
85) 물리적으로 완전히 동일한 물품을 의미하는 것이 아니고 동일하게 보이는 정도의 동일성은 있어야 한다는 의미이다.

2. 신규성

신규성이란 "그 디자인이 출원 전에 간행물이나 카탈로그 등에 게재되거나 판매·전시 등을 통하여 일반 대중에게 공개되었거나 또는 누구든지 알 수 있는 상태에 놓여 있는 것이 아니어야 한다"는 뜻이다. 그러나 디자인등록을 받을 수 있는 권리를 가진 자의 디자인이 국내외에서 공지 또는 공연 실시되거나 국내외 반포된 간행물에 게재된 디자인 또는 이들에 유사한 디자인에 해당할 경우에는 그 날로부터 6월 이내에 출원하면 신규성을 상실하지 아니한 것으로 본다.[86]

3. 창작성

창작성이란 그 디자인이 속하는 분야에서 통상의 지식을 가진 자가 국내에서 널리 알려진 형상·모양·색채 또는 이들의 결합에 의하여 용이하게 창작할 수 없는 디자인이어야 한다는 것을 의미한다.

4. 확대된 선출원주의

디자인이 당해 디자인등록출원을 한 날 전에 디자인등록 출원을 하여 당해 디자인등록출원을 한 후에 출원공개되거나 등록공고된 他디자인등록출원의 출원서의 기재사항 및 출원서에 첨부된 도면·사진 또는 견본에 표현된 디자인의 일부와 동일하거나 유사한 경우에 그 디자인에 대하여는 디자인등록을 받을 수 없도록 하는 제도를 말한다.

---

86) 이러한 혜택을 받으려면 디자인등록출원서에 그러한 취지를 기재하여 특허청장에게 제출하여야 하며 이를 증명하는 서류를 디자인등록출원일로부터 30일내에 제출하여야 한다.

5. 선출원주의

선출원주의란 먼저 출원한 자만이 그 디자인에 관하여 등록 받을 수 있는 것을 말한다. 즉 동일 또는 유사한 물품에 관한 동일 또는 유사한 디자인이 서로 다른 날에 2이상의 출원이 있는 경우 먼저 출원한 자만이 등록을 받을 수 있는 것을 말한다. 그러나 디자인등록출원이 무효 또는 취하된 때에는 선출원 규정을 적용함에 있어서 처음부터 없었던 것으로 보고 후출원한 디자인등록출원이 등록받을 수 있다.

III. 디자인권의 내용

디자인보호법 제41조는 "디자인권자는 '업으로서'[87] 등록디자인 또는 이와 유사한 디자인을 '실시'[88]할 권리를 '독점'[89]한다"고 규정하고 있다. 존속기간은 디자인의 설정등록일로부터 15년이다. 다만 유사디자인 권의 존속기간은 기본디자인권과 함께 소멸한다.

IV. 디자인권의 효력범위

디자인권의 효력은 등록디자인과 동일한 디자인뿐만 아니라 이와 유사한 디자인에 미친다. 즉 특허·실용에서의 기술적 사상과 달리 디자인이 동일한 경우에 한정할 경우 그 보호대상이 극히 협소한 것이 되어 제

---

[87] '업으로서'라는 것이 꼭 영리를 목적으로 실시하는 것만을 의미하는 것은 아니며, 반복 계속해서 행하여지는 것은 모두 포함하는 의미이다. 즉 개인적으로 일시적, 일회적으로 실시하는 것은 제외된다.

[88] '실시'란 디자인에 관한 물품을 생산·사용·양도·대여 또는 수입하거나 그 물품의 양도 또는 대여의 청약(양도나 대여를 위한 전시를 포함)을 하는 행위를 말한다.

[89] 당해 디자인을 독점적으로 실시할 권능을 가짐과 동시에 제3자가 당해 디자인과 동일 또는 유사한 디자인을 실시하는 것을 배제하는 권능도 가진다는 독점배타권을 의미한다.

도의 목적을 달성할 수 없게 되기 때문에 디자인이 표현된 물품과 그 형태적 본질에 있어서 공통적인 동질성을 가지고 있어서 외관상 서로 유사한 미감을 일으키는 범위에 대해 '유사'라는 개념을 정립하고 이 범위도 보호의 대상한다.

V. 디자인보호법상 특유한 제도

디자인은 모방이 용이하고 유행성이 강하다는 특성이 있으므로 다른 산업재산권법과는 달리 출원공개제도 및 정보공개제도라는 특유의 제도를 가지고 있다.

1. 출원공개제도[90)]

디자인등록출원시 또는 출원이후 출원인의 출원공개신청이 있는 경우에는 등록전이라도 디자인의 출원내용을 공보를 통하여 공개하고 공개후 제3자로부터의 모방실시가 있는 경우에는 모방자에게 경고할 권리가 발생하며 그 디자인이 등록된 후에는 디자인권자는 모방자에게 보상금청구권을 행사할 수 있다. 또한 제3자의 무단모방이 있는 경우에는 우선심사를 청구할 수 있도록 하여 조기에 보상금청구권을 행사할 수 있다.

2. 정보제공제도

디자인등록출원된 디자인에 대하여 누구든지 당해 디자인이 거절이유에 해당하여 등록될 수 없다는 취지의 정보를 증거와 함께 특허청장에

---

90) 종전의 디자인보호법에 의하면 디자인을 출원한 후 심사절차를 거쳐 등록을 하기 전까지는 디자인권이 발생하지 않으므로 출원 중에 있는 디자인을 제3자가 모방할 경우 이에 적절하게 대응할 수 있는 제도적인 장치가 결여되어 있었다. 이와 같은 제도적인 결점을 보완하기위하여 1996년 7월 1일부터 '출원공개제도'를 도입하여 시행하고 있으며 2005년 7월부터는 무심사 등록출원에 대해서도 공개를 신청할 수 있다.

게 제공 할 수 있는 제도를 말한다. 즉 디자인등록출원된 디자인에 대한 심사관의 심사역량을 강화하고 심사의 질적 향상을 도모하기 위하여 누구든지 당해 디자인에 대하여 등록될 수 없는 이유가 있는 경우에는 관련증거와 함께 정보를 제출할 수 있게 하여 심사의 정확성·공정성 및 신속성을 더 한층 재고 할 수 있도록 하고 있다.

VI. 디자인권의 침해구제

1. 민사적 구제

(1) 침해금지청구권

자신의 디자인권이나 전용실시권을 침해한 자에 대하여서는 침해의 금지 및 예방을 청구할 수 있다. 그리고 침해금지 및 예방을 청구할 때에는 침해행위를 조성한 물품의 폐기나 침해행위에 제공된 설비의 제거 및 기타 침해의 예방에 필요한 행위를 청구할 수 있다.[91]

(2) 손해배상청구권

디자인권 또는 전용실시권이 고의 또는 과실에 의하여 침해되었을 때에는 침해한 자에 대해서 민법상 손해배상을 청구할 수 있다.[92] 민법상의 일반규정 이외에도 디자인보호법은 별도의 규정을 두어 등록디자인이나 이와 유사한 디자인을 타인이 실시하는 경우에는 침해행위로서 과실이 있는 것으로 추정하도록 규정하고 있다.[93]

---

91) 디자인보호법 제62조.
92) 민법 750조.
93) 디자인보호법 65조.

(3) 신용회복청구권

법원은 고의 또는 과실에 의하여 디자인권 또는 전용실시권을 침해함으로써 디자인권자 또는 전용실시권자의 신용을 실추하게 한 자에 대해서는 디자인권자 또는 전용실시권자의 청구에 의하여 손해배상에 갈음하거나 손해배상과 함께 디자인권자 또는 전용실시권자의 업무상의 신용회복을 위하여 필요한 조치를 명할 수 있다.[94]

(4) 부당이득 반환청구권

민법상의 규정에 의하여 법률상 원인 없이 타인의 디자인권으로 인해 이익을 받고 이로 인하여 타인에게 손실을 준 자는 그 이익이 존재 하는 한도 내에서 반환할 의무가 있다.[95]

2. 형사적 구제

디자인권 또는 전용실시권을 침해한 자에 대해서는 민사상 책임이외에 7년 이하의 징역 또는 1억원 이하의 벌금에 처할 수 있다.

제6절 상표권

I. 의의

1. 상표법상 상표의 개념

사회적 사실로서의 상표란 자타상품을 식별하기 위하여 사용하는 일

---

94) 디자인보호법 제66조.
95) 민법 제741조.

체의 감각적인 표현수단을 의미한다. 하지만 이러한 표장을 모두 보호하는 것은 법기술적으로 어렵기 때문에 상표법에서는 보호가 가능한 상표의 구성요소를 제한하고 있다.

　　종전에는 기호·문자·도형·입체적 형상 또는 이들을 결합한 것과 이들 각각에 색채를 결합한 것만으로 상표의 구성요소가 한정되었으나 2007년 7월 1일부터는 상표권의 보호대상이 확대되어 색채 또는 색채의 조합만으로 된 상표·홀로그램상표·동작상표 및 그 밖에 시각적으로 인식할 수 있는 모든 유형의 상표가 상표법으로 보호받을 수 있다. 그러나 상표법상 상표란 여전히 시각을 통하여 인식될 수 있는 것으로 국한되며 시각을 통하여 인식할 수 없는 소리·냄새·맛 등과 같이 청각·후각·미각으로 지각할 수 있는 표장은 현실의 거래사회에서 자타상품의 식별표지로서 사용되고 있다고 하더라도 상표법상의 상표로는 수 없다. 또한 자기의 상품과 타인의 상품을 식별하기 위하여 사용되지 않는 표장은 상표가 아니므로 상품에 사용된 것이라 하여도 그것이 단순히 상품의 심미감을 불러일으키게 하기 위하여 사용된 디자인이거나 자타상품식별의사와 무관한 가격표시 등은 상표법상 상표가 아니다. 상표개념을 넓게 보면 상표 외에 서비스표[96]·단체표장[97]·업무표장[98]도 포함된다.

---

96) '서비스표'란 서비스업(광고업, 통신업, 은행업, 운송업, 요식업 등 용역의 제공업무)을 영위하는 자가 자기의 서비스업을 타인의 서비스업과 식별되도록 하기 위하여 사용하는 표장을 말한다. 즉 상표는 '상품'의 식별표지임에 반하여 서비스표는 '서비스업(용역)'의 식별표지라고 할 수 있다.
97) '단체표장'이란 상품을 공동으로 생산·판매 등을 하는 업자 등이 설립한 법인이 직접 사용하거나 그 감독 하에 있는 단체원으로 하여금 자기의 영업에 관한 상품 또는 서비스업에 사용하게 하기 위한 표장을 말한다.
98) '업무표장'이란 YMCA, 보이스카웃 등과 같이 영리를 목적으로 하지 아니하는 업무를 영위하는 자가 그 업무를 나타내기 위하여 사용하는 표장을 말한다. 예를 들어 대한적십자사, 청년회의소, 로타리클럽, 한국소비자보호원 등이 있다.

2. 상표의 인접개념

(1) 상표와 상호

상표는 자타상품을 식별하기 위하여 상품에 부착하는 표장으로서 상품의 동일성을 표시하는 기능을 가지는 데에 비해서 상호는 상인(법인·개인)이 영업상 자기를 표시하는 명칭으로서 영업의 동일성을 표시하는 기능이 있다. 또한 상표는 자타상품을 식별하는 기호로서 문자뿐만이 아니라 기호·문자·도형 등과 이들의 결합 또는 이들과 색채의 결합으로 구성될 수 있는데 비하여 상호는 상인이 영업에 관하여 자기를 표시하는 명칭으로서 인적 표지의 일종이며 문자로 표현되고 호칭된다. 그리고 회사기업의 경우에 상호의 사용은 강제적이지만 상표의 사용에 있어서는 강제성이 없다. 다만 기업이미지 통일화 전략(Corporate Identification Program)에 따라 상호와 상표를 일치시키고 있는 것이 국제적 추세인 점(상표의 상호화 또는 상호의 상표화 현상)과 상호가 상품표지로 사용되고 상표로서 등록요건을 갖추어 등록된 경우에는 법률상 상표로서 보호되는 상호상표가 점차 늘고 있어 양자 간의 기능이 중첩되는 경우가 많이 있다.

(2) 상표와 지리적 표시

상표와 지리적 표시는 양자 모두 출처표시 및 품질표시적 기능 그리고 영업상의 이익과 관련되며 지식재산권의 범주 내에서 보호되는 표장이라는 점에서는 상표와 유사하다. 이러한 유사점 때문에 지리적 표시를 상표 제도 내로 포괄하여 상표 및 지리적 표시 보호법으로 규정하는 나라가 있는가 하면 지리적 표시를 상표법상 단체표장 내지 증명표장으로 보호하는 나라도 있다.

그러나 상표는 상품 또는 서비스업을 제공하는 '특정 사업주체'를 식별시켜 주는 표장인데 반하여 지리적 표시는 당해 표시가 사용되고 있는 제품을 생산하는 사업주체들이 위치하고 있는 '특정지역'을 확인시켜 주는 표장이다. 따라서 지리적 표시는 상표와 같이 하나의 업자가 다른 경업자들을 사용으로부터 배제시킨다는 의미에서의 '독점적 소유자'는 없는 점에서 차이가 있다.

(3) 상표와 도메인 이름

상표는 자타상품을 식별하기 위하여 상품에 부착하는 표장이며, 도메인 이름은 인터넷상 호스트컴퓨터의 주소에 해당하는 숫자로 된 주소(IP Address)로써 알파벳 및 숫자의 일련의 결합을 의미한다. 따라서 상표의 경우에는 상품출처 표시의 기능, 도메인 이름의 경우에는 인터넷상 호스트컴퓨터의 장소표시의 기능이라는 별개의 기능에서 출발되었다. 그러나 전자상거래의 활성화로 도메인 이름 그 자체가 상품이나 서비스업의 출처표시로서의 기능도 하게 되었으며 타인의 상표를 부정한 목적으로 등록하여 정당한 상표권자에게 비싼 값에 되팔려는 사이버스쿼팅(Cybersquatting) 행위가 증가함에 따라 상표와 도메인 이름간의 분쟁이 증가하고 있는 추세에 있다. 원칙적으로 국내에 상표를 등록하였다고 하더라도 당해 상표에 상당하는 도메인 이름을 등록할 권리는 부여되지 않으며, 반대로 도메인 이름을 등록하였다고 하더라도 당해 상표를 등록할 권리는 부여되지 않는다.

II. 상표의 등록요건

1. 인적 요건(상표등록을 받을 수 있는 자)

우리나라에서 상표권자가 될 수 있는 자격을 갖는 자(개인 또는 법인)로서, 국내에서 상표를 사용하는 자(법인·개인·공동사업자) 또는 사용하고자 하는 자는 상표법이 정하는 바에 의하여 자기의 상표를 등록받을 수 있다. 상 우리나라 국민(법인포함)이라면 모두 상표권자가 될 수 있는 자격을 가지며, 외국인은 상호주의원칙과 조약에 의거하여 그 자격이 결정된다.

2. 실체적 요건

상표의 등록요건은 출원의 형식 등 절차적 요건과 상표의 구성자체가 자타상품의 식별력을 가진 것인지 무등록사유에 해당되지 않는지에 관한 실체적 요건(적극적 요건과 소극적 요건)으로 나누는데 상표법상 중요한 것은 실체적 요건이다.

(1) 적극적 요건

상표의 가장 중요한 기능은 자타상품식별기능이기 때문에 상표로 등록되기 위해서는 우선 식별력을 가져야 한다. 상표법상 식별력이라 함은 거래자나 일반 수요자로 하여금 상표를 표시한 상품이 누구의 상품인가를 알 수 있도록 인식시켜 주는 것을 말한다. 일반적으로 식별력 유무의 판단은 지정상품과 관련하여 판단하고 있으며 상표법 제6조제1항 각호에서는 자타상품의 식별력이 없는 상표들로서 상표등록이 불허되는 사유를 제한적으로 열거하고 있다.

(2) 소극적 요건(무등록사유)

상표가 자타상품의 식별력을 가지고 있다 하더라도 독점배타적 성질의 상표권을 부여하는 경우 공익상 또는 타인의 이익을 침해하는 경우에는 당해 상표의 등록을 배제할 필요가 있다. 상표법 제7조에서는 이를 제한적으로 규정하고 있다.

III. 상표권

1. 상표권의 효력

상표를 등록할 경우 상표권자는 적극적으로 지정상품에 관하여 그 등록상표를 사용할 권리를 독점하는 독점권과 타인이 등록상표와 동일 또는 유사한 상표를 사용하는 경우 그 사용을 금지할 수 있는 금지권을 행사할 수 있으며, 또한 타인이 자기의 등록상표 또는 등록상표와 유사한 상표를 사용하는 등 상표권을 침해하는 경우 상표권자는 그 자를 상대로 하여 침해금지청구권·손해배상청구권 등을 행사할 수 있는 소극적인 효력을 가진다.

그러나 자기의 성명·명칭 또는 상호·초상·서명·인장 또는 저명한 아호·예명·필명과 이들의 저명한 약칭을 보통으로 사용하는 방법으로 표시하는 상표, 등록상표의 지정상품과 동일 또는 유사한 상품의 보통명칭·산지·품질·원재료·효능·용도·수량·형상(포장의 형상을 포함한다)·가격 또는 생산방법·가공방법·사용방법 및 시기를 보통으로 사용하는 방법으로 표시하는 상표, 등록상표의 지정상품과 동일 또는 유사한 상품에 대하여 관용하는 상표와 현저한 지리적 명칭 및 그 약어 또는 지도로 된 상표, 등록상표의 지정상품 또는 그 지정상품의 포장의 기능을 확보하는데 불가결한 입체적 형상으로 되거나 색채 또는 색채의 조합으로 된 상표 등에 대해서는 상표권의 효력이 제한된다.[99]

표지상품의 보통명칭, 원재료의 표시 등은 본질적으로 자타상품의 식별력이 없어 특정인에게 이를 독점하게 하는 것은 부적당하고 누구라도 자유롭게 사용하게 할 필요가 있으므로 이러한 표장에 관하여는 특정인이 비록 상표등록을 받았다 하더라도 이를 보통으로 사용하는 방법으로 표시하는 것에는 상표권의 효력이 미치지 않도록 함에 그 취지가 있

---

[99] 상표법 제51조.

다.[100] 또한 어떤 상표가 상품의 원재료를 표시하는 것인가의 여부는 그 상표의 관념, 지정상품과의 관계, 현실거래사회의 실정 등에 비추어 객관적으로 판단하여야 할 것이므로 당해 지정상품의 원재료로서 현실로 사용되고 있는 경우라든가 또는 그 상품의 원재료로서 사용되는 것으로 일반수요자나 거래자가 인식하고 있는 경우이어야 한다.[101]

> **[사례: 제주 특산물 '한라봉'의 상품식별표지]** 식품제조업체인 A사는 '한라봉'이라는 표장을 사용하여 초콜릿, 쿠키 등을 만들었는데, 동종업을 하는 B사가 '한라봉초콜릿'이라는 문자를 넣은 상품을 판매하자 자신들의 상표권이 침해되었다며 소송을 제기하였다.
>
> 이에 법원은 "'한라봉'이라는 용어는 국어사전에는 등재되지는 않았으나, 인터넷 검색 사이트인 네이버나 두산백과사전 등에는 '1972년 일본농림성 과수시험장 감귤부에서 교배해 육성한 교잡종 감귤의 품종으로, 한국에는 1990년을 전후로 도입되어 제주도에서 재배되면서 한라봉으로 불리게 된 과일'이라고 기재되어 있는 등 국내에서 널리 알려져 있음은 공지의 사실이고, 뿐만 아니라 현재 한라봉은 각종 인터넷 쇼핑몰 사이트나 백화점 등에서 과일의 일종으로 판매되고 있으며, 제주도 지역에서는 원고와 피고 등에 의하여 한라봉을 분말형태로 가공하여 초콜릿에 넣어 만든 '한라봉 초콜릿'이 일반적으로 거래되고 있다. 또한 '한라봉'이라는 과일이 초콜릿의 주된 원료로 사용되는 것은 아니나 초콜릿에 사용될 경우 일반 소비자로 하여금 '한라봉을 넣어 만든 초콜릿' 또는 '한라봉 맛이 나는 초콜릿'으로 직감될 것이고, 또 포장을 봤을 때 원재료로서 한라봉을 사용하였다는 의미로 직감될 뿐 상품의 식별 표지로서 사용되었다고는 볼 수 없다"고 판시하였다.

2. 존속기간

상표권은 설정등록에 의하여 발생하고 그 존속기간은 설정등록이 있는 날로부터 10년이며, 상표권의 존속기간 갱신등록출원에 의하여 10년

---

100) 대법원 2003. 1. 24. 선고 2002다6876 판결.
101) 대법원 1989. 12. 8. 선고 89후667 판결.

간씩 그 기간을 갱신할 수 있으므로 계속 사용을 하는 한 반영구적인 효력을 갖는다. 상표권의 존속기간을 갱신하고자 할 경우에는 상표권의 존속기간 만료 전 1년 이내에 상표권 존속기간갱신등록출원을 하여야 한다. 존속기간이 만료된 후라도 6개월이 경과하기 이전에는 상표권의 존속기간갱신 등록출원을 할 수 있으나 일정액의 과태료를 납부해야 한다.

과 · 학 · 기 · 술 · 과 · 법

|부 록|

- 과학기술기본법

- 생명윤리 및 안전에 관한 법률

- 정보통신망 이용촉진 및 정보보호 등에 관한 법률

과학기술기본법

[법률 제9992호, 2010. 2. 4, 일부개정]

제1장 총칙

제1조(목적) 이 법은 과학기술발전을 위한 기반을 조성하여 과학기술을 혁신하고 국가경쟁력을 강화함으로써 국민경제의 발전을 도모하며 나아가 국민의 삶의 질을 높이고 인류사회의 발전에 이바지함을 목적으로 한다.

제2조(기본이념) 이 법은 과학기술혁신이 인간의 존엄을 바탕으로 자연환경 및 사회윤리적 가치와 조화를 이루고 경제·사회 발전의 원동력이 되도록 하며, 과학기술인의 자율성과 창의성이 존중받도록 하고, 자연과학과 인문·사회과학이 서로 균형적으로 연계하여 발전하도록 함을 기본이념으로 한다.

제3조(다른 법률과의 관계) 과학기술에 관한 다른 법률을 제정하거나 개정할 때에는 이 법의 목적과 기본이념에 맞도록 하여야 한다.

제4조(국가 등의 책무와 과학기술인의 윤리) ① 국가는 과학기술혁신과 이를 통한 경제·사회 발전을 위하여 종합적인 시책을 세우고 추진하여야 한다.

② 지방자치단체는 국가의 시책과 지역적 특성을 고려하여 지방과학기술진흥시책을 세우고 추진하여야 한다.

③ 과학기술인은 경제와 사회의 발전을 위하여 과학기술의 역할이 매우 크다는 점을 인식하고 자신의 능력과 창의력을 발휘하여 이 법의 기본이념을 구현하고 과학기술의 발전에 이바지하여야 한다.

제5조(과학기술정책의 중시와 과학화 촉진) ① 정부는 과학기술을 혁신함으로써 과학기술이 국가발전의 중추적인 역할을 할 수 있도록 과학기술정책을 우선적으로 고려하고 이에 필요한 자원을 최대한 동원하여 활용하도록 노력하여야 한다.

② 정부는 정책형성 및 정책집행의 과학화와 전자화를 촉진하기 위하여 필요한 시책을 세우고 추진하여야 한다.

③ 정부는 과학기술정책의 투명성과 합리성을 높이기 위하여 과학기술정책을 형성하고 집행하는 과정에 민간 전문가나 관련 단체 등이 폭넓게 참여하게 하고 일반 국민의 다양한 의견을 모을 수 있는 방안을 마련하여야 한다.

제6조(국가과학기술혁신체제의 구축) ① 정부는 기업, 대학, 정부가 출연(出捐)하는 연구기관 및 국공립 연구기관이 지식기반경제사회에 부응하는 과학기술을 혁신하기 위한 활동을 적극 수행할 수 있도록 효과적인 국가과학기술혁신체제를 구축하여야 한다.

② 정부는 제1항에 따른 국가과학기술혁신체제를 구축하기 위한 환경과 기반을 만들어야 하고, 기업·대학·연구기관 또는 그 구성원들이 서로 인력, 지식, 정보 등을 원활하게 교류하고 연계하며 공유할 수 있도록 필요한 지원시책을 세우고 추진하여야 한다.

제2장 과학기술정책의 수립 및 추진체제

제7조(과학기술기본계획) ① 정부는 이 법의 목적을 효율적으로 달성하기 위하여 과학기술발전에 관한 중·장기 정책목표와 방향을 설정하고, 이에 따른 과학기술기본계획(이하 "기본계획"이라 한다)을 세우고 추진하여야 한다.

② 제9조에 따른 국가과학기술위원회는 5년마다 관계 중앙행정기관의 과학기술 관련 계획과 시책 등을 종합하여 기본계획을 세우고 추진하여야 한다. <개정 2010.12.27>

③ 기본계획에는 다음 각 호의 사항이 포함되어야 한다.

 1. 과학기술의 발전목표 및 정책의 기본방향
 2. 과학기술혁신 관련 산업정책, 인력정책 및 지역기술혁신정책 등의 추진방향
 3. 과학기술투자의 확대
 4. 과학기술 연구개발의 추진 및 협동연구개발 촉진
 5. 기업·대학 및 연구기관 등의 과학기술혁신 역량의 강화
 6. 연구 성과의 확산, 기술이전 및 실용화 촉진
 7. 기초과학의 진흥
 8. 과학기술교육의 다양화 및 질적 고도화
 9. 과학기술인력의 양성 및 활용 증진
 10. 과학기술지식과 정보자원의 확충·관리 및 유통체제의 구축
 11. 지방과학기술의 진흥
 12. 과학기술의 국제화 촉진

13. 남북 간 과학기술 교류협력의 촉진

14. 과학기술문화의 창달 촉진

15. 민간부문의 기술개발 촉진

16. 그 밖에 대통령령으로 정하는 과학기술진흥에 관한 중요 사항

④ 관계 중앙행정기관의 장과 지방자치단체의 장은 기본계획에 따라 연도별 시행계획을 세우고 추진하여야 한다.

⑤ 제9조에 따른 국가과학기술위원회는 매년 제4항에 따른 다음 연도 시행계획과 전년도 추진실적을 종합하여 심의하여야 하며, 이에 관한 세부 사항은 대통령령으로 정한다. <개정 2010.12.27>

⑥ 관계 중앙행정기관의 장과 지방자치단체의 장은 과학기술 관련 계획을 세울 때에는 제1항의 중·장기 정책목표와 방향에 따라야 한다.

⑦ 제9조에 따른 국가과학기술위원회는 제1항에 따른 중·장기 정책목표와 방향을 설정하거나 기본계획을 세우기 위하여 필요하면 관계 중앙행정기관, 지방자치단체, 관련 교육·연구기관 및 국가연구개발사업에 참여하는 법인이나 단체에 필요한 자료의 제출을 요청할 수 있다. <개정 2010.12.27>

제8조(지방과학기술진흥종합계획) ① 제9조에 따른 국가과학기술위원회는 지방의 과학기술진흥을 촉진하기 위하여 5년마다 지방과학기술진흥종합계획을 세우고 지방자치단체의 장에게 알려야 한다. <개정 2010.12.27>

② 제1항에 따른 지방과학기술진흥종합계획(이하 "지방과학기술진흥종합계획"이라 한다)에는 다음 각 호의 사항이 포함되어야 한다. <개정 2010.12.27>

1. 연구개발사업의 지원

2. 과학기술기반 구축의 지원

3. 지방과학기술진흥 성과의 확산 및 산업화 촉진

4. 지방의 과학기술인력과 산업인력의 양성 및 과학기술정보 유통체제 구축 등에 대한 지원

5. 그 밖에 지방과학기술의 진흥을 위하여 필요한 사항

③ 제9조에 따른 국가과학기술위원회는 지방과학기술진흥종합계획의 연도별 시행계획을 세우고 추진하여야 한다. <개정 2010.12.27>

④ 정부는 예산의 범위에서 지방자치단체와 지방에 있는 대학·연구기관 등이 수행하는 제2항 각 호의 사업에 드는 비용의 전부 또는 일부를 출연하거나 보조할 수 있다.

제9조(국가과학기술위원회의 설치 및 소관 사무) ① 과학기술 주요 정책, 기초과학·산업기술 연구개발 계획 및 사업, 인력정책 및 지역기술혁신정책을 조정하고

연구개발예산의 효율적인 운영 등에 관한 업무를 수행하기 위하여 대통령 소속으로 국가과학기술위원회(이하 "위원회"라 한다)를 둔다.

② 위원회의 소관 사무는 다음 각 호와 같다.

1. 기본계획의 수립 및 시행에 관한 사항

2. 정부가 추진하는 연구개발사업(이하 "국가연구개발사업"이라 한다) 예산의 배분·조정에 관한 사항

3. 기초과학, 산업기술, 과학기술인력 및 지식재산 등 과학기술진흥 관련 정책의 조정에 관한 사항

4. 국가연구개발사업의 평가에 관한 사항

5. 그 밖에 이 법 또는 다른 법령에서 위원회의 소관 사무로 규정한 사항

③ 제2항에 따른 위원회의 소관 사무에 관한 세부적인 사항은 대통령령으로 정한다.

제10조(위원회 심의·의결 결과의 활용) ① 위원회는 심의·의결한 결과를 관계 중앙행정기관의 장과 지방자치단체의 장에게 알려야 한다. <개정 2010.12.27>

② 관계 중앙행정기관의 장과 지방자치단체의 장은 직접 관할하고 있는 과학기술시책에 위원회의 심의·의결 결과를 반영하여야 한다. <개정 2010.12.27>

③ 위원회는 제9조의7에 따라 심의·의결한 사항 중 국가연구개발사업 예산에 관련된 사항은 제12조의2에 따른 국가연구개발사업 예산 배분·조정 등의 검토·심의 결과에 반영하여야 한다. <신설 2010. 12.27>

제3장 과학기술 연구개발 추진

제11조(국가연구개발사업의 추진) ① 관계 중앙행정기관의 장은 기본계획에 따라 맡은 분야의 국가연구개발사업과 그 지원시책을 세워 추진하여야 한다.

② 정부는 국가연구개발사업을 추진할 때에는 다음 각 호에 따라 수행하여야 한다.

1. 정부는 민간부문과의 역할분담 등 국가연구개발사업의 효율성을 제고할 수 있는 방안을 지속적으로 강구하여야 한다.

2. 정부는 연구기관과 연구자에게 최상의 연구환경을 조성하는 등 연구개발 역량을 높이기 위한 지원을 강화하여야 한다.

3. 정부가 국가연구개발사업 관련 제도나 규정을 마련할 경우 연구기관과 연구자의 자율성을 최우선으로 고려하여야 한다.

4. 정부는 소요경비의 전부 또는 일부를 지원하여 얻은 지식과 기술 등을 공개하고 성과를 확산하며 실용화를 촉진하는 데에 필요한 지원시책을 세우고 추진

하여야 한다.

③ 정부는 국가연구개발사업을 투명하고 공정하게 추진하고 효율적으로 관리하며 각 부처가 추진하는 국가연구개발사업을 긴밀히 연계하기 위하여 다음 각 호에 관한 사항을 정하여야 한다.

1. 국가연구개발사업의 기획, 공고 등에 관한 사항
2. 국가연구개발사업의 과제의 선정, 협약 등에 관한 사항
3. 연구개발 결과의 평가 및 활용 등에 관한 사항
4. 국가연구개발사업의 보안, 정보관리, 성과관리, 연구윤리의 확보 등 연구수행의 기반에 관한 사항
5. 그 밖에 국가연구개발사업의 기획·관리·평가 및 활용 등(이하 "기획등"이라 한다)에 관하여 필요한 사항

④ 중앙행정기관의 장은 소관 국가연구개발사업의 효율적 추진을 위하여 필요하다고 인정하는 경우에는 소관 법령으로 정하는 기관 또는 단체에 국가연구개발사업의 과제 기획등에 관한 업무를 대행하게 할 수 있다. 이 경우 중앙행정기관의 장은 기획등을 대행하는 자(이하 "전문기관"이라 한다)에 대하여 기획등의 수행에 사용되는 비용의 전부 또는 일부를 지원할 수 있다.

⑤ 국가연구개발사업의 원활한 추진을 위하여 제3항에 따른 국가연구개발사업의 기획등에 관한 사항과 제4항에 따른 전문기관의 업무에 관한 사항은 대통령령으로 정한다.

제11조의2(국가연구개발사업에 대한 참여제한 등) ① 중앙행정기관의 장은 소관 국가연구개발사업에 참여한 연구책임자, 연구기관·참여기업 또는 실시기업에 대하여 다음 각 호의 어느 하나에 해당하면 5년의 범위에서 소관 국가연구개발사업의 참여를 제한할 수 있으며, 이미 출연한 사업비의 전부 또는 일부를 환수할 수 있다.

1. 연구개발의 결과가 극히 불량하여 중앙행정기관이 실시하는 평가에 따라 실패한 사업으로 결정된 경우
2. 정당한 절차 없이 연구개발 내용을 국내외에 누설하거나 유출한 경우
3. 정당한 사유 없이 연구개발과제의 수행을 포기한 경우
4. 정당한 사유 없이 기술료를 납부하지 아니한 경우
5. 연구개발비를 사용용도 외의 용도로 사용한 경우
6. 정당한 사유 없이 연구개발결과물인 지식재산권을 연구책임자나 연구원의 명의로 출원하거나 등록한 경우
7. 거짓이나 그 밖의 부정한 방법으로 연구개발을 수행한 경우

8. 그 밖에 국가연구개발사업을 수행하기 부적합한 경우로서 협약의 규정을 위반한 경우

② 중앙행정기관의 장은 제1항에 따라 국가연구개발사업의 참여를 제한한 경우에는 관계 중앙행정기관 및 관련 기관에 해당 참여제한 사항을 통보하고, 국가과학기술종합정보시스템에 해당 참여제한 사항을 등록·관리하여야 한다.

③ 제2항에 따라 참여제한 사항을 통보받은 관계 중앙행정기관의 장은 참여제한 조치를 받은 자에 대하여 국가연구개발사업에 대한 참여를 제한하여야 한다.

④ 중앙행정기관의 장은 제1항부터 제3항까지의 규정에 따라 참여제한을 결정한 때에는 지체 없이 참여제한 조치를 받은 자와 그 소속 기관의 장 등에게 그 사실을 통지하여야 한다.

⑤ 제1항에 따른 참여제한 사유별 참여제한기간의 구체적 기준 및 사업비의 환수 등에 필요한 사항은 대통령령으로 정한다.

제11조의3(국가연구개발사업결과물의 소유·관리 및 활용촉진) ① 국가연구개발사업의 결과물은 국가연구개발사업에 참여하는 연구형태와 비중, 연구개발결과물의 유형 등을 고려하여 대통령령으로 정하는 바에 따라 연구기관 등의 소유로 한다. 다만, 중앙행정기관의 장은 다음 각 호의 어느 하나에 해당하는 경우에는 국가의 소유로 할 수 있다.

1. 국가안보상 필요한 경우

2. 연구개발결과물을 공공의 이익을 목적으로 활용하기 위하여 필요한 경우

3. 연구기관 등이 국외에 소재한 경우

4. 그 밖에 연구기관 등이 소유하기에 부적합하다고 인정되는 경우

② 중앙행정기관의 장은 제1항에 따라 국가가 소유하게 된 연구개발결과물을 전문기관 등에 위탁하여 관리하게 할 수 있다.

③ 그 밖에 연구개발결과물의 소유·관리 및 활용촉진에 필요한 사항은 대통령령으로 정한다.

제11조의4(기술료의 징수 및 사용) ① 연구개발결과물 소유기관의 장(제11조의3제2항에 따라 전문기관 등에 위탁한 경우에는 위탁받은 기관의 장)은 연구개발결과물을 실시(연구개발결과물을 사용·양도·대여 또는 수출하려는 것을 말한다. 이하 같다)하려는 자와 실시권의 내용, 기술료 및 기술료 납부방법 등에 관하여 계약을 체결하는 때에는 기술료를 징수하여야 한다. 다만, 연구개발결과물 소유기관이 소유하고 있는 결과물을 직접 실시하려는 경우에는 전문기관의 장이 기술료를 징수할 수 있다.

② 연구개발결과물 소유기관의 장 또는 전문기관 등의 장은 연구개발결과물을 실

시하려는 자의 신청이 있는 때에는 그 타당성을 검토한 후 중앙행정기관의 장의 승인을 받아 제1항에 따른 기술료를 감면하거나 징수기간을 연장할 수 있다.

③ 연구개발결과물 소유기관의 장은 제1항에 따라 징수한 기술료를 다른 법률에 특별한 규정이 없으면 다음 각 호의 용도에 사용하여야 한다.

1. 참여연구원이나 기술확산에 기여한 직원 등에 대한 보상금

2. 연구개발재투자

3. 그 밖에 대통령령으로 정하는 분야

④ 그 밖에 제1항부터 제3항까지의 규정에 따른 기술료의 징수 및 사용 등에 관하여 필요한 사항은 대통령령으로 정한다.

제11조의5(국가연구개발사업의 보안) ① 중앙행정기관의 장은 국외로 유출되지 아니하도록 보호할 가치가 있는 국가연구개발사업의 결과물은 지식재산권의 설정 등을 통하여 보호될 수 있도록 적극 지원하여야 한다.

② 중앙행정기관의 장 및 국가연구개발사업을 수행하는 연구기관의 장은 국가연구개발사업의 결과물과 연구수행 중에 생산된 성과물이 외부로 유출되지 아니하도록 보안대책을 수립·시행하여야 한다.

③ 그 밖에 제1항 및 제2항에 따른 국가연구개발사업의 보안에 관하여 필요한 사항은 대통령령으로 정한다.

제12조(국가연구개발사업에 대한 조사·분석·평가) ① 국가과학기술위원회는 매년 국가연구개발사업에 대한 조사·분석 및 평가(이하 "평가등"이라 한다)를 하여야 한다. 이 경우 평가에 관한 사항은 「국가연구개발사업 등의 성과평가 및 성과관리에 관한 법률」에서 정하는 바에 따른다.

② 국가과학기술위원회는 제1항 전단에도 불구하고 대통령령으로 정하는 국방 분야의 국가연구개발사업에 대한 조사와 분석을 하지 아니할 수 있다.

③ 국가과학기술위원회는 국가연구개발사업의 평가등을 하기 위하여 관계 중앙행정기관, 지방자치단체, 관련 교육·연구기관 및 국가연구개발사업에 참여하는 법인이나 단체에 필요한 자료의 제출을 요구할 수 있으며, 자료 제출을 요구받은 기관·법인 또는 단체는 특별한 사유가 없으면 이에 따라야 한다.

④ 관계 중앙행정기관의 장은 소관 국가연구개발사업을 추진할 때에는 평가등의 결과를 반영하여 연구개발투자가 최대한 효율적으로 이루어지도록 노력하여야 한다.

⑤ 제1항 전단에 따른 조사와 분석의 범위·방법 및 절차 등에 관하여 필요한 사항은 대통령령으로 정한다.

⑥ 국가과학기술위원회는 제1항 및 제3항 중 평가에 관한 사무를 「국가연구개발

사업 등의 성과평가 및 성과관리에 관한 법률」에서 정하는 바에 따라 기획재정부장관에게 위임할 수 있다.

⑦ 기획재정부장관은 제6항에 따라 평가에 관한 사무를 수행하였을 때에는 「국가연구개발사업 등의 성과평가 및 성과관리에 관한 법률」 제7조 및 제8조에 따른 특정평가 및 자체성과평가의 결과를 종합분석하여 국가과학기술위원회에 보고하여야 한다.

제12조의2(국가연구개발사업 예산의 배분방향 등 검토·심의) ① 국가연구개발사업에 관련된 중앙행정기관의 장은 해당 기관의 다음다음 연도 국가연구개발사업의 투자우선순위에 대한 의견을 매년 10월 31일까지 국가과학기술위원회와 기획재정부장관에게 제출하여야 한다.

② 관계 중앙행정기관의 장은 「국가재정법」 제28조에 따라 기획재정부장관에게 제출하는 해당 회계연도부터 5회계연도 이상의 기간 동안 예정된 신규사업 및 기획재정부장관이 정하는 주요 계속사업 중 국가연구개발사업 관련 중기사업계획서를 매년 1월 31일까지 국가과학기술위원회에 제출하여야 한다.

③ 국가과학기술위원회는 제2항에 따른 중기사업계획서를 검토하고, 정부연구개발투자의 방향과 기준을 매년 4월 15일까지 기획재정부장관 및 관계 중앙행정기관의 장에게 알려야 한다.

④ 관계 중앙행정기관의 장은 「국가재정법」 제31조제1항에 따라 기획재정부장관에게 제출하는 해당 기관의 예산요구서 중 국가연구개발사업 관련 예산요구서를 매년 6월 30일까지 국가과학기술위원회에 제출하여야 한다.

⑤ 국가과학기술위원회는 제1항·제2항 및 제4항에 따라 관계 중앙행정기관의 장이 각각 제출한 국가연구개발사업의 투자우선순위에 대한 의견과 국가연구개발사업 관련 중기사업계획서 및 예산요구서에 대하여 다음 각 호의 사항을 검토·심의하고 그 의견을 매년 7월 31일까지 기획재정부장관에게 알려야 한다.

1. 국가연구개발사업의 목표 및 추진방향
2. 국가연구개발사업의 분야별·사업별 투자우선순위
3. 국가연구개발사업 예산의 배분방향
4. 유사하거나 중복되는 국가연구개발사업 간의 조정 및 연계
5. 대형 국가연구개발사업의 투자적정성, 중점추진방향 및 개선방향
6. 다수 부처 관련 국가연구개발사업의 부처별 역할 분담
7. 기초과학연구와 지방과학기술의 진흥에 관한 사항
8. 그 밖에 국가연구개발사업의 투자효율성을 높이기 위하여 필요한 사항

⑥ 제2항과 제4항에도 불구하고 국방 분야의 국가연구개발사업 관련 중기사업계

획서와 예산요구서 중 국방부장관이 국가과학기술위원회와 협의하여 정하는 중
기사업계획서와 예산요구서는 제출하지 아니할 수 있다.

제13조(과학기술예측 등) ① 정부는 주기적으로 주요 과학기술통계와 지표를 조사
·분석하고 과학기술의 발전 추세를 예측하여 그 결과를 과학기술정책에 반영하
여야 한다.

② 정부는 제1항에 따른 예측결과를 바탕으로 새로운 기술을 발굴하고 개발할 수
있도록 노력하여야 한다.

③ 교육과학기술부장관은 과학기술예측을 위하여 필요하면 관계 중앙행정기관,
지방자치단체, 관련 교육·연구기관 및 국가연구개발사업에 참여한 법인이나 단
체에 필요한 자료의 제출을 요청할 수 있다.

제14조(기술영향평가 및 기술수준평가) ① 정부는 새로운 과학기술의 발전이 경제
·사회·문화·윤리·환경 등에 미치는 영향을 사전에 평가(이하 "기술영향평
가"라 한다)하고 그 결과를 정책에 반영하여야 한다.

② 정부는 과학기술의 발전을 촉진하기 위하여 국가적으로 중요한 핵심기술에 대
한 기술수준을 평가(이하 "기술수준평가"라 한다)하고 해당 기술수준의 향상을 위
한 시책을 세우고 추진하여야 한다.

③ 기술영향평가와 기술수준평가의 범위 및 절차 등에 관하여 필요한 사항은 대
통령령으로 정한다.

제15조(기초과학의 진흥) 정부는 과학기술혁신의 바탕이 되는 기초과학을 진흥시키
기 위하여 대학과 정부가 출연하는 연구기관의 연구 및 상호 연계·협력을 활성
화하고 안정적인 연구비를 지원하는 등 종합적인 지원시책을 세우고 추진하여야
한다. <개정 2010.2.4>

제15조의2(기초과학연구진흥협의회) ① 기초과학연구 투자에 관한 분석과 정책방
향 등을 심의하기 위하여 국가과학기술위원회에 기초과학연구진흥협의회를 둔다.

② 기초과학연구진흥협의회는 다음 각 호의 사항을 심의한다.

1. 「기초과학연구 진흥법」 제5조에 따른 기초과학연구의 진흥에 관한 종합계획의
   사전 심의·조정에 관한 사항
2. 관계 중앙행정기관 간의 기초과학연구의 역할 정립 및 중복투자 조정에 관한
   사항
3. 매년 정부연구개발예산 중 기초연구비의 비율 산정에 관한 사항
4. 그 밖에 기초과학연구의 진흥에 필요한 사항으로서 교육과학기술부장관이 회
   의에 부치는 사항

③ 그 밖에 기초과학연구진흥협의회의 구성과 운영에 필요한 사항은 대통령령으

로 정한다.

제16조(민간기술개발 지원) ① 정부는 기업 등 민간의 기술개발을 지원하고 기업 간 기술 공유와 공동활용을 장려하기 위하여 인력 공급, 세제·금융 지원, 우선구매 등 다양한 지원시책을 세우고 추진하여야 한다.

② 정부는 기술집약형 중소기업과 신기술을 이용하여 창업하는 기업에 대하여 제1항의 지원시책을 우선적으로 추진하여야 한다.

제17조(협동·융합연구개발의 촉진) ① 정부는 기업·대학·연구기관 간 또는 이들 상호간의 협동연구개발을 촉진하고 북돋우기 위한 지원시책을 세우고 추진하여야 한다.

② 정부는 민·군 간의 협동연구를 장려하고 민·군 겸용기술의 개발을 촉진하기 위한 시책을 세우고 추진하여야 한다.

③ 교육과학기술부장관은 국가적으로 중요한 연구개발과제의 협동·융합연구개발을 위하여 필요하다고 인정하면 관련 기관의 장의 요청에 따라 협동·융합연구개발 관련 기관 간에 과학기술인이 서로 교류하는 것을 권고하거나 알선할 수 있다.

④ 정부는 신기술 상호간 또는 이들과 학문 및 산업 간의 융합기술 연구개발을 촉진하기 위한 시책을 세우고 추진하여야 한다.

제17조의2(연구개발과 인력양성 간 연계 촉진) 정부는 국가연구개발 투자의 효율성을 제고하고 연구경쟁력을 강화하기 위하여 연구개발과 인력양성을 상호 연계하여 추진할 수 있는 방안을 마련하고 필요한 지원시책을 강구하여야 한다.

제18조(과학기술의 국제화 촉진) ① 정부는 국제사회에 공헌하고 국내 과학기술 수준을 향상시킬 수 있도록 외국정부, 국제기구 또는 외국의 연구개발 관련 기관·단체 등과 과학기술협력을 촉진하는 데에 필요한 시책을 세우고 추진하여야 한다.

② 교육과학기술부장관은 제1항에 따른 과학기술협력에 관한 시책을 효율적으로 추진하기 위하여 이를 전문적으로 지원할 기관을 지정하고 그 지원업무 수행에 필요한 경비의 전부 또는 일부를 출연하거나 보조할 수 있다.

③ 제2항에 따른 전문기관의 지정과 국제공동연구의 추진 등 과학기술협력에 필요한 사항은 대통령령으로 정한다.

제19조(남북 간 과학기술의 교류협력) ① 정부는 남북 간 과학기술부문의 상호교류 및 협력을 증진시키는 데에 필요한 시책을 추진하여야 한다.

② 정부는 제1항의 시책 추진을 위하여 북한의 과학기술 관련 정책·제도 및 현황 등에 관하여 조사·연구하여야 한다.

③ 정부는 대통령령으로 정하는 바에 따라 제1항과 제2항에 따른 교류협력사업과 조사·연구 등을 담당할 전문기관을 지정하고 그 사업에 필요한 경비의 전부 또는 일부를 출연할 수 있다.

제20조(한국과학기술기획평가원의 설립) ① 국가연구개발사업의 효율적인 추진을 지원하기 위하여 한국과학기술기획평가원(이하 "기획평가원"이라 한다)을 설립한다.

② 기획평가원은 법인으로 한다.

③ 기획평가원은 그 주된 사무소가 있는 곳에서 설립등기를 함으로써 성립한다.

④ 기획평가원은 다음 각 호의 사업을 한다.

1. 제9조제2항제1호에 따라 국가과학기술위원회가 심의하는 주요 정책 및 계획의 수립·조정에 대한 지원

2. 제9조제2항제5호에 따라 국가과학기술위원회가 심의하는 국가연구개발사업 예산의 배분방향에 대한 지원

3. 제12조에 따른 국가연구개발사업에 대한 평가등에 대한 지원

4. 제13조에 따른 과학기술발전 추세의 예측

5. 제14조에 따른 기술영향평가 및 기술수준평가

6. 제1호부터 제5호까지의 사업을 위하여 대통령령으로 정하는 국가연구개발사업에 대한 연구기획·평가 및 관리에 관한 사항

⑤ 기획평가원은 관계 중앙행정기관 및 지방자치단체와 그 산하기관, 정부가 출연하는 연구기관 등에 대하여 중립성과 객관성을 확립하여야 한다.

⑥ 정부는 예산의 범위에서 기획평가원의 설립과 운영에 필요한 경비를 출연할 수 있다.

⑦ 기획평가원에 관하여 이 법 및 「공공기관의 운영에 관한 법률」에서 정하는 것을 제외하고는 「민법」 중 재단법인에 관한 규정을 준용한다.

제4장 과학기술투자 및 인력자원의 확충

제21조(과학기술투자의 확대) ① 정부는 과학기술발전을 촉진하는 데에 필요한 재원을 지속적이고 안정적으로 마련하기 위하여 최대한 노력하여야 한다.

② 정부는 제1항에 따라 필요한 재원을 마련하기 위하여 정부연구개발투자의 목표치와 추진계획을 기본계획에 반영하여야 한다.

③ 지방자치단체의 장은 매년 소관 지방자치단체예산에서 연구개발예산의 비율이 지속적으로 높아지도록 노력하여야 한다.

④ 기획재정부장관은 제9조제2항제5호에 따른 국가과학기술위원회의 심의 결과를 반영하여 국가연구개발사업 예산을 편성하여야 한다. 이 경우 기획재정부장관은 「국가교육과학기술자문회의법」에 따른 국가교육과학기술자문회의의 의견을 들어야 한다.

⑤ 정부는 연구개발의 추진단계 등을 종합적으로 고려하여 투자재원을 효율적으로 집행하도록 노력하여야 한다.

제22조(과학기술진흥기금) ① 교육과학기술부장관은 과학기술의 진흥과 과학기술문화의 창달을 효율적으로 지원하기 위하여 과학기술진흥기금(이하 "기금"이라 한다)을 설치한다.

② 기금은 다음 각 호의 재원으로 마련한다.

1. 정부의 출연금 및 융자금

2. 정부가 아닌 자의 출연금

3. 기금운용수익금

4. 「복권 및 복권기금법」 제23조제1항에 따라 배분된 복권수익금

5. 「공공자금관리기금법」에 따른 공공자금관리기금으로부터의 예수금(예수김)

6. 기금에서 지원하는 국가연구개발사업으로부터 발생하는 기술료 중 교육과학기술부장관이 기획재정부장관과 협의하여 정하는 수입금

7. 그 밖에 대통령령으로 정하는 수입금

③ 기금은 다음 각 호의 어느 하나에 해당하는 용도에 사용한다.

1. 과학기술에 관한 연구·학술활동과 인력 양성 및 국제교류 등 과학기술의 진흥을 위한 사업의 지원

2. 과학기술 연구개발을 수행하거나 연구개발 성과를 실용화하려는 관련 기업·대학 및 연구기관 등에 대한 지원으로서 대통령령으로 정하는 출연·투자 또는 융자

3. 기금의 운용자금 중 대통령령으로 정하는 범위에서 「벤처기업육성에 관한 특별조치법」 제2조제1항에 따른 벤처기업 또는 「기술신용보증기금법」 제2조제1호에 따른 신기술사업자에 대한 투자

4. 과학기술의 진흥·개발과 과학기술문화의 창달 및 과학기술인의 복지 증진에 이바지할 목적으로 설립된 법인·단체 또는 「과학관육성법」에 따라 등록된 과학관에 대한 지원

5. 국공립 과학관의 건설 및 전시시설, 전시용 장비, 관련부대시설의 확보를 위한 지원

6. 제8조제2항제1호부터 제4호까지의 규정에 따른 사업에 대한 지원

7. 「공공자금관리기금법」에 따른 공공자금관리기금으로부터의 예수금에 대한 원리금 상환

8. 기금의 조성·운용 및 관리를 위한 경비의 지출

④ 기금은 교육과학기술부장관이 운용·관리하되, 교육과학기술부장관은 기금의 운용·관리에 관한 업무의 전부 또는 일부를 대통령령으로 정하는 바에 따라 과학기술진흥 관련 업무를 수행하는 법인 등에 위탁할 수 있다.

⑤ 그 밖에 기금의 운용·관리에 필요한 사항은 대통령령으로 정한다.

제23조(과학기술인력의 양성·활용) ① 정부는 과학기술의 변화와 발전에 대응할 수 있도록 창의력 있고 다양한 재능을 가진 과학기술 인력자원을 양성·개발하고 과학기술인의 활동여건을 개선하기 위하여 다음 각 호의 조치를 하여야 한다.

1. 과학기술인력의 중·장기 수요·공급 전망의 수립

2. 과학기술인력의 양성·공급계획 수립

3. 과학기술인력에 대한 기술훈련 및 재교육의 촉진

4. 과학기술교육의 질적 강화방안 수립

5. 고급 과학기술인력 양성을 위한 고등교육기관의 확충

② 교육과학기술부장관은 과학기술인력의 활용과 교류를 촉진하기 위한 방안을 마련하고 과학기술인력 정보에 대한 데이터베이스를 구축하여 수요자가 손쉽게 활용할 수 있도록 하여야 한다.

제24조(여성 과학기술인의 양성) 정부는 국가과학기술역량을 높이기 위하여 여성 과학기술인의 양성 및 활용 방안을 마련하고, 여성 과학기술인이 그 자질과 능력을 충분히 발휘할 수 있도록 필요한 지원시책을 세우고 추진하여야 한다.

제25조(과학영재의 발굴 및 육성) ① 교육과학기술부장관은 과학영재를 조기에 발굴하고 체계적으로 육성하기 위하여 과학영재의 발굴 및 육성계획을 세우고 필요한 조치를 마련하여야 한다.

② 교육과학기술부장관은 제1항에 따른 과학영재의 조기발굴과 육성을 위하여 이를 전문적으로 지원할 기관을 지정하고 그 지원업무 수행에 필요한 경비의 전부 또는 일부를 지원할 수 있다.

③ 제2항에 따른 전문기관의 지정에 관하여 필요한 사항은 대통령령으로 정한다.

제5장 과학기술기반 강화 및 혁신환경 조성

제26조(과학기술지식·정보 등의 관리·유통) ① 정부는 과학기술 및 국가연구개발사업 관련 지식·정보의 생산·유통·관리 및 활용을 촉진할 수 있도록 다음

각 호의 시책을 세우고 추진하여야 한다.

1. 과학기술 및 국가연구개발사업 관련 지식·정보의 수집·분석·가공 및 데이터베이스의 구축

2. 과학기술 및 국가연구개발사업 관련 지식·정보망의 구축 및 운영

3. 과학기술 및 국가연구개발사업 관련 지식·정보의 관리·유통기관의 육성 등

② 정부는 과학기술 및 국가연구개발사업 관련 지식·정보가 원활하게 관리·유통될 수 있도록 지식재산권 보호제도 등 지식가치를 평가하고 보호하는 데에 필요한 시책을 세우고 추진하여야 한다.

③ 정부는 제1항의 과학기술 및 국가연구개발사업 관련 지식·정보를 효율적으로 관리·유통하기 위하여 필요하면 대통령령으로 정하는 바에 따라 이를 지원할 기관을 지정하고 그 운영에 필요한 경비를 지원할 수 있다.

제27조(국가과학기술표준분류체계의 확립) ① 교육과학기술부장관은 과학기술 관련 정보·인력·연구개발사업 등을 효율적으로 관리할 수 있도록 관계 중앙행정기관의 장과 협의하여 과학기술에 관한 국가표준분류체계를 세우고 국가과학기술표준분류표를 만들어 시행하여야 한다.

② 정부는 제1항에 따른 국가과학기술표준분류표를 널리 활용하도록 노력하여야 한다.

③ 교육과학기술부장관은 전담기관을 지정하여 국가과학기술표준분류표를 지속적으로 보완하여 발전시키도록 하고, 그 운영에 필요한 경비를 지원할 수 있다.

④ 제1항부터 제3항까지의 규정에 따른 국가과학기술표준분류표의 제정 절차 및 전담기관의 지정 등에 필요한 사항은 대통령령으로 정한다.

제28조(연구개발 시설·장비의 고도화) ① 정부는 효율적이고 균형 있는 연구개발을 추진하기 위하여 필요한 연구개발 시설과 장비 등을 늘리고 현대화하기 위한 시책을 세우고 추진하여야 한다.

② 정부는 제1항에 따른 연구개발 시설·장비의 고도화를 추진하기 위하여 필요한 때에는 대통령령으로 정하는 바에 따라 이를 지원할 기관을 지정하고 그 운영에 필요한 경비를 지원할 수 있다.

제29조(과학연구단지 등의 조성 및 지원) ① 정부는 산업계·학계·연구계가 한 곳에 모여 서로 유기적으로 연계하는 데에 따른 효율을 높이고, 국내외 첨단 벤처기업을 유치하거나 육성하기 위하여 과학연구단지를 만들거나 그 조성을 지원할 수 있다.

② 관계 중앙행정기관의 장은 예산의 범위에서 지방자치단체가 주관하는 과학연구단지 조성사업에 드는 비용의 전부 또는 일부를 지원할 수 있다.

제30조(과학기술문화의 창달 및 창의적 인재육성) ① 정부는 과학기술에 대한 국민의 이해와 지식 수준을 높이고 국민의 창의성을 기르며 창의적 인재를 육성하기 위한 시책을 세우고 추진하여야 한다.

② 정부는 제1항의 목적을 효과적으로 달성하기 위하여 과학기술문화활동 및 창의적 인재 육성을 담당하는 다음 각 호의 기관과 단체를 육성·지원한다.

1. 「과학관육성법」에 따라 등록된 과학관

2. 제4항에 따라 설립된 한국과학창의재단

3. 그 밖에 교육과학기술부장관이 정하는 과학기술문화활동 관련 기관 또는 단체

③ 정부는 제2항 각 호의 기관 또는 단체가 경영하는 사업과 그 운영에 필요한 비용의 전부 또는 일부를 출연하거나 보조할 수 있다. 다만, 운영에 필요한 비용의 출연이나 보조는 제4항에 따른 한국과학창의재단만 해당한다.

④ 정부는 과학기술문화의 창달과 창의적 인재육성 체제를 구축하기 위하여 한국과학창의재단(이하 "재단"이라 한다)을 설립한다.

⑤ 재단은 다음 각 호의 사업을 한다.

1. 과학기술문화 창달 및 창의적 인재육성 지원을 위한 조사·연구 및 정책 개발

2. 국민의 과학기술 이해 증진 및 확산사업

3. 과학교육과정 및 창의적 인재육성 프로그램 개발

4. 창의적 인재 교육 전문가 육성·연수 지원

5. 과학기술 창달 및 창의적 인재육성과 관련된 과학문화·예술 융합프로그램 개발 지원

6. 그 밖에 교육과학기술부장관이 지정하거나 위탁하는 사업

⑥ 재단은 법인으로 한다.

⑦ 정부는 제5항 각 호의 사업을 추진하기 위하여 필요하면 재단에 「국유재산법」의 규정에도 불구하고 대통령령으로 정하는 바에 따라 국유재산을 무상(無償)으로 양여(讓與)하거나 대여할 수 있다.

⑧ 재단에 관하여 이 법 및 「공공기관의 운영에 관한 법률」에 규정된 것을 제외하고는 「민법」 중 재단법인에 관한 규정을 준용한다.

제31조(과학기술인의 우대 등) ① 정부는 과학기술인이 우대받는 사회 분위기를 만들고 안정적인 과학기술활동을 할 수 있는 여건을 마련하여야 한다.

② 정부는 대한민국을 빛낸 과학기술인과 그 업적을 항구적으로 기리고 보존할 수 있도록 필요한 조치를 마련하여야 한다.

③ 정부는 과학기술인이 이룬 우수한 연구개발 성과에 대하여 적절히 보상할 수 있는 시책을 마련하고 그 성과를 실용화하기 위한 지원시책을 세우고 추진하여야 한다.

④ 교육과학기술부장관은 과학기술인을 우대하고 고용기회를 확대하기 위하여 일정한 자격기준을 충족하는 과학기술인을 대통령령으로 정하는 바에 따라 자율적으로 등록하게 할 수 있다.

제32조(정부출연연구기관등의 육성) ① 정부는 국가연구개발사업을 효율적으로 하기 위하여 정부가 출연하는 연구기관, 연구지원기관 및 교육·연구기관 등(이하 "정부출연연구기관등"이라 한다)을 적극 육성하여야 한다. <개정 2010.2.4>

② 관계 중앙행정기관의 장은 「과학기술분야 정부출연연구기관 등의 설립·운영 및 육성에 관한 법률」 제18조에 따른 연구회(이하 이 조에서 "연구회"라 한다)와 대통령령으로 정하는 산하 정부출연연구기관등에 대하여 평가하고 그 결과를 기획재정부장관 및 국가과학기술위원회에 제출하여야 한다. 다만, 연구회 소관 정부출연연구기관에 대한 평가결과는 연구회가 제출한다. <개정 2010.2.4>

③ 삭제 <2008.2.29>

④ 기획재정부장관은 관계 중앙행정기관의 장으로부터 제2항에 따른 정부출연연구기관등에 대한 평가를 위탁받은 경우에는 그 기관등에 대하여 평가할 수 있다. <개정 2010.2.4>

⑤ 제2항에 따른 평가의 대상·범위·방법 및 절차 등 평가에 관한 세부 사항은 대통령령으로 정한다. <개정 2010.2.4>

제33조(과학기술 비영리법인의 육성) ① 정부는 과학기술의 진흥과 학술활동을 지원할 목적으로 설립된 비영리법인이나 단체를 육성한다.

② 정부는 제1항의 법인이나 단체가 사업을 추진하는 데에 필요한 경비의 전부 또는 일부를 출연하거나 보조할 수 있다.

③ 제1항에 따른 육성 대상 법인 또는 단체는 대통령령으로 정한다.

부칙 <제9992호, 2010.2.4>

① (시행일) 이 법은 공포한 날부터 시행한다. 다만, 제11조, 제11조의2부터 제11조의5까지 및 제15조의2의 개정규정은 공포 후 6개월이 경과한 날부터 시행한다.

② (참여제한에 관한 적용례) 제11조의2의 개정규정은 이 법 시행 당시 국가연구개발사업에 참여하고 있는 연구책임자, 연구기관·참여기업 또는 실시기업부터 적용한다.

③ (기술료 징수에 관한 적용례) 제11조의4의 개정규정은 이 법 시행 후 최초로 실시권의 내용, 기술료 및 기술료 납부방법 등에 관하여 계약을 체결하는 경우부터 적용한다.

생명윤리 및 안전에 관한 법률

[일부개정 2008.6.5 법률 제9100호]

제1장 총칙

제1조(목적) 이 법은 생명과학기술에 있어서의 생명윤리 및 안전을 확보하여 인간의 존엄과 가치를 침해하거나 인체에 위해를 주는 것을 방지하고, 생명과학기술이 인간의 질병 예방 및 치료 등을 위하여 개발·이용될 수 있는 여건을 조성함으로써 국민의 건강과 삶의 질 향상에 이바지함을 목적으로 한다.

제2조(정의) 이 법에서 사용하는 용어의 정의는 다음과 같다. <개정 2008.6.5>

1. "생명과학기술"이라 함은 인간의 배아(胚芽)·세포·유전자 등을 대상으로 생명현상을 규명·활용하는 과학과 기술을 말한다.
2. "배아"라 함은 수정란 및 수정된 때부터 발생학적으로 모든 기관이 형성되는 시기까지의 분열된 세포군을 말한다.
3. "잔여배아"라 함은 인공수정으로 생성된 배아중 임신의 목적으로 이용하고 남은 배아를 말한다.
4. "체세포핵이식행위"라 함은 핵이 제거된 인간의 난자에 인간의 체세포 핵을 이식하는 것을 말한다.
5. "체세포복제배아(體細胞複製胚芽)"라 함은 체세포핵이식행위에 의하여 생성된 배아를 말한다.
6. "유전자검사"라 함은 개인의 식별, 특정한 질병 또는 소인(素因)의 검사 등의 목적으로 혈액·모발·타액(唾液) 등의 검사대상물로부터 염색체·유전자 등을 분석하는 행위를 말한다.
7. "유전정보"라 함은 유전자검사의 결과로 얻어진 정보를 말한다.
8. "유전자은행"이라 함은 유전정보의 획득을 목적으로 검사대상물·유전자 또는 개인정보가 포함된 유전정보(이하 "유전정보등"이라 한다)를 수집·보존하여 이를 직접 이용하거나 타인에게 제공하는 기관을 말한다.

9. "유전자치료"라 함은 질병의 예방 또는 치료를 목적으로 유전적 변이를 일으키는 일련의 행위를 말한다.

10. "줄기세포주"란 배양가능한 조건 하에서 지속적으로 증식이 가능하고 다양한 세포로 분화할 수 있는 세포주를 말한다.

제3조(적용범위) 생명과학기술에 있어서의 생명윤리 및 안전에 관하여는 다른 법률에 특별한 규정이 있는 경우를 제외하고는 이 법에 의한다.

제4조(책무) ① 국가 또는 지방자치단체는 생명과학기술의 개발·이용과정에서 일어날 수 있는 생명윤리 및 안전에 관한 문제에 효율적으로 대처할 수 있도록 필요한 시책을 마련하여야 한다.

② 생명과학기술을 연구·개발 및 이용하고자 하는 자는 생명과학기술이 인간의 존엄과 가치를 침해하지 아니하고 생명윤리 및 안전에 적합하도록 노력하여야 한다.

제5조(자기결정권) 누구든지 자신이 생명과학기술의 적용대상이 되는 경우 생명윤리 및 안전에 관하여 충분한 설명을 들은 후 이에 관한 동의여부를 결정할 권리를 가진다.

제2장 국가생명윤리심의위원회 및 기관생명윤리심의위원회

제6조(국가생명윤리심의위원회의 설치 및 기능) ① 생명과학기술에 있어서의 생명윤리 및 안전에 관한 다음 각호의 사항을 심의하기 위하여 대통령소속하에 국가생명윤리심의위원회(이하 "심의위원회"라 한다)를 둔다.

1. 국가의 생명윤리 및 안전에 관한 정책의 수립에 관한 사항
2. 제17조제3호의 규정에 따라 잔여배아를 이용할 수 있는 연구의 종류·대상 및 범위에 관한 사항
3. 제22조제2항의 규정에 따라 체세포핵이식행위를 할 수 있는 연구의 종류·대상 및 범위에 관한 사항
4. 제25조제1항의 규정에 따라 금지되는 유전자검사의 종류에 관한 사항
5. 제36조제1항제3호의 규정에 따라 유전자치료를 할 수 있는 질병의 종류
6. 그 밖에 윤리적·사회적으로 심각한 영향을 미칠 수 있는 생명과학기술의 연구·개발 또는 이용에 관하여 심의위원회의 위원장이 부의하는 사항

② 심의위원회의 위원장은 제1항제1호 내지 제5호의 규정에 해당하는 사항으로서 재적위원 3분의 1 이상이 발의한 사항에 관하여는 심의위원회에 이를 부의하여야 한다.

제7조(심의위원회의 구성) ① 심의위원회는 위원장 1인, 부위원장 1인을 포함한 16

인 이상 21인 이하의 위원으로 구성한다.

② 위원장은 위원중에서 대통령이 임명 또는 위촉하고, 부위원장은 위원중에서 호선한다.

③ 위원은 다음 각호의 자가 된다. <개정 2005.3.24, 2008.2.29, 2010.1.18>

1. 교육과학기술부장관·법무부장관·지식경제부장관·보건복지부장관·여성가족부장관·법제처장

2. 생명과학 또는 의과학(醫科學)분야에 전문지식과 연구경험이 풍부한 학계·연구계 또는 산업계를 대표하는 자중에서 대통령이 위촉하는 7인 이내의 자

3. 종교계·철학계·윤리학계·사회과학계·법조계·시민단체(비영리민간단체지원법 제2조의 규정에 의한 비영리민간단체를 말한다) 또는 여성계를 대표하는 자중에서 대통령이 위촉하는 7인 이내의 자

④ 제3항제2호 및 제3호의 위원의 임기는 3년으로 하되, 연임할 수 있다.

⑤ 심의위원회에 간사위원 2인을 두되, 간사위원은 교육과학기술부장관과 보건복지부장관으로 하며, 수석간사위원은 보건복지부장관으로 한다. <개정 2008.2.29, 2010.1.18>

제8조(심의위원회의 운영) ① 심의위원회의 효율적인 운영을 위하여 심의위원회에 분야별 전문위원회를 둘 수 있다.

② 심의위원회의 사무는 수석간사위원이 처리한다.

③ 심의위원회의 회의 등 활동은 공개함을 원칙으로 한다.

④ 이 법에서 규정한 것외에 심의위원회 및 전문위원회의 구성·운영 그 밖에 필요한 사항은 대통령령으로 정한다.

제9조(기관생명윤리심의위원회의 설치 및 기능) ① 다음 각 호의 기관은 생명과학기술에 있어서의 생명윤리 및 안전을 확보하기 위하여 해당 기관에 기관생명윤리심의위원회(이하 "기관위원회"라 한다)를 두어야 한다. <개정 2008.6.5, 2010.1.18>

1. 제14조제1항에 따라 보건복지부장관으로부터 지정받은 배아생성의료기관

2. 제18조에 따라 보건복지부장관에게 등록한 배아연구기관

3. 제23조에 따라 보건복지부장관에게 등록한 체세포복제배아연구기관

4. 제24조제1항에 따라 보건복지부장관에게 신고한 유전자검사기관

5. 제32조제1항 본문에 따라 보건복지부장관의 허가를 받은 유전자은행

6. 제37조제1항에 따라 보건복지부장관에게 신고한 유전자치료기관

7. 그 밖에 윤리적·사회적으로 심각한 영향을 미칠 수 있는 생명과학기술을 연구·개발 또는 이용하는 기관으로서 보건복지부령으로 정하는 기관

② 기관위원회는 제1항 각호의 기관에서 행하여지는 생명과학기술의 연구·개발 또는 이용에 관하여 다음 각호의 사항을 심의한다.

1. 생명과학기술 연구계획서의 윤리적·과학적 타당성
2. 환자 또는 정자·난자·검사대상물의 제공자로부터 적법한 절차에 따라 동의를 받았는지의 여부
3. 환자, 정자·난자·검사대상물의 제공자 또는 유전정보의 주체에 대한 안전대책 및 정자·난자·검사대상물을 타인에게 제공하는 경우에 성명·주민등록번호 등 개인을 식별할 수 있는 정보(이하 "개인정보"라 한다)에 대한 보호대책
4. 그 밖에 제1항 각호의 기관에서 행하여지는 생명과학기술의 연구·개발 또는 이용에 관한 사항

③ 제1항 각호의 기관의 장은 당해 기관에서 행하여지는 생명과학기술의 연구·개발 또는 이용으로 인하여 생명윤리 또는 안전에 중대한 위해가 발생하거나 발생할 우려가 있는 경우에는 지체없이 기관위원회를 소집하여 이를 심의하도록 하고, 그 결과를 보건복지부장관에게 보고하여야 한다. <개정 2008.2.29, 2010.1.18>

④ 제1항 각호의 기관중 기관의 규모 또는 연구자 수 등이 보건복지부령이 정하는 기준 이하인 기관이 기관위원회를 설치한 동종의 기관과 제2항 각호 및 제3항의 규정에 의한 사항의 심의에 관한 협약을 체결한 경우에는 제1항의 규정에 불구하고 기관위원회를 설치한 것으로 본다. <개정 2008.2.29, 2010.1.18>

제10조(기관위원회의 구성 및 운영) ① 기관위원회는 위원장 1인을 포함하여 5인 이상의 위원으로 구성한다. 이 경우 생명과학 또는 의과학 분야 외의 종사자와 해당 기관에 종사하지 아니하는 자 1인 이상이 각각 포함되어야 한다. <개정 2008.6.5>

② 위원은 제9조제1항 각호의 기관의 장이 위촉하며, 위원장은 위원중에서 호선한다.

③ 기관위원회의 심의대상인 연구·개발 또는 이용에 관여하는 위원은 해당 연구·개발 또는 이용과 관련된 심의에 참여하여서는 아니 된다.

④ 그 밖에 기관위원회의 구성 및 운영에 관하여 필요한 사항은 대통령령으로 정한다.

제10조의2(기관위원회의 지원 등) ① 보건복지부장관은 기관위원회의 운영을 적정하게 감독·지원하기 위하여 다음 각 호의 업무를 수행한다. <개정 2010.1.18>

1. 기관위원회에 대한 조사
2. 기관위원회에 대한 평가

3. 기관위원회위원에 대한 교육

4. 그 밖에 기관위원회에 대한 감독 및 지원에 필요한 업무로서 보건복지부령으로 정하는 업무

② 보건복지부장관은 제1항제2호에 따라 기관위원회의 운영 실적을 평가하고, 그 결과를 공개할 수 있다. <개정 2010.1.18>

③ 기관위원회에 대한 평가 및 그 결과의 공개, 교육 등에 필요한 사항은 보건복지부령으로 정한다. <개정 2010.1.18>

[본조신설 2008.6.5]

제3장 배아 등의 생성 · 연구

제1절 인간복제 등의 금지

제11조(인간복제의 금지) ① 누구든지 체세포복제배아를 자궁에 착상시켜서는 아니되며, 착상된 상태를 유지하거나 출산하여서는 아니된다.

② 누구든지 제1항의 규정에 의한 행위를 유인 또는 알선하여서는 아니된다.

제12조(이종간의 착상 등 금지) ① 누구든지 인간의 배아를 동물의 자궁에 착상시키거나 동물의 배아를 인간의 자궁에 착상시키는 행위를 하여서는 아니된다.

② 누구든지 다음 각호의 1에 해당하는 행위를 하여서는 아니된다. <개정 2008.6.5>

1. 인간의 난자를 동물의 정자로 수정시키거나 동물의 난자를 인간의 정자로 수정시키는 행위. 다만, 의학적으로 인간의 정자의 활동성 시험을 위한 경우를 제외한다.

2. 핵이 제거된 인간의 난자에 동물의 체세포 핵을 이식하거나 핵이 제거된 동물의 난자에 인간의 체세포 핵을 이식하는 행위

3. 인간의 배아와 동물의 배아를 융합하는 행위

4. 다른 유전정보를 가진 인간의 배아를 융합하는 행위

③ 누구든지 제2항 각호의 1에 해당하는 행위로부터 생성된 것을 인간 또는 동물의 자궁에 착상시키는 행위를 하여서는 아니된다.

제2절 인공수정배아

제13조(배아의 생성 등) ① 누구든지 임신외의 목적으로 배아를 생성하여서는 아니

된다.

② 누구든지 임신을 목적으로 배아를 생성함에 있어서 다음 각호의 1에 해당하는 행위를 하여서는 아니된다.

1. 특정의 성을 선택할 목적으로 정자와 난자를 선별하여 수정시키는 행위

2. 사망한 자의 정자 또는 난자로 수정시키는 행위

3. 미성년자의 정자 또는 난자로 수정시키는 행위. 다만, 혼인한 미성년자가 그 자녀를 얻기 위한 경우를 제외한다.

③ 누구든지 금전 또는 재산상의 이익 그 밖에 반대급부를 조건으로 정자 또는 난자를 제공 또는 이용하거나 이를 유인 또는 알선하여서는 아니된다.

제14조(배아생성의료기관) ① 인공수태시술을 위하여 정자 또는 난자를 채취·보관하거나 이를 수정시켜 배아를 생성하고자 하는 의료기관은 보건복지부장관으로부터 배아생성의료기관으로 지정받아야 한다. <개정 2008.2.29, 2010.1.18>

② 배아생성의료기관으로 지정받고자 하는 의료기관은 보건복지부령이 정하는 시설 및 인력 등을 갖추어야 한다. <개정 2008.2.29, 2010. 1.18>

③ 배아생성의료기관의 지정기준 및 절차, 제출서류 그 밖에 필요한 사항은 보건복지부령으로 정한다. <개정 2008.2.29, 2010.1.18>

제15조(배아의 생성 등에 관한 동의) ① 제14조의 규정에 따라 배아생성의료기관으로 지정받은 의료기관(이하 "배아생성의료기관"이라 한다)은 배아를 생성하기 위하여 정자 또는 난자를 채취하는 때에는 정자제공자·난자제공자·인공수태시술 대상자 및 그 배우자(이하 "동의권자"라 한다)의 서면동의를 얻어야 한다.

② 제1항의 규정에 의한 서면동의에는 다음 각호의 사항이 포함되어야 한다. <개정 2008.2.29, 2010.1.18>

1. 배아생성의 목적에 관한 사항

2. 배아의 보존기간 그 밖에 배아의 보관에 관한 사항

3. 배아의 폐기에 관한 사항

4. 임신외의 목적으로 잔여배아를 이용하는 것에 대한 동의여부

5. 동의의 철회, 동의권자의 권리 및 정보보호 그 밖에 보건복지부령이 정하는 사항

③ 배아생성의료기관은 제1항의 규정에 의한 서면동의를 받기 전에 동의권자에게 제2항 각호의 사항에 대하여 충분히 설명하여야 한다.

④ 제1항의 규정에 의한 서면동의를 위한 동의서의 서식 및 보존 등에 관하여 필요한 사항은 보건복지부령으로 정한다. <개정 2008.2.29, 2010.1.18>

제15조의2(난자제공자에 대한 건강검진 등) ① 배아생성의료기관은 보건복지부령으로 정하는 바에 따라 난자의 채취 전에 난자제공자에 대하여 건강검진을 실시

하여야 한다. <개정 2010.1.18>

② 배아생성의료기관은 보건복지부령으로 정하는 건강기준에 미달하는 자로부터 난자를 채취하여서는 아니 된다. <개정 2010.1.18>

[본조신설 2008.6.5]

제15조의3(난자채취 빈도의 제한) 배아생성의료기관은 대통령령으로 정하는 빈도 이상으로 동일한 난자제공자로부터 난자를 채취하여서는 아니 된다.

[본조신설 2008.6.5]

제15조의4(난자제공자에 대한 실비보상) 배아생성의료기관은 난자제공에 필요한 시술 및 회복에 소요되는 시간에 따른 보상금 및 교통비 등 보건복지부령으로 정하는 항목에 관하여 보건복지부령으로 정하는 금액을 난자제공자에게 지급할 수 있다. <개정 2010.1.18>

[본조신설 2008.6.5]

제16조(배아의 보존기간 및 폐기) ① 배아의 보존기간은 5년으로 한다. 다만, 동의권자가 보존기간을 5년 미만으로 정한 경우에는 이를 보존기간으로 한다.

② 배아생성의료기관은 제1항의 규정에 의한 보존기간이 도래한 배아중 제17조의 규정에 의한 연구의 목적으로 이용하지 아니하고자 하는 배아를 폐기하여야 한다.

③ 배아생성의료기관은 배아의 폐기에 관한 사항을 기록·보관하여야 한다.

④ 배아의 폐기 절차 및 방법, 배아의 폐기에 관한 사항의 기록·보관에 관하여 필요한 사항은 보건복지부령으로 정한다. <개정 2008.2.29, 2010.1.18>

제17조(잔여배아의 연구) 제16조의 규정에 의한 배아의 보존기간이 경과된 잔여배아는 발생학적으로 원시선이 나타나기 전까지에 한하여 체외에서 다음 각호의 1의 목적으로 이용할 수 있다. 다만, 보존기간을 5년 미만으로 정한 잔여배아를 이용하고자 하는 경우에는 동의권자로부터 해당 목적으로의 이용에 대하여 새로이 동의를 받아야 한다. <개정 2008.2.29>

1. 불임치료법 및 피임기술의 개발을 위한 연구

2. 근이영양증 그 밖에 대통령령이 정하는 희귀·난치병의 치료를 위한 연구

3. 그 밖에 제1호와 제2호에 준하는 연구로서 대통령령으로 정하는 연구

제18조(배아연구기관) 제17조의 규정에 따라 잔여배아를 연구하고자 하는 자는 보건복지부령이 정하는 시설·인력 등을 갖추고 보건복지부장관에게 배아연구기관으로 등록하여야 한다. <개정 2008.2.29, 2010.1.18>

제19조(배아연구계획서의 승인) ① 제18조의 규정에 따라 보건복지부장관에게 등록한 배아연구기관(이하 "배아연구기관"이라 한다)이 제17조의 규정에 의한 배아

연구를 하고자 하는 때에는 보건복지부령이 정하는 바에 따라 미리 보건복지부장관에게 배아연구계획서를 제출하여 승인을 얻어야 한다. 대통령령이 정하는 중요한 사항을 변경하는 경우에도 또한 같다. <개정 2008.2.29, 2010.1.18>

② 제1항의 규정에 의한 배아연구계획서에는 배아연구기관안에 설치된 기관위원회의 심의결과에 관한 서류가 첨부되어야 한다.

③ 보건복지부장관은 다른 중앙행정기관의 장이 연구비를 지원하는 배아연구기관으로부터 연구계획서를 제출받은 때에는 승인여부를 결정하기 전에 그 중앙행정기관의 장과 협의하여야 한다. <개정 2008.2. 29, 2010.1.18>

④ 배아연구계획서의 승인기준 및 절차, 제출서류 그 밖에 필요한 사항은 보건복지부령으로 정한다. <개정 2008.2.29, 2010.1.18>

제20조(잔여배아의 제공 및 관리) ① 배아생성의료기관이 제19조제1항의 규정에 따라 배아연구계획서의 승인을 얻은 배아연구기관에게 연구에 필요한 잔여배아를 제공하는 경우에는 무상으로 하여야 한다. 다만, 배아생성의료기관은 잔여배아의 보관 및 제공에 필요한 경비를 보건복지부령이 정하는 바에 따라 배아연구기관에 요구할 수 있다. <개정 2008.2.29, 2010.1.18>

② 제1항의 규정에 의한 잔여배아의 제공절차, 경비의 산출 그 밖에 필요한 사항은 보건복지부령으로 정한다. <개정 2008.2.29, 2010. 1.18>

③ 배아생성의료기관과 배아연구기관은 잔여배아의 보관 및 제공 등에 관한 사항을 보건복지부령이 정하는 바에 따라 보건복지부장관에게 보고하여야 한다. <개정 2008.2.29, 2010.1.18>

④ 제16조제2항 내지 제4항의 규정은 배아연구기관이 제1항의 규정에 따라 잔여배아를 제공받은 후 연구의 목적으로 이용하지 아니하고자 하는 잔여배아의 폐기에 관하여 이를 준용한다. 이 경우 "배아생성의료기관"은 "배아연구기관"으로 본다.

제20조의2(줄기세포주의 등록) ① 줄기세포주를 수립(樹立)하거나 수입한 자는 그 줄기세포주를 제20조의3에 따라 제공하거나 제20조의4에 따라 이용하기 전에 보건복지부령으로 정하는 바에 따라 그 줄기세포주를 보건복지부장관에게 등록하여야 한다. <개정 2010.1.18>

② 보건복지부장관은 줄기세포주의 등록을 신청한 자가 다른 중앙행정기관의 장으로부터 과학적 검증을 받은 경우에는 제1항에 따른 등록을 하는 데에 그 검증자료를 활용하여야 한다. <개정 2010.1.18>

③ 보건복지부장관은 제1항에 따라 줄기세포주를 등록한 자에게 줄기세포주의 검증 등에 든 비용의 전부 또는 일부를 지원할 수 있다. <개정 2010.1.18>

[본조신설 2008.6.5]

제20조의3(줄기세포주의 제공) ① 제20조의2에 따라 줄기세포주를 수립하거나 수입한 자가 그 줄기세포주를 제공하려면 보건복지부령으로 정하는 바에 따라 기관위원회의 심의를 거쳐야 한다. <개정 2010. 1.18>

② 제1항에 따라 줄기세포주를 제공한 자는 보건복지부령으로 정하는 바에 따라 보건복지부장관에게 줄기세포주의 제공현황을 보고하여야 한다. <개정 2010.1.18>

③ 제1항에 따라 줄기세포주를 제공하는 경우에는 무상으로 하여야 한다. 다만, 줄기세포주를 제공하는 자는 이를 제공받는 자로부터 줄기세포주의 보관 및 제공에 필요한 경비를 지급받을 수 있다.

④ 제1항부터 제3항까지의 규정에 따른 줄기세포주의 제공 및 보고, 경비의 산출방법 등에 필요한 사항은 보건복지부령으로 정한다. <개정 2010.1.18>

[본조신설 2008.6.5]

제20조의4(줄기세포주의 이용) ① 제20조의2에 따라 등록된 줄기세포주는 체외에서 다음 각 호의 연구 목적으로만 이용할 수 있다.

1. 질병의 진단·예방 또는 치료를 위한 연구

2. 줄기세포의 특성 및 분화에 관한 기초연구

3. 그 밖에 심의위원회의 심의를 거쳐 대통령령으로 정하는 연구

② 제1항에 따라 줄기세포주를 이용하려는 자는 해당 연구계획에 대하여 보건복지부령으로 정하는 바에 따라 기관위원회의 심의를 거쳐 해당 기관의 장의 승인을 받아야 한다. 승인을 받은 연구계획서의 내용 중 대통령령으로 정하는 중요한 사항을 변경하는 경우에도 또한 같다. <개정 2010.1.18>

③ 제2항에 따라 승인 또는 변경승인을 받은 자는 보건복지부령으로 정하는 바에 따라 그 사실을 보건복지부장관에게 보고하여야 한다. <개정 2010.1.18>

④ 제2항에 따라 승인을 받은 자는 줄기세포주를 제공한 자에게 제공받은 줄기세포주의 이용계획서를 제출하여야 한다.

⑤ 제2항에 따라 연구를 승인한 기관의 장은 연구를 하는 자가 연구계획에 적합하게 연구를 실시하도록 감독하여야 한다.

[본조신설 2008.6.5]

제21조(배아생성의료기관 및 배아연구기관의 준수사항) 배아생성의료기관 및 배아연구기관은 다음 각호의 사항을 준수하여야 한다. <개정 2008.2.29, 2010.1.18>

1. 제15조의 규정에 의한 동의서에 기재된 목적으로 배아를 취급할 것

2. 잔여배아의 보관·취급·폐기 등의 관리를 철저히 할 것

3. 배아연구기관은 당해 기관에서 행하여지는 연구로 인하여 생명윤리 또는 안전에 중대한 위해가 발생하거나 발생할 우려가 있는 경우에는 연구의 중단 등 적절한 조치를 취할 것

4. 그 밖에 제1호 내지 제3호에 준하는 사항으로서 생명윤리 및 안전의 확보를 위하여 필요하다고 인정하여 보건복지부령이 정하는 사항

제3절 체세포복제배아

제22조(체세포핵이식행위) ① 누구든지 제17조제2호의 규정에 의한 희귀·난치병의 치료를 위한 연구목적외에는 체세포핵이식행위를 하여서는 아니된다.

② 제1항의 규정에 의한 연구목적에 따라 체세포핵이식행위를 할 수 있는 연구의 종류·대상 및 범위는 심의위원회의 심의를 거쳐 대통령령으로 정한다.

제23조(체세포복제배아의 생성 및 연구) ① 체세포복제배아를 생성하거나 연구하고자하는 자는 보건복지부령이 정하는 시설 및 인력 등을 갖추고 보건복지부장관에게 등록하여야 한다. <개정 2008.2.29, 2010.1.18>

② 제19조 내지 제21조의 규정은 체세포복제배아의 연구에 관하여 이를 준용한다. 이 경우 "잔여배아"는 "체세포복제배아"로 본다.

제4장 유전자검사

제24조(유전자검사기관 등) ① 유전자검사를 하고자 하는 자 또는 직접 검사대상물을 채취하여 유전자에 관한 연구를 하고자 하는 자는 유전자검사시설 또는 연구시설의 소재지, 기관장, 유전자검사 또는 연구항목 등의 사항에 대하여 보건복지부령이 정하는 바에 따라 보건복지부장관에게 신고하여야 한다. 다만, 국가기관이 유전자검사 또는 유전자에 관한 연구를 하는 경우에는 그러하지 아니하다. <개정 2008.2.29, 2010.1.18>

② 제1항의 규정에 따라 신고한 사항중 대통령령이 정하는 중요한 사항을 변경하는 경우에도 제1항과 같다.

③ 보건복지부장관은 제1항의 규정에 따라 신고한 유전자검사를 하고자 하는 자(이하 "유전자검사기관"이라 한다)로 하여금 보건복지부령이 정하는 바에 따라 유전자검사의 정확도 평가를 받게 할 수 있고, 그 결과를 공개할 수 있다. <개정 2008.2.29, 2010.1.18>

④ 유전자검사기관은 유전자검사의 업무를 폐업하거나 휴업하고자 하는 경우에

는 보건복지부령이 정하는 바에 따라 보건복지부장관에게 신고하여야 한다. <개정 2008.2.29, 2010.1.18>

제25조(유전자검사의 제한) ① 유전자검사기관은 과학적 입증이 불확실하여 검사대상자를 오도(誤導)할 우려가 있는 신체외관이나 성격에 관한 유전자검사 그 밖에 심의위원회의 심의를 거쳐 대통령령이 정하는 유전자검사를 하여서는 아니된다.

② 유전자검사기관은 근이영양증 그 밖에 대통령령이 정하는 유전질환을 진단하기 위한 목적외에는 배아 또는 태아를 대상으로 유전자검사를 하여서는 아니된다.

③ 의료기관이 아닌 유전자검사기관에서는 질병의 진단과 관련한 유전자검사를 할 수 없다. 다만, 의료기관의 의뢰를 받아 유전자검사를 하는 경우에는 그러하지 아니하다.

제26조(유전자검사의 동의) ① 유전자검사기관 또는 유전자에 관한 연구를 하는 자가 유전자검사 또는 유전자연구에 쓰일 검사대상물을 직접 채취하거나 채취를 의뢰하는 때에는 검사대상물을 채취하기 전에 검사대상자로부터 다음 각호의 사항이 포함된 서면동의를 얻어야 한다. <개정 2008.2.29, 2010.1.18>

1. 유전자검사 또는 유전자연구의 목적
2. 제1호의 규정에 의한 목적외로 검사대상물을 이용하거나 타인에게 제공하는 것에 대한 동의여부 및 그 범위에 관한 사항
3. 제2호의 규정에 따라 검사대상물을 타인에게 제공하는 경우에 개인정보를 포함 시킬 것인지 여부
4. 검사대상물의 보존기간 및 관리에 관한 사항
5. 동의의 철회, 검사대상자의 권리 및 정보보호 그 밖에 보건복지부령이 정하는 사항

② 유전자검사기관외의 자가 검사대상물을 채취하여 유전자검사기관에 유전자검사를 의뢰하는 경우에는 검사대상자로부터 제1항의 규정에 의한 서면동의를 얻어 이를 첨부하여야 한다. 이 경우 보건복지부령이 정하는 바에 따라 개인정보를 보호하기 위한 조치를 취하여야 한다. <개정 2008.2.29, 2010.1.18>

③ 검사대상자가 미성년자·심신박약자 또는 심신상실자인 경우에는 제1항의 규정에 의한 본인의 동의외에 법정대리인의 동의를 얻어야 한다. 다만, 질병의 진단 또는 치료를 목적으로 유전자검사를 하는 경우에 있어서 심신박약 또는 심신상실 등의 사유로 본인의 동의를 얻을 수 없는 때에는 이를 생략할 수 있다.

④ 제1항 내지 제3항의 규정에 불구하고 다음 각호의 1에 해당하는 경우에는 서

면동의없이 유전자검사를 할 수 있다.

1. 시체 또는 의식불명의 자에 대하여 개인식별을 하여야 할 긴급한 필요가 있거나 특별한 사유가 있는 경우

2. 다른 법률에 특별한 규정이 있는 경우

⑤ 제1항 내지 제3항의 규정에 따라 서면동의를 얻고자 하는 자는 미리 검사대상자 또는 법정대리인에게 유전자검사의 목적과 방법, 예측되는 유전자검사의 결과와 의미 등에 대하여 충분히 설명하여야 한다.

⑥ 제1항 내지 제3항의 규정에 의한 동의의 절차 및 동의서의 서식 그 밖에 필요한 사항은 보건복지부령으로 정한다. <개정 2008.2.29, 2010.1.18>

제27조(검사대상물의 제공) ① 유전자검사기관은 제26조의 규정에 따라 검사대상자로부터 연구목적으로 검사대상물을 이용하는 것에 대하여 서면동의를 얻은 경우에는 유전자에 관한 연구를 하는 자 또는 제32조의 규정에 따라 유전자은행의 개설허가를 받은 자에게 검사대상물을 제공할 수 있다.

② 유전자검사기관은 제1항의 규정에 따라 제공하는 검사대상물에 개인정보를 포함시켜서는 아니된다. 다만, 개인정보를 포함시키는 것에 대하여 검사대상자 또는 법정대리인이 서면으로 동의하는 경우에는 그러하지 아니하며, 이 경우 동의서의 사본을 첨부하여야 한다.

③ 유전자검사기관, 유전자에 관한 연구를 하는 자 또는 제32조의 규정에 따라 유전자은행의 개설허가를 받은 자(이하 "유전자검사기관등"이라 한다)는 제1항의 규정에 따라 검사대상물을 제공하거나 이를 제공받은 때에는 보건복지부령이 정하는 바에 따라 검사대상물의 제공에 관한 기록을 작성하여야 한다. <개정 2008.2.29, 2010.1.18>

④ 제1항 내지 제3항의 규정은 검사대상물을 제공받은 자가 다른 연구자 또는 유전자은행에 검사대상물을 제공하는 경우에 이를 준용한다.

제28조(검사대상물의 폐기) ① 검사대상물의 보존기간은 5년으로 한다. 다만, 검사대상자 또는 법정대리인이 제26조제1항의 규정에 의한 동의서에 보존기간을 별도로 정한 경우에는 이를 보존기간으로 한다.

② 유전자검사기관등은 보존기간 경과후 지체없이 검사대상물을 폐기하여야 한다. 다만, 검사대상자 또는 법정대리인이 검사대상물을 폐기하지 아니할 것을 서면으로 요청한 경우에는 그러하지 아니하다.

③ 유전자검사기관등은 검사대상물의 보관중에 검사대상자 또는 법정대리인이 검사대상물의 폐기를 요청하는 경우에는 이에 응하여야 한다.

④ 유전자검사기관등은 검사대상물의 폐기에 관한 사항을 기록·보관하여야 한다.

⑤ 유전자검사기관등은 휴업·폐업 그 밖에 부득이한 사정으로 인하여 검사대상물을 보존할 수 없는 경우에는 보건복지부령이 정하는 바에 따라 검사대상물을 처리 또는 이관하여야 한다. <개정 2008.2.29, 2010.1.18>

⑥ 검사대상물의 폐기 절차 및 방법, 검사대상물의 폐기에 관한 사항의 기록·보관 및 제5항의 규정에 의한 검사대상물의 처리 또는 이관에 관하여 필요한 사항은 보건복지부령으로 정한다. <개정 2008.2.29, 2010.1.18>

제29조(기록의 관리 및 열람) ① 유전자검사기관등은 다음 각호의 서류를 보건복지부령이 정하는 바에 따라 보존하여야 한다. <개정 2008.2.29, 2010.1.18>

1. 제26조의 규정에 의한 동의서

2. 유전자검사 결과

3. 제27조제3항의 규정에 의한 검사대상물의 제공에 관한 기록

② 유전자검사기관등은 검사대상자 또는 법정대리인이 제1항 각호의 규정에 의한 기록의 열람 또는 사본의 교부를 요청하는 경우에는 이에 응하여야 한다.

③ 제2항의 규정에 의한 기록의 열람 또는 사본의 교부에 관한 신청절차 및 서식 등에 관하여 필요한 사항은 보건복지부령으로 정한다. <개정 2008.2.29, 2010.1.18>

제30조(유전자검사기관등의 준수사항) ① 유전자검사기관등은 다음 각호의 사항을 준수하여야 한다. <개정 2008.2.29, 2010.1.18>

1. 제26조의 규정에 의한 서면동의 내용

2. 유전정보의 보호

3. 그 밖에 제1호 및 제2호에 준하는 사항으로서 생명윤리 및 안전의 확보를 위하여 보건복지부령이 정하는 사항

② 유전자검사기관등은 유전자검사에 관하여 허위표시 또는 과대광고를 하여서는 아니된다.

③ 제2항의 규정에 의한 허위표시 또는 과대광고의 범위 그 밖에 필요한 사항은 보건복지부령으로 정한다. <개정 2008.2.29, 2010.1.18>

제5장 유전정보 등의 보호 및 이용

제31조(유전정보에 의한 차별금지) ① 누구든지 유전정보를 이유로 하여 교육·고용·승진·보험 등 사회활동에 있어서 다른 사람을 차별하여서는 아니된다.

② 다른 법률에 특별한 규정이 있는 경우를 제외하고는 누구든지 타인에게 유전자검사를 받도록 강요하거나 유전자검사의 결과를 제출하도록 강요하여서는 아

니된다.

제32조(유전자은행의 허가 및 신고) ① 유전자은행을 개설하고자 하는 자는 대통령령이 정하는 바에 따라 보건복지부장관의 허가를 받아야 한다. 다만, 국가기관이 직접 유전자은행을 개설하고자 하는 경우를 제외한다. <개정 2008.2.29, 2010.1.18>

② 제1항의 규정에 불구하고 다른 법령에 따라 중앙행정기관의 장으로부터 연구비지원의 승인을 얻어 유전자은행을 개설하고자 하는 경우에는 당해 중앙행정기관의 장으로부터 연구비지원의 승인을 얻은 때에 보건복지부장관의 허가를 받은 것으로 본다. 이 경우 해당 중앙행정기관의 장은 미리 보건복지부장관과 협의하여야 한다. <개정 2008.2.29, 2010.1.18>

③ 제1항의 규정에 따라 개설된 유전자은행이 개설장소를 이전하거나 그 개설에 관한 허가사항중 대통령령이 정하는 중요한 사항을 변경하고자 하는 경우에는 보건복지부령이 정하는 바에 따라 보건복지부장관에게 신고하여야 한다. <개정 2008.2.29, 2010.1.18>

④ 유전자은행의 장은 유전자은행의 업무를 폐업하거나 휴업하고자 하는 경우에는 보건복지부령이 정하는 바에 따라 보건복지부장관에게 신고하여야 한다. <개정 2008.2.29, 2010.1.18>

⑤ 제1항의 규정에 의한 유전자은행의 시설·장비 기준 및 허가절차 그 밖에 필요한 사항은 대통령령으로 정한다.

제33조(유전정보등의 제공) ① 유전자은행으로부터 유전정보등을 이용하고자 하는 자는 유전정보등의 이용계획서를 유전자은행의 장에게 제출하여야 한다.

② 유전자은행의 장은 제1항의 규정에 따라 제출된 이용계획서에 대하여 제9조의 규정에 의한 기관위원회의 심의를 거쳐 유전정보등의 제공 여부를 결정하고, 그 결과를 보건복지부장관에게 보고하여야 한다. <개정 2008.2.29, 2010.1.18>

③ 유전정보등의 이용계획서 기재내용, 제출절차 그 밖에 유전정보등의 제공·관리에 관하여 필요한 사항은 보건복지부령으로 정한다. <개정 2008.2.29, 2010.1.18>

제34조(유전자은행의 장의 준수사항) ① 유전자은행의 장은 제33조의 규정에 따라 유전정보등을 타인에게 제공함에 있어 개인정보를 포함시켜서는 아니된다.

② 유전자은행의 장은 유전정보등을 타인에게 제공하는 경우에는 무상으로 하여야 한다. 다만, 유전자은행의 장은 유전정보등의 보관 및 제공에 필요한 경비를 보건복지부령이 정하는 바에 따라 요구할 수 있다. <개정 2008.2.29, 2010.1.18>

제35조(유전정보등의 보호) ① 유전자은행의 장 또는 그 종사자는 직무상 얻거나

알게된 유전정보등을 정당한 사유없이 타인에게 제공하거나 부당한 목적으로 사용하여서는 아니된다.

② 의료기관은「의료법」제21조제2항의 규정에 따라 환자외의 자에게 제공하는 의무기록 및 진료기록 등에 유전정보를 포함시켜서는 아니된다. 다만, 해당 환자와 동일한 질병의 진단 및 치료를 목적으로 다른 의료기관의 요청이 있고 개인정보의 보호에 관한 조치를 한 경우에는 그러하지 아니하다. <개정 2007.4.11, 2009.1.30>

제35조의2(유전정보등의 관리 등) ① 유전자은행은 수집한 모든 유전정보등을 익명화하여 보관·관리하여야 한다.

② 유전자은행은 개인정보 보호를 위하여 정보관리 및 보안을 담당하는 책임자를 두어야 한다.

③ 제1항에 따른 유전정보등의 보관·관리와 제2항에 따른 보안책임자의 업무 등에 필요한 사항은 보건복지부령으로 정한다. <개정 2010.1.18>

[본조신설 2008.6.5]

제35조의3(유전자은행에 대한 지원) 국가나 지방자치단체는 예산의 범위에서 유전자은행의 운영에 필요한 비용을 지원할 수 있다.

[본조신설 2008.6.5]

제6장 유전자치료

제36조(유전자치료) ① 누구든지 유전자치료는 다음 각호의 1에 해당되는 경우외에는 하여서는 아니된다. <개정 2008.2.29, 2010.1.18>

1. 유전질환·암·후천성면역결핍증 그 밖에 생명을 위협하거나 심각한 장애를 초래하는 질병의 치료
2. 현재 이용가능한 치료법이 없거나 유전자치료의 효과가 이용가능한 다른 치료법과 비교하여 현저히 우수할 것으로 예측되는 치료
3. 그 밖에 보건복지부장관이 정하는 질병의 예방이나 치료를 위하여 필요하다고 인정하는 경우

② 제1항의 규정에 불구하고 정자·난자·배아 또는 태아에 대하여 유전자치료를 하여서는 아니된다.

제37조(유전자치료기관) ① 유전자치료를 하고자 하는 의료기관은 보건복지부장관에게 신고하여야 한다. 대통령령이 정하는 중요한 사항을 변경하는 경우에도 또한 같다. <개정 2008.2.29, 2010.1.18>

② 제1항의 규정에 따라 보건복지부장관에게 신고한 의료기관(이하 "유전자치료 기관"이라 한다)은 유전자치료를 하고자 하는 환자에 대하여 다음 각호의 사항에 관하여 미리 설명한 후 서면동의를 얻어야 한다. <개정 2008.2.29, 2010.1.18>

1. 치료의 목적

2. 예측되는 치료결과 및 그 부작용

3. 그 밖에 보건복지부령이 정하는 사항

③ 유전자치료기관의 신고요건 및 절차, 동의서의 서식 그 밖에 필요한 사항은 보건복지부령으로 정한다. <개정 2008.2.29, 2010.1.18>

제7장 감독

제38조(보고와 조사 등) ① 보건복지부장관은 생명윤리 및 안전의 확보와 관련하여 필요하다고 인정할 때에는 배아생성의료기관·배아연구기관·유전자검사기관등·유전자치료기관(이하 "피감독기관"이라 한다) 또는 그 종사자에 대하여 보건복지부령이 정하는 바에 따라 이 법의 시행에 관하여 필요한 보고 또는 자료의 제출을 명할 수 있고, 생명과학기술의 연구·개발·이용으로 인하여 생명윤리 또는 안전에 중대한 위해가 발생하거나 발생할 우려가 있는 때에는 그 연구·개발·이용의 중단을 명하거나 그 밖에 필요한 조치를 할 수 있다. <개정 2008.2.29, 2010.1.18>

② 보건복지부장관은 이 법이 정하고 있는 사항의 이행 또는 위반 여부의 확인을 위하여 필요하다고 인정할 때에는 관계공무원으로 하여금 피감독기관 또는 그 사무소 등에 출입하여 그 시설 또는 장비, 관계장부나 서류 그 밖의 물건을 검사하게 하거나 관계인에 대한 질문을 하게 할 수 있으며, 시험에 필요한 시료를 최소 분량에 한하여 수거하게 할 수 있다. 이 경우 관계공무원은 그 권한을 표시하는 증표를 지니고 이를 관계인에게 내보여야 한다. <개정 2008.2.29, 2010.1.18>

③ 피감독기관 또는 그 종사자는 제1항 및 제2항의 규정에 의한 명령·검사·질문등에 대하여 정당한 사유가 없는 한 이에 응하여야 한다.

제39조(폐기명령) 보건복지부장관은 피감독기관 또는 그 종사자, 제20조의2부터 제20조의4까지의 규정에 따라 줄기세포주를 등록·제공 또는 이용한 자에 대하여 제13조, 제14조, 제15조제1항, 제15조의2, 제15조의3, 제16조제2항, 제17조 내지 제19조, 제20조제1항·제4항, 제20조의2제1항, 제20조의3제1항·제3항, 제20조의4제2항, 제22조제1항 또는 제23조의 규정을 위반하여 생성·보관 또는 제공된 배아·체세포복제배아·줄기세포주 또는 난자 및 제24조제1항, 제25조, 제26조

제1항 내지 제3항, 제27조제1항·제2항·제4항, 제28조제2항·제3항 또는 제32조제1항·제2항의 규정을 위반하여 채취·보관 또는 제공된 검사대상물을 폐기할 것을 명할 수 있다. 이 경우 폐기의 절차 및 방법에 관하여는 제16조제4항 또는 제28조제6항의 규정을 준용한다. <개정 2008.2.29, 2008.6.5, 2010.1.18>

제40조(개선명령) 보건복지부장관은 피감독기관에 대하여 그 시설·인력 등이 제14조제2항·제18조·제23조 또는 제32조제5항의 규정에서 정하는 시설기준 등에 적합하지 아니하여 연구·채취·보관 또는 배아의 생성 등을 하는 경우에 생명윤리나 안전에 중대한 위해가 발생하거나 발생할 우려가 있다고 인정하는 때에는 그 시설의 개선을 명하거나 당해 시설의 전부 또는 일부의 사용을 금지할 것을 명할 수 있다. <개정 2008.2.29, 2010.1.18>

제41조(허가 등의 취소와 업무의 정지) ① 보건복지부장관은 배아생성의료기관·배아연구기관·유전자검사기관·유전자은행·유전자치료기관이 다음 각호의 1에 해당하는 때에는 그 지정·등록 또는 허가를 취소하거나 1년 이내의 기간을 정하여 그 업무의 전부 또는 일부의 정지를 명할 수 있다. <개정 2008.2.29, 2008.6.5, 2010.1.18>

1. 제9조제1항·제3항, 제10조제1항·제3항, 제11조 내지 제14조, 제15조제1항·제3항, 제15조의2, 제15조의3, 제16조제2항·제3항, 제17조, 제19조제1항, 제20조, 제22조, 제24조제2항·제4항, 제25조, 제26조제1항 내지 제3항·제5항, 제27조, 제28조제2항 내지 제5항, 제29조제1항·제2항, 제32조제3항·제4항, 제33조제2항, 제35조, 제35조의2제1항·제2항, 제36조 또는 제37조제1항 후단·제2항의 규정을 위반한 때
2. 제21조·제30조 또는 제34조의 규정에 의한 준수사항을 이행하지 아니한 때
3. 제38조제1항·제39조 또는 제40조의 규정에 의한 명령을 이행하지 아니한 때
4. 제38조제2항의 규정에 의한 검사·질문·수거에 불응한 때

② 제1항의 규정에 의한 행정처분의 세부기준은 그 위반행위의 유형과 위반의 정도 등을 고려하여 보건복지부령으로 정한다. <개정 2008.2.29, 2010.1.18>

제42조(청문) 보건복지부장관은 제41조제1항의 규정에 따라 지정·등록 또는 허가를 취소하고자 하는 경우에는 청문을 실시하여야 한다. <개정 2008.2.29, 2010.1.18>

제43조(과징금) ① 보건복지부장관은 배아생성의료기관 또는 유전자치료기관이 다음 각호의 1에 해당하여 업무정지처분을 하여야 할 경우로서 그 업무정지가 당해 사업의 이용자에게 심한 불편을 주거나 그 밖에 공익을 해할 우려가 있는 때에는 대통령령이 정하는 바에 따라 그 업무정지처분에 갈음하여 2억원 이하의 과징금

을 부과할 수 있다. <개정 2008.2.29, 2010.1.18>

1. 제14조, 제15조제1항·제3항, 제16조제2항·제3항 또는 제36조의 규정을 위반한 때

2. 제21조의 규정에 의한 준수사항을 위반한 때

3. 제38조제1항·제39조 또는 제40조의 규정에 의한 명령을 이행하지 아니한 때

4. 제38조제2항의 규정에 의한 검사·질문·수거에 불응한 때

② 제1항의 규정에 따라 과징금을 부과하는 위반행위의 종별과 정도등에 따른 과징금의 금액 그 밖에 필요한 사항은 보건복지부령으로 정한다. <개정 2008.2.29, 2010.1.18>

③ 보건복지부장관은 제1항의 규정에 의한 과징금을 납부하여야 할 자가 납부기한까지 이를 납부하지 아니하는 때에는 국세체납처분의 예에 따라 이를 징수한다. <개정 2008.2.29, 2010.1.18>

제44조(수수료) 보건복지부장관은 이 법의 규정에 따라 지정·등록·허가·승인을 받고자 하거나 신고를 하는 자 또는 그 내용을 변경하고자 하는 자로 하여금 보건복지부령이 정하는 바에 따라 수수료를 납부하게 할 수 있다. <개정 2008.2.29, 2010.1.18>

제8장 보칙

제45조(성체줄기세포연구의 지원) 국가 또는 지방자치단체는 성체줄기세포의 연구를 육성하기 위하여 필요한 재정지원을 할 수 있다.

제46조(국고보조) 보건복지부장관은 생명과학기술에서의 생명윤리 및 안전의 확보에 이바지할 수 있는 연구사업 및 교육의 육성·지원을 위하여 대통령령이 정하는 바에 따라 해당 단체·연구기관·생명과학관련종사자 등에게 필요한 연구비의 전부 또는 일부를 보조할 수 있다. <개정 2008.2.29, 2010.1.18>

제47조(위임 및 위탁 등) ① 보건복지부장관은 이 법에 의한 권한의 일부를 대통령령이 정하는 바에 따라 소속기관의 장에게 위임할 수 있다. <개정 2008.2.29, 2010.1.18>

② 보건복지부장관은 대통령령으로 정하는 바에 따라 다음 각 호의 어느 하나에 해당하는 업무의 일부를 관계 전문기관 또는 단체에 위탁할 수 있다. <개정 2008.6.5, 2010.1.18>

1. 제10조의2에 따른 기관위원회 평가 및 기관위원회위원에 대한 교육에 관한 업무

2. 제14조에 따른 배아생성의료기관의 관리에 관한 업무

3. 제18조에 따른 배아연구기관의 관리에 관한 업무

4. 제20조의2제1항에 따른 줄기세포주 등록에 관한 업무

5. 제24조에 따른 유전자검사기관의 관리에 관한 업무

6. 제32조에 따른 유전자은행의 관리에 관한 업무

7. 제37조에 따른 유전자치료기관의 관리에 관한 업무

③ 보건복지부장관은 제2항의 규정에 따라 관계 전문기관 또는 단체에게 관리업무를 하게 한 때에는 그 관리에 필요한 예산을 보조할 수 있다. <개정 2008.2.29, 2010.1.18>

제48조(비밀누설 등의 금지) 피감독기관 또는 그 종사자나 업무에 종사하였던 자는 그 직무상 알게 된 비밀을 누설하거나 도용(盜用)하여서는 아니된다.

제9장 벌칙

제49조(벌칙) ① 제11조제1항의 규정을 위반하여 체세포복제배아를 자궁에 착상시키거나 착상된 상태를 유지 또는 출산한 자는 10년 이하의 징역에 처한다.

② 제1항의 미수범은 처벌한다.

제50조(벌칙) 제12조제1항의 규정을 위반하여 인간의 배아를 동물의 자궁에 착상시키거나 동물의 배아를 인간의 자궁에 착상시킨 자 또는 동조제3항의 규정을 위반하여 동조제2항 각호의 1에 해당하는 행위로부터 생성된 배아를 인간 또는 동물의 자궁에 착상시킨 자는 5년 이하의 징역에 처한다.

제51조(벌칙) ① 다음 각호의 1에 해당하는 자는 3년 이하의 징역에 처한다. <개정 2008.6.5>

1. 제11조제2항의 규정을 위반하여 체세포복제배아를 자궁에 착상시키거나 착상된 상태를 유지 또는 출산하는 행위를 유인 또는 알선한 자

2. 제12조제2항 각호의 1에 해당하는 행위를 한 자

3. 제13조제1항의 규정을 위반하여 임신외의 목적으로 배아를 생성한 자

4. 제13조제2항 각호의 1에 해당하는 행위를 한 자

5. 제13조제3항의 규정을 위반하여 금전 또는 재산상 이익 그 밖에 반대급부를 조건으로 정자 또는 난자를 제공하거나 이를 이용한 자

6. 제13조제3항을 위반하여 금전 또는 재산상의 이익, 그 밖에 반대급부를 조건으로 정자 또는 난자를 제공하도록 유인하거나 알선한 자

7. 제22조제1항의 규정을 위반하여 희귀·난치병의 치료를 위한 연구목적외에 체세포핵이식행위를 한 자

8. 제48조의 규정을 위반하여 비밀을 누설하거나 도용한 자

② 제17조의 규정을 위반하여 잔여배아를 이용한 자는 3년 이하의 징역 또는 5천만원 이하의 벌금형에 처한다.

③ 제1항제1호의 미수범은 처벌한다.

제52조(벌칙) 다음 각호의 1에 해당하는 자는 2년 이하의 징역 또는 3천만원 이하의 벌금에 처한다. <개정 2008.6.5>

1. 삭제 <2008.6.5>

2. 제15조제1항의 규정을 위반하여 배아생성에 관한 서면동의를 얻지 아니하고 정자 또는 난자를 채취한 자

2의2. 제15조의2제1항을 위반하여 난자제공자에 대하여 건강검진을 실시하지 아니한 자

2의3. 제15조의2제2항을 위반하여 난자를 채취한 자

2의4. 제15조의3을 위반하여 난자를 채취한 자

3. 제25조의 규정을 위반하여 유전자검사를 한 자

4. 제26조제1항 내지 제3항의 규정을 위반하여 유전자검사에 관한 서면동의를 얻지 아니하고 검사대상물을 채취하거나 동의서를 첨부하지 아니하고 유전자검사를 의뢰한 자

5. 제31조제1항 또는 제2항의 규정을 위반하여 유전정보를 이용하여 다른 사람을 차별한 자 또는 다른 사람에게 유전자검사를 받기를 강요하거나 유전자검사의 결과를 제출하도록 강요한 자

6. 제34조의 규정을 위반하여 유전정보등을 타인에게 제공함에 있어 개인정보를 포함시킨 자

7. 제35조제1항의 규정을 위반하여 유전정보등을 정당한 사유없이 타인에게 제공하거나 부당한 목적으로 사용한 자

8. 제36조제1항 또는 제2항의 규정을 위반하여 유전자치료를 한 자

9. 제39조의 규정에 의한 폐기명령을 위반한 자

제53조(벌칙) 다음 각호의 1에 해당하는 자는 1년 이하의 징역 또는 2천만원 이하의 벌금에 처한다. <개정 2008.2.29, 2008.6.5, 2010.1.18>

1. 제14조의 규정을 위반하여 배아생성의료기관으로 지정받지 아니하고 인간의 정자 또는 난자를 채취·보관하거나 배아를 생성한 자

2. 제16조제2항 또는 제3항의 규정을 위반하여(제20조제4항에서 준용하는 경우를 포함한다) 배아를 보건복지부령이 정하는 바에 따라 폐기하지 아니하거나 배아의 폐기에 관한 사항을 기록·보관하지 아니한 자

3. 제18조의 규정을 위반하여 배아연구기관으로 등록하지 아니하고 잔여배아를 연구한 자

4. 제19조제1항의 규정을 위반하여(제23조제2항에서 준용하는 경우를 포함한다) 보건복지부장관의 승인을 얻지 아니하고 배아연구를 한 자

5. 제20조제1항 또는 제3항의 규정을 위반하여 유상으로 잔여배아를 제공하거나 잔여배아의 보관 및 제공 등에 관한 사항을 보건복지부령이 정하는 바에 따라 보건복지부장관에게 보고하지 아니한 자

6. 제23조제1항의 규정을 위반하여 등록하지 아니하고 체세포복제배아를 생성하거나 연구한 자

7. 제30조제1항의 유전자검사기관등의 준수사항을 위반하거나 동조제2항의 규정을 위반하여 유전자검사에 대하여 허위표시 또는 과대광고를 한 자

8. 제32조제1항의 규정을 위반하여 허가를 받지 아니하고 유전자은행을 개설한 자

8의2. 제35조의2제1항을 위반하여 유전정보등을 익명화하여 보관·관리하지 아니한 자

9. 제40조의 규정에 의한 개선명령 등을 위반한 자

제54조(양벌규정) 법인의 대표자나 법인 또는 개인의 대리인·사용인, 그 밖의 종업원이 그 법인 또는 개인의 업무에 관하여 제49조 내지 제53조의 규정에 해당하는 위반행위를 한 때에는 그 행위자를 벌하는 외에 그 법인 또는 개인에 대하여도 해당 조의 벌금형을 과한다.

제55조(과태료) ① 다음 각호의 1에 해당하는 자는 500만원 이하의 과태료에 처한다. <개정 2008.6.5>

1. 제20조의2제1항을 위반하여 줄기세포주를 등록하지 아니하고 해당 줄기세포주를 제공하거나 이용한 자

2. 제20조의3제3항 본문을 위반하여 줄기세포주를 유상으로 제공한 자

3. 제20조의4제1항을 위반하여 줄기세포주를 이용한 자

4. 제24조제1항·제2항 또는 제4항의 규정에 의한 신고를 하지 아니한 자

5. 제28조제2항 내지 제5항의 규정을 위반한 자

6. 제29조제1항 각호의 서류를 보존하지 아니하거나 동조제2항의 규정에 의한 기록의 열람 또는 사본의 교부를 거부한 자

7. 제32조제3항 또는 제4항의 규정에 의한 신고를 하지 아니한 자

8. 제35조제2항의 규정을 위반하여 환자의 유전정보를 포함한 기록을 환자외의 자에게 제공한 자

9. 제35조의2제2항을 위반하여 정보관리 및 보안을 담당하는 책임자를 두지 아니한 자

10. 제37조제1항의 규정을 위반하여 신고하지 아니하고 유전자치료를 한 자

② 제1항의 규정에 의한 과태료는 대통령령이 정하는 바에 따라 보건복지부장관이 부과·징수한다. <개정 2008.2.29, 2010.1.18>

③ 제2항의 규정에 의한 과태료처분에 불복이 있는 자는 그 처분의 고지를 받은 날부터 30일 이내에 보건복지부장관에게 이의를 제기할 수 있다. <개정 2008.2.29, 2010.1.18>

④ 제2항의 규정에 의한 과태료처분을 받은 자가 제3항의 규정에 따라 이의를 제기한 때에는 보건복지부장관은 지체없이 관할법원에 그 사실을 통보하여야 하며, 그 통보를 받은 관할법원은 비송사건절차법에 의한 과태료의 재판을 한다. <개정 2008.2.29, 2010.1.18>

⑤ 제3항의 규정에 의한 기간 이내에 이의를 제기하지 아니하고 과태료를 납부하지 아니한 때에는 국세체납처분의 예에 따라 이를 징수한다.

부칙 <제9932호, 2010.1.18>(정부조직법)

제1조(시행일) 이 법은 공포 후 2개월이 경과한 날부터 시행한다. <단서 생략>

제2조 및 **제3조** 생략

제4조(다른 법률의 개정) ① 부터 <62> 까지 생략

<63> 생명윤리 및 안전에 관한 법률 일부를 다음과 같이 개정한다.

제7조제3항제1호 중 "보건복지가족부장관·여성부장관"을 "보건복지부장관·여성가족부장관"으로 한다.

제7조제5항, 제9조제1항제1호부터 제6호까지·제3항, 제10조의2제1항 각 호 외의 부분·제2항, 제14조제1항, 제18조, 제19조제1항 전단·제3항, 제20조제3항, 제20조의2제1항부터 제3항까지, 제20조의3제2항, 제20조의4제3항, 제23조제1항, 제24조제1항 본문·제3항·제4항, 제32조제1항 본문·제2항 전단 및 후단·제3항·제4항, 제33조제2항, 제36조제1항제3호, 제37조제1항 전단·제2항 각 호 외의 부분, 제38조제1항·제2항 전단, 제39조 전단, 제40조, 제41조제1항 각 호 외의 부분, 제42조, 제43조제1항 각 호 외의 부분·제3항, 제44조, 제46조, 제47조제1항·제2항 각 호 외의 부분·제3항, 제53조제4호·제5호 및 제55조제2항부터 제4항까지 중 "보건복지가족부장관"을 각각 "보건복지부장관"으로 한다.

제9조제1항제7호·제4항, 제10조의2제1항제4호·제3항, 제14조제2항·제3항, 제

15조제2항제5호·제4항, 제15조의2제1항·제2항, 제15조의4, 제16조제4항, 제18
조, 제19조제1항 전단·제4항, 제20조제1항 단서·제2항·제3항, 제20조의2제1
항, 제20조의3제1항·제2항·제4항, 제20조의4제2항 전단·제3항, 제21조제4호,
제23조제1항, 제24조제1항본문·제3항·제4항, 제26조제1항제5호·제2항 후단
·제6항, 제27조제3항, 제28조제5항·제6항, 제29조제1항 각 호 외의 부분·제3
항, 제30조제1항제3호·제3항, 제32조제3항·제4항, 제33조제3항, 제34조제2항
단서, 제35조의2제3항, 제37조제2항제3호·제3항, 제38조제1항, 제41조제2항, 제
43조제2항, 제44조 및 제53조제2호·제5호 중 "보건복지가족부령"을 각각 "보건
복지부령"으로 한다.

<64> 부터 <137> 까지 생략

제5조 생략

정보통신망 이용촉진 및 정보보호 등에 관한 법률

[타법개정 2010.3.22 법률 제10166호]

제1장 총칙

제1조(목적) 이 법은 정보통신망의 이용을 촉진하고 정보통신서비스를 이용하는 자의 개인정보를 보호함과 아울러 정보통신망을 건전하고 안전하게 이용할 수 있는 환경을 조성하여 국민생활의 향상과 공공복리의 증진에 이바지함을 목적으로 한다.

제2조(정의) ① 이 법에서 사용하는 용어의 뜻은 다음과 같다. <개정 2004.1.29, 2007.1.26, 2007.12.21, 2008.6.13, 2010.3.22>

1. "정보통신망"이란 「전기통신사업법」 제2조제2호에 따른 전기통신설비를 이용하거나 전기통신설비와 컴퓨터 및 컴퓨터의 이용기술을 활용하여 정보를 수집 · 가공 · 저장 · 검색 · 송신 또는 수신하는 정보통신체제를 말한다.
2. "정보통신서비스"란 「전기통신사업법」 제2조제6호에 따른 전기통신역무와 이를 이용하여 정보를 제공하거나 정보의 제공을 매개하는 것을 말한다.
3. "정보통신서비스 제공자"란 「전기통신사업법」 제2조제8호에 따른 전기통신사업자와 영리를 목적으로 전기통신사업자의 전기통신역무를 이용하여 정보를 제공하거나 정보의 제공을 매개하는 자를 말한다.
4. "이용자"란 정보통신서비스 제공자가 제공하는 정보통신서비스를 이용하는 자를 말한다.
5. "전자문서"란 컴퓨터 등 정보처리능력을 가진 장치에 의하여 전자적인 형태로 작성되어 송수신되거나 저장된 문서형식의 자료로서 표준화된 것을 말한다.
6. "개인정보"란 생존하는 개인에 관한 정보로서 성명 · 주민등록번호 등에 의하여 특정한 개인을 알아볼 수 있는 부호 · 문자 · 음성 · 음향 및 영상 등의 정보(해당 정보만으로는 특정 개인을 알아볼 수 없어도 다른 정보와 쉽게 결합

하여 알아볼 수 있는 경우에는 그 정보를 포함한다)를 말한다.

7. "침해사고"란 해킹, 컴퓨터바이러스, 논리폭탄, 메일폭탄, 서비스 거부 또는 고출력 전자기파 등의 방법으로 정보통신망 또는 이와 관련된 정보시스템을 공격하는 행위를 하여 발생한 사태를 말한다.

8. "정보보호산업"이란 정보보호제품을 개발·생산 또는 유통하는 사업이나 정보보호에 관한 컨설팅 등과 관련된 산업을 말한다.

9. "게시판"이란 그 명칭과 관계없이 정보통신망을 이용하여 일반에게 공개할 목적으로 부호·문자·음성·음향·화상·동영상 등의 정보를 이용자가 게재할 수 있는 컴퓨터 프로그램이나 기술적 장치를 말한다.

10. "통신과금서비스"란 정보통신서비스로서 다음 각 목의 업무를 말한다.

　가. 타인이 판매·제공하는 재화 또는 용역(이하 "재화등"이라 한다)의 대가를 자신이 제공하는 전기통신역무의 요금과 함께 청구·징수하는 업무

　나. 타인이 판매·제공하는 재화등의 대가가 가목의 업무를 제공하는 자의 전기통신역무의 요금과 함께 청구·징수되도록 거래정보를 전자적으로 송수신하는 것 또는 그 대가의 정산을 대행하거나 매개하는 업무

11. "통신과금서비스제공자"란 제53조에 따라 등록을 하고 통신과금서비스를 제공하는 자를 말한다.

12. "통신과금서비스이용자"란 통신과금서비스제공자로부터 통신과금서비스를 이용하여 재화등을 구입·이용하는 자를 말한다.

② 이 법에서 사용하는 용어의 뜻은 제1항에서 정하는 것 외에는 「정보화촉진기본법」으로 정하는 바에 따른다. <개정 2008.6.13>

제3조(정보통신서비스 제공자 및 이용자의 책무) ① 정보통신서비스 제공자는 이용자의 개인정보를 보호하고 건전하고 안전한 정보통신서비스를 제공하여 이용자의 권익보호와 정보이용능력의 향상에 이바지하여야 한다.

② 이용자는 건전한 정보사회가 정착되도록 노력하여야 한다.

③ 정부는 정보통신서비스 제공자단체 또는 이용자단체의 개인정보보호 및 정보통신망에서의 청소년 보호 등을 위한 활동을 지원할 수 있다.

제4조(정보통신망 이용촉진 및 정보보호등에 관한 시책의 마련) ① 행정안전부장관, 지식경제부장관 또는 방송통신위원회는 정보통신망의 이용촉진 및 안정적 관리·운영과 이용자의 개인정보보호 등(이하 "정보통신망 이용촉진 및 정보보호등"이라 한다)을 통하여 정보사회의 기반을 조성하기 위한 시책을 마련하여야 한다.

② 제1항에 따른 시책에는 다음 각 호의 사항이 포함되어야 한다.

1. 정보통신망에 관련된 기술의 개발·보급
2. 정보통신망의 표준화
3. 정보내용물 및 제11조에 따른 정보통신망 응용서비스의 개발 등 정보통신망의 이용 활성화
4. 정보통신망을 이용한 정보의 공동활용 촉진
5. 인터넷 이용의 활성화
6. 정보통신망을 통하여 수집·처리·보관·이용되는 개인정보의 보호 및 그와 관련된 기술의 개발·보급
7. 정보통신망에서의 청소년 보호
8. 정보통신망의 안전성 및 신뢰성 제고
9. 그 밖에 정보통신망 이용촉진 및 정보보호등을 위하여 필요한 사항

③ 행정안전부장관, 지식경제부장관 또는 방송통신위원회는 제1항에 따른 시책을 마련할 때에는 「정보화촉진기본법」 제5조에 따른 정보화촉진기본계획과 연계되도록 하여야 한다.

제5조(다른 법률과의 관계) 정보통신망 이용촉진 및 정보보호등에 관하여는 다른 법률에서 특별히 규정된 경우 외에는 이 법으로 정하는 바에 따른다. 다만, 제7장의 통신과금서비스에 관하여 이 법과 「전자금융거래법」의 적용이 경합하는 때에는 이 법을 우선 적용한다.

제2장 정보통신망의 이용촉진

제6조(기술개발의 추진 등) ① 지식경제부장관은 정보통신망과 관련된 기술 및 기기의 개발을 효율적으로 추진하기 위하여 대통령령으로 정하는 바에 따라 관련 연구기관으로 하여금 연구개발·기술협력·기술이전 또는 기술지도 등의 사업을 하게 할 수 있다.

② 정부는 제1항에 따라 연구개발 등의 사업을 하는 연구기관에는 그 사업에 드는 비용의 전부 또는 일부를 지원할 수 있다.

③ 제2항에 따른 비용의 지급 및 관리 등에 필요한 사항은 대통령령으로 정한다.

제7조(기술관련 정보의 관리 및 보급) ① 지식경제부장관은 정보통신망과 관련된 기술 및 기기에 관한 정보(이하 이 조에서 "기술관련 정보"라 한다)를 체계적이고 종합적으로 관리하여야 한다.

② 지식경제부장관은 기술관련 정보를 체계적이고 종합적으로 관리하기 위하여 필요하면 관계 행정기관 및 국공립 연구기관 등에 대하여 기술관련 정보와 관련

된 자료를 요구할 수 있다. 이 경우 요구를 받은 기관의 장은 특별한 사유가 없으면 그 요구에 따라야 한다.

③ 지식경제부장관은 기술관련 정보를 신속하고 편리하게 이용할 수 있도록 그 보급을 위한 사업을 하여야 한다.

④ 제3항에 따라 보급하려는 정보통신망과 관련된 기술 및 기기의 범위에 관하여 필요한 사항은 대통령령으로 정한다.

제8조(정보통신망의 표준화 및 인증) ① 지식경제부장관은 정보통신망의 이용을 촉진하기 위하여 정보통신망에 관한 표준을 정하여 고시하고, 정보통신서비스 제공자 또는 정보통신망과 관련된 제품을 제조하거나 공급하는 자에게 그 표준을 사용하도록 권고할 수 있다. 다만, 「산업표준화법」 제12조에 따른 한국산업표준이 제정되어 있는 사항에 대하여는 그 표준에 따른다.

② 제1항에 따라 고시된 표준에 적합한 정보통신과 관련된 제품을 제조하거나 공급하는 자는 제9조제1항에 따른 인증기관의 인증을 받아 그 제품이 표준에 적합한 것임을 나타내는 표시를 할 수 있다.

③ 제1항 단서에 해당하는 경우로서 「산업표준화법」 제15조에 따라 인증을 받은 경우에는 제2항에 따른 인증을 받은 것으로 본다.

④ 제2항에 따른 인증을 받은 자가 아니면 그 제품이 표준에 적합한 것임을 나타내는 표시를 하거나 이와 비슷한 표시를 하여서는 아니 되며, 이와 비슷한 표시를 한 제품을 판매하거나 판매할 목적으로 진열하여서는 아니 된다.

⑤ 지식경제부장관은 제4항을 위반하여 제품을 판매하거나 판매할 목적으로 진열한 자에게 그 제품을 수거·반품하도록 하거나 인증을 받아 그 표시를 하도록 하는 등 필요한 시정조치를 명할 수 있다.

⑥ 제1항부터 제3항까지의 규정에 따른 표준화의 대상·방법·절차 및 인증표시, 제5항에 따른 수거·반품·시정 등에 필요한 사항은 지식경제부령으로 정한다.

제9조(인증기관의 지정 등) ① 지식경제부장관은 정보통신망과 관련된 제품을 제조하거나 공급하는 자의 제품이 제8조제1항 본문에 따라 고시된 표준에 적합한 제품임을 인증하는 기관(이하 "인증기관"이라 한다)을 지정할 수 있다.

② 지식경제부장관은 인증기관이 다음 각 호의 어느 하나에 해당하면 그 지정을 취소하거나 6개월 이내의 기간을 정하여 업무의 정지를 명할 수 있다. 다만, 제1호에 해당하는 경우에는 그 지정을 취소하여야 한다.

1. 속임수나 그 밖의 부정한 방법으로 지정을 받은 경우
2. 정당한 사유 없이 1년 이상 계속하여 인증업무를 하지 아니한 경우
3. 제3항에 따른 지정기준에 미달한 경우

③ 제1항 및 제2항에 따른 인증기관의 지정기준·지정절차, 지정취소·업무정지의 기준 등에 필요한 사항은 지식경제부령으로 정한다.

제10조(정보내용물의 개발 지원) 정부는 국가경쟁력을 확보하거나 공익을 증진하기 위하여 정보통신망을 통하여 유통되는 정보내용물을 개발하는 자에게 재정 및 기술 등 필요한 지원을 할 수 있다.

제11조(정보통신망 응용서비스의 개발 촉진 등) ① 정부는 국가기관·지방자치단체 및 공공기관이 정보통신망을 활용하여 업무를 효율화·자동화·고도화하는 응용서비스(이하 "정보통신망 응용서비스"라 한다)를 개발·운영하는 경우 그 기관에 재정 및 기술 등 필요한 지원을 할 수 있다.

② 정부는 민간부문에 의한 정보통신망 응용서비스의 개발을 촉진하기 위하여 재정 및 기술 등 필요한 지원을 할 수 있으며, 정보통신망 응용서비스의 개발에 필요한 기술인력을 양성하기 위하여 다음 각 호의 시책을 마련하여야 한다.

1. 각급 학교나 그 밖의 교육기관에서 시행하는 인터넷 교육에 대한 지원
2. 국민에 대한 인터넷 교육의 확대
3. 정보통신망 기술인력 양성사업에 대한 지원
4. 정보통신망 전문기술인력 양성기관의 설립·지원
5. 정보통신망 이용 교육프로그램의 개발 및 보급 지원
6. 정보통신망 관련 기술자격제도의 정착 및 전문기술인력 수급 지원
7. 그 밖에 정보통신망 관련 기술인력의 양성에 필요한 사항

제12조(정보의 공동활용체제 구축) ① 정부는 정보통신망을 효율적으로 활용하기 위하여 정보통신망 상호 간의 연계 운영 및 표준화 등 정보의 공동활용체제 구축을 권장할 수 있다.

② 정부는 제1항에 따른 정보의 공동활용체제를 구축하는 자에게 재정 및 기술 등 필요한 지원을 할 수 있다.

③ 제1항과 제2항에 따른 권장 및 지원에 필요한 사항은 대통령령으로 정한다.

제13조(정보통신망의 이용촉진 등에 관한 사업) ① 지식경제부장관은 공공, 지역, 산업, 생활 및 사회적 복지 등 각 분야의 정보통신망의 이용촉진과 정보격차의 해소를 위하여 관련 기술·기기 및 응용서비스의 효율적인 활용·보급을 촉진하기 위한 사업을 대통령령으로 정하는 바에 따라 실시할 수 있다.

② 정부는 제1항에 따른 사업에 참여하는 자에게 재정 및 기술 등 필요한 지원을 할 수 있다.

제14조(인터넷 이용의 확산) 정부는 인터넷 이용이 확산될 수 있도록 공공 및 민간의 인터넷 이용시설의 효율적 활용을 유도하고 인터넷 관련 교육 및 홍보 등의

인터넷 이용기반을 확충하며, 지역별·성별·연령별 인터넷 이용격차를 해소하기 위한 시책을 마련하고 추진하여야 한다.

제15조(인터넷 서비스의 품질 개선) ① 지식경제부장관은 인터넷 서비스 이용자의 권익을 보호하고 인터넷 서비스의 품질 향상 및 안정적 제공을 보장하기 위한 시책을 마련하여야 한다.

② 지식경제부장관은 제1항에 따른 시책을 추진하기 위하여 필요하면 정보통신서비스 제공자단체 및 이용자단체 등의 의견을 들어 인터넷 서비스 품질의 측정·평가에 관한 기준을 정하여 고시할 수 있다.

③ 정보통신서비스 제공자는 제2항에 따른 기준에 따라 자율적으로 인터넷 서비스의 품질 현황을 평가하여 그 결과를 이용자에게 알려줄 수 있다.

제16조 삭제 <2004.1.29>

제17조 삭제 <2004.1.29>

제3장 전자문서중계자를 통한 전자문서의 활용

제18조(전자문서중계자에 의한 문서의 처리 등) ① 국가기관이나 지방자치단체의 장이 전자문서중계설비를 관리하는 자(이하 "전자문서중계자"라 한다)를 통하여 법령에서 규정한 허가·인가·승인·등록·신고·신청 등(이하 이 조에서 "허가 등"이라 한다)을 전자문서로 처리하려면 대통령령으로 정하는 바에 따라 대상 업무와 전자문서중계자 등 필요한 사항을 정하고 고시하여야 한다.

② 제1항에 따라 처리되는 전자문서와 그 문서상의 명의인을 표시한 문자 및 「전자서명법」 제2조제3호에 따른 공인전자서명은 각각 해당 법령에서 정한 문서와 그 문서상의 서명날인으로 본다.

③ 제1항에 따라 허가등을 전자문서로 처리한 경우에는 해당 법령에서 정한 절차에 따라 처리한 것으로 본다.

④ 전자문서중계자의 지정요건 및 지정절차에 필요한 사항은 대통령령으로 정한다.

제19조(전자문서의 송수신 시기) ① 전자문서는 작성자 외의 자 또는 작성자의 대리인 외의 자가 관리하는 컴퓨터에 입력되었을 때에 송신된 것으로 본다.

② 전자문서는 다음 각 호의 어느 하나에 해당할 때에 수신된 것으로 본다.

1. 수신자가 전자문서를 수신할 컴퓨터를 지정한 경우에는 지정한 컴퓨터에 입력되었을 때. 다만, 지정한 컴퓨터가 아닌 컴퓨터에 입력되었을 경우에는 수신자가 전자문서를 출력하였을 때를 말한다.

2. 수신자가 전자문서를 수신할 컴퓨터를 지정하지 아니한 경우에는 수신자가 관리하는 컴퓨터에 입력되었을 때

제20조(전자문서 내용의 추정 등) ① 전자문서의 내용에 대하여 당사자 또는 이해관계자 사이에 다툼이 있으면 전자문서중계자의 컴퓨터의 파일에 기록된 전자문서의 내용대로 작성된 것으로 추정한다.

② 전자문서중계자는 「공공기록물 관리에 관한 법률」 제19조에 따라 전자문서를 보관하여야 한다.

제21조(전자문서 등의 공개 제한) 전자문서중계자는 전자문서중계설비에 의하여 처리되는 전자문서 또는 관련 기록을 적법한 절차에 따르지 아니하거나 전자문서 발신자 및 수신자의 동의 없이 공개하여서는 아니 된다.

제4장 개인정보의 보호

제1절 개인정보의 수집 · 이용 및 제공 등

제22조(개인정보의 수집 · 이용 동의 등) ① 정보통신서비스 제공자는 이용자의 개인정보를 이용하려고 수집하는 경우에는 다음 각 호의 모든 사항을 이용자에게 알리고 동의를 받아야 한다. 다음 각 호의 어느 하나의 사항을 변경하려는 경우에도 또한 같다.

1. 개인정보의 수집 · 이용 목적
2. 수집하는 개인정보의 항목
3. 개인정보의 보유 · 이용 기간

② 정보통신서비스 제공자는 다음 각 호의 어느 하나에 해당하는 경우에는 제1항에 따른 동의 없이 이용자의 개인정보를 수집 · 이용할 수 있다.

1. 정보통신서비스의 제공에 관한 계약을 이행하기 위하여 필요한 개인정보로서 경제적 · 기술적인 사유로 통상적인 동의를 받는 것이 뚜렷하게 곤란한 경우
2. 정보통신서비스의 제공에 따른 요금정산을 위하여 필요한 경우
3. 이 법 또는 다른 법률에 특별한 규정이 있는 경우

제23조(개인정보의 수집 제한 등) ① 정보통신서비스 제공자는 사상, 신념, 과거의 병력(病歷) 등 개인의 권리 · 이익이나 사생활을 뚜렷하게 침해할 우려가 있는 개인정보를 수집하여서는 아니 된다. 다만, 제22조제1항에 따른 이용자의 동의를 받거나 다른 법률에 따라 특별히 수집 대상 개인정보로 허용된 경우에는 그 개인정보를 수집할 수 있다.

② 정보통신서비스 제공자는 이용자의 개인정보를 수집하는 경우에는 정보통신
서비스의 제공을 위하여 필요한 최소한의 정보를 수집하여야 하며, 필요한 최소
한의 정보 외의 개인정보를 제공하지 아니한다는 이유로 그 서비스의 제공을 거
부하여서는 아니 된다.

제23조의2(주민등록번호 외의 회원가입 방법) ① 정보통신서비스 제공자로서 제공
하는 정보통신서비스의 유형별 일일 평균 이용자 수가 대통령령으로 정하는 기준
에 해당하는 자는 이용자가 정보통신망을 통하여 회원으로 가입할 경우에 주민등
록번호를 사용하지 아니하고도 회원으로 가입할 수 있는 방법을 제공하여야 한
다.

② 제1항에 해당하는 정보통신서비스 제공자는 주민등록번호를 사용하는 회원가
입 방법을 따로 제공하여 이용자가 회원가입 방법을 선택하게 할 수 있다.

제2절 삭제 <2007.1.26>

제24조(개인정보의 이용 제한) 정보통신서비스 제공자는 제22조 및 제23조제1항
단서에 따라 수집한 개인정보를 이용자로부터 동의받은 목적이나 제22조제2항
각 호에서 정한 목적과 다른 목적으로 이용하여서는 아니 된다.

제24조의2(개인정보의 제공 동의 등) ① 정보통신서비스 제공자는 이용자의 개인
정보를 제3자에게 제공하려면 제22조제2항제2호 및 제3호에 해당하는 경우 외에
는 다음 각 호의 모든 사항을 이용자에게 알리고 동의를 받아야 한다. 다음 각 호
의 어느 하나의 사항이 변경되는 경우에도 또한 같다.

1. 개인정보를 제공받는 자
2. 개인정보를 제공받는 자의 개인정보 이용 목적
3. 제공하는 개인정보의 항목
4. 개인정보를 제공받는 자의 개인정보 보유 및 이용 기간

② 제1항에 따라 정보통신서비스 제공자로부터 이용자의 개인정보를 제공받은 자
는 그 이용자의 동의가 있거나 다른 법률에 특별한 규정이 있는 경우 외에는 개
인정보를 제3자에게 제공하거나 제공받은 목적 외의 용도로 이용하여서는 아니
된다.

제25조(개인정보의 취급위탁) ① 정보통신서비스 제공자와 그로부터 제24조의2제1
항에 따라 이용자의 개인정보를 제공받은 자(이하 "정보통신서비스 제공자등"이
라 한다)는 제3자에게 이용자의 개인정보를 수집·보관·처리·이용·제공·관
리·파기 등(이하 "취급"이라 한다)을 할 수 있도록 업무를 위탁(이하 "개인정보

취급위탁"이라 한다)하는 경우에는 다음 각 호의 사항 모두를 이용자에게 알리고 동의를 받아야 한다. 다음 각 호의 어느 하나의 사항이 변경되는 경우에도 또한 같다.

1. 개인정보 취급위탁을 받는 자(이하 "수탁자"라 한다)

2. 개인정보 취급위탁을 하는 업무의 내용

② 정보통신서비스 제공자등은 정보통신서비스의 제공에 관한 계약을 이행하기 위하여 필요한 경우로서 제1항 각 호의 사항 모두를 제27조의2제1항에 따라 공개하거나 전자우편 등 대통령령으로 정하는 방법에 따라 이용자에게 알린 경우에는 개인정보 취급위탁에 따른 제1항의 고지절차와 동의절차를 거치지 아니할 수 있다. 제1항 각 호의 어느 하나의 사항이 변경되는 경우에도 또한 같다.

③ 정보통신서비스 제공자등은 개인정보 취급위탁을 하는 경우에는 수탁자가 이용자의 개인정보를 취급할 수 있는 목적을 미리 정하여야 하며, 수탁자는 이 목적을 벗어나서 이용자의 개인정보를 취급하여서는 아니 된다.

④ 정보통신서비스 제공자등은 수탁자가 이 장의 규정을 위반하지 아니하도록 관리·감독하여야 한다.

⑤ 수탁자가 개인정보 취급위탁을 받은 업무와 관련하여 이 장의 규정을 위반하여 이용자에게 손해를 발생시키면 그 수탁자를 손해배상책임에 있어서 정보통신서비스 제공자등의 소속 직원으로 본다.

제26조(영업의 양수 등에 따른 개인정보의 이전) ① 정보통신서비스 제공자등이 영업의 전부 또는 일부의 양도·합병 등으로 그 이용자의 개인정보를 타인에게 이전하는 경우에는 미리 다음 각 호의 사항 모두를 인터넷 홈페이지 게시, 전자우편 등 대통령령으로 정하는 방법에 따라 이용자에게 알려야 한다.

1. 개인정보를 이전하려는 사실

2. 개인정보를 이전받는 자(이하 "영업양수자등"이라 한다)의 성명(법인의 경우에는 법인의 명칭을 말한다. 이하 이 조에서 같다)·주소·전화번호 및 그 밖의 연락처

3. 이용자가 개인정보의 이전을 원하지 아니하는 경우 그 동의를 철회할 수 있는 방법과 절차

② 영업양수자등은 개인정보를 이전받으면 지체 없이 그 사실을 인터넷 홈페이지 게시, 전자우편 등 대통령령으로 정하는 방법에 따라 이용자에게 알려야 한다. 다만, 정보통신서비스 제공자등이 제1항에 따라 그 이전사실을 이미 알린 경우에는 그러하지 아니하다.

③ 영업양수자등은 정보통신서비스 제공자등이 이용자의 개인정보를 이용하거나

제공할 수 있는 당초 목적의 범위에서만 개인정보를 이용하거나 제공할 수 있다. 다만, 이용자로부터 별도의 동의를 받은 경우에는 그러하지 아니하다.

제26조의2(동의를 받는 방법) 제22조제1항, 제23조제1항 단서, 제24조의2제1항·제2항, 제25조제1항, 제26조제3항 단서 또는 제63조제2항에 따른 동의(이하 "개인정보 수집·이용·제공 등의 동의"라 한다)를 받는 방법은 개인정보의 수집매체, 업종의 특성 및 이용자의 수 등을 고려하여 대통령령으로 정한다.

제2절 개인정보의 관리 및 파기 등 <신설 2007.1.26>

제27조(개인정보 관리책임자의 지정) ① 정보통신서비스 제공자등은 이용자의 개인정보를 보호하고 개인정보와 관련한 이용자의 고충을 처리하기 위하여 개인정보 관리책임자를 지정하여야 한다. 다만, 종업원 수, 이용자 수 등이 대통령령으로 정하는 기준에 해당하는 정보통신서비스 제공자등의 경우에는 지정하지 아니할 수 있다.

② 제1항 단서에 따른 정보통신서비스 제공자등이 개인정보 관리책임자를 지정하지 아니하는 경우에는 그 사업주 또는 대표자가 개인정보 관리책임자가 된다.

③ 개인정보 관리책임자의 자격요건과 그 밖의 지정에 필요한 사항은 대통령령으로 정한다.

제27조의2(개인정보 취급방침의 공개) ① 정보통신서비스 제공자등은 이용자의 개인정보를 취급하는 경우에는 개인정보 취급방침을 정하여 이용자가 언제든지 쉽게 확인할 수 있도록 대통령령으로 정하는 방법에 따라 공개하여야 한다.

② 제1항에 따른 개인정보 취급방침에는 다음 각 호의 사항이 모두 포함되어야 한다.

1. 개인정보의 수집·이용 목적, 수집하는 개인정보의 항목 및 수집방법
2. 개인정보를 제3자에게 제공하는 경우 제공받는 자의 성명(법인인 경우에는 법인의 명칭을 말한다), 제공받는 자의 이용 목적과 제공하는 개인정보의 항목
3. 개인정보의 보유 및 이용 기간, 개인정보의 파기절차 및 파기방법(제29조 각 호 외의 부분 단서에 따라 개인정보를 보존하여야 하는 경우에는 그 보존근거와 보존하는 개인정보 항목을 포함한다)
4. 개인정보 취급위탁을 하는 업무의 내용 및 수탁자(해당되는 경우에만 취급방침에 포함한다)
5. 이용자 및 법정대리인의 권리와 그 행사방법
6. 인터넷 접속정보파일 등 개인정보를 자동으로 수집하는 장치의 설치·운영 및

그 거부에 관한 사항

7. 개인정보 관리책임자의 성명 또는 개인정보보호 업무 및 관련 고충사항을 처리
하는 부서의 명칭과 그 전화번호 등 연락처

③ 정보통신서비스 제공자등은 제1항에 따른 개인정보 취급방침을 변경하는 경우
에는 그 이유 및 변경내용을 대통령령으로 정하는 방법에 따라 지체 없이 공지하
고, 이용자가 언제든지 변경된 사항을 쉽게 알아 볼 수 있도록 조치하여야 한다.

제28조(개인정보의 보호조치) ① 정보통신서비스 제공자등이 개인정보를 취급할
때에는 개인정보의 분실·도난·누출·변조 또는 훼손을 방지하기 위하여 대통
령령으로 정하는 기준에 따라 다음 각 호의 기술적·관리적 조치를 하여야 한다.

1. 개인정보를 안전하게 취급하기 위한 내부관리계획의 수립·시행
2. 개인정보에 대한 불법적인 접근을 차단하기 위한 침입차단시스템 등 접근 통제
   장치의 설치·운영
3. 접속기록의 위조·변조 방지를 위한 조치
4. 개인정보를 안전하게 저장·전송할 수 있는 암호화기술 등을 이용한 보안조치
5. 백신 소프트웨어의 설치·운영 등 컴퓨터바이러스에 의한 침해 방지조치
6. 그 밖에 개인정보의 안전성 확보를 위하여 필요한 보호조치

② 정보통신서비스 제공자등은 이용자의 개인정보를 취급하는 자를 최소한으로
제한하여야 한다.

제28조의2(개인정보의 누설금지) ① 이용자의 개인정보를 취급하고 있거나 취급하
였던 자는 직무상 알게 된 개인정보를 훼손·침해 또는 누설하여서는 아니 된다.

② 누구든지 그 개인정보가 누설된 사정을 알면서도 영리 또는 부정한 목적으로
개인정보를 제공받아서는 아니 된다.

제29조(개인정보의 파기) 정보통신서비스 제공자등은 다음 각 호의 어느 하나에 해
당하는 경우에는 해당 개인정보를 지체 없이 파기하여야 한다. 다만, 다른 법률에
따라 개인정보를 보존하여야 하는 경우에는 그러하지 아니하다.

1. 제22조제1항, 제23조제1항 단서 또는 제24조의2제1항·제2항에 따라 동의를
   받은 개인정보의 수집·이용 목적이나 제22조제2항 각 호에서 정한 해당 목적
   을 달성한 경우
2. 제22조제1항, 제23조제1항 단서 또는 제24조의2제1항·제2항에 따라 동의를
   받은 개인정보의 보유 및 이용 기간이 끝난 경우
3. 제22조제2항에 따라 이용자의 동의를 받지 아니하고 수집·이용한 경우에는
   제27조의2제2항제3호에 따른 개인정보의 보유 및 이용 기간이 끝난 경우
4. 사업을 폐업하는 경우

제3절 이용자의 권리

제30조(이용자의 권리 등) ① 이용자는 정보통신서비스 제공자등에 대하여 언제든지 개인정보 수집·이용·제공 등의 동의를 철회할 수 있다.

② 이용자는 정보통신서비스 제공자등에 대하여 본인에 관한 다음 각 호의 어느 하나의 사항에 대한 열람이나 제공을 요구할 수 있고 오류가 있는 경우에는 그 정정을 요구할 수 있다.

1. 정보통신서비스 제공자등이 가지고 있는 이용자의 개인정보
2. 정보통신서비스 제공자등이 이용자의 개인정보를 이용하거나 제3자에게 제공한 현황
3. 정보통신서비스 제공자등에게 개인정보 수집·이용·제공 등의 동의를 한 현황

③ 정보통신서비스 제공자등은 이용자가 제1항에 따라 동의를 철회하면 지체 없이 수집된 개인정보를 파기하는 등 필요한 조치를 하여야 한다.

④ 정보통신서비스 제공자등은 제2항에 따라 열람 또는 제공을 요구받으면 지체 없이 필요한 조치를 하여야 한다.

⑤ 정보통신서비스 제공자등은 제2항에 따라 오류의 정정을 요구받으면 지체 없이 그 오류를 정정하거나 정정하지 못하는 사유를 이용자에게 알리는 등 필요한 조치를 하여야 하고, 필요한 조치를 할 때까지는 해당 개인정보를 이용하거나 제공하여서는 아니 된다. 다만, 다른 법률에 따라 개인정보의 제공을 요청받은 경우에는 그 개인정보를 제공하거나 이용할 수 있다.

⑥ 정보통신서비스 제공자등은 제1항에 따른 동의의 철회 또는 제2항에 따른 개인정보의 열람·제공 또는 오류의 정정을 요구하는 방법을 개인정보의 수집방법보다 쉽게 하여야 한다.

⑦ 영업양수자등에 대하여는 제1항부터 제6항까지의 규정을 준용한다. 이 경우 "정보통신서비스 제공자등"은 "영업양수자등"으로 본다.

제31조(법정대리인의 권리) ① 정보통신서비스 제공자등이 만 14세 미만의 아동으로부터 개인정보 수집·이용·제공 등의 동의를 받으려면 그 법정대리인의 동의를 받아야 한다. 이 경우 정보통신서비스 제공자는 그 아동에게 법정대리인의 동의를 받기 위하여 필요한 법정대리인의 성명 등 최소한의 정보를 요구할 수 있다.

② 법정대리인은 해당 아동의 개인정보에 대하여 제30조제1항 및 제2항에 따른 이용자의 권리를 행사할 수 있다.

③ 제2항에 따른 법정대리인의 동의 철회, 열람 또는 오류정정의 요구에 관하여는 제30조제3항부터 제5항까지의 규정을 준용한다.

제32조(손해배상) 이용자는 정보통신서비스 제공자등이 이 장의 규정을 위반한 행위로 손해를 입으면 그 정보통신서비스 제공자등에게 손해배상을 청구할 수 있다. 이 경우 해당 정보통신서비스 제공자등은 고의 또는 과실이 없음을 입증하지 아니하면 책임을 면할 수 없다.

제4절 개인정보분쟁조정위원회

제33조(개인정보분쟁조정위원회의 설치 및 구성) ① 개인정보에 관한 분쟁을 조정하기 위하여 개인정보분쟁조정위원회(이하 "분쟁조정위원회"라 한다)를 둔다.
② 분쟁조정위원회는 위원장 1명을 포함한 15명 이내의 위원으로 구성하며, 그중 1명은 상임으로 한다.
③ 위원은 다음 각 호의 어느 하나에 해당하는 자 중에서 대통령령으로 정하는 바에 따라 행정안전부장관이 임명하거나 위촉한다. 이 경우 다음 각 호의 어느 하나에 해당하는 자가 1명 이상 포함되어야 한다.
1. 대학이나 공인된 연구기관에서 부교수급 이상 또는 이에 상당하는 직에 있거나 있었던 자로서 개인정보보호 관련 분야를 전공한 자
2. 4급 이상 공무원(고위공무원단에 속하는 일반직공무원을 포함한다) 또는 이에 상당하는 공공기관의 직에 있거나 있었던 자로서 개인정보보호 업무에 관한 경험이 있는 자
3. 판사·검사 또는 변호사의 자격이 있는 자
4. 정보통신서비스 이용자단체의 임원직에 있거나 있었던 자
5. 정보통신서비스 제공자 또는 정보통신서비스 제공자단체의 임원직에 있거나 있었던 자
6. 「비영리민간단체 지원법」 제2조에 따른 비영리민간단체에서 추천한 자
④ 위원의 임기는 3년으로 하고, 연임할 수 있다.
⑤ 위원장은 위원 중에서 행정안전부장관이 임명한다.
⑥ 분쟁조정위원회의 업무를 지원하기 위하여 제52조에 따른 한국인터넷진흥원(이하 "한국인터넷진흥원"이라 한다)에 사무국을 둔다. <개정 2009.4.22>

제33조의2(조정부) ① 분쟁의 조정업무를 효율적으로 수행하기 위하여 분쟁조정위원회에 5명 이하의 위원으로 구성되는 조정부를 두되, 그중 1명은 변호사의 자격이 있는 자로 한다.
② 분쟁조정위원회는 필요하면 일부 분쟁을 제1항에 따른 조정부에 맡겨 조정하게 할 수 있다.

③ 제1항에 따른 조정부의 구성 및 운영에 필요한 사항은 행정안전부령으로 정한다.

제34조(위원의 신분보장) 위원은 자격정지 이상의 형을 선고받거나 심신상의 장애로 직무를 수행할 수 없는 경우 외에는 그의 의사에 반하여 면직되거나 해촉되지 아니한다.

제35조(위원의 제척 · 기피 · 회피) ① 위원은 다음 각 호의 어느 하나에 해당되면 해당 분쟁조정 청구사건(이하 이 조에서 "사건"이라 한다)의 심의 · 의결에서 제척된다.

1. 위원 또는 그 배우자나 배우자이었던 자가 해당 사건의 당사자가 되거나 그 사건에 관하여 공동권리자 또는 공동의무자의 관계에 있는 경우
2. 위원이 해당 사건의 당사자와 친족관계에 있거나 있었던 경우
3. 위원이 해당 사건에 관하여 증언이나 감정을 한 경우
4. 위원이 해당 사건에 관하여 당사자의 대리인 또는 임직원으로서 관여하거나 관여하였던 경우

② 당사자는 위원에게 심의 · 의결의 공정을 기대하기 어려운 사정이 있으면 분쟁조정위원회에 기피신청을 할 수 있다. 이 경우 분쟁조정위원회는 기피신청이 타당하다고 인정하는 경우에는 기피의 결정을 한다.

③ 위원이 제1항 또는 제2항의 사유에 해당하면 스스로 그 사건의 심의 · 의결에서 회피할 수 있다.

제36조(분쟁의 조정) ① 개인정보와 관련한 분쟁의 조정을 원하는 자는 분쟁조정위원회에 분쟁의 조정을 신청할 수 있다.

② 제1항에 따른 분쟁의 조정신청을 받은 분쟁조정위원회는 신청을 받은 날부터 60일 이내에 심사하여 조정안을 작성하여야 한다. 다만, 부득이한 사정이 있는 경우에는 분쟁조정위원회의 의결로 그 기간을 연장할 수 있다.

③ 제2항 단서에 따라 기간을 연장한 경우에는 기간연장의 사유나 그 밖의 기간연장에 대한 사항을 신청인에게 알려야 한다.

제37조(자료요청 등) ① 분쟁조정위원회는 분쟁조정을 위하여 필요한 자료의 제공을 분쟁당사자에게 요청할 수 있다. 이 경우 그 분쟁당사자는 정당한 사유가 없으면 요청에 따라야 한다.

② 분쟁조정위원회는 필요하다고 인정하면 분쟁당사자나 참고인을 분쟁조정위원회에 출석하도록 하여 그 의견을 들을 수 있다.

제38조(조정의 효력) ① 분쟁조정위원회는 제36조제2항에 따라 조정안을 작성하면 지체 없이 각 당사자에게 제시하여야 한다.

② 제1항에 따라 조정안을 제시받은 당사자는 제시받은 날부터 15일 이내에 조정안의 수락 여부를 분쟁조정위원회에 통보하여야 한다.

③ 당사자가 조정안을 수락하면 분쟁조정위원회는 즉시 조정서를 작성하여야 하며, 위원장 및 각 당사자는 그 조정서에 기명날인하여야 한다.

④ 당사자가 제3항에 따라 조정안을 수락하고 조정서에 기명날인을 하면 당사자 간에 조정서와 같은 내용의 합의가 성립된 것으로 본다.

제39조(조정의 거부 및 중지) ① 분쟁조정위원회는 분쟁의 성질상 분쟁조정위원회에서 조정하는 것이 적합하지 아니하다고 인정하거나 부정한 목적으로 신청되었다고 인정하는 경우에는 그 조정을 거부할 수 있다. 이 경우 조정거부의 사유 등을 신청인에게 알려야 한다.

② 분쟁조정위원회는 신청된 조정사건에 대한 처리절차를 진행하던 중에 한쪽 당사자가 소(訴)를 제기하면 그 조정의 처리를 중지하고 이를 당사자에게 알려야 한다.

제40조(조정절차 등) 제36조부터 제39조까지의 규정에서 정한 것 외에 분쟁의 조정방법·조정절차 및 조정업무의 처리 등에 필요한 사항은 대통령령으로 정한다.

제5장 정보통신망에서의 이용자 보호 등 <개정 2007.1.26>

제41조(청소년 보호를 위한 시책의 마련 등) ① 방송통신위원회는 정보통신망을 통하여 유통되는 음란·폭력정보 등 청소년에게 해로운 정보(이하 "청소년유해정보"라 한다)로부터 청소년을 보호하기 위하여 다음 각 호의 시책을 마련하여야 한다.

1. 내용 선별 소프트웨어의 개발 및 보급
2. 청소년 보호를 위한 기술의 개발 및 보급
3. 청소년 보호를 위한 교육 및 홍보
4. 그 밖에 청소년 보호를 위하여 대통령령으로 정하는 사항

② 방송통신위원회는 제1항에 따른 시책을 추진할 때에는 「방송통신위원회의 설치 및 운영에 관한 법률」제18조에 따른 방송통신심의위원회(이하 "심의위원회"라 한다), 정보통신서비스 제공자단체·이용자단체, 그 밖의 관련 전문기관이 실시하는 청소년 보호를 위한 활동을 지원할 수 있다.

제42조(청소년유해매체물의 표시) 전기통신사업자의 전기통신역무를 이용하여 일반에게 공개를 목적으로 정보를 제공하는 자(이하 "정보제공자"라 한다) 중 「청소년보호법」 제7조제4호에 따른 매체물로서 같은 법 제2조제3호에 따른 청소년

유해매체물을 제공하려는 자는 대통령령으로 정하는 표시방법에 따라 그 정보가 청소년유해매체물임을 표시하여야 한다.

제42조의2(청소년유해매체물의 광고금지) 누구든지 「청소년보호법」 제7조제4호에 따른 매체물로서 같은 법 제2조제3호에 따른 청소년유해매체물을 광고하는 내용의 정보를 정보통신망을 이용하여 부호·문자·음성·음향·화상 또는 영상 등의 형태로 같은 법 제2조제1호에 따른 청소년에게 전송하거나 청소년 접근을 제한하는 조치 없이 공개적으로 전시하여서는 아니 된다.

제42조의3(청소년 보호 책임자의 지정 등) ① 정보통신서비스 제공자 중 일일 평균 이용자의 수, 매출액 등이 대통령령으로 정하는 기준에 해당하는 자는 정보통신망의 청소년유해정보로부터 청소년을 보호하기 위하여 청소년 보호 책임자를 지정하여야 한다.

② 청소년 보호 책임자는 해당 사업자의 임원 또는 청소년 보호와 관련된 업무를 담당하는 부서의 장에 해당하는 지위에 있는 자 중에서 지정한다.

③ 청소년 보호 책임자는 정보통신망의 청소년유해정보를 차단·관리하고, 청소년유해정보로부터의 청소년 보호계획을 수립하는 등 청소년 보호업무를 하여야 한다.

④ 제1항에 따른 청소년 보호 책임자의 지정에 필요한 사항은 대통령령으로 정한다.

제43조(영상 또는 음향정보 제공사업자의 보관의무) ① 「청소년보호법」 제7조제4호에 따른 매체물로서 같은 법 제2조제3호에 따른 청소년유해매체물을 이용자의 컴퓨터에 저장 또는 기록되지 아니하는 방식으로 제공하는 것을 영업으로 하는 정보제공자 중 대통령령으로 정하는 자는 해당 정보를 보관하여야 한다.

② 제1항에 따른 정보제공자가 해당 정보를 보관하여야 할 기간은 대통령령으로 정한다.

제44조(정보통신망에서의 권리보호) ① 이용자는 사생활 침해 또는 명예훼손 등 타인의 권리를 침해하는 정보를 정보통신망에 유통시켜서는 아니 된다.

② 정보통신서비스 제공자는 자신이 운영·관리하는 정보통신망에 제1항에 따른 정보가 유통되지 아니하도록 노력하여야 한다.

③ 방송통신위원회는 정보통신망에 유통되는 정보로 인한 사생활 침해 또는 명예훼손 등 타인에 대한 권리침해를 방지하기 위하여 기술개발·교육·홍보 등에 대한 시책을 마련하고 이를 정보통신서비스 제공자에게 권고할 수 있다.

제44조의2(정보의 삭제요청 등) ① 정보통신망을 통하여 일반에게 공개를 목적으로 제공된 정보로 사생활 침해나 명예훼손 등 타인의 권리가 침해된 경우 그 침

해를 받은 자는 해당 정보를 취급한 정보통신서비스 제공자에게 침해사실을 소명하여 그 정보의 삭제 또는 반박내용의 게재(이하 "삭제등"이라 한다)를 요청할 수 있다.

② 정보통신서비스 제공자는 제1항에 따른 해당 정보의 삭제등을 요청받으면 지체 없이 삭제·임시조치 등의 필요한 조치를 하고 즉시 신청인 및 정보게재자에게 알려야 한다. 이 경우 정보통신서비스 제공자는 필요한 조치를 한 사실을 해당 게시판에 공시하는 등의 방법으로 이용자가 알 수 있도록 하여야 한다.

③ 정보통신서비스 제공자는 자신이 운영·관리하는 정보통신망에 제42조에 따른 표시방법을 지키지 아니하는 청소년유해매체물이 게재되어 있거나 제42조의2에 따른 청소년 접근을 제한하는 조치 없이 청소년유해매체물을 광고하는 내용이 전시되어 있는 경우에는 지체 없이 그 내용을 삭제하여야 한다.

④ 정보통신서비스 제공자는 제1항에 따른 정보의 삭제요청에도 불구하고 권리의 침해 여부를 판단하기 어렵거나 이해당사자 간에 다툼이 예상되는 경우에는 해당 정보에 대한 접근을 임시적으로 차단하는 조치(이하 "임시조치"라 한다)를 할 수 있다. 이 경우 임시조치의 기간은 30일 이내로 한다.

⑤ 정보통신서비스 제공자는 필요한 조치에 관한 내용·절차 등을 미리 약관에 구체적으로 밝혀야 한다.

⑥ 정보통신서비스 제공자는 자신이 운영·관리하는 정보통신망에 유통되는 정보에 대하여 제2항에 따른 필요한 조치를 하면 이로 인한 배상책임을 줄이거나 면제받을 수 있다.

제44조의3(임의의 임시조치) ① 정보통신서비스 제공자는 자신이 운영·관리하는 정보통신망에 유통되는 정보가 사생활 침해 또는 명예훼손 등 타인의 권리를 침해한다고 인정되면 임의로 임시조치를 할 수 있다.

② 제1항에 따른 임시조치에 관하여는 제44조의2제2항 후단, 제4항 후단 및 제5항을 준용한다.

제44조의4(자율규제) 정보통신서비스 제공자단체는 이용자를 보호하고 안전하며 신뢰할 수 있는 정보통신서비스를 제공하기 위하여 정보통신서비스 제공자 행동강령을 정하여 시행할 수 있다.

제44조의5(게시판 이용자의 본인 확인) ① 다음 각 호의 어느 하나에 해당하는 자가 게시판을 설치·운영하려면 그 게시판 이용자의 본인 확인을 위한 방법 및 절차의 마련 등 대통령령으로 정하는 필요한 조치(이하 "본인확인조치"라 한다)를 하여야 한다.

1. 국가기관, 지방자치단체, 「공공기관의 운영에 관한 법률」 제5조제3항에 따른

공기업·준정부기관 및 「지방공기업법」에 따른 지방공사·지방공단(이하 "공
공기관등"이라 한다)

2. 정보통신서비스 제공자로서 제공하는 정보통신서비스의 유형별 일일 평균 이
용자 수가 10만명 이상이면서 대통령령으로 정하는 기준에 해당되는 자

② 방송통신위원회는 제1항제2호에 따른 기준에 해당되는 정보통신서비스 제공
자가 본인확인조치를 하지 아니하면 본인확인조치를 하도록 명령할 수 있다.

③ 정부는 제1항에 따른 본인 확인을 위하여 안전하고 신뢰할 수 있는 시스템을
개발하기 위한 시책을 마련하여야 한다.

④ 공공기관등 및 정보통신서비스 제공자가 선량한 관리자의 주의로써 제1항에
따른 본인확인조치를 한 경우에는 이용자의 명의가 제3자에 의하여 부정사용됨
에 따라 발생한 손해에 대한 배상책임을 줄이거나 면제받을 수 있다.

제44조의6(이용자 정보의 제공청구) ① 특정한 이용자에 의한 정보의 게재나 유통
으로 사생활 침해 또는 명예훼손 등 권리를 침해당하였다고 주장하는 자는 민·
형사상의 소를 제기하기 위하여 침해사실을 소명하여 제44조의10에 따른 명예훼
손 분쟁조정부에 해당 정보통신서비스 제공자가 보유하고 있는 해당 이용자의 정
보(민·형사상의 소를 제기하기 위한 성명·주소 등 대통령령으로 정하는 최소한
의 정보를 말한다)를 제공하도록 청구할 수 있다.

② 명예훼손 분쟁조정부는 제1항에 따른 청구를 받으면 해당 이용자와 연락할 수
없는 등의 특별한 사정이 있는 경우 외에는 그 이용자의 의견을 들어 정보제공
여부를 결정하여야 한다.

③ 제1항에 따라 해당 이용자의 정보를 제공받은 자는 해당 이용자의 정보를 민
·형사상의 소를 제기하기 위한 목적 외의 목적으로 사용하여서는 아니 된다.

④ 그 밖의 이용자 정보 제공청구의 내용과 절차에 필요한 사항은 대통령령으로
정한다.

제44조의7(불법정보의 유통금지 등) ① 누구든지 정보통신망을 통하여 다음 각 호
의 어느 하나에 해당하는 정보를 유통하여서는 아니 된다.

1. 음란한 부호·문언·음향·화상 또는 영상을 배포·판매·임대하거나 공공연
하게 전시하는 내용의 정보

2. 사람을 비방할 목적으로 공공연하게 사실이나 거짓의 사실을 드러내어 타인의
명예를 훼손하는 내용의 정보

3. 공포심이나 불안감을 유발하는 부호·문언·음향·화상 또는 영상을 반복적으
로 상대방에게 도달하도록 하는 내용의 정보

4. 정당한 사유 없이 정보통신시스템, 데이터 또는 프로그램 등을 훼손·멸실·변

경·위조하거나 그 운용을 방해하는 내용의 정보

5. 「청소년보호법」에 따른 청소년유해매체물로서 상대방의 연령 확인, 표시의무 등 법령에 따른 의무를 이행하지 아니하고 영리를 목적으로 제공하는 내용의 정보

6. 법령에 따라 금지되는 사행행위에 해당하는 내용의 정보

7. 법령에 따라 분류된 비밀 등 국가기밀을 누설하는 내용의 정보

8. 「국가보안법」에서 금지하는 행위를 수행하는 내용의 정보

9. 그 밖에 범죄를 목적으로 하거나 교사(敎唆) 또는 방조하는 내용의 정보

② 방송통신위원회는 제1항제1호부터 제6호까지의 정보에 대하여는 심의위원회의 심의를 거쳐 정보통신서비스 제공자 또는 게시판 관리·운영자로 하여금 그 취급을 거부·정지 또는 제한하도록 명할 수 있다. 다만, 제1항제2호 및 제3호에 따른 정보의 경우에는 해당 정보로 인하여 피해를 받은 자가 구체적으로 밝힌 의사에 반하여 그 취급의 거부·정지 또는 제한을 명할 수 없다.

③ 방송통신위원회는 제1항제7호부터 제9호까지의 정보가 다음 각 호의 모두에 해당하는 경우에는 정보통신서비스 제공자 또는 게시판 관리·운영자에게 해당 정보의 취급을 거부·정지 또는 제한하도록 명하여야 한다.

1. 관계 중앙행정기관의 장의 요청이 있었을 것

2. 제1호의 요청을 받은 날부터 7일 이내에 심의위원회의 심의를 거친 후 「방송통신위원회의 설치 및 운영에 관한 법률」 제21조제4호에 따른 시정 요구를 하였을 것

3. 정보통신서비스 제공자나 게시판 관리·운영자가 시정 요구에 따르지 아니하였을 것

④ 방송통신위원회는 제2항 및 제3항에 따른 명령의 대상이 되는 정보통신서비스 제공자, 게시판 관리·운영자 또는 해당 이용자에게 미리 의견제출의 기회를 주어야 한다. 다만, 다음 각 호의 어느 하나에 해당하는 경우에는 의견제출의 기회를 주지 아니할 수 있다.

1. 공공의 안전 또는 복리를 위하여 긴급히 처분을 할 필요가 있는 경우

2. 의견청취가 뚜렷이 곤란하거나 명백히 불필요한 경우로서 대통령령으로 정하는 경우

3. 의견제출의 기회를 포기한다는 뜻을 명백히 표시한 경우

제44조의8 삭제 <2008.2.29>

제44조의9 삭제 <2008.2.29>

제44조의10(명예훼손 분쟁조정부) ① 심의위원회는 정보통신망을 통하여 유통되는

정보 중 사생활의 침해 또는 명예훼손 등 타인의 권리를 침해하는 정보와 관련된 분쟁의 조정업무를 효율적으로 수행하기 위하여 5명 이하의 위원으로 구성된 명예훼손 분쟁조정부를 두되, 그중 1명 이상은 변호사의 자격이 있는 자로 한다.

② 명예훼손 분쟁조정부의 위원은 심의위원회의 위원장이 심의위원회의 동의를 받아 위촉한다.

③ 명예훼손 분쟁조정부의 분쟁조정절차 등에 관하여는 제33조의2제2항, 제35조부터 제39조까지의 규정을 준용한다. 이 경우 "분쟁조정위원회"는 "심의위원회"로, "개인정보와 관련한 분쟁"은 "정보통신망을 통하여 유통되는 정보 중 사생활의 침해 또는 명예훼손 등 타인의 권리를 침해하는 정보와 관련된 분쟁"으로 본다.

④ 명예훼손 분쟁조정부의 설치·운영 및 분쟁조정 등에 관하여 그 밖의 필요한 사항은 대통령령으로 정한다.

제6장 정보통신망의 안정성 확보 등

제45조(정보통신망의 안정성 확보 등) ① 정보통신서비스 제공자는 정보통신서비스의 제공에 사용되는 정보통신망의 안정성 및 정보의 신뢰성을 확보하기 위한 보호조치를 하여야 한다.

② 방송통신위원회는 제1항에 따른 보호조치의 구체적 내용을 정한 정보보호조치 및 안전진단의 방법·절차·수수료에 관한 지침(이하 "정보보호지침"이라 한다)을 정하여 고시하고 정보통신서비스 제공자에게 이를 지키도록 권고할 수 있다.

③ 정보보호지침에는 다음 각 호의 사항이 포함되어야 한다.

1. 정당한 권한이 없는 자가 정보통신망에 접근·침입하는 것을 방지하거나 대응하기 위한 정보보호시스템의 설치·운영 등 기술적·물리적 보호조치

2. 정보의 불법 유출·변조·삭제 등을 방지하기 위한 기술적 보호조치

3. 정보통신망의 지속적인 이용이 가능한 상태를 확보하기 위한 기술적·물리적 보호조치

4. 정보통신망의 안정 및 정보보호를 위한 인력·조직·경비의 확보 및 관련 계획수립 등 관리적 보호조치

제45조의2 삭제 <2007.1.26>

제46조(집적된 정보통신시설의 보호) ① 타인의 정보통신서비스 제공을 위하여 집적된 정보통신시설을 운영·관리하는 사업자(이하 "집적정보통신시설 사업자"라 한다)는 정보통신시설을 안정적으로 운영하기 위하여 대통령령으로 정하는 바에

따른 보호조치를 하여야 한다.

② 집적정보통신시설 사업자는 집적된 정보통신시설의 멸실, 훼손, 그 밖의 운영 장애로 발생한 피해를 보상하기 위하여 대통령령으로 정하는 바에 따라 보험에 가입하여야 한다.

제46조의2(집적정보통신시설 사업자의 긴급대응) ① 집적정보통신시설 사업자는 다음 각 호의 어느 하나에 해당하는 경우에는 이용약관으로 정하는 바에 따라 해당 서비스의 전부 또는 일부의 제공을 중단할 수 있다. <개정 2009.4.22>

1. 집적정보통신시설을 이용하는 자(이하 "시설이용자"라 한다)의 정보시스템에서 발생한 이상현상으로 다른 시설이용자의 정보통신망 또는 집적된 정보통신시설의 정보통신망에 심각한 장애를 발생시킬 우려가 있다고 판단되는 경우

2. 외부에서 발생한 침해사고로 집적된 정보통신시설에 심각한 장애가 발생할 우려가 있다고 판단되는 경우

3. 중대한 침해사고가 발생하여 방송통신위원회나 한국인터넷진흥원이 요청하는 경우

② 집적정보통신시설 사업자는 제1항에 따라 해당 서비스의 제공을 중단하는 경우에는 중단사유, 발생일시, 기간 및 내용 등을 구체적으로 밝혀 시설이용자에게 즉시 알려야 한다.

③ 집적정보통신시설 사업자는 중단사유가 없어지면 즉시 해당 서비스의 제공을 재개하여야 한다.

제46조의3(정보보호 안전진단) ① 다음 각 호의 어느 하나에 해당하는 자는 방송통신위원회가 안전진단을 수행할 수 있다고 인정한 자(이하 "안전진단 수행기관"이라 한다)로부터 자신의 정보통신망 또는 집적정보통신시설에 대하여 매년 정보보호지침에 따른 정보보호 안전진단을 받아야 한다. 이 경우 안전진단 수행기관은 15명 이상의 정보보호 기술인력을 보유하고 최근 3년 이내에 정보보호컨설팅을 수행한 실적이 있는 법인이어야 한다. <개정 2010.3.22>

1. 「전기통신사업법」 제2조제8호에 따른 전기통신사업자로서 전국적으로 정보통신망서비스를 제공하는 자(이하 "주요정보통신서비스 제공자"라 한다)

2. 집적정보통신시설 사업자

3. 정보통신서비스 제공자로서 매출액, 이용자 수 등이 대통령령으로 정하는 기준에 해당하는 자

② 제1항에 따라 정보보호 안전진단을 받는 사업자는 관련 정보의 제공 및 시설·장소에의 출입 허용 등 안전진단 수행기관의 정보보호 안전진단 업무에 협력하고, 대통령령으로 정하는 바에 따라 정보보호 안전진단의 결과를 방송통신위원회

에 제출하여야 한다.

③ 제1항에 따라 정보보호 안전진단을 받아야 하는 사업자가 「정보통신기반 보호법」 제9조에 따라 취약점의 분석·평가를 받거나 제47조에 따른 정보보호 관리체계의 인증을 받으면 그 분석·평가를 받거나 인증을 받은 해당 연도에는 제1항에 따른 정보보호 안전진단을 받은 것으로 본다.

④ 안전진단 수행기관은 제1항에 따른 정보보호 안전진단을 받은 사업자에게 안전진단의 결과에 따라 정보보호조치의 개선을 권고할 수 있다.

⑤ 안전진단 수행기관은 제4항에 따라 정보보호조치의 개선을 권고하였으면 그 권고내용 및 처리 결과를 방송통신위원회에 통보하여야 한다.

⑥ 방송통신위원회는 제2항에 따라 제출된 정보보호 안전진단의 결과와 제5항에 따른 통보내용에 따라 필요하면 정보보호 안전진단을 받은 사업자에게 정보보호조치에 관한 개선명령을 할 수 있다.

⑦ 제1항에 따른 정보보호 안전진단의 방법·절차·수수료, 안전진단 수행기관의 인정절차, 정보보호 기술인력의 자격기준, 정보보호컨설팅 수행실적, 그 밖에 필요한 사항은 대통령령으로 정한다.

⑧ 방송통신위원회는 제1항제3호의 요건에 해당하는지를 확인하기 위하여 필요하면 관계 행정기관, 관련 자료 보유기관 또는 정보통신서비스 제공자에 대하여 필요한 자료의 제공 또는 사실의 확인을 요청할 수 있다.

제47조(정보보호 관리체계의 인증) ① 정보통신망의 안정성 및 신뢰성을 확보하기 위하여 기술적·물리적 보호조치를 포함한 종합적 관리체계(이하 "정보보호 관리체계"라 한다)를 수립·운영하고 있는 자는 정보보호 관리체계가 제2항에 따라 방송통신위원회가 고시한 기준에 적합한지에 관하여 방송통신위원회나 한국인터넷진흥원이 지정하는 기관(이하 "정보보호 관리체계 인증기관"이라 한다)으로부터 인증을 받을 수 있다. <개정 2009.4.22>

② 방송통신위원회는 제1항에 따른 인증에 관한 정보보호 관리기준 등 필요한 기준을 정하여 고시할 수 있다.

③ 제1항에 따라 정보보호 관리체계의 인증을 받은 자는 대통령령으로 정하는 바에 따라 인증의 내용을 표시하거나 홍보할 수 있다.

④ 제1항에 따른 인증의 방법·절차와 그 밖에 필요한 사항은 대통령령으로 정한다.

⑤ 정보보호 관리체계 인증기관 지정의 기준·절차·유효기간 등에 필요한 사항은 대통령령으로 정한다.

제47조의2(정보보호 관리체계 인증기관의 지정취소 등) ① 방송통신위원회는 제47

조에 따라 정보보호 관리체계 인증기관으로 지정받은 법인 또는 단체가 다음 각 호의 어느 하나에 해당하면 그 지정을 취소하거나 1년 이내의 기간을 정하여 해당 업무의 전부 또는 일부의 정지를 명할 수 있다. 다만, 제1호나 제2호에 해당하는 경우에는 그 지정을 취소하여야 한다.

1. 거짓이나 그 밖의 부정한 방법으로 정보보호 관리체계 인증기관의 지정을 받은 경우

2. 업무정지기간 중에 인증을 한 경우

3. 정당한 사유 없이 인증을 하지 아니한 경우

4. 제47조제4항을 위반하여 인증을 한 경우

5. 제47조제5항에 따른 지정기준에 적합하지 아니하게 된 경우

② 제1항에 따른 지정취소 및 업무정지 등에 필요한 사항은 대통령령으로 정한다.

제47조의3(이용자의 정보보호) ① 정부는 이용자의 정보보호에 필요한 기준을 정하여 이용자에게 권고하고, 침해사고의 예방 및 확산 방지를 위하여 취약점 점검, 기술 지원 등 필요한 조치를 할 수 있다.

② 주요정보통신서비스 제공자는 정보통신망에 중대한 침해사고가 발생하여 자신의 서비스를 이용하는 이용자의 정보시스템 또는 정보통신망 등에 심각한 장애가 발생할 가능성이 있으면 이용약관으로 정하는 바에 따라 그 이용자에게 보호조치를 취하도록 요청하고, 이를 이행하지 아니하는 경우에는 해당 정보통신망으로의 접속을 일시적으로 제한할 수 있다.

③ 「소프트웨어산업 진흥법」 제2조에 따른 소프트웨어사업자는 보안에 관한 취약점을 보완하는 프로그램을 제작하였을 때에는 한국인터넷진흥원에 알려야 하고, 그 소프트웨어 사용자에게는 제작한 날부터 1개월 이내에 2회 이상 알려야 한다. <개정 2009.4.22>

④ 제2항에 따른 보호조치의 요청 등에 관하여 이용약관으로 정하여야 하는 구체적인 사항은 대통령령으로 정한다.

제48조(정보통신망 침해행위 등의 금지) ① 누구든지 정당한 접근권한 없이 또는 허용된 접근권한을 넘어 정보통신망에 침입하여서는 아니 된다.

② 누구든지 정당한 사유 없이 정보통신시스템, 데이터 또는 프로그램 등을 훼손·멸실·변경·위조하거나 그 운용을 방해할 수 있는 프로그램(이하 "악성프로그램"이라 한다)을 전달 또는 유포하여서는 아니 된다.

③ 누구든지 정보통신망의 안정적 운영을 방해할 목적으로 대량의 신호 또는 데이터를 보내거나 부정한 명령을 처리하도록 하는 등의 방법으로 정보통신망에 장애가 발생하게 하여서는 아니 된다.

제48조의2(침해사고의 대응 등) ① 방송통신위원회는 침해사고에 적절히 대응하기 위하여 다음 각 호의 업무를 수행하고, 필요하면 업무의 전부 또는 일부를 한국인터넷진흥원이 수행하도록 할 수 있다. <개정 2009.4.22>

1. 침해사고에 관한 정보의 수집·전파
2. 침해사고의 예보·경보
3. 침해사고에 대한 긴급조치
4. 그 밖에 대통령령으로 정하는 침해사고 대응조치

② 다음 각 호의 어느 하나에 해당하는 자는 대통령령으로 정하는 바에 따라 침해사고의 유형별 통계, 해당 정보통신망의 소통량 통계 및 접속경로별 이용 통계 등 침해사고 관련 정보를 방송통신위원회나 한국인터넷진흥원에 제공하여야 한다. <개정 2009.4.22>

1. 주요정보통신서비스 제공자
2. 집적정보통신시설 사업자
3. 그 밖에 정보통신망을 운영하는 자로서 대통령령으로 정하는 자

③ 한국인터넷진흥원은 제2항에 따른 정보를 분석하여 방송통신위원회에 보고하여야 한다. <개정 2009.4.22>

④ 방송통신위원회는 제2항에 따라 정보를 제공하여야 하는 사업자가 정당한 사유 없이 정보의 제공을 거부하거나 거짓 정보를 제공하면 상당한 기간을 정하여 그 사업자에게 시정을 명할 수 있다.

⑤ 방송통신위원회나 한국인터넷진흥원은 제2항에 따라 제공받은 정보를 침해사고의 대응을 위하여 필요한 범위에서만 정당하게 사용하여야 한다. <개정 2009.4.22>

⑥ 방송통신위원회나 한국인터넷진흥원은 침해사고의 대응을 위하여 필요하면 제2항 각 호의 어느 하나에 해당하는 자에게 인력지원을 요청할 수 있다. <개정 2009.4.22>

제48조의3(침해사고의 신고 등) ① 다음 각 호의 어느 하나에 해당하는 자는 침해사고가 발생하면 즉시 그 사실을 방송통신위원회나 한국인터넷진흥원에 신고하여야 한다. 이 경우 「정보통신기반 보호법」 제13조제1항에 따른 통지가 있으면 전단에 따른 신고를 한 것으로 본다. <개정 2009.4.22>

1. 정보통신서비스 제공자
2. 집적정보통신시설 사업자

② 방송통신위원회나 한국인터넷진흥원은 제1항에 따라 침해사고의 신고를 받거나 침해사고를 알게 되면 제48조의2제1항 각 호에 따른 필요한 조치를 하여야 한

다. <개정 2009.4.22>

제48조의4(침해사고의 원인 분석 등) ① 정보통신서비스 제공자 등 정보통신망을 운영하는 자는 침해사고가 발생하면 침해사고의 원인을 분석하고 피해의 확산을 방지하여야 한다.

② 방송통신위원회는 정보통신서비스 제공자의 정보통신망에 중대한 침해사고가 발생하면 피해 확산 방지, 사고대응, 복구 및 재발 방지를 위하여 정보보호에 전문성을 갖춘 민·관합동조사단을 구성하여 그 침해사고의 원인 분석을 할 수 있다.

③ 방송통신위원회는 제2항에 따른 침해사고의 원인을 분석하기 위하여 필요하다고 인정하면 정보통신서비스 제공자와 집적정보통신시설 사업자에게 정보통신망의 접속기록 등 관련 자료의 보전을 명할 수 있다.

④ 방송통신위원회는 침해사고의 원인을 분석하기 위하여 필요하면 정보통신서비스 제공자와 집적정보통신시설 사업자에게 침해사고 관련 자료의 제출을 요구할 수 있으며, 제2항에 따른 민·관합동조사단에게 관계인의 사업장에 출입하여 침해사고 원인을 조사하도록 할 수 있다. 다만, 「통신비밀보호법」 제2조제11호에 따른 통신사실확인자료에 해당하는 자료의 제출은 같은 법으로 정하는 바에 따른다.

⑤ 방송통신위원회나 민·관합동조사단은 제4항에 따라 제출받은 자료와 조사를 통하여 알게 된 정보를 침해사고의 원인 분석 및 대책 마련 외의 목적으로는 사용하지 못하며, 원인 분석이 끝난 후에는 즉시 파기하여야 한다.

⑥ 제2항에 따른 민·관합동조사단의 구성과 제4항에 따라 제출된 침해사고 관련 자료의 보호 등에 필요한 사항은 대통령령으로 정한다.

제49조(비밀 등의 보호) 누구든지 정보통신망에 의하여 처리·보관 또는 전송되는 타인의 정보를 훼손하거나 타인의 비밀을 침해·도용 또는 누설하여서는 아니 된다.

제49조의2(속이는 행위에 의한 개인정보의 수집금지 등) ① 누구든지 정보통신망을 통하여 속이는 행위로 다른 사람의 정보를 수집하거나 다른 사람이 정보를 제공하도록 유인하여서는 아니 된다.

② 정보통신서비스 제공자는 제1항을 위반한 사실을 발견하면 즉시 방송통신위원회나 한국인터넷진흥원에 신고하여야 한다. <개정 2009. 4.22>

③ 방송통신위원회나 한국인터넷진흥원은 제2항에 따른 신고를 받거나 제1항을 위반한 사실을 알게 되면 다음 각 호의 필요한 조치를 하여야 한다. <개정 2009.4.22>

1. 위반 사실에 관한 정보의 수집·전파
2. 유사 피해에 대한 예보·경보
3. 정보통신서비스 제공자에 대한 접속경로의 차단요청 등 피해 확산을 방지하기 위한 긴급조치

제50조(영리목적의 광고성 정보 전송 제한) ① 누구든지 전자우편이나 그 밖에 대통령령으로 정하는 매체를 이용하여 수신자의 명시적인 수신거부의사에 반하는 영리목적의 광고성 정보를 전송하여서는 아니 된다.

② 수신자의 전화·모사전송기기에 영리목적의 광고성 정보를 전송하려는 자는 그 수신자의 사전 동의를 받아야 한다. 다만, 다음 각 호의 어느 하나에 해당하는 경우에는 사전 동의를 받지 아니한다.

1. 재화등의 거래관계를 통하여 수신자로부터 직접 연락처를 수집한 자가 그가 취급하는 재화등에 대한 영리목적의 광고성 정보를 전송하려는 경우
2. 「전자상거래 등에서의 소비자보호에 관한 법률」 제13조제1항에 따른 광고 및 「방문판매 등에 관한 법률」 제6조제3항에 따른 전화권유의 경우

③ 오후 9시부터 그 다음 날 오전 8시까지의 시간에 수신자의 전화·모사전송기기에 영리목적의 광고성 정보를 전송하려는 자는 제2항에도 불구하고 그 수신자로부터 별도의 사전 동의를 받아야 한다.

④ 영리목적의 광고성 정보를 전자우편이나 그 밖에 대통령령으로 정하는 매체를 이용하여 전송하는 자는 대통령령으로 정하는 바에 따라 다음 각 호의 사항을 광고성 정보에 구체적으로 밝혀야 한다.

1. 전송정보의 유형 및 주요 내용
2. 전송자의 명칭 및 연락처
3. 전자우편주소를 수집한 출처(전자우편으로 전송하는 경우에만 해당한다)
4. 수신거부의 의사표시를 쉽게 할 수 있는 조치 및 방법에 관한 사항

⑤ 영리목적의 광고성 정보를 수신자의 전화·모사전송기기에 전송하는 자는 대통령령으로 정하는 바에 따라 다음 각 호의 사항을 광고성 정보에 구체적으로 밝혀야 한다.

1. 전송자의 명칭 및 연락처
2. 수신동의의 철회 의사표시를 쉽게 할 수 있는 조치 및 방법에 관한 사항

⑥ 영리를 목적으로 광고를 전송하는 자는 다음 각 호의 어느 하나에 해당하는 기술적 조치를 하여서는 아니 된다.

1. 광고성 정보 수신자의 수신거부 또는 수신동의의 철회를 회피·방해하는 조치
2. 숫자·부호 또는 문자를 조합하여 전화번호·전자우편주소 등 수신자의 연락

처를 자동으로 만들어 내는 조치

3. 영리목적의 광고성 정보를 전송할 목적으로 전자우편주소를 자동으로 등록하는 조치

4. 광고성 정보 전송자의 신원이나 광고 전송 출처를 감추기 위한 각종 조치

⑦ 영리목적으로 광고성 정보를 전송하는 자는 수신자가 수신거부나 수신동의의 철회를 할 때 발생하는 전화요금 등의 금전적 비용을 수신자가 부담하지 아니하도록 대통령령으로 정하는 바에 따라 필요한 조치를 하여야 한다.

제50조의2(전자우편주소의 무단 수집행위 등 금지) ① 누구든지 인터넷 홈페이지 운영자 또는 관리자의 사전 동의 없이 인터넷 홈페이지에서 자동으로 전자우편주소를 수집하는 프로그램이나 그 밖의 기술적 장치를 이용하여 전자우편주소를 수집하여서는 아니 된다.

② 누구든지 제1항을 위반하여 수집된 전자우편주소를 판매·유통하여서는 아니 된다.

③ 누구든지 제1항과 제2항에 따라 수집·판매 및 유통이 금지된 전자우편주소임을 알면서 이를 정보 전송에 이용하여서는 아니 된다.

제50조의3(영리목적의 광고성 정보 전송의 위탁 등) ① 영리목적의 광고성 정보의 전송을 타인에게 위탁한 자는 그 업무를 위탁받은 자가 제50조 및 제50조의2를 위반하지 아니하도록 관리·감독하여야 한다.

② 제1항에 따라 영리목적의 광고성 정보의 전송을 위탁받은 자는 그 업무와 관련한 법을 위반하여 발생한 손해의 배상책임에 있어 정보 전송을 위탁한 자의 소속 직원으로 본다.

제50조의4(정보 전송 역무 제공 등의 제한) ① 정보통신서비스 제공자는 다음 각 호의 어느 하나에 해당하는 경우에 해당 역무의 제공을 거부하는 조치를 할 수 있다.

1. 광고성 정보의 전송 또는 수신으로 역무의 제공에 장애가 일어나거나 일어날 우려가 있는 경우

2. 이용자가 광고성 정보의 수신을 원하지 아니하는 경우

3. 이용계약을 통하여 해당 정보통신서비스 제공자가 이용자에게 제공하는 서비스가 불법 광고성 정보 전송에 이용되고 있는 경우

② 정보통신서비스 제공자는 제1항에 따른 거부조치를 하려면 해당 역무 제공의 거부에 관한 사항을 그 역무의 이용자와 체결하는 정보통신서비스 이용계약의 내용에 포함하여야 한다.

③ 정보통신서비스 제공자는 제1항에 따라 거부조치를 하려면 그 역무를 제공받

는 이용자 등 이해관계인에게 그 사실을 알려야 한다. 다만, 미리 알리는 것이 곤란한 경우에는 거부조치를 한 후 지체 없이 알려야 한다.

제50조의5(영리목적의 광고성 프로그램 등의 설치) 정보통신서비스 제공자는 영리목적의 광고성 정보가 보이도록 하거나 개인정보를 수집하는 프로그램을 이용자의 컴퓨터나 그 밖에 대통령령으로 정하는 정보처리장치에 설치하려면 이용자의 동의를 받아야 한다. 이 경우 해당 프로그램의 용도와 삭제방법을 고지하여야 한다.

제50조의6(영리목적의 광고성 정보 전송차단 소프트웨어의 보급 등) ① 방송통신위원회는 수신자가 제50조를 위반하여 전송되는 영리목적의 광고성 정보를 편리하게 차단하거나 신고할 수 있는 소프트웨어나 컴퓨터프로그램을 개발하여 보급할 수 있다.

② 방송통신위원회는 제1항에 따른 전송차단, 신고 소프트웨어 또는 컴퓨터프로그램의 개발과 보급을 촉진하기 위하여 관련 공공기관·법인·단체 등에 필요한 지원을 할 수 있다.

③ 방송통신위원회는 정보통신서비스 제공자의 전기통신역무가 제50조를 위반하여 발송되는 영리목적의 광고성 정보 전송에 이용되면 수신자 보호를 위하여 기술개발·교육·홍보 등 필요한 조치를 할 것을 정보통신서비스 제공자에게 권고할 수 있다.

④ 제1항에 따른 개발·보급의 방법과 제2항에 따른 지원에 필요한 사항은 대통령령으로 정한다.

제50조의7(영리목적의 광고성 정보 게시의 제한) ① 누구든지 인터넷 홈페이지 운영자 또는 관리자가 구체적으로 밝힌 거부의사에 반하여 영리목적의 광고성 정보를 인터넷 홈페이지에 게시하여서는 아니 된다.

② 인터넷 홈페이지 운영자 또는 관리자는 제1항을 위반하여 게시된 영리목적의 광고성 정보를 삭제하는 등의 조치를 할 수 있다.

제50조의8(불법행위를 위한 광고성 정보 전송금지) 누구든지 정보통신망을 이용하여 이 법 또는 다른 법률에서 금지하는 재화 또는 서비스에 대한 광고성 정보를 전송하여서는 아니 된다.

제51조(중요 정보의 국외유출 제한 등) ① 정부는 국내의 산업·경제 및 과학기술 등에 관한 중요 정보가 정보통신망을 통하여 국외로 유출되는 것을 방지하기 위하여 정보통신서비스 제공자 또는 이용자에게 필요한 조치를 하도록 할 수 있다.

② 제1항에 따른 중요 정보의 범위는 다음 각 호와 같다.

1. 국가안전보장과 관련된 보안정보 및 주요 정책에 관한 정보

2. 국내에서 개발된 첨단과학 기술 또는 기기의 내용에 관한 정보

③ 정부는 제2항 각 호에 따른 정보를 취급하는 정보통신서비스 제공자에게 다음 각 호의 조치를 하도록 할 수 있다.

1. 정보통신망의 부당한 이용을 방지할 수 있는 제도적·기술적 장치의 설정

2. 정보의 불법파괴 또는 불법조작을 방지할 수 있는 제도적·기술적 조치

3. 정보통신서비스 제공자가 취급 중 알게 된 중요 정보의 누출을 방지할 수 있는 조치

제52조(한국인터넷진흥원) ① 정부는 정보통신망의 고도화(정보통신망의 구축·개선 및 관리에 관한 사항을 제외한다)와 안전한 이용 촉진 및 방송통신과 관련한 국제협력·국외진출 지원을 효율적으로 추진하기 위하여 한국인터넷진흥원(이하 "인터넷진흥원"이라 한다)을 설립한다. <개정 2009.4.22>

② 인터넷진흥원은 법인으로 한다. <개정 2009.4.22>

③ 인터넷진흥원은 다음 각 호의 사업을 한다. <개정 2009.4.22>

1. 정보통신망의 이용 및 보호, 방송통신과 관련한 국제협력·국외진출 등을 위한 법·정책 및 제도의 조사·연구

2. 정보통신망의 이용 및 보호와 관련한 통계의 조사·분석

3. 정보통신망의 이용에 따른 역기능 분석 및 대책 연구

4. 정보통신망의 이용 및 보호를 위한 홍보 및 교육·훈련

5. 정보통신망의 정보보호 및 인터넷주소자원 관련 기술 개발 및 표준화

6. 지식정보보안 산업정책 지원 및 관련 기술 개발과 인력양성

7. 정보보호 안전진단, 정보보호 관리체계의 인증, 정보보호시스템 평가·인증 등 정보보호 인증·평가 등의 실시 및 지원

8. 개인정보보호를 위한 대책의 연구 및 보호기술의 개발·보급 지원

9. 분쟁조정위원회의 운영 지원과 개인정보침해 신고센터의 운영

10. 광고성 정보 전송 및 인터넷광고와 관련한 고충의 상담·처리

11. 정보통신망 침해사고의 처리·원인분석 및 대응체계 운영

12. 「전자서명법」 제25조제1항에 따른 전자서명인증관리

13. 인터넷의 효율적 운영과 이용활성화를 위한 지원

14. 인터넷 이용자의 저장 정보 보호 지원

15. 인터넷 관련 서비스정책 지원

16. 인터넷상에서의 이용자 보호 및 건전 정보 유통 확산 지원

17. 「인터넷주소자원에 관한 법률」에 따른 인터넷주소자원의 관리에 관한 업무

18. 「인터넷주소자원에 관한 법률」 제16조에 따른 인터넷주소분쟁조정위원회의

운영 지원

19. 방송통신과 관련한 국제협력·국외진출 및 국외홍보 지원

20. 제1호부터 제19호까지의 사업에 부수되는 사업

21. 그 밖에 이 법 또는 다른 법령에 따라 인터넷진흥원의 업무로 정하거나 위탁
한 사업이나 행정안전부장관·지식경제부장관·방송통신위원회 또는 다른
행정기관의 장으로부터 위탁받은 사업

④ 정부는 인터넷진흥원이 사업을 수행하는 데에 필요한 경비를 충당하기 위하여
출연할 수 있다. <개정 2009.4.22>

⑤ 인터넷진흥원에 관하여 이 법에서 정하지 아니한 사항에 대하여는「민법」의
재단법인에 관한 규정을 준용한다. <개정 2009.4.22>

⑥ 인터넷진흥원이 아닌 자는 한국인터넷진흥원의 명칭을 사용하지 못한다. <개
정 2009.4.22>

⑦ 인터넷진흥원의 운영 및 업무수행에 필요한 사항은 대통령령으로 정한다. <개
정 2009.4.22>

제7장 통신과금서비스 <신설 2007.12.21>

제53조(통신과금서비스제공자의 등록 등) ① 통신과금서비스를 제공하려는 자는
대통령령으로 정하는 바에 따라 다음 각 호의 사항을 갖추어 방송통신위원회에
등록하여야 한다. <개정 2008.2.29>

1. 재무건전성
2. 통신과금서비스이용자보호계획
3. 업무를 수행할 수 있는 인력과 물적 설비
4. 사업계획서

② 제1항에 따라 등록할 수 있는 자는「상법」제170조에 따른 회사 또는「민법」
제32조에 따른 법인으로서 자본금·출자총액 또는 기본재산이 5억원 이상의 범
위에서 대통령령으로 정하는 금액 이상이어야 한다.

③ 통신과금서비스제공자는「전기통신사업법」제22조에도 불구하고 부가통신사
업자의 신고를 하지 아니할 수 있다. <개정 2010.3.22>

④「전기통신사업법」제23조부터 제26조까지의 규정은 통신과금서비스제공자의
등록사항의 변경, 사업의 양도·양수 또는 합병·상속, 사업의 승계, 사업의 휴지
·폐지·해산 등에 준용한다. 이 경우 "별정통신사업자"는 "통신과금서비스제공
자"로 보고, "별정통신사업"은 "통신과금서비스제공업"으로 본다. <개정

2010.3.22>

⑤ 제1항에 따른 등록의 세부요건, 절차, 그 밖에 필요한 사항은 대통령령으로 정한다.

[본조신설 2007.12.21]

제54조(등록의 결격사유) 다음 각 호의 어느 하나에 해당하는 자는 제53조에 따른 등록을 할 수 없다. <개정 2008.2.29>

1. 제53조제4항에 따라 사업을 폐지한 날부터 1년이 지나지 아니한 법인 및 그 사업이 폐지될 당시 그 법인의 대주주(대통령령으로 정하는 출자자를 말한다. 이하 같다)이었던 자로서 그 폐지일부터 1년이 지나지 아니한 자

2. 제55조제1항에 따라 등록이 취소된 날부터 3년이 지나지 아니한 법인 및 그 취소 당시 그 법인의 대주주이었던 자로서 그 취소가 된 날부터 3년이 지나지 아니한 자

3. 「채무자 회생 및 파산에 관한 법률」에 따른 회생절차 중에 있는 법인 및 그 법인의 대주주

4. 금융거래 등 상거래에 있어서 약정한 기일 내에 채무를 변제하지 아니한 자로서 방송통신위원회가 정하는 자

5. 제1호부터 제4호까지의 규정에 해당하는 자가 대주주인 법인

[본조신설 2007.12.21]

제55조(등록의 취소명령 등) ① 방송통신위원회는 통신과금서비스제공자가 다음 각 호의 어느 하나에 해당하는 때에는 등록을 취소하거나 1년 이내의 기간을 정하여 사업의 정지를 명할 수 있다. 다만, 제1호에 해당하는 때에는 등록을 취소하여야 한다. <개정 2008.2.29>

1. 거짓이나 그 밖의 부정한 방법으로 등록을 한 때

2. 제53조제1항에 따라 등록한 날부터 1년 이내에 사업을 개시하지 아니하거나 1년 이상 계속하여 휴업한 때

② 제1항에 따른 처분의 기준, 절차, 그 밖에 필요한 사항은 대통령령으로 정한다.

[본조신설 2007.12.21]

제56조(약관의 신고 등) ① 통신과금서비스제공자는 통신과금서비스에 관한 약관을 정하여 방송통신위원회에 신고(변경신고를 포함한다)하여야 한다. <개정 2008.2.29>

② 방송통신위원회는 제1항에 따른 약관이 통신과금서비스이용자의 이익을 침해할 우려가 있다고 판단되는 경우에는 통신과금서비스제공자에게 약관의 변경을 권고할 수 있다. <개정 2008.2.29>

[본조신설 2007.12.21]

제57조(통신과금서비스의 안전성 확보 등) ① 통신과금서비스제공자는 통신과금서비스가 안전하게 제공될 수 있도록 선량한 관리자로서의 주의를 다하여야 한다.

② 통신과금서비스제공자는 통신과금서비스를 통한 거래의 안전성과 신뢰성을 확보하기 위하여 대통령령으로 정하는 바에 따라 업무처리지침의 제정 및 회계처리 구분 등의 관리적 조치와 정보보호시스템 구축 등의 기술적 조치를 하여야 한다.

[본조신설 2007.12.21]

제58조(통신과금서비스이용자의 권리 등) ① 통신과금서비스제공자는 재화등의 판매·제공의 대가를 청구할 때에 통신과금서비스이용자에게 구매·이용 내역, 이의신청의 방법 등 대통령령으로 정하는 사항을 고지하여야 한다.

② 통신과금서비스제공자는 통신과금서비스이용자가 구매·이용 내역을 확인할 수 있는 방법을 제공하여야 하며, 통신과금서비스이용자가 구매·이용 내역에 관한 서면(전자문서를 포함한다. 이하 같다)을 요청하는 경우에는 그 요청을 받은 날부터 2주 이내에 이를 제공하여야 한다.

③ 통신과금서비스이용자는 통신과금서비스가 자신의 의사에 반하여 제공되었음을 안 때에는 통신과금서비스제공자에게 이에 대한 정정을 요구할 수 있으며(통신과금서비스이용자의 고의 또는 중과실이 있는 경우는 제외한다), 통신과금서비스제공자는 그 정정 요구를 받은 날부터 2주 이내에 처리 결과를 알려 주어야 한다.

④ 통신과금서비스제공자는 통신과금서비스에 관한 기록을 5년 이내의 범위에서 대통령령으로 정하는 기간 동안 보존하여야 한다.

⑤ 제2항에 따라 통신과금서비스제공자가 제공하여야 하는 구매·이용내역의 대상기간, 종류 및 범위, 제4항에 따라 통신과금서비스제공자가 보존하여야 하는 기록의 종류 및 보존방법 등에 관한 사항은 대통령령으로 정한다.

[본조신설 2007.12.21]

제59조(분쟁해결 등) ① 통신과금서비스제공자는 통신과금서비스에 있어서 이용자의 권익을 보호하기 위하여 자율적인 분쟁해결 등을 시행하는 기관 또는 단체를 설치·운영할 수 있다.

② 통신과금서비스제공자는 대통령령으로 정하는 바에 따라 통신과금서비스와 관련한 통신과금서비스이용자의 이의신청 및 권리구제를 위한 절차를 마련하여야 한다.

[본조신설 2007.12.21]

제60조(손해배상 등) ① 통신과금서비스제공자는 통신과금서비스를 제공함에 있어

서 통신과금서비스이용자에게 손해가 발생한 경우에 그 손해를 배상하여야 한다. 다만, 그 손해의 발생이 통신과금서비스이용자의 고의 또는 중과실로 인한 경우에는 그러하지 아니하다.

② 제1항에 따른 손해배상을 함에 있어서는 손해배상을 받을 자와 협의하여야 한다.

③ 제2항에 따른 손해배상에 관한 협의가 성립되지 아니하거나 협의를 할 수 없는 경우에는 당사자는 방송통신위원회에 재정을 신청할 수 있다. <개정 2008.2.29>

[본조신설 2007.12.21]

제61조(통신과금서비스의 이용제한) 방송통신위원회는 통신과금서비스제공자에게 다음 각 호의 어느 하나에 해당하는 자에 대한 서비스의 제공을 거부, 정지 또는 제한하도록 명할 수 있다. <개정 2008.2.29>

1. 「청소년보호법」 제17조를 위반하여 청소년유해매체물을 청소년에게 판매·대여·제공하는 자

2. 다음 각 목의 어느 하나에 해당하는 수단을 이용하여 통신과금서비스이용자로 하여금 재화등을 구매·이용하게 함으로써 통신과금서비스이용자의 이익을 현저하게 저해하는 자
    가. 제50조를 위반한 영리목적의 광고성 정보 전송
    나. 통신과금서비스이용자에 대한 기망 또는 부당한 유인

3. 이 법 또는 다른 법률에서 금지하는 재화등을 판매·제공하는 자

[본조신설 2007.12.21]

제8장 국제협력 <신설 2007.12.21>

제62조(국제협력) 정부는 다음 각 호의 사항을 추진할 때 다른 국가 또는 국제기구와 상호 협력하여야 한다.

1. 개인정보의 국가간 이전 및 개인정보의 보호에 관련된 업무

2. 정보통신망에서의 청소년 보호를 위한 업무

3. 정보통신망의 안전성을 침해하는 행위를 방지하기 위한 업무

4. 그 밖에 정보통신서비스의 건전하고 안전한 이용에 관한 업무

제63조(국외 이전 개인정보의 보호) ① 정보통신서비스 제공자등은 이용자의 개인정보에 관하여 이 법을 위반하는 사항을 내용으로 하는 국제계약을 체결하여서는 아니 된다.

② 정보통신서비스 제공자등은 이용자의 개인정보를 국외로 이전하려면 이용자의 동의를 받아야 한다.

③ 정보통신서비스 제공자등은 제2항에 따른 동의를 받으려면 미리 다음 각 호의 사항 모두를 이용자에게 고지하여야 한다.

1. 이전되는 개인정보 항목

2. 개인정보가 이전되는 국가, 이전일시 및 이전방법

3. 개인정보를 이전받는 자의 성명(법인인 경우에는 그 명칭 및 정보관리책임자의 연락처를 말한다)

4. 개인정보를 이전받는 자의 개인정보 이용목적 및 보유·이용 기간

④ 정보통신서비스 제공자등은 제2항에 따른 동의를 받아 개인정보를 국외로 이전하는 경우 대통령령으로 정하는 바에 따라 보호조치를 하여야 한다.

제9장 보칙 <신설 2007.12.21>

제64조(자료의 제출 등) ① 행정안전부장관 또는 방송통신위원회는 다음 각 호의 어느 하나에 해당하는 경우에는 정보통신서비스 제공자등(제67조에 따라 준용되는 자를 포함한다. 이하 이 조에서 같다)에게 관계 물품·서류 등을 제출하게 할 수 있다.

1. 이 법에 위반되는 사항을 발견하거나 혐의가 있음을 알게 된 경우

2. 이 법의 위반에 대한 신고를 받거나 민원이 접수된 경우

3. 그 밖에 이용자 보호를 위하여 필요한 경우로서 대통령령으로 정하는 경우

② 방송통신위원회는 이 법을 위반하여 영리목적 광고성 정보를 전송한 자에게 다음 각 호의 조치를 하기 위하여 정보통신서비스 제공자등에게 해당 광고성 정보 전송자의 성명·주소·주민등록번호·이용기간 등에 대한 자료의 열람이나 제출을 요청할 수 있다.

1. 제4항에 따른 시정조치

2. 제76조에 따른 과태료 부과

3. 그 밖에 이에 준하는 조치

③ 행정안전부장관 또는 방송통신위원회는 정보통신서비스 제공자등이 제1항 및 제2항에 따른 자료를 제출하지 아니하거나 이 법을 위반한 사실이 있다고 인정되면 소속 공무원에게 정보통신서비스 제공자등의 사업장에 출입하여 업무상황, 장부 또는 서류 등을 검사하도록 할 수 있다.

④ 행정안전부장관 또는 방송통신위원회는 이 법을 위반한 정보통신서비스 제공

자등에게 해당 위반행위의 중지나 시정을 위하여 필요한 시정조치를 명할 수 있고, 시정조치의 명령을 받은 정보통신서비스 제공자등에게 시정조치의 명령을 받은 사실을 공표하도록 할 수 있다. 이 경우 공표의 방법·기준 및 절차 등에 필요한 사항은 대통령령으로 정한다.

⑤ 행정안전부장관 또는 방송통신위원회는 제4항에 따라 필요한 시정조치를 명한 경우에는 시정조치를 명한 사실을 공개할 수 있다. 이 경우 공개의 방법·기준 및 절차 등에 필요한 사항은 대통령령으로 정한다.

⑥ 행정안전부장관 또는 방송통신위원회가 제1항 및 제2항에 따라 자료 등의 제출 또는 열람을 요구할 때에는 요구사유, 법적 근거, 제출시한 또는 열람일시, 제출·열람할 자료의 내용 등을 구체적으로 밝혀 서면(전자문서를 포함한다)으로 알려야 한다.

⑦ 제3항에 따른 검사를 하는 경우에는 검사 시작 7일 전까지 검사일시, 검사이유 및 검사내용 등에 대한 검사계획을 해당 정보통신서비스 제공자등에게 알려야 한다. 다만, 긴급한 경우나 사전통지를 하면 증거인멸 등으로 검사목적을 달성할 수 없다고 인정하는 경우에는 그 검사계획을 알리지 아니한다.

⑧ 제3항에 따라 검사를 하는 공무원은 그 권한을 표시하는 증표를 지니고 이를 관계인에게 내보여야 하며, 출입할 때 성명·출입시간·출입목적 등이 표시된 문서를 관계인에게 내주어야 한다.

⑨ 행정안전부장관 또는 방송통신위원회는 제1항부터 제3항까지의 규정에 따라 자료 등을 제출받거나 열람 또는 검사한 경우에는 그 결과(조사 결과 시정조치명령 등의 처분을 하려는 경우에는 그 처분의 내용을 포함한다)를 해당 정보통신서비스 제공자등에게 서면으로 알려야 한다.

⑩ 행정안전부장관 또는 방송통신위원회는 제1항부터 제4항까지의 규정에 따른 자료의 제출 요구 및 검사 등을 위하여 인터넷진흥원의 장에게 기술적 자문을 하거나 그 밖에 필요한 지원을 요청할 수 있다. <개정 2009.4.22>

⑪ 제1항부터 제3항까지의 규정에 따른 자료 등의 제출 요구, 열람 및 검사 등은 이 법의 시행을 위하여 필요한 최소한의 범위에서 하여야 하며 다른 목적을 위하여 남용하여서는 아니 된다.

제64조의2(자료 등의 보호 및 폐기) ① 행정안전부장관 또는 방송통신위원회는 정보통신서비스 제공자등으로부터 제64조에 따라 제출되거나 수집된 서류·자료 등에 대한 보호 요구를 받으면 이를 제3자에게 제공하거나 일반에게 공개하여서는 아니 된다.

② 행정안전부장관 또는 방송통신위원회는 정보통신망을 통하여 자료의 제출 등

을 받은 경우나 수집한 자료 등을 전자화한 경우에는 개인정보·영업비밀 등이 유출되지 아니하도록 제도적·기술적 보안조치를 하여야 한다.

③ 행정안전부장관 또는 방송통신위원회는 다른 법률에 특별한 규정이 있는 경우 외에 다음 각 호의 어느 하나에 해당하는 사유가 발생하면 제64조에 따라 제출되거나 수집된 서류·자료 등을 즉시 폐기하여야 한다. 제65조에 따라 행정안전부 장관, 지식경제부장관 또는 방송통신위원회의 권한의 전부 또는 일부를 위임 또는 위탁받은 자도 또한 같다.

1. 제64조에 따른 자료제출 요구, 출입검사, 시정명령 등의 목적이 달성된 경우
2. 제64조제4항에 따른 시정조치명령에 불복하여 행정심판이 청구되거나 행정소송이 제기된 경우에는 해당 행정쟁송절차가 끝난 경우
3. 제76조제4항에 따른 과태료 처분이 있고 이에 대한 이의제기가 없는 경우에는 같은 조 제5항에 따른 이의제기기간이 끝난 경우
4. 제76조제4항에 따른 과태료 처분에 대하여 이의제기가 있는 경우에는 해당 관할 법원에 의한 비송사건절차가 끝난 경우

제64조의3(과징금의 부과 등) ① 방송통신위원회는 다음 각 호의 어느 하나에 해당하는 행위가 있는 경우에는 해당 전기통신사업자에게 위반행위와 관련한 매출액의 100분의 1 이하에 해당하는 금액을 과징금으로 부과할 수 있다. 다만, 제6호에 해당하는 행위가 있는 경우에는 1억원 이하의 과징금을 부과할 수 있다.

1. 제22조제1항을 위반하여 이용자의 동의를 받지 아니하고 개인정보를 수집한 경우
2. 제23조제1항을 위반하여 이용자의 동의를 받지 아니하고 개인의 권리·이익이나 사생활을 뚜렷하게 침해할 우려가 있는 개인정보를 수집한 경우
3. 제24조를 위반하여 개인정보를 이용한 경우
4. 제24조의2를 위반하여 개인정보를 제3자에게 제공한 경우
5. 제25조제1항을 위반하여 이용자의 동의를 받지 아니하고 개인정보 취급위탁을 한 경우
6. 제28조제1항제2호부터 제5호까지의 조치를 하지 아니하여 이용자의 개인정보를 분실·도난·누출·변조 또는 훼손한 경우
7. 제31조제1항을 위반하여 법정대리인의 동의를 받지 아니하고 만 14세 미만인 아동의 개인정보를 수집한 경우

② 제1항에 따른 과징금을 부과하는 경우 전기통신사업자가 매출액 산정자료의 제출을 거부하거나 거짓의 자료를 제출한 경우에는 해당 전기통신사업자와 비슷한 규모의 전기통신사업자의 재무제표 등 회계자료와 가입자 수 및 이용요금 등

영업현황 자료에 근거하여 매출액을 추정할 수 있다. 다만, 매출액이 없거나 매출액의 산정이 곤란한 경우로서 대통령령으로 정하는 경우에는 4억원 이하의 과징금을 부과할 수 있다.

③ 방송통신위원회는 제1항에 따른 과징금을 부과하려면 다음 각 호의 사항을 고려하여야 한다.

1. 위반행위의 내용 및 정도

2. 위반행위의 기간 및 횟수

3. 위반행위로 인하여 취득한 이익의 규모

④ 제1항에 따른 과징금은 제3항을 고려하여 산정하되, 구체적인 산정기준과 산정절차는 대통령령으로 정한다.

⑤ 방송통신위원회는 제1항에 따른 과징금을 내야 할 자가 납부기한까지 이를 내지 아니하면 납부기한의 다음 날부터 내지 아니한 과징금의 연 100분의 6에 해당하는 가산금을 징수한다.

⑥ 방송통신위원회는 제1항에 따른 과징금을 내야 할 자가 납부기한까지 이를 내지 아니한 경우에는 기간을 정하여 독촉을 하고, 그 지정된 기간에 과징금과 제5항에 따른 가산금을 내지 아니하면 국세 체납처분의 예에 따라 징수한다.

⑦ 법원의 판결 등의 사유로 제1항에 따라 부과된 과징금을 환급하는 경우에는 과징금을 낸 날부터 환급하는 날까지 연 100분의 6에 해당하는 환급가산금을 지급하여야 한다.

제65조(권한의 위임ㆍ위탁) ① 이 법에 따른 행정안전부장관, 지식경제부장관 또는 방송통신위원회의 권한은 대통령령으로 정하는 바에 따라 그 일부를 그 소속 기관의 장 또는 체신청장에게 위임ㆍ위탁할 수 있다.

② 지식경제부장관은 제13조에 따른 정보통신망의 이용촉진 등에 관한 사업을 대통령령으로 정하는 바에 따라 「정보화촉진기본법」 제10조에 따른 한국정보사회진흥원에 위탁할 수 있다.

③ 행정안전부장관 또는 방송통신위원회는 제64조제1항 및 제2항에 따른 자료의 제출 요구 및 검사에 관한 업무를 대통령령으로 정하는 바에 따라 인터넷진흥원에 위탁할 수 있다. <개정 2009.4.22>

④ 제3항에 따른 인터넷진흥원의 직원에게는 제64조제8항을 준용한다. <개정 2009.4.22>

제65조의2 삭제 <2005.12.30>

제66조(비밀유지 등) 다음 각 호의 어느 하나에 해당하는 업무에 종사하는 자 또는 종사하였던 자는 그 직무상 알게 된 비밀을 타인에게 누설하거나 직무 외의 목적

으로 사용하여서는 아니 된다. 다만, 다른 법률에 특별한 규정이 있는 경우에는
그러하지 아니하다.

1. 제33조에 따른 분쟁조정위원회의 분쟁조정 업무
2. 제47조에 따른 정보보호 관리체계 인증 업무
3. 제52조제3항제4호에 따른 정보보호시스템의 평가 업무
4. 제46조의3에 따른 정보보호 안전진단 업무
5. 제44조의10에 따른 명예훼손 분쟁조정부의 분쟁조정 업무

제67조(정보통신서비스 제공자 외의 자에 대한 준용) ① 정보통신서비스 제공자 외
의 자로서 재화등을 제공하는 자 중 대통령령으로 정하는 자가 자신이 제공하는
재화등을 제공받는 자의 개인정보를 수집·이용 또는 제공하는 경우에는 제22조,
제23조, 제23조의2, 제24조, 제24조의2, 제25조, 제26조, 제26조의2, 제27조, 제27
조의2, 제28조, 제28조의2 및 제29조부터 제32조까지의 규정을 준용한다. 이 경
우 "정보통신서비스 제공자" 또는 "정보통신서비스 제공자등"은 "재화등을 제공
하는 자"로, "이용자"는 "재화등을 제공받는 자"로 본다.

또한 제22조, 제23조, 제23조의2, 제24조, 제24조의2, 제25조, 제26조, 제26조의2,
제27조, 제27조의2, 제28조, 제28조의2 및 제29조부터 제32조까지의 규정을 준용
하는 자에 대하여는 제27조제1항·제3항, 제27조의2제1항·제3항 및 제28조제1
항에 따른 기준, 방법 등 세부사항을 행정안전부령으로 정한다.

② 제25조제1항에 따른 수탁자에 관하여는 제22조, 제23조, 제23조의2, 제24조,
제24조의2, 제26조, 제26조의2, 제27조, 제27조의2, 제28조, 제28조의2 및 제29조
부터 제31조까지의 규정을 준용한다.

제68조 삭제 <2010.3.22> <삭제 2010.3.22>

제68조의2(한국정보보호산업협회의 설립) ① 정보보호에 관련된 사업을 경영하는
자는 정보보호산업을 건전하게 발전시키고 국가산업 전반의 정보보호 수준을 높
이기 위하여 지식경제부장관의 인가를 받아 한국정보보호산업협회를 설립할 수
있다.

② 한국정보보호산업협회는 법인으로 한다.

③ 한국정보보호산업협회의 인가절차·사업 및 감독 등에 필요한 사항은 대통령
령으로 정한다.

④ 한국정보보호산업협회에 관하여 이 법에서 정한 것 외에는 「민법」 중 사단법
인에 관한 규정을 준용한다.

제69조(벌칙 적용 시의 공무원 의제) 행정안전부장관, 지식경제부장관 또는 방송통
신위원회가 제65조제2항 및 제3항에 따라 위탁한 업무에 종사하는 한국정보사회

진흥원과 인터넷진흥원의 임직원은 「형법」 제129조부터 제132조까지의 규정에 따른 벌칙을 적용할 때에는 공무원으로 본다. <개정 2009.4.22>

제10장 벌칙 <신설 2007.12.21>

제70조(벌칙) ① 사람을 비방할 목적으로 정보통신망을 통하여 공공연하게 사실을 드러내어 다른 사람의 명예를 훼손한 자는 3년 이하의 징역이나 금고 또는 2천만원 이하의 벌금에 처한다.

② 사람을 비방할 목적으로 정보통신망을 통하여 공공연하게 거짓의 사실을 드러내어 다른 사람의 명예를 훼손한 자는 7년 이하의 징역, 10년 이하의 자격정지 또는 5천만원 이하의 벌금에 처한다.

③ 제1항과 제2항의 죄는 피해자가 구체적으로 밝힌 의사에 반하여 공소를 제기할 수 없다.

제71조(벌칙) 다음 각 호의 어느 하나에 해당하는 자는 5년 이하의 징역 또는 5천만원 이하의 벌금에 처한다.

1. 제22조제1항(제67조에 따라 준용되는 경우를 포함한다)을 위반하여 이용자의 동의를 받지 아니하고 개인정보를 수집한 자

2. 제23조제1항(제67조에 따라 준용되는 경우를 포함한다)을 위반하여 이용자의 동의를 받지 아니하고 개인의 권리·이익이나 사생활을 뚜렷하게 침해할 우려가 있는 개인정보를 수집한 자

3. 제24조, 제24조의2제1항 및 제2항 또는 제26조제3항(제67조에 따라 준용되는 경우를 포함한다)을 위반하여 개인정보를 이용하거나 제3자에게 제공한 자 및 그 사정을 알면서도 영리 또는 부정한 목적으로 개인정보를 제공받은 자

4. 제25조제1항(제67조에 따라 준용되는 경우를 포함한다)을 위반하여 이용자의 동의를 받지 아니하고 개인정보 취급위탁을 한 자

5. 제28조의2제1항(제67조에 따라 준용되는 경우를 포함한다)을 위반하여 이용자의 개인정보를 훼손·침해 또는 누설한 자

6. 제28조의2제2항을 위반하여 그 개인정보가 누설된 사정을 알면서도 영리 또는 부정한 목적으로 개인정보를 제공받은 자

7. 제30조제5항(제30조제7항, 제31조제3항 및 제67조에 따라 준용되는 경우를 포함한다)을 위반하여 필요한 조치를 하지 아니하고 개인정보를 제공하거나 이용한 자

8. 제31조제1항(제67조에 따라 준용되는 경우를 포함한다)을 위반하여 법정대리

인의 동의를 받지 아니하고 만 14세 미만인 아동의 개인정보를 수집한 자

9. 제48조제2항을 위반하여 악성프로그램을 전달 또는 유포한 자

10. 제48조제3항을 위반하여 정보통신망에 장애가 발생하게 한 자

11. 제49조를 위반하여 타인의 정보를 훼손하거나 타인의 비밀을 침해·도용 또는 누설한 자

제72조(벌칙) ① 다음 각 호의 어느 하나에 해당하는 자는 3년 이하의 징역 또는 3천만원 이하의 벌금에 처한다.

1. 제48조제1항을 위반하여 정보통신망에 침입한 자

2. 제49조의2제1항을 위반하여 다른 사람의 개인정보를 수집한 자

3. 제53조제1항에 따른 등록을 하지 아니하고 그 업무를 수행한 자

4. 다음 각 목의 어느 하나에 해당하는 행위를 통하여 자금을 융통하여 준 자 또는 이를 알선한 자

　　가. 재화등의 판매·제공을 가장하거나 실제 매출금액을 초과하여 통신과금서비스에 의한 거래를 하거나 이를 대행하게 하는 행위

　　나. 통신과금서비스이용자로 하여금 통신과금서비스에 의하여 재화등을 구매·이용하도록 한 후 통신과금서비스이용자가 구매·이용한 재화등을 할인하여 매입하는 행위

5. 제66조를 위반하여 직무상 알게 된 비밀을 타인에게 누설하거나 직무 외의 목적으로 사용한 자

② 제1항제1호의 미수범은 처벌한다.

제73조(벌칙) 다음 각 호의 어느 하나에 해당하는 자는 2년 이하의 징역 또는 1천만원 이하의 벌금에 처한다.

1. 제28조제1항제2호부터 제5호까지(제67조에 따라 준용되는 경우를 포함한다)의 규정에 따른 기술적·관리적 조치를 하지 아니하여 이용자의 개인정보를 분실·도난·누출·변조 또는 훼손한 자

2. 제42조를 위반하여 청소년유해매체물임을 표시하지 아니하고 영리를 목적으로 제공한 자

3. 제42조의2를 위반하여 청소년유해매체물을 광고하는 내용의 정보를 청소년에게 전송하거나 청소년 접근을 제한하는 조치 없이 공개적으로 전시한 자

4. 제44조의6제3항을 위반하여 이용자의 정보를 민·형사상의 소를 제기하는 것 외의 목적으로 사용한 자

5. 제44조의7제2항 및 제3항에 따른 방송통신위원회의 명령을 이행하지 아니한 자

6. 제48조의4제3항에 따른 명령을 위반하여 관련 자료를 보전하지 아니한 자

7. 제49조의2제1항을 위반하여 개인정보의 제공을 유인한 자

8. 제61조에 따른 명령을 이행하지 아니한 자

제74조(벌칙) ① 다음 각 호의 어느 하나에 해당하는 자는 1년 이하의 징역 또는 1천만원 이하의 벌금에 처한다.

1. 제8조제4항을 위반하여 비슷한 표시를 한 제품을 표시·판매 또는 판매할 목적으로 진열한 자

2. 제44조의7제1항제1호를 위반하여 음란한 부호·문언·음향·화상 또는 영상을 배포·판매·임대하거나 공공연하게 전시한 자

3. 제44조의7제1항제3호를 위반하여 공포심이나 불안감을 유발하는 부호·문언·음향·화상 또는 영상을 반복적으로 상대방에게 도달하게 한 자

4. 제50조제6항을 위반하여 기술적 조치를 한 자

5. 제50조의2를 위반하여 전자우편주소를 수집·판매·유통하거나 정보 전송에 이용한 자

6. 제50조의8을 위반하여 광고성 정보를 전송한 자

7. 제53조제4항을 위반하여 등록사항의 변경등록 또는 사업의 양도·양수 또는 합병·상속의 신고를 하지 아니한 자

② 제1항제3호의 죄는 피해자가 구체적으로 밝힌 의사에 반하여 공소를 제기할 수 없다.

제75조(양벌규정) 법인의 대표자나 법인 또는 개인의 대리인, 사용인, 그 밖의 종업원이 그 법인 또는 개인의 업무에 관하여 제71조부터 제73조까지 또는 제74조제1항의 어느 하나에 해당하는 위반행위를 하면 그 행위자를 벌하는 외에 그 법인 또는 개인에게도 해당 조문의 벌금형을 과(科)한다. 다만, 법인 또는 개인이 그 위반행위를 방지하기 위하여 해당 업무에 관하여 상당한 주의와 감독을 게을리하지 아니한 경우에는 그러하지 아니하다.

제76조(과태료) ① 다음 각 호의 어느 하나에 해당하는 자와 제7호부터 제11호까지의 경우에 해당하는 행위를 하도록 한 자에게는 3천만원 이하의 과태료를 부과한다.

1. 제23조제2항(제67조에 따라 준용되는 경우를 포함한다)을 위반하여 서비스의 제공을 거부한 자

2. 제23조의2를 위반하여 필요한 조치를 하지 아니한 자

3. 제28조제1항제1호 및 제6호(제67조에 따라 준용되는 경우를 포함한다)에 따른 기술적·관리적 조치를 하지 아니한 자

4. 제29조 본문(제67조에 따라 준용되는 경우를 포함한다)을 위반하여 개인정보
를 파기하지 아니한 자

5. 제30조제3항·제4항 및 제6항(제30조제7항, 제31조제3항 및 제67조에 따라
준용되는 경우를 포함한다)을 위반하여 필요한 조치를 하지 아니한 자

6. 제44조의5제2항에 따른 방송통신위원회의 명령을 이행하지 아니한 자

7. 제50조제1항부터 제3항까지의 규정을 위반하여 영리 목적의 광고성 정보를
전송한 자

8. 제50조제4항 또는 제5항을 위반하여 광고성 정보를 전송할 때 밝혀야 하는
사항을 밝히지 아니하거나 거짓으로 밝힌 자

9. 제50조제7항을 위반하여 비용을 수신자에게 부담하도록 한 자

10. 제50조의5를 위반하여 이용자의 동의를 받지 아니하고 프로그램을 설치한 자

11. 제50조의7제1항을 위반하여 인터넷 홈페이지에 영리목적의 광고성 정보를 게
시한 자

12. 제71조부터 제74조까지, 제1호부터 제11호까지 및 제2항의 위반행위를 하여
제64조제4항에 따른 행정안전부장관 또는 방송통신위원회의 시정조치 명령을
이행하지 아니한 자

② 다음 각 호의 어느 하나에 해당하는 자에게는 2천만원 이하의 과태료를 부과
한다.

1. 제25조제2항(제67조에 따라 준용되는 경우를 포함한다)을 위반하여 이용자에게
개인정보 취급위탁에 관한 사항을 공개하지 아니하거나 알리지 아니한 자

2. 제26조제1항 및 제2항(제67조에 따라 준용되는 경우를 포함한다)을 위반하여
이용자에게 개인정보의 이전사실을 알리지 아니한 자

3. 제27조제1항(제67조에 따라 준용되는 경우를 포함한다)을 위반하여 개인정보
관리책임자를 지정하지 아니한 자

4. 제27조의2제1항(제67조에 따라 준용되는 경우를 포함한다)을 위반하여 개인정
보 취급방침을 공개하지 아니한 자

③ 다음 각 호의 어느 하나에 해당하는 자에게는 1천만원 이하의 과태료를 부과
한다. <개정 2009.4.22>

1. 제20조제2항을 위반하여 전자문서를 보관하지 아니한 자

2. 제21조를 위반하여 전자문서를 공개한 자

3. 제42조의3제1항을 위반하여 청소년 보호 책임자를 지정하지 아니한 자

4. 제43조를 위반하여 정보를 보관하지 아니한 자

5. 제46조제2항을 위반하여 보험에 가입하지 아니한 자

  6. 제46조의3제1항을 위반하여 정보보호 안전진단을 받지 아니한 자

  7. 제46조의3제2항을 위반하여 정보보호 안전진단의 결과를 제출하지 아니하거나 거짓으로 제출한 자

  8. 제46조의3제5항에 따른 권고 내용 또는 처리 결과를 거짓으로 통보한 자

  9. 제46조의3제6항에 따른 개선명령을 이행하지 아니한 자

 10. 제47조의3제3항을 위반하여 소프트웨어 사용자에게 알리지 아니한 자

 11. 제48조의2제4항에 따른 시정명령을 이행하지 아니한 자

 12. 제48조의4제4항에 따른 사업장 출입 및 조사를 방해하거나 거부 또는 기피한 자

 13. 제52조제6항을 위반하여 한국인터넷진흥원의 명칭을 사용한 자

 14. 제53조제4항을 위반하여 사업의 휴지·폐지·해산의 신고를 아니한 자

 15. 제56조제1항을 위반하여 약관을 신고하지 아니한 자

 16. 제57조제2항을 위반하여 관리적 조치 또는 기술적 조치를 하지 아니한 자

 17. 제58조제1항을 위반하여 구매·이용 내역 및 이의신청의 방법 등 대통령령으로 정하는 사항을 통신과금서비스이용자에게 고지하지 아니한 자

 18. 제58조제2항을 위반하여 통신과금서비스이용자가 구매·이용 내역을 확인할 수 있는 방법을 제공하지 아니하거나 통신과금서비스이용자의 제공 요청에 응하지 아니한 자

 19. 제58조제3항을 위반하여 통신과금서비스이용자의 요청에 대한 처리 결과를 통신과금서비스이용자에게 알려 주지 아니한 자

 20. 제58조제4항을 위반하여 통신과금서비스에 관한 기록을 보존하지 아니한 자

 21. 제59조제2항을 위반하여 통신과금서비스이용자의 이의신청 및 권리구제를 위한 절차를 마련하지 아니한 자

 22. 제64조제1항에 따른 관계 물품·서류 등을 제출하지 아니하거나 거짓으로 제출한 자

 23. 제64조제2항에 따른 자료의 열람·제출요청에 따르지 아니한 자

 24. 제64조제3항에 따른 출입·검사를 거부·방해 또는 기피한 자

④ 제1항부터 제3항까지의 과태료는 대통령령으로 정하는 바에 따라 행정안전부장관 또는 방송통신위원회가 부과·징수한다.

⑤ 제4항에 따른 과태료 처분에 불복하는 자는 그 처분을 고지받은 날부터 30일 이내에 행정안전부장관 또는 방송통신위원회에 이의를 제기할 수 있다.

⑥ 제4항에 따라 과태료 처분을 받은 자가 제5항에 따라 이의를 제기하면 행정안전부장관 또는 방송통신위원회는 지체 없이 관할 법원에 그 사실을 통보하여야

하며, 그 통보를 받은 관할 법원은 「비송사건절차법」에 따른 과태료 재판을 한다.
⑦ 제5항에 따른 기간에 이의를 제기하지 아니하고 과태료를 내지 아니하면 국세
체납처분의 예에 따라 징수한다.

부칙 <제10166호, 2010. 3.22> (전기통신사업법)

제1조(시행일) 이 법은 공포 후 6개월이 경과한 날부터 시행한다.
제2조부터 **제6조**까지 생략
제7조(다른 법률의 개정) ① 부터 ⑥ 까지 생략
⑦ 정보통신망 이용촉진 및 정보보호 등에 관한 법률 일부를 다음과 같이 개정한
다.
제2조제1항제1호 중 "「전기통신기본법」"을 "「전기통신사업법」,"으로 하고, 같은
항 제2호 중 "「전기통신기본법」 제2조제7호"를 "「전기통신사업법」 제2조제6호"
로 하며, 같은 항 제3호 중 "「전기통신사업법」 제2조제1항제1호"를 "「전기통신사
업법」 제2조제8호"로 한다.
제46조의3제1항제1호 중 "「전기통신사업법」 제2조제1항제1호"를 "「전기통신사업
법」 제2조제8호"로 한다.
제53조제3항 중 "제21조"를 "제22조"로 하고, 같은 조 제4항 전단 중 "제22조 및
제25조부터 제27조까지"를 "제23조부터 제26조까지"로 하며, 같은 항 후단 중
"이 경우 "제19조의 규정에 의하여 별정통신사업의 등록을 한 자" 및"을 "이 경
우"로 한다.
⑧ 및 ⑨ 생략
제8조 및 **제9조** 생략

참고문헌

I. 국내문헌

1. 단행본

강양구·김병수·한재각, 침묵과 열광-황우석사태 7년 기록-, 후마니타스, 2006.

구영모 엮음, 생명의료윤리, 동녘, 2004.

구영모, 인간배아복제와 연구절차-2004, 2005년 사이언스 논문에서 논란이 된 절차상의 문제, 민노당 정책위원회 긴급토론회 자료집, 2005년 11월 28일.

김상득, 생명의료 윤리학, 철학과 현실사, 2000.

김일순·N포션, 의료윤리, 현암사, 1997.

김일수·서보학, 형법각론, 박영사, 2004.

DNA프로필연구회, 유전자 감식, 탐구당, 2001.

미국NII지적소유권작업반·임원선 옮김, 초고속통신망과 저작권, 한울아카데미 1996.

박은정 외, 줄기세포연구의 윤리와 법정책, 이화여대출판부, 2004.

박은정, 생명공학시대의 법과 윤리, 이화여자대학교 출판부, 2000.

배종대, 형법각론(제6전정판), 홍문사, 2007.

에릭 그레이스 지음, 싸이제닉 생명공학연구소 옮김, 생명공학이란 무엇인가-그 약속과 실제-, 지성사, 2001.

오영근, 형법총론, 대명출판사, 2002.

오영근, 형법각론, 박영사, 2009.

윤선희, 지적재산권법(제10정판), 세창출판사, 2009.

이경의 · 유각근 · 이상수, 과학기술혁신과 법, 세창출판사, 2001, 13면.

이 철, 컴퓨터범죄 시론, 경진사, 1989.

이상용, 장기이식법의 시행과 향후 전망, 한국형사정책연구원, 연구보고서 00-15.

임 웅, 형법각론, 법문사, 2007.

정상기, 과학기술과 법, 글누리, 2008.

주호노, 축조해설 장기등 이식에 관한 법률, 육법사, 2000.

진계호 · 이존걸, 형법각론, 대왕사, 2008.

과학기술부, 2003년 생명공학백서.

대검찰청, 과학수사편람, 1993.

Jeremy Rifkin, 전영택 · 정병기 옮김, 바이오테크시대, 민음사, 1999.

2. 논문

강동범, "사이버범죄의 실태와 형사법적 대책", 한국형사정책연구원 제25회 형사
        정책세미나 자료집(2000. 5).

강동범, "사이버범죄 처벌규정의 문제점과 대책", 한국형사정책학회 2007춘계학
        술회의자료집.

권복규 · 김현철, 생명윤리와 법, 이화여대출판부, 2009.

권복규 · 박은정, 줄기세포연구자를 위한 생명윤리, 세창출판사, 2007.

김문일, "정보화 사회에 있어서의 컴퓨터범죄와 그 방지대책에 관한 연구", 중앙
        대학교 대학원 박사학위논문, 1988.

김선택, "출생전 인간생명의 헌법적 보호", 헌법논총 제16집, 2005.

김성규, "형법의 장소적 적용범위에 관한 규정의 내용과 한계", 형사법연구 제18
        호, 2002 겨울.

김수갑, "인간배아복제의 허용여부에 관한 법적 쟁점과 과제", 충북대학교 법학연
        구 제20권 제1호, 2009.

김민중, "의학적 인간인공생식 및 그 법률적 고찰", 대전대학교 논문집 제9권 제1
        호, 1990. 8.

김장한, "뇌사와 장기이식", 「과학기술과 법」, 서울대학교 기술과 법센터, 박영사, 2007.

김장한, "안락사와 법", 「과학기술과 법」, 서울대학교 기술과 법센터, 박영사, 2007.

김재봉, "치료중단과 소극적 안락사", 형사법연구 제12호, 한국형사법학회 1999.

김종섭, "사이버범죄의 현황과 대책", 형사정책 제12권 제1호, 2000.

김혁돈, "줄기세포연구와 배아보호", 경북대학교 법학논고 제32집, 2010.

김형성, "生命工學과 憲法的 課題", New Millennium 法-法 環境의 變化와 그 對應策 2회, 한국법학교수회, 2000.

김혜경, "사이버공간에서의 표현행위와 형사책임", 형사정책연구원, 2005.

김희준, "사이버犯罪의 槪念과 對應方案", 海外硏修檢事硏究論文集 第18輯, 法務硏修院, 2003.

박광민, "인터넷상의 명예훼손에 대한 형사법적 규제", 형사법연구 24호, 한국형사법학회, 2005. 12.

박준석, "줄기세포연구에 대한 헌법학적 논의의 문제점", 세계헌법연구 제13권 제1호, 2007.

박혜진, "사이버모독죄 도입에 대한 비판적 검토", 안암법학 제28호, 안암법학회, 2009.

백광훈, "사이버범죄에 대한 ISP의 형사책임", 한국형사정책연구원, 2003, 56면.

서계원, "생명윤리법상 생명권과 인간배아복제의 문제", 세계헌법연구 제10호, 국제헌법학회 한국학회, 2004, 12.

서보학, "유해정보사이트에 링크해 놓은 경우의 형사책임", 법률신문(2003. 9. 25. 제3205호).

성해·남명진, "생명과학 입장에서 본 생명윤리", 생명윤리 제10권 제1호, 2009.

윤영철, "인간배아의 보호필요성과 형법", 형사정책, 제16권 제1호, 2004.

윤영철, "사이버모욕죄에 대한 비판적 소고", 「과학기술법연구 제14집 제2호」, 한남대학교 과학기술법연구원, 2009.

오영근, "인터넷상 음란정보 '전시'의 개념", 법률신문(2003.10.23. 제3213호).

오일환, "줄기세포연구와 관련된 법적 이슈들", 「과학기술과 법」, 서울대학교 기술과법센터, 박영사, 2007.

이경환·강영희·김인숙, "생명윤리영역으로서의 형사법적 접근", 간호학 탐구
　　　13권 1호, 현문사, 2004.

이대희, "디지털경제시대의 지적재산권법의 과제", 「심포지엄자료 디지털경제시
　　　대의 법적 과제」, 한국법제연구원, 2001. 12. 7.

이은정, "생명복제를 둘러싼 국내의 생명윤리 논쟁에 관한 연구", 서울대학교 의
　　　학박사학위논문, 2005.

이인영, "인간배아보호를 위한 법정책의 고찰", 형사정책연구, 2002년 가을호.

이인영, "인공수정, 체외수정과 법", 과학기술과 법, 서울대학교 기술과 법센터,
　　　벽영사, 2007.

이해완, "사이버스페이스와 표현의 자유-판례를 중심으로-", 헌법학 연구 제6
　　　권 제3호, 2000. 11.

임상규, "장기이식법상의 뇌사관련규정의 문제점", 형사법연구 제13호, 한국형사
　　　법학회, 2000.

장영민, "생명공학의 형법적 한계", 형사정책연구 제4권 제4호, 1993.

장영민·조영관, "컴퓨터범죄에 관한 연구", 한국형사정책연구원, 1993.

장철익, "명예훼손에 대한 온라인서비스제공자의 손해배상책임", 언론중재 24권1
　　　·2호, 2004. 봄·여름호.

전지연, "사이버범죄의 과거, 현재 그리고 미래", 형사법연구 제19권 제3호, 2007.

정기성 외, "배란유도시 발생한 중증 난소과자극증후군에 대한 임상적 고찰", 대
　　　한산부인과학회지 제37권 제10호, 1994.

정대관, 사이버 공간에서의 명예훼손죄, 성균관법학회 제1회 학술발표대회 논문
　　　집, 2005. 2.

정 완, "사이버명예훼손죄에 관한 소고", 형사정책연구소식(2003, 3·4월호).

정대관, "사이버공간에서의 인권보호", 한국비교형사법학회 2003년도 하계국제학
　　　술대회 논문집.

정규원, "유전자 감식의 법적 문제", 형사정책 제18권 제2호, 2006.

정 완, "사이버공간상 인권침해범죄에 대한 법제도적 통제방안 연구", 한국형사정
　　　책연구원, 2006.

정연철, "인공생식의 입법례에 관한 연구", 동의논집 제28집, 인문사회과학편,
　　　1998. 2.

정현미, "배아의 생명권-착상 전 진단의 생명권침해 여부와 허용범위", 비교형사 법연구 제5권 제2호(특집호), 2003, 12.

조병인·정진수·정완·탁희성, "사이버범죄에 관한 연구", 한국형사정책연구원, 2000.

최상규, "국내 최초의 DNA 감정사례", 수사연구, 1992. 10.

최영호, "정보범죄의 현황과 제도적 대처방안", 한국형사정책연구원, 1988.

최우찬, "안락사와 존엄사", 「고시계」, 1989. 2.

한면수, "경찰 초동수사의 유전자 감식정보 검사 및 관리", 형사정책 제18권 제2 호, 2006.

허일태, "안락사에 관한 연구", 한국형사정책연구원, 1994.

허일태, "사이버범죄의 현황과 대책", 동아대학교 법학연구소 세미나 발표논문, 2000.

Water Gropp/ 최우찬 역, "인간복제와 생명보호에 관한 형법적 고찰", 서강법학연 구 제3권, 서강대학교 법학연구소, 2001.

II. 외국문헌

板東久美子, "コソピユータ・ネツトワーク時代における著作權の展開", ジュリ スト, No. 1117(1997. 8).

Arth. Kaufmann, "Der entfesselte Prometheus, Frage der Humangenetik und der Fortpflanzungs-technologien aus recht-licher Sicht", in; Eser/Kűnschner(Hrsg.), Recht und Medizin, 1990.

David B Rensilk, "The Commodification of Human Reproductive Materials", East Carolina University, USA, Journal of Medical Ethics, 1998.

David R. Johnson &David Post, "Law and Borders-The Rise of Law in Cyberspace", 48 Stanford Law Review 1367, 1996.

Marc L. Caden/Stephanie E. Lucas. "Accidents on the Information Superhighway: On-Line Liability and Regulation", 2 Richmond Journal of Law &Technology 3 (1996).

R. Baumann-Hölzle, Human-Gentechnologie und moderne Gesellschaft, 1990.

Pamela   Laufer-Ukeles,   "Approaching   Surrogate   Motherhood: Reconsidering Difference", Vermont Law Review, Vol. 26, Winter, 2002.

U. Beck, Risikogesellschaft: Auf dem Weg in eine andere Moderne, Frankfurt a. M., 1986.

The Report of The President's Council on Biothics, 『Human Closing and Human Dignity』, public Affairs New York, 2002.

찾아보기

| 저자약력 |
- 원광대학교 법과대학 졸업
- 중앙대학교 대학원 석사과정 졸업(법학석사)
- 원광대학교 대학원 박사과정 졸업(법학박사)
- 미국 UC Berkeley 연구교수
- 현재 대진대학교 법학과 교수

| 주요 논문 및 저서 |
- 자백법칙에 관한 연구(1990)
- 형사절차상 범죄피해자 권리보호에 관한 연구(2004)
- 사이버명예훼손죄와 위법성조각사유로서의 공익성(2005)
- 피해자학과 범죄피해자 보호대책(2006)
- 과실범에 있어서 객관적 주의의무의 제한원리(2008)
- 회복적 사법에서 형사조정의 의미(2009)
- 출산억제정책으로서 모자보건법과 낙태에 대한 반성적 접근(2010), 그 외 다수
- 생활법률(대진대학교 출판부, 1998)
- 자백법칙(도서출판 동인, 1999)
- 법학개론(도서출판 경인, 1999)
- 범죄심리학(도서출판 동인, 2001)
- 과학기술과 법(도서출판 동인, 2008)
- 범죄심리학[전정판](도서출판 동인, 2009)

과학기술과 법 전정판

초판1쇄 • 2008년 9월 5일
전정판1쇄 • 2011년 3월 1일

저　자 • 김성진
발행인 • 이성모 / 발행처 • 도서출판 동인
서울시 종로구 명륜동 2가 237 아남주상복합빌딩 118호 / 등록 • 제1-1599호
TEL • (02)765-7145, 55 / FAX • (02)765-7165
E-mail • dongin60@chol.com / HomePage • www.donginbook.co.kr
ISBN　978-89-5506-466-7

정가　30,000원